毛泽东诗词全编笺译

徐四海 | 编著

人民东方出版传媒
People's Oriental Publishing & Media
東方出版社
The Oriental Press

图书在版编目（CIP）数据

毛泽东诗词全编笺译／徐四海 编著. —北京：东方出版社，2017. 2
ISBN 978-7-5060-9518-1

Ⅰ. ①毛…　Ⅱ. ①徐…　Ⅲ. ①毛主席诗词—鉴赏　Ⅳ. ①A841. 4

中国版本图书馆 CIP 数据核字（2017）第 040136 号

毛泽东诗词全编笺译
（MAOZEDONG SHICI QUANBIAN JIANYI）

编　　著：徐四海
责任编辑：李　烨
出　　版：东方出版社
发　　行：人民东方出版传媒有限公司
地　　址：北京市东城区朝阳门内大街 166 号
邮　　编：100010
印　　刷：北京明恒达印务有限公司
版　　次：2017 年 5 月第 1 版
印　　次：2025 年 10 月第 18 次印刷
开　　本：710 毫米×960 毫米　1/16
印　　张：32. 25
字　　数：458 千字
书　　号：ISBN 978-7-5060-9518-1
定　　价：62. 00 元
发行电话：（010）85924663　85924644　85924641

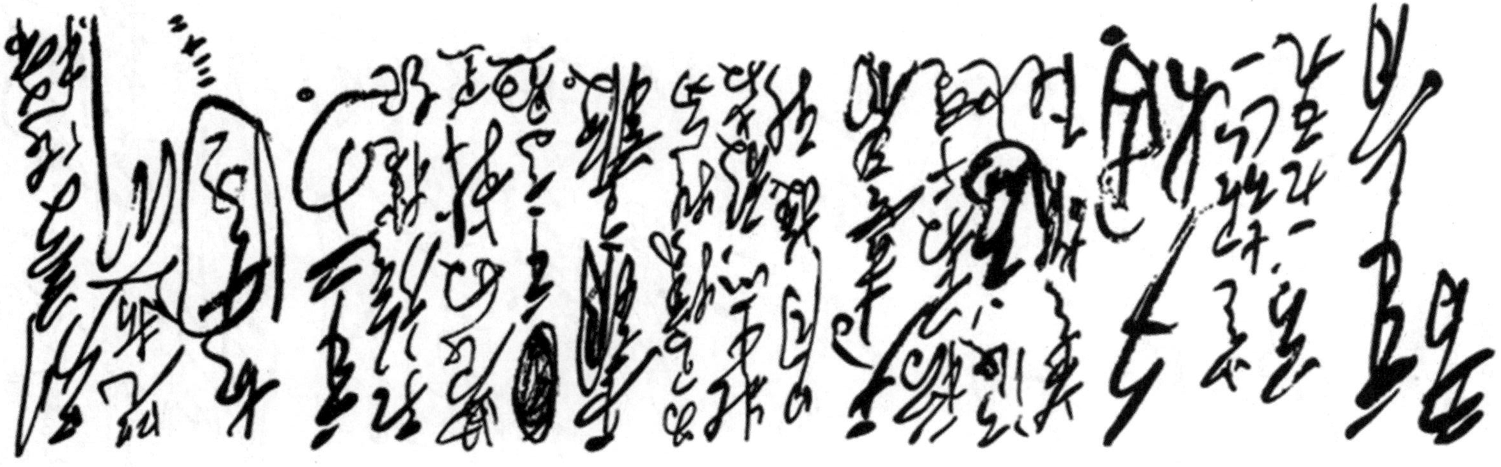

三上北高峰，杭州一望空。
飞凤亭边树，桃花岭上风。
热来寻扇子，冷去对美人。
一片飘飖下，欢迎有晚鹰。

横空出世莽昆
仑阅尽人间春色
飞起玉龙三百万
搅得周天寒彻
夏日消溶江河
横溢人或为鱼鳖
千秋功罪谁人
曾与评说
而今我谓昆仑
不要这高不要这
多雪安得倚天
抽宝剑把汝
裁为三截一截
遗欧一截赠美
一截还东国
太平世界环
球同此凉热
右反帝念奴娇
一首

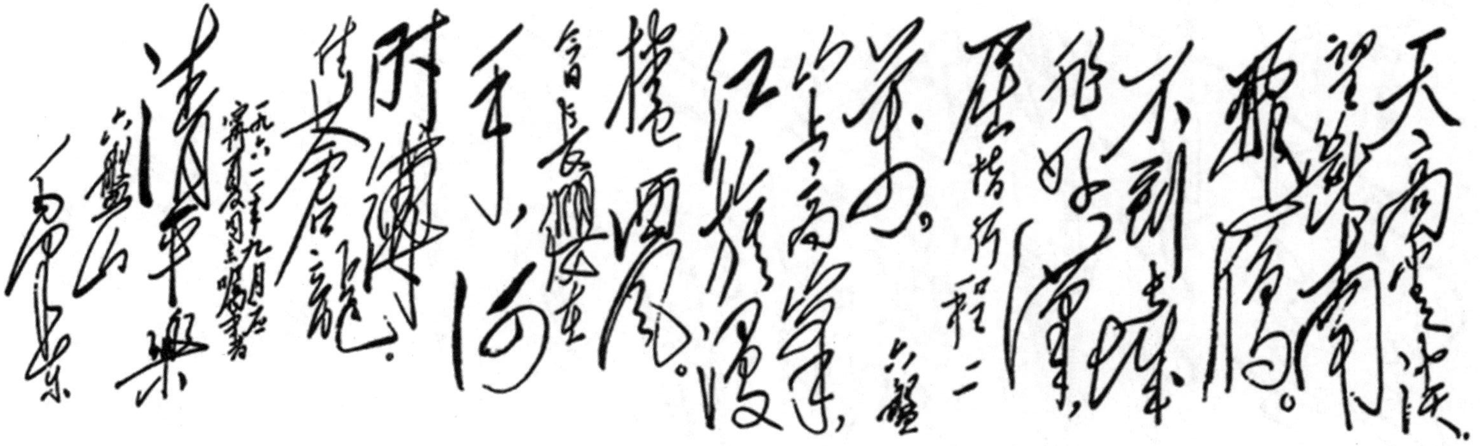
天高云淡，望断南飞雁。不到长城非好汉，屈指行程二万。六盘山上高峰，红旗漫卷西风。今日长缨在手，何时缚住苍龙。
清平乐 六盘山
毛泽东

西风烈，长空雁叫霜晨月。霜晨月，马蹄声碎，喇叭声咽。

雄关漫道真如铁，而今迈步从头越。从头越，苍山如海，残阳如血。

毛泽东

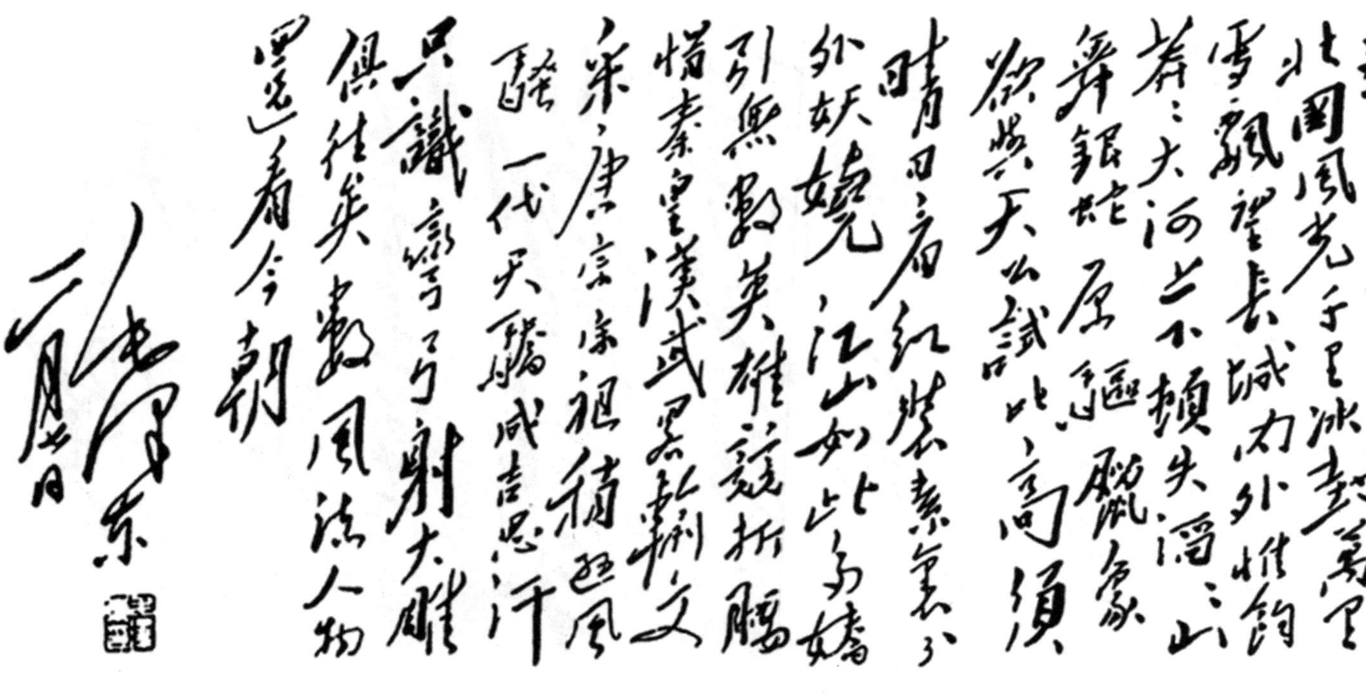
沁園春
北國風光千里冰封萬里
雪飄望長城內外惟餘
莽莽大河上下頓失滔滔山
舞銀蛇原驅臘象
欲與天公試比高須
晴日看紅裝素裹分
外妖嬈江山如此多嬌
引無數英雄競折腰
惜秦皇漢武略輸文
采唐宗宋祖稍遜風
騷一代天驕成吉思汗
只識彎弓射大雕
俱往矣數風流人物
還看今朝
毛澤東

卜算子

咏梅

读陆游咏梅词，反其意而用之。

风雨送春归，飞雪迎春到。已是悬崖百丈冰，犹有花枝俏。俏也不争春，只把春来报。待到山花烂漫时，她在丛中笑。

一九六二年一月作

虞美人

枕上

一九二一年

堆来枕上愁何状，江海翻波浪。夜长天色怎难明，无奈披衣起坐薄寒中。

晓来百念都灰尽，剩有离人影。一钩残月向西流，对此不抛眼泪也无由。

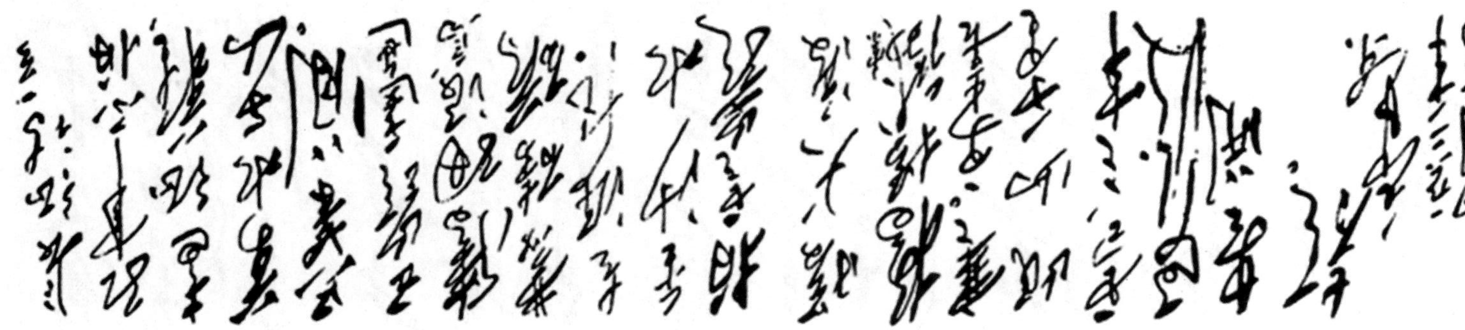

人生易老天难老，岁岁重阳。今又重阳，战地黄花分外香。

一年一度秋风劲，不似春光。胜似春光，寥廓江天万里霜。

前　言

毛泽东是中国共产党、中国人民解放军和中华人民共和国的主要缔造者和领导者，是中国人民的伟大领袖，也是一位杰出的诗人和杰出的书法家。在指点江山的读书和早年从事革命活动时期，在金戈铁马的革命战争年代，在轰轰烈烈的社会主义建设时期，毛泽东分别写下了许多思想深邃、意境高远、大气磅礴的不朽诗篇。毛泽东诗词艺术地记录了他一生的光辉足迹，生动地展示了中国革命和建设的伟大历史画卷，堪称一部中国人民的思想史、奋斗史、创造史和建设史。毛泽东独创的“毛体”书法，匠心独具，笔下有情，奔放潇洒，“把草书艺术推向了一个划时代的高峰”（舒同语），① 成为中国书法史上的瑰宝。毛泽东为我们留下的宝贵精神财富和艺术珍品，具有永久的艺术魅力。

本书收录毛泽东诗词 71 首。分为三篇，上篇为概论，中篇为笺译，下篇是附录。中篇分为两辑，每辑均按诗词创作的时间先后排列。第一辑为正编，收入毛泽东诗词 42 首，皆为毛泽东生前审定并同意公开发表的和毛泽东逝世后经中共中央审定公开发表的。这些诗词是毛泽东诗词中的精品力作，奠定了毛泽东作为当代杰出诗人的崇高地位。第二辑为副编，收入毛泽东诗词 29 首，都是毛泽东逝世后，经中共中央有关部门批准发表的。后来又收入人民文学出版社 1986 年版《毛泽东诗词选》、中央文献出版社 1996 年版《毛泽东诗词集》和 2003 年版《毛泽东诗词全编鉴赏》。这些诗词都是经毛泽东生前亲自

---

① 舒关《毛泽东与舒同谈书法》:《毛泽东书法研究》，2008 年第 1 期，第 13 页。

审定的，虽然生前没有公开发表，但其中多有精品佳构。这些诗词在创作时期、题材、体裁、艺术风格等方面，与毛泽东生前所发表诗词相得益彰，因而也是颇为珍贵的。下篇为附录，收入毛泽东诗词（包括写的联句、改诗、仿诗、韵语等）33首，这些作品都曾在一些权威书刊上发表过。它们在创作时期、题材、体裁、艺术风格等方面，特别是毛泽东青少年时代和晚年的一些作品，对于读者了解毛泽东从学习创作期、成长期，直至成熟期的发展过程有一定的参考价值。诗词均按写作时间排列。笺译部分由诗词原文（含附诗或附词）、毛泽东自注自解（有些诗词没有这一项）、题解、笺注（含附诗或附词）、译文五项构成。

今年是毛泽东逝世40周年，谨以此书表达对人民领袖、杰出诗人毛泽东的敬仰与怀念之情。由于作者学识浅陋，对毛泽东诗词研究还不够深入，书中的缺点或错误恐难避免，恳请方家与读者指正。

作　者

二〇一六年一月三十日

CONTENTS
目　录

中篇　笺　译 / 49

上篇

概　论

一　毛泽东生平与诗词创作

毛泽东，中国共产党、中国人民解放军和中华人民共和国的主要缔造者和领导人，伟大的马克思主义者，无产阶级革命家、战略家和理论家，马克思主义中国化的伟大开拓者。1893 年 12 月 26 日出生于湖南省湘潭县韶山冲一个农民家庭。童年和少年时代，先后在家乡韶山六所私塾读书，接受中国传统的启蒙教育，习作有《杂言诗·迎春》、《五言诗·井赞》、《五言诗·咏指甲花》和《七绝·改诗呈父亲》、《七绝·改〈咏蛙〉》等。辛亥革命爆发后在起义的新军中当过半年兵。1914 至 1918 年，在湖南省立第一师范学校求学。毕业前夕和蔡和森等组织革命团体新民学会。五四运动前后接触和接受了马克思主义，1920 年，在湖南创建共产主义组织。这一时期诗歌创作有《四言韵语·题〈明耻篇〉》、《五言排律·湘江漫游联句》、《五古·挽易昌陶》、《五律·初登云麓宫联句》、《七绝·呈刘翰林联句》、《五言诗·玉潭即景联句》、《七律·游学即景》、《四言诗·题安化北宝塔壁》、《七古·送纵宇一郎东行》、《五言诗·过魏都联句》、《四言诗·祭母文》、《五言诗·大沽观海联句》等。

1921 年 7 月，出席中国共产党第一次全国代表大会。后任中共湘区委员会书记，领导长沙、安源等地工人运动。1923 年，出席中共第三次全国代表大会，当选为中央执行委员，参加中央领导工作。1924 年国共合作后，在国民党第一次、第二次全国代表大会上均当选候补中央执行委员。曾在广州任国民党中央宣传部代理部长，主编《政治周报》，主办第六届农民运动讲习所。这期间创作了《虞美人·枕上》、《贺新郎·别友》等词作。

1925年秋至1927年春，先后发表《中国社会各阶级的分析》、《湖南农民运动考察报告》等著作，批评陈独秀的右倾思想，指出农民问题在中国革命中的重要地位和无产阶级领导农民斗争的极端重要性。创作《沁园春·长沙》、《菩萨蛮·黄鹤楼》等词作，抒发“问苍茫大地，谁主沉浮”的远大报国志向。

第一次国共合作全面破裂后，在1927年8月中共中央紧急会议上，毛泽东及时提出了“政权是由枪杆子中取得的”，即以革命武装夺取政权的正确思想，并被选为中央政治局候补委员。会后，毛泽东到湖南、江西两省边界领导秋收起义。接着率领起义部队上井冈山，发动土地革命，创建中国第一个农村革命根据地。词作《西江月·秋收起义》反映了这一伟大的革命壮举。1928年，朱德等领导的湖南起义部队上井冈山，与毛泽东领导的秋收起义部队会师，整编成立工农革命军。不久，工农革命军又改称“中国工农红军第四军”，毛泽东任党代表、前敌委员会书记，朱德任军长。以毛泽东为主要代表的中国共产党人，从中国的实际出发，在国民党政权统治比较薄弱的农村发展武装斗争，开创了以农村包围城市最后夺取城市和全国政权的道路。毛泽东在《中国的红色政权为什么能够存在》、《星星之火，可以燎原》等著作中对这个问题从理论上作了深刻的阐述。《西江月·井冈山》、《清平乐·蒋桂战争》、《采桑子·重阳》、《如梦令·元旦》、《减字木兰花·广昌路上》、《蝶恋花·从汀州向长沙》等词作以艺术的形式反映了这一时期轰轰烈烈的革命斗争历程。

针对革命斗争中出现的问题，1930年5月，毛泽东撰写《反对本本主义》，提出了“没有调查，就没有发言权”① 的著名论断。同年8月，红军第一方面军成立，毛泽东任总政治委员。1931年，中华苏维埃共和国临时政府在江西瑞金成立，毛泽东当选临时政府主席。1933年，被补选为中共中央政治局委员。从1930年底起，毛泽东同朱德领导红一方面军战胜了国民党军队的多次“围剿”。以王明为核心的“左”倾路线领导集团进入中央革命根据地

① 毛泽东《毛泽东选集（第一卷）》，北京：人民出版社，1991年6月，第2版，第109页。

以后，把毛泽东排斥于党和红军的领导之外，他们执行错误的战略和政策，最终导致第五次反“围剿”战争失败。这一时期毛泽东创作有《渔家傲·反第二次大“围剿”》、《渔家傲·反第三次大“围剿”》、《菩萨蛮·大柏地》、《清平乐·会昌》等词作。

1934 年 10 月，毛泽东参加红一方面军长征。在长征途中，1935 年 1 月中共中央政治局在贵州遵义召开扩大会议（即遵义会议），以毛泽东为核心的新的中央领导集体初步形成。同年 10 月，中共中央和红一方面军抵达陕北。1936 年 10 月，与红二方面军和红四方面军会师，长征宣告结束。在长征路上和抵达陕北初期，毛泽东创作了《十六字令三首》、《忆秦娥·娄山关》、《七律·长征》、《念奴娇·昆仑》、《清平乐·六盘山》、《六言诗·给彭德怀同志》等作品，为我们留下了二万五千里长征的壮丽史诗。鉴于当时国内的严峻形势，1935 年 12 月，毛泽东作了《论反对日本帝国主义的策略》的报告，阐明抗日民族统一战线的政策。1936 年 12 月，毛泽东同周恩来等促使西安事变和平解决，促成了国共之间由内战到第二次国共合作、共同抗日的局面。1936 年 2 月至 1937 年夏，毛泽东创作有《沁园春·雪》、《临江仙·给丁玲同志》、《四言诗·祭黄陵文》等诗词。

全国性抗日战争开始后，以毛泽东为首的中共中央坚持统一战线中的独立自主原则，努力发动群众，开展敌后游击战争，在华北山区、河北平原和苏北平原建立了许多抗日根据地。1938 年 10 月，在中共扩大的六届六中全会上，毛泽东提出“马克思主义中国化”的指导原则。为指导抗战，毛泽东先后发表了《论持久战》、《〈共产党人〉发刊词》等重要著作。《四言韵语·题〈中国妇女〉之出版》鼓励占全国二分之一人口的妇女奋发努力，积极投身妇女解放运动及抗日救国运动，以艺术的形式表达了中国人民要打败日本帝国主义，重振民族雄风的共同心声。1942 年，毛泽东领导全党开展整风运动，纠正当时党内出现的主观主义和宗派主义，使全党进一步掌握了马克思列宁主义的普遍真理和中国革命的具体实践相结合的正确方向，为夺取抗日战争和中国革命的胜利奠定了思想基础。1943 年 3 月，毛泽东当选为中共中央政治局主席。1945年，毛泽东主持召开中国共产党第七次全国代表大会，作《论联合政府》的报告。大会制定了“放手发动群众，壮大人民力量，在我党的领导下，打败日本侵略者，解放全国人民，建立一个新民主主义的中国”①的战略。毛泽东思想在这次大会上被确定为中共的指导思想。这一时期毛泽东创作有《五律·挽戴安澜将军》。抗日战争胜利后，针对蒋介石企图消灭共产党及其武装力量的现实，毛泽东提出“针锋相对”、“寸土不让”的斗争方针。1945年8月赴重庆同国民党谈判，表明中国共产党争取国内和平的愿望。

1946年夏，蒋介石在全国发动了全面内战。毛泽东同朱德、周恩来等领导中国人民解放军进行积极防御，集中优势兵力，各个歼灭敌人。1947年夏，中国人民解放军从战略防御转入战略进攻，在以毛泽东为首的党中央领导下，辽沈、淮海、平津三大战役取得全面胜利。1949年3月，毛泽东主持召开中共七届二中全会，并作重要报告，决定把党的工作重心从农村转到城市，制定了党在全国胜利以后的各项基本政策，号召全党务必保持谦虚谨慎、不骄不躁的作风，务必继续保持艰苦奋斗的作风。1949年4月23日，中国人民解放军渡过长江占领国民党政府的首都南京。这一时期的诗词创作数量较少，主要有《五律·张冠道中》、《五律·喜闻捷报》、《七律·人民解放军占领南京》、《七律·和柳亚子先生》等诗篇。1949年7月1日，毛泽东发表《论人民民主专政》，明确了人民共和国政权的性质及其对内对外的基本政策。

1949年10月1日，中华人民共和国成立，毛泽东当选为中央人民政府主席。1950年6月，毛泽东主持召开中共七届三中全会，提出了“为争取国家财政经济状况的基本好转而斗争”的总任务。同年10月，迫于以美国为首的联合国军队攻入朝鲜民主主义人民共和国威胁中国东北部的形势，以毛泽东为首的中共中央决定进行抗美援朝战争。在紧张的工作之余，毛泽东创作了《浣溪沙·和柳亚子先生》（长夜难明赤县天）、《浣溪沙·和柳亚子先生》（颜斶齐王各命前）等词作。1950年至1952年，在毛泽东的领导下，在全国进行

---

① 毛泽东《毛泽东选集》第三卷，北京：人民出版社，1991年6月，第2版，第1029页。

了土地改革、镇压反革命和其他民主改革；开展了反对贪污、反对浪费、反对官僚主义的“三反”运动和反对行贿、反对偷税漏税、反对盗骗国家财产、反对偷工减料、反对盗窃经济情报的“五反”运动。1953 年，按照毛泽东的建议，中共中央宣布了党在过渡时期的总路线，开始有系统地进行社会主义工业化和对生产资料私有制的社会主义改造。1954 年，第一届全国人民代表大会第一次会议通过了由毛泽东主持起草的《中华人民共和国宪法》，在这次会议上，毛泽东当选为中华人民共和国第一任主席，任职到 1959 年。

1956 年 4 月，毛泽东在《论十大关系》中，对在中国建设社会主义的道路进行了初步的探索。在中共中央政治局扩大会议上，毛泽东提出了“百花齐放，百家争鸣”的方针。1956 年，我国生产资料私有制的社会主义改造基本完成。同年 9 月，中国共产党召开第八次全国代表大会，指出全国人民的主要任务已经转变为集中力量发展社会生产力。但是这个方针后来没有得到认真执行，因而导致了以后指导工作上的一系列错误和挫折。1957 年 2 月，毛泽东作《关于正确处理人民内部矛盾的问题》的讲话，提出正确区分和处理社会主义社会中敌我之间和人民内部两类不同性质的矛盾的学说。1958 年，在全国发动了“大跃进”和农村人民公社化运动。1959 年 7 月，中共中央在庐山召开中央扩大会议。这次会议本来是要纠正“大跃进”中已经觉察到的工作错误，但在会议后期却转为发动对彭德怀的批判，会后在全党开展了“反右倾”斗争。从 1954 年夏至 1959 年 7 月，毛泽东创作的诗词逐渐多起来，出现了建国后诗词创作的高潮，主要作品有《浪淘沙・北戴河》、《七律・和周世钊同志》、《五律・看山》、《七绝・莫干山》、《七绝・五云山》、《水调歌头・游泳》、《蝶恋花・答李淑一》、《七绝・观潮》、《七律二首・送瘟神》、《七绝・刘蕡》、《七绝・仿陆放翁〈示儿〉诗》、《七律・到韶山》、《七律・登庐山》等，艺术地再现了这一时期毛泽东情系祖国经济建设、关心人民疾苦以及工作之余登山、观潮的“闲适”生活。

从 1959 年末到 1965 年冬，在以毛泽东为首的中共中央领导下，我国对国民经济实行了“调整、巩固、充实、提高”的方针，初步纠正了“大跃进”

和人民公社化运动中的错误，使国民经济得到比较迅速的恢复和发展。但在1962年9月召开的中共八届十中全会上，毛泽东把社会主义社会中一定范围内存在的阶级斗争扩大化和绝对化，发展了他在1957年“反右倾”斗争以后提出的“无产阶级同资产阶级的矛盾仍然是中国社会的主要矛盾”的观点。1963年至1965年，毛泽东发动农村和城市社会主义教育运动，提出运动的重点是整所谓“党内走资本主义道路的当权派”。此外，从20世纪50年代末开始，毛泽东还领导中共同苏共领导人奉行的霸权主义和干涉、控制中国的企图进行了坚决斗争。从1959年末至1965年冬，毛泽东诗词创作持续出现高潮，作品颇丰，主要诗词有《七律·读报》、《七律·改鲁迅诗》、《七绝·为女民兵题照》、《七律·答友人》、《七绝·为李进同志题所摄庐山仙人洞照》、《七绝·屈原》、《七绝二首·纪念鲁迅八十寿辰》、《七律·和郭沫若同志》、《卜算子·咏梅》、《七律·冬云》、《满江红·和郭沫若同志》、《杂言诗·八连颂》、《七律·吊罗荣桓同志》、《贺新郎·读史》、《念奴娇·井冈山》、《水调歌头·重上井冈山》、《念奴娇·鸟儿问答》、《七律·洪都》以及《七绝·贾谊》、《七律·咏贾谊》等。

1966年，由于对国内阶级斗争形势做出了极端的估计，毛泽东发动了“文化大革命”。“文化大革命”期间，毛泽东诗词创作进入衰退期。《七律·有所思》反映了运动初期诗人的思考与探索。这场运动由于受到林彪、江青两个反革命集团操纵而变得特别狂暴，大大超出了毛泽东的预料和毛泽东的控制范围，以至延续十年之久，使我国许多方面受到严重的破坏和损失。在“文化大革命”中，毛泽东也制止和纠正过一些具体错误，例如，领导了粉碎林彪反革命集团的斗争，不让江青、张春桥等夺取党和国家最高领导权的野心得逞。1973年创作了《七律·读〈封建论〉呈郭老》等诗词。

毛泽东在晚年虽然犯了严重的错误，但是就其一生来看，他的功绩是第一位的，错误是第二位的，他仍然受到中国人民的崇敬。中国共产党在他逝世5年以后，对他的全部革命活动和革命思想以中央委员会决议的形式做出了全面的评价。毛泽东思想作为马克思主义在中国的发展，仍然是中国共产党的指导思想。他的主要著作有《毛泽东选集》(共四卷)、《毛泽东早期文稿(1912.6—1920.11)》、《建国以来毛泽东文稿》(共十三卷)、《毛泽东文集(1921—1976)》(共八卷)、《毛泽东诗词集》、《毛泽东书信选集》等。

毛泽东一生爱好诗词。作为中国共产党的创始人和中国无产阶级革命的第一代领袖，他的诗词反映了中国无产阶级革命和直到他去世前社会主义建设的全部历程，展现了中国革命和建设波澜壮阔的宏伟画卷。毛泽东诗词是他一生的政治理想、生活追求、哲学观念、思维方式、生活阅历、切身感受、思想境界、人生情致、创造才能和审美情趣的反映。可以毫不夸张地说，毛泽东诗词是中国革命的壮丽史诗，是毛泽东伟大人格的光辉写照，也是毛泽东思想不可分割的重要组成部分。

毛泽东另一个爱好是书法，作为草书大家，可与他独领风骚的政治家诗人和伟大的无产阶级革命家称号齐名。清代乾隆年间举人戴炯在《中湘韶山毛氏二修族谱》卷首《老谱序》中，对韶山曾作了一个惊人的预见:“湘之西有韶山，山峻以复，泉洁以长，茂林修竹，云气往来，中可烟火百家，田畴沃壤。循流而下至铁陂，两山相峙若门……夫山水秀绝，必生奇才，韶山虽不在中州往来之地，赋客骚人所不到，必将有秉山川之秀，追踪古先生其人者，为国之华，为邦之望，使人与地俱传。”这一神来之笔，仿佛天才预言。毛泽东为历史增色，为中国、为世界所景仰。今天，毛泽东与韶山真的“人与地俱传”了。

二　毛泽东诗词创作分期

毛泽东诗词想象丰富，气魄宏大，寓意深刻，意境高远，平易朴实，雄伟瑰丽，有很高的艺术性，誉满海内外。从 1901 年初口占《杂言诗 · 迎春》至 1973 年春吟诵《五言韵语 · 读〈十批判书〉》，73 年间写下了大量的诗词。但有的由于年代久远，有的因为战争年代居无定所赠送别人而没有留下底稿，有的作品自己也没有刻意收藏，以及其他各种原因，没有全部保留下来。据不完全统计，目前在各种权威出版物上发表的毛泽东诗词（包括残篇、残句、联句、改诗、仿诗和韵语）已有 100 余首。

毛泽东诗词创作经历了学习、成长、成熟和衰退的过程，大致可分为三个时期。

（一）读书和早年从事革命活动时期

这一时期（1901 年至 1926 年）是毛泽东从读书到走上革命道路从事革命活动的时期，也是毛泽东诗词创作的学习期、成长期和臻于成熟期。这一时期为我们留下了诗词（包括残篇、残句、联句、改诗、韵语）20 余首。

毛泽东的故乡韶山，位于湖南省湘潭县西北部，群山环抱，林木葱茏，风景秀丽。西南有韶峰，为南岳衡山七十二峰之一。传说五千多年前，舜帝南下巡视，他让臣僚在山上演奏动听的《韶》乐，竟引来凤凰起舞。留下“乐成九韶，音召凤至”的千古佳话。从此，这里名曰韶山，成为历代文人墨客游览歌咏的圣地。被韶山环抱的一块狭长谷地便是湘潭县的韶山冲。毛泽东从8岁起在家乡读了6年私塾，四书五经熟读成诵。故乡的人文景观、神话传说，赋予了毛泽东浪漫多情、想象丰富的诗人气质，使他在童年和少年时代就显露出非凡的诗词天赋。进入湖南省立第一师范学校读书后，他广泛阅读了中国古典诗文，认识到“文学为百学之原”，应“先业词章，后治各科”，确立了“诗言志”的文学观。他把文学作为改造社会的工具，写出了一批早期诗词。从内容上看，有反映农村春节民俗的顺口溜，有纪游的诗作，有送别的诗作，有言志抒怀的诗作，有深切悼念亲人和同窗挚友的诗作。

1921年创作的言情词《虞美人·枕上》、1923年创作的言情兼述怀词《贺新郎·别友》、1925年秋创作的言志词《沁园春·长沙》，标志着毛泽东诗词创作已臻于成熟。

这一时期的创作，体裁以诗为主，内容主要是个人生活、同学交往、亲情、爱情、婚姻、遭际等。在表现手法上，主要以现实的时空为依托，按照自然的时序和物序叙述和描写，抒写作者真实的情感，呈现的基本上是再现性的境界，初步形成了雄奇瑰丽、以婉约为主的艺术风格。

（二）革命战争时期

这一时期（1927年至1949年）包括土地革命战争、长征和到达延安初期、抗日战争、解放战争四个阶段，创作诗词（包括改诗、韵语）30余首。土地革命战争是中国革命最困难的阶段，也是中国革命找到了一条开展武装斗争，建立革命根据地，走农村包围城市的道路的阶段。其间毛泽东在诗词创作上出现了一个历时十年的高潮，作品大多是短小的词，主要内容是表现革命斗争和革命战争，初步显示出毛泽东诗词作为中国革命史诗的性质，也表现了毛泽东坚忍不拔的人格力量。其中有反映党内右倾机会主义者葬送了大革命的前途，作者为革命前途担忧而充满苍凉心境的《菩萨蛮·黄鹤楼》；也有反映“革命失败，得了惨痛的教训，于是有了南昌起义、秋收起义和广州起义，进入了组建红军的新时期”① 的《西江月·秋收起义》、《西江月·井冈山》、《清平乐·蒋桂战争》、《采桑子·重阳》、《如梦令·元旦》、《减字木兰花·广昌路上》、《蝶恋花·从汀州向长沙》；有反映粉碎蒋介石对革命根据地进行大规模“围剿”的《渔家傲·反第一次大“围剿”》、《渔家傲·反第二次大“围剿”》；有反映蒋介石发动第五次大“围剿”前夕，中央苏区面临严峻困难，毛泽东此时又遭受“左”倾路线排挤时，仍始终保持革命乐观主义精神的《菩萨蛮·大柏地》、《清平乐·会昌》等。

长征和到达延安初期是中国革命生死存亡的大转折阶段。1934 年 10 月至 1936 年 10 月中国工农红军举行了世界瞩目的二万五千里长征。长征是中国革命史上的奇迹，世界军事史上的伟大壮举。长征胜利结束到达延安后，中国革命真正出现了新的转机和曙光。这一阶段毛泽东诗词创作持续出现高潮，在较短的时间内创作了一批精品力作，有反映中国工农红军在二万五千里长征中历尽千难万险的《十六字令三首》、《忆秦娥·娄山关》、《七律·长征》、《念奴娇·昆仑》、《清平乐·六盘山》等，这些作品讴歌了中国工农红军以高度的革命英雄主义和革命乐观主义精神以及大智大勇战胜敌人的围追堵截、大自然的艰难险阻以及党内的错误路线，终于从挫折走向胜利的大无畏革命精神，同时抒发了中国工农红军坚定的革命信念和崇高的共产主义理想，堪称一组英雄史诗。有反映党中央和红军到达陕北后为巩固陕北革命根据地打胜第一仗的《六言诗·给彭德怀同志》；有反映对投身革命的知识分子欢迎和礼赞的《临江仙·给丁玲同志》；还有讴歌祖国壮丽河山，纵论古今人物的《沁园春·雪》，“标志着毛泽东豪迈地登上了中国词创作的高峰”②。其中《七律·长征》和《沁园春·雪》被人们誉为毛泽东诗词中诗的极品和词的极品。

抗日战争是中国人民反对日本帝国主义侵略的最艰苦阶段，也是毛泽东诗

① 毛泽东《战争和战略问题》：《毛泽东选集》第二卷，北京：人民出版社，1991 年 6 月第 2 版，第 548 页。

② 沈曜《初论毛泽东的长征词创作》：马国征、季世昌主编，王同书副主编《流韵壮东风》，吉林人民出版社 2001 年 5 月版，第 232 页。

词创作的沉寂期。正如毛泽东给毛岸英、毛岸青信中所说："我一点诗兴也没有，因此写不出。"① 但是在这一阶段毛泽东却创作了不少与抗日战争重大历史事件有关的对联和悼念革命烈士及国民党爱国将领的对联，也可以说是诗人表达思想情感的另一种艺术形式。这一阶段诗词作品虽少，但题材重大，意义深远。例如，《四言诗·祭黄陵文》表达了中国共产党誓死以武力抵抗日本侵略者的决心；《四言韵语·题〈中国妇女〉之出版》热情鼓励全中国劳动妇女奋发努力，积极投身于中国妇女自我解放运动和抗日救国运动中；《五律·挽戴安澜将军》悼念国民党抗日爱国将领戴安澜，体现了中国共产党抗日民族统一战线思想。

解放战争是中国革命走向彻底胜利的阶段。这一阶段，毛泽东指挥人民解放军在全国各战场与国民党反动派展开大决战，军务繁忙，日理万机，根本无暇顾及诗词创作，因而留下的作品也较少，但却有着重要的意义。有真实地反映转战陕北艰苦战斗历程的《五律·张冠道中》和歌颂西北野战军收复蟠龙失地，解放区军民转入大反攻的《五律·喜闻捷报》，更有标志着蒋家王朝被彻底推翻、人民解放战争取得辉煌胜利，抒发将革命进行到底思想，艺术地揭示人类社会发展变化规律的《七律·人民解放军占领南京》，以及表达朋友之间关怀的《七律·和柳亚子先生》。值得注意的是，这一时期出现了两首在毛泽东诗词创作中很少出现的五言律诗，从而丰富了毛泽东诗词创作的体裁。《七律·人民解放军占领南京》被誉为反映中国革命取得彻底胜利的丰碑式的史诗。

这一时期创作的诗词仍然保持了读书和早年从事革命活动时期的创作方法。作品大多反映的是当时革命战争和革命斗争的现实生活，具有史诗的特质。这些作品继承和发展了我国传统的言志、抒情、虚实、形神、意境等美学理论，采用的是纪实性、描写性和抒情性相结合的方法。而采用比、兴手法创作的诗词较少，没有一首诗词是全用比和兴的，诗词中只有少数词句使用了

---

① 毛泽东《致毛岸英、毛岸青》：中共中央文献研究室编《毛泽东书信选集》，中央文献出版社 2003 年 11 月版，第 152 页。

比、兴。采用赋写作的诗词占一半以上，例如《沁园春·雪》，几乎全用赋的表现手法写成。

（三）社会主义建设时期

这一时期（1950年至1976年）可以分为20世纪50年代至60年代前期、“文化大革命”前夕到“文化大革命”两个阶段，为我们留下诗词（包括改诗、仿诗、韵语）40余首。20世纪50年代是毛泽东诗词创作新的发展期，特别是50年代后期，出现了建国后诗词创作的高潮。作品内容主要是抚今追昔、缅怀先烈，反映社会主义建设的新面貌，讴歌广大人民群众建设新生活的热情和昂扬向上的精神面貌。有反映全国各族人民大团结盛况和宣扬爱国主义精神的《浣溪沙·和柳亚子先生》（长夜难明赤县天）、《浣溪沙·和柳亚子先生》（颜斶齐王各命前）；有反映社会主义建设取得巨大成就的《浪淘沙·北戴河》、《水调歌头·游泳》、《七律二首·送瘟神》、《七律·登庐山》；有缅怀革命先烈，表达痛失亲爱的夫人杨开慧的《蝶恋花·答李淑一》；有反映人民领袖诚挚深厚的乡情、亲情和友情的《七律·到韶山》、《七律·和周世钊同志》；有反映在繁忙的工作之余旅游休憩、轻松快适心情的“闲适诗”《五律·看山》、《七绝·莫干山》、《七绝·五云山》和《七绝·观潮》等；还有咏怀历史人物的《七绝·刘蕡》。其中词作《水调歌头·游泳》成为革命现实主义与革命浪漫主义相结合的艺术典范，开创了毛泽东诗词创作的新局面；《蝶恋花·答李淑一》被誉为以豪放为主兼有婉约风格的上乘之作。

20世纪50年代末至60年代前期，毛泽东诗词创作持续出现高潮，而且诗词兼擅。这一阶段毛泽东诗词创作的题材进一步扩大，体裁也发生了新的变化。批判修正主义、霸权主义成为这一阶段诗词创作的重要内容，格律诗已成为毛泽东诗词创作的主要形式。在艺术上继续保持雄奇瑰丽风格的同时，在部分诗词中又增添了诙谐幽默的风格。创作题材丰富多样是这一阶段的突出特点：有在国际局势风云变幻，国内经济发生严重困难，社会主义中国面临严峻考验的形势下，表现中国共产党和中国人民不屈不挠，奋发图强，高举马列主义大旗，批判修正主义、霸权主义，对胜利充满信心的《七律·读报》、《七律·改鲁迅诗》、《七绝·为李进同志题所摄庐山仙人洞照》、《卜算子·咏梅》、《七律·冬云》、《七律·和郭沫若同志》、《满江红·和郭沫若同志》；也有反映社会主义建设继续取得新成就的《七律·答友人》，讴歌妇女和人民解放军在建设祖国、保卫祖国中展现英雄风貌的《七绝·为女民兵题照》、《杂言诗·八连颂》；有痛悼亲密战友的《七律·吊罗荣桓同志》；还有表现诗人运用历史唯物主义观点审视历史的咏史之作《七绝·屈原》、《七律·咏贾谊》、《贺新郎·读史》。其中《贺新郎·读史》展示了诗人的大手笔，高屋建瓴，游刃有余，堪称有别于古今所有咏史诗的力作。

“文化大革命”前夕和“文化大革命”阶段是毛泽东酝酿、发动和领导“文化大革命”的阶段。“文化大革命”前夕的1965年，毛泽东到祖国南方视察，重游了38年前自己亲手开创的革命根据地井冈山，抚今追昔，感慨万端，写下了《念奴娇·井冈山》和《水调歌头·重上井冈山》两首词，表达了晚年毛泽东的执着追求和老骥伏枥的革命志向。这一阶段的作品，《念奴娇·鸟儿问答》形似寓言，幽默风趣，语言大雅大俗，犀利尖锐，融入了散曲的风格。并非吟咏洪都之事的《七律·洪都》抒发了诗人“老骥伏枥，志在千里”，仍要干一番惊天动地的大事业的壮志豪情。毛泽东在诗词中一再表达自己的“凌云志”，隐含着他即将要发动一场规模宏大的政治运动，以解决国际反修反霸和国内反修防变等重大问题的思想。

由于毛泽东对当时国内阶级斗争形势做出了错误的判断，将斗争的重点转移到了国内和共产党内部，于1966年发动了一场历时10年之久的“文化大革命”。他把诗词当作阶级斗争的工具，“文化大革命”、“批林批孔”、“评法批儒”等成了他最后这一阶段诗词创作的主要内容。正如他接见外宾时所说的：“你要写诗，就要写阶级斗争。”[①] 这一阶段诗词的数量大大减少，有些诗的质

---

① 龚国基《毛泽东与诗》，北京：中国文联出版社，1998年6月版。

量也有所下降。在继续保持雄壮和豪放风格的同时，他的诗词也隐约地透露出一种凄凉和悲怆的心境，诗风也趋向率直和粗放，进入了诗词创作的衰退期。《七律·有所思》和《七律·读〈封建论〉呈郭老》对当时国内阶级斗争形势做出了极端的估计和判断，其内容当然是应当否定的，但却有助于人们了解毛泽东晚年在胜利的豪情中，在笔下的风雷中，隐藏着的某种沉郁以至苍凉的心境，有助于人们认识毛泽东晚年在“左”的思想指导下发动“文化大革命”这一历史悲剧的根源。

在社会主义建设时期，毛泽东诗词创作的题材大大拓展了，体裁也更加丰富了。诗词主导风格仍以豪放为主，但创作方法已由前两个时期的现实主义为主，拓展到浪漫主义，进而发展为现实主义与浪漫主义的对立统一，即“两结合”创作方法。“两结合”创作方法丰富了诗词的审美内涵，增加了诗词审美魅力。这一时期采用赋手法创作的诗词越来越少，而运用形象思维创作的作品却逐渐多起来，约百分之八十以上的诗词采用了比、兴手法。有些诗词几乎全用比、兴手法写成，例如《蝶恋花·答李淑一》、《七律·答友人》、《七律·和郭沫若同志》、《卜算子·咏梅》、《念奴娇·鸟儿问答》等，诗词创作进入了表现性的意象化境界。毛泽东晚年的诗词创作风格也发生了新变化，以散文入诗，以杂文入诗，甚至以大量的口语入诗，这种大胆创新精神是值得我们学习的，但是其诗词从内容到艺术整体上是趋于衰退的。

纵观毛泽东一生的诗词创作，可以看到毛泽东在诗词创作上有一个学习、成长、成熟，达到创作高峰，最后又趋于衰微的过程。毛泽东酷爱写词，从青年时期直到晚年，佳作迭出。而于律诗则有个逐步发展的过程，早年喜古风，中晚年则渐喜格律诗，认为虽受格律束缚，但意蕴丰富，音韵铿锵，形式整齐，艺术审美高雅，因而在律诗创作上逐步取得了很高的成就，最后达到了诗词兼擅的艺术境界。毛泽东以自己的创作实践，实现了用旧体诗词艺术形式与全新的时代内容融合，实现了旧体诗词表现现当代生活的现代转型。①

---

① 徐四海、季世昌《略论建国后毛泽东诗词诗论的发展》:《江苏社会科学》2012 年第 6 期。

三　毛泽东的诗学理论与创作实践

毛泽东是继承和发展我国优秀传统文化的杰出典范，其在创作旧体诗词的过程中，推陈出新，形成了自己的诗学理论。在践行自己的诗学理论中又取得了卓越的创作成就，形成了独特的艺术风格。

（一）毛泽东诗学理论综述

毛泽东没有专门论诗的著作，他关于诗歌的许多精辟见解都是用书信、谈话、批注等方式发表的。这些见解包括：关于诗歌创作的本源，关于诗歌创作的方法，关于诗歌创作的人民性和时代性，关于诗歌的风格，关于新诗与旧体诗的关系，关于新诗的出路等。大体上包括了诗词创作的本体论、方法论、创作论、鉴赏论，构成了一个比较完整的诗论体系。

“诗言志”是毛泽东诗学理论的核心。早在湖南第四师范读书时，他就在听课笔记《讲堂录》中写道：“性情识见俱到，可与言诗矣。文以理胜，诗以情胜。有感而后有诗，有情而后著之于诗，始美且雅。无论诗文，切者斯美。欢愉之词难好，哀怨之词易工。心之所之谓之志。”① 1945 年 9 月在重庆谈判期间，毛泽东应诗人徐迟之请，为其题词“诗言志”。1959 年他又进一步说明

---

① 中共中央文献研究室、中共湖南省委《毛泽东早期文稿》编辑组编《毛泽东早期文稿 1912.6—1920.11》，长沙：湖南出版社，1990 年 7 月第 1 版。

“诗言志”的道理：“写诗，就要写出自己的胸怀和情操，这样才能引起读者的共鸣，才能使人感奋。”①

在诗歌内容方面，1938 年 4 月毛泽东《在鲁迅艺术学院的讲话》中就指出“艺术作品要有内容，要适合时代的要求，大众的要求”②。1939 年 1 月在《致路社》的信中又指出：“无论文艺的任何部门，包括诗歌在内，我觉都应是适合大众需要的才是好的。现在的东西中，有许多有一种毛病，不反映民众生活，因此也为民众所不懂。适合民众需要这种话是常谈，但此常谈很少能做到，我觉这是现在的缺点。”③ 毛泽东从正反两个方面提出了诗歌美学中“诗与生活”这样一个重要的原则问题。1959 年 12 月至 1960 年 2 月毛泽东在读苏联《政治经济学教科书》时的一次谈话中指出：“接近社会生活，才有可能产生像《离骚》这样好的文学作品。”④ 毛泽东一再强调诗歌要反映火热的现实生活，要易于为人们所传诵。表现人民性和时代性是毛泽东诗论最鲜明的特点。

在诗歌创作方法方面，毛泽东指出：“我们主张艺术上的现实主义，但这并不是那种一味模仿自然的记流水账似的‘写实’主义者，因为艺术不能只是自然的简单再现。至于艺术上的浪漫主义，……它有各种不同的情况，有积极的、革命的浪漫主义，也有消极的、复古的浪漫主义，……积极浪漫主义的主要精神是不满现状，用一种革命的热情憧憬将来，这种思潮在历史上曾发生过进步作用。一种艺术作品如果只是单纯地记述现状，而没有对将来的思想追求，就不能鼓舞人们前进。在现状中看出缺点，同时看出将来的光明和希望，

---

① 陈晋《毛泽东与文艺传统》，北京：中央文献出版社，1992 年 3 月第 1 版。

② 中共中央文献研究室编《毛泽东文艺论集》，北京：中央文献出版社，2002 年 5 月版，第 16-17 页。

③ 毛泽东《致路社》：刘汉民《毛泽东谈文说艺实录》，武汉：长江文艺出版社，1992 年 5 月版，第 210 页。

④ 陈晋主编《毛泽东读书笔记解析》，广州：广东人民出版社，1996 年 7 月版。

这才是革命的精神，马克思主义者必须有这样的精神。”① 幻想是想象的一种形式，是诗人用浪漫主义创作方法进行艺术构思的一个最重要的途径。毛泽东进而指出：“光搞现实主义一面也不好，……搞点幻想。”“无产阶级的文学艺术应采用革命的现实主义与革命的浪漫主义相结合的创作方法。”②“没有幻想，就没有科学、文学和艺术。”③

在诗歌表现手法方面，毛泽东针对当时诗坛充斥标语口号式的概念化诗歌、分行散文式的诗歌现状，提出“诗要用形象思维，不能如散文那样直说，所以比、兴两法是不能不用的。赋也可以用，如杜甫之《北征》，可谓‘敷陈其事而直言之也’，然其中亦有比、兴。‘比者以彼物比此物也’，‘兴者，先言他物以引起所咏之词也’。韩愈以文为诗；有些人说他完全不知诗，则未免太过，如《山石》、《衡岳》、《八月十五酬张功曹》之类，还是可以的。据此可以知为诗之不易。宋人多数不懂诗是要用形象思维的，一反唐人规律，所以味同嚼蜡。……要作今诗，则要用形象思维方法”④。“味”是我国古代美学中的重要概念。晋代诗人陆机第一个把“味”这一概念引进诗文理论，认为诗文作品应该具有一种“遗味”，能给人以美的享受。他还指出：“诗贵含蓄和留有余地。”“贵意境高尚，尤贵意境之动态，有变化，才能见诗之波澜。这正是唐诗以来格律诗之优越性。”⑤ 这里所说的“味”和“动态”，确系毛泽东诗词创作实践的经验之谈。

在诗歌体裁方面，毛泽东喜好旧体诗，并创作了许多旧体诗词，却又不提

① 中共中央文献研究室编《毛泽东文集》第二卷，人民出版社 1993 年 12 月版，第 121-122 页。

② 毛泽东《在中共八大二次会议上的报告》：陈晋《毛泽东与文艺传统》，中央文献出版社 1992 年 3 月第 1 版。

③ 梅白《在毛泽东身边的日子里》，见《炎黄春秋》1988 年第 4 期。

④ 毛泽东《致陈毅》：中共中央文献研究室编《毛泽东书信选集》，中央文献出版社 2003 年 11 月版，第 572 页。

⑤ 刘汉民编著《毛泽东与梅白谈诗》：《毛泽东谈文说艺实录》，长江文艺出版社 1992 年 5 月版，第 410 页。

倡，不喜欢新诗却又予以推广。他曾经说过：“旧体诗词有许多讲究，音韵、格律很不易学，……不如新诗那样‘自由’。”[①] “律诗是一种少数人吟赏的艺术，难于普及，不宜提倡，惟有民间言语七字成句有韵而非律的诗，即兄所指民间歌谣体制，尚是很有用的。”[②] “诗当然以新诗为主体，旧诗可以写一些，但是不宜在青年中提倡，因为这种体裁束缚思想，又不易学。”[③] 毛泽东对新诗和旧体诗的主张是非常辩证的。他曾十分中肯地指出：“用白话写诗，几十年来，迄无成功。”[④] “现在的新诗不成型，没有人读。我反正不读新诗，除非给100块大洋。”[⑤] 在和一些中年学者交谈诗歌写作问题时又指出：“旧体诗词源远流长，不仅像我这样的老年人喜欢，而且像你这样的中年人也喜欢。”[⑥] 在旧体诗词的内容和形式的关系上，毛泽东也发表过非常重要的意见。他一方面认为“旧体诗词的格律过严，束缚人的思想，我一向不主张青年人花偌大精力去搞”[⑦]；另一方面又指出“形式的定型，并不意味着内容受到束缚，诗人丧失个性。同样的形式，千百年来，真是名诗代出，佳作如林。固定的形式并没有妨碍诗歌艺术的发展”[⑧]。“不论平仄，不讲叶韵，还算什么格律诗词？

---

① 毛泽东《致臧克家》：中共中央文献研究室编《毛泽东书信选集》，中央文献出版社2003年11月版，第48页。

② 毛泽东《致蒋竹如》：季世昌等《毛泽东诗词·掌故佳话》，珠海出版社1999年9月版。

③ 刘汉民编著《毛泽东与梅白谈诗》：《毛泽东说文谈艺实录》，长江文艺出版社1992年5月版，第117页。

④ 毛泽东《致陈毅》：中共中央文献研究室编《毛泽东书信选集》，中央文献出版社2003年11月版，第571页。

⑤ 陈晋《毛泽东与文艺传统》，中央文献出版社1992年3月第1版。

⑥ 刘汉民编著《毛泽东与梅白谈诗》：《毛泽东说文谈艺实录》，长江文艺出版社1992年5月版，第117页。

⑦ 孙琴安、李师贞《毛泽东与冒广生谈诗》：《毛泽东与名人》，江苏人民出版社1993年2月版，第272页。

⑧ 臧克家《毛泽东同志与诗》：《红旗》1984年第2期。

掌握了格律，就觉得有自由了。”① 他甚至动情地说：“我冒叫一声，旧体诗词要发展，要改造，一万年也打不倒。因为这种东西最能反映中华民族和中国人民的特性和风尚，可以兴观群怨嘛，怨而不伤，温柔敦厚嘛。”② 毛泽东进一步又说：“格律诗和新诗，都应该在发展中改造。”“格律诗是打不倒的，除非有更好的东西代替它。至于新诗，也打不倒，青年人喜欢嘛。”“新诗的作者，要学习格律诗的含蓄、凝练……格律诗要学习民歌的时代色彩、乡土气息和人民情感……新诗、格律诗、民歌，会不会取长补短，发展成为中国式的真正的新诗？我希望有那么一天。”③ 毛泽东关于形象思维和诗词格律的论述，在毛泽东诗学理论中带有纲领性质。

1957年1月毛泽东同臧克家、袁水拍谈诗歌问题时说：“中国的诗歌，从《诗经》的四言，后来发展到五言、七言，到现在的民歌，大都是七个字、四拍子，这是时代的需要。”④ 他曾设想和预言：“我看中国诗的出路恐怕是两条：第一条是民歌，第二条是古典，这两方面都提倡学习，结果产生一个新诗。现在的新诗不成型，不引人注意，谁去读那个新诗。将来我看是古典和民歌这两个东西结婚，产生第三个东西。形式是民族的形式，内容应该是现实主义与浪漫主义的对立统一。……太现实就不能写诗了。”“民歌与古典诗的统一，外国诗作参考。”⑤ “将来趋势，很可能从民歌中吸引养料和形式，发展成为一套吸引广大读者的新体诗歌。”⑥ 新诗“应该精炼，大体整齐，押大致相同的韵。也就是说，在古典诗歌、民歌的基础上发展新诗。一方面，要继承优

---

① 孙琴安、李师贞《毛泽东与冒广生谈诗》:《毛泽东与名人》，江苏人民出版社1993年2月版，第272页。

② 刘汉民编著《毛泽东与梅白谈诗》:《毛泽东说文谈艺实录》，长江文艺出版社1992年5月版，第117页。

③ 梅白《回忆毛泽东论诗》:《文摘周报》1987年3月26日。

④ 臧克家《毛泽东同志与诗》:《红旗》1984年第2期。

⑤ 毛泽东《在成都会议上的讲话提纲》：中共中央文献研究室编《建国以来毛泽东文稿》第七册，中央文献出版社1992年8月版，第124、202页。

⑥ 毛泽东《致陈毅》：中共中央文献研究室编《毛泽东书信选集》，中央文献出版社2003年11月版，第571页。

良诗歌的传统；另一方面，要顺应时代的要求，以求得新诗的发展”①。毛泽东为我国新诗指明了发展道路，充满着无限的期待。

在诗歌语言方面，毛泽东一贯主张诗词语言要通俗易懂。他曾指出：“诗的语言，当然要以现代大众语为主，加上外来语，和古典诗歌中现在还有活力的用语。大众化当然首先是内容问题，语言是表现形式。要有民族风味，叫人爱看，爱诵，百读不厌。”②“搞文学的人，还必须懂得和学习语言学，学习音韵学，不学音韵，想研究诗歌和写诗，几乎是不可能的。还要学《说文解字》，一般学文学的人对《说文解字》没有兴趣，其实应该学。”③ 1965 年 9 月，毛泽东为胡乔木修改《词二十七首》时的批语说：“有些地方还有些晦涩，中学生读不懂。唐、五代、北宋诸家及南宋一些人写的词，大都是易懂的。”“要造新词，天堂、霓裳之类，不可常用。”④

在诗歌欣赏方面，毛泽东认为：“词有婉约、豪放两派，各有兴会，应当兼读。读婉约派久了，厌倦了，要改读豪放派。豪放派读久了，又厌倦了，应当改读婉约派。我的兴趣偏于豪放，不废婉约。婉约派中有许多意境苍凉而又优美的词。范仲淹的上两首（指范仲淹的《苏幕遮》、《渔家傲》两首词），介于婉约与豪放两派之间，可算中间派吧；但基本上仍属婉约，既苍凉又优美，使人不厌读。婉约派中的一味儿女情长，豪放派中的一味铜琶铁板，读久了，都令人厌倦的。人的心情是复杂的，有所偏但仍是复杂的。所谓复杂，就是对立统一。人的心情，经常有对立的成分，不是单一的，是可以分析的。词的婉约、豪放两派，在一个人读起来，有时喜欢前者，有时喜欢后者，就是一例。”⑤

---

① 臧克家《毛泽东同志与诗》：《红旗》1984 年第 2 期。

② 臧云远《亲切的教诲》：《新文学史料》1979 年第 2 期。

③ 杨建业《在毛主席身边读书——访北京大学中文系讲师芦荻》：《光明日报》1978 年 12 月 29 日。

④ 曹应旺编《伟人诗交》，中共中央党校出版社 1994 年 11 月版，第 78 页。

⑤ 毛泽东《读范仲淹两首词的批语》：中共中央文献研究室编《毛泽东文集》第七卷，人民出版社 1999 年 6 月第 1 版。

毛泽东努力践行自己的诗学理论，并以其诗词的巨大艺术魅力，激起了一大批长期饱受传统文化熏陶的人们对旧体诗词的阅读兴趣和创作热情，这充分证明旧体诗词在今天仍然有着强大的艺术生命力。毛泽东以自己的创作实践推动了旧体诗词的复兴，结束了新体诗与旧体诗词势不两立的状态。当前，我国新体诗与旧体诗词创作已进入协调发展的新时期。

（二）赋予旧体诗词以现当代生活内容

旧体诗词在我国有着悠久的历史，一向深受我国人民的喜爱，五四运动以后，由于社会的、政治的以及文学发展内在规律等多方面原因，逐渐衰落了。新中国成立后，毛泽东旧体诗词的正式发表，在我国文坛和社会产生了极大的影响。毛泽东娴熟地运用旧体诗词形式，形象生动地“反映阶级斗争与生产斗争”①，反映现实社会生活和现代人的丰富情感，谱写了中国革命与社会主义建设的历史进程。毛泽东诗词是中国革命和社会主义建设的辉煌史诗，在题材、主题、语言、格律等方面均表现出鲜明的时代色彩和艺术超越。

1. 咏物诗词的时代色彩

咏物诗词是指以客观的“物”为集中描写对象，并在描写中抒怀兴感的诗词，其特点是要求诗词能够紧扣所咏之物，并在其中有所兴寄。咏物诗词在中国古代文学传统中源远流长，佳作林立。毛泽东的咏物诗词不仅做到了咏物寄意，而且富于鲜明的时代色彩。以梅花为例，古往今来不知多少诗人写过吟诵梅花的诗词，但毛泽东的词《卜算子·咏梅》一反过去那种孤傲清高或寂寞感伤的形象，塑造出一种俏丽挺拔、豁达乐观的崭新形象。“俏也不争春，只把春来报，待到山花烂漫时，她在丛中笑”，使梅花成为新时代集体英雄主

① 毛泽东《致陈毅》：中共中央文献研究室编《毛泽东书信选集》，中央文献出版社2003年11月版，第572页。

义的象征。与著名爱国诗人陆游的《卜算子·咏梅》比较，陆游笔下的“梅花”是一个孤独的爱国者形象，生长于“驿外断桥边”，在凄风苦雨中寂寞无主地开放，在黄昏中独自发愁，尽管“无意苦争春”，还要遭到“群芳妒”，最终“零落成泥碾作尘”，被人们所遗忘。而毛泽东笔下的“梅花”却迎来了百花盛开，在人们心中得到永生。

又如咏雪的诗词，古来也有不少，但写得精彩且有个性特征的寥若晨星，更没有一首像毛泽东的《沁园春·雪》这样雄视古今，妩媚壮丽。再如，写山的诗词也可谓不计其数，可是从来没有像毛泽东的《念奴娇·井冈山》、《七律·登庐山》、《七绝·五云山》、《七绝·莫干山》、《五律·看山》这样与社会主义建设、祖国面貌的巨变联系在一起并且写得如此意蕴深刻形象生动的。

如果把毛泽东同古代的大诗人、大词人进行比较，可以说他们在学识的渊博和艺术的才能方面是没有多少差异的，但是古代的大家们没有毛泽东这样在伟大革命实践中的丰富阅历和深切感受，更缺乏毛泽东所具有的唯物主义的世界观，共产主义的宏伟理想，无产阶级的伟大胸怀以及与广大劳动人民同呼吸共命运的深厚情感。当然，我们不应该苛求古人，然而这却不能不说是毛泽东诗词在内容上超越前人的地方。

2. 革命史诗的时代精神

史诗是以诗歌形式实录具有重大意义的历史事件，是以“历史事件构成史诗的内容”(别林斯基语)，是历史真实面貌的艺术反映。以毛泽东诗词的史诗性而论，毛泽东诗词完整地反映了从新民主主义革命到社会主义建设初期各个阶段的历史进程，艺术地表现了推动中国社会不断进步的时代主流，反映了社会生活的本质。主要表现在以下几个方面。

第一，典型地记录了决定现代中国命运的重大事件。毛泽东是一位亲历战争的统帅和领袖，他以笔蘸血，用生命谱写了一篇篇乐章，为我们留下了珍贵的历史真实。例如“军叫工农革命”，“霹雳一声暴动”的《西江月·秋收起义》；“七百里驱十五日”，“横扫千军如卷席”的《渔家傲·反第二次大“围剿”》；记录二万五千里长征的史诗《七律·长征》；反映“蒋家王朝”覆灭的《七律·人民解放军占领南京》等都是其中的优秀作品。

第二，鲜明地表现了20世纪的时代精神。毛泽东诗词反映了中国无产阶级登上历史舞台的先进思想和历史意识以及勇于打碎旧世界、积极创造新世界的革命精神，表现了一往无前的革命英雄主义、不畏艰难险阻的革命乐观主义和高瞻远瞩的革命理想主义，集中反映了现代中国人民的坚强意志和丰富情感。像“红旗越过汀江，直下龙岩上杭”的《清平乐·蒋桂战争》；“敌军围困万千重，我自岿然不动”的《西江月·井冈山》；“直指武夷山下”的《如梦令·元旦》；“百万工农齐踊跃”的《蝶恋花·从汀州向长沙》；“二十万军重入赣”，“唤起工农千百万”的《渔家傲·反第一次大“围剿”》等都是代表作品。

第三，生动地凸显了崇高壮美的艺术风格。毛泽东诗词的这一风格非常适于表现重大的历史事件和高昂的时代精神，因而其史诗往往写得气魄雄伟，意境阔大，意象丰富，形象瑰丽，想象奇特，画面壮美。《西江月·井冈山》、《菩萨蛮·大柏地》、《忆秦娥·娄山关》、《七律·长征》、《五律·张冠道中》、《七律·人民解放军占领南京》等是展示这一艺术风格的代表作。

3. 革命史诗的艺术超越

毛泽东的史诗在内容上、艺术上不仅超越了前代诗人，而且也超越了同时代的诗人。主要表现在以下几个方面。

第一，完整地反映了一个时代的伟大转变。历史上许多史诗大多是反映一个重大历史事件、一场战争或是一个民族兴衰过程中的某些人物或侧影，而毛泽东诗词则完整地反映了拥有几亿人口的大国艰苦卓绝的革命斗争和浴血奋斗的历史事实，这在诗歌史上是极为罕见的。

第二，真实地反映历史上全新的革命创举。以往的史诗反映历史上的政权更迭，都是剥削阶级之间的内部斗争或一种剥削制度代替另一种剥削制度，而毛泽东诗词反映的却是中国人民推翻一切剥削制度的伟大革命。

第三，亲身经历了作品所反映的整个历史过程。以往的史诗，诗人大多是以文人的身份抒写自己对历史事件的所见、所闻、所感，而毛泽东则是现代中国革命的伟大领袖和统帅，始终处于革命的旋涡之中或居于革命的中心地位，全力地推动历史的发展，并且取得了伟大的胜利。他集诗人、政治家和革命领袖于一身，既创造了历史，又创造了史诗，这在中外史诗艺术上是绝无仅有的。毛泽东以自己的创作实践验证了社会生活“是一切文学艺术的取之不尽、用之不竭的唯一的源泉”① 理论的精辟性和科学性。

（三）推动旧体诗词向现当代诗词转型

语言随着时代的发展而发展，语音变化了，诗词的音韵也应当有所变化，创作诗词，形式必须为内容服务。关于旧体诗词声韵的改革，古代文人学士中的有识之士早就提出了这一问题。曹雪芹在《红楼梦》中借林黛玉之口就说过，作诗“不过是起、承、转、合，当中承、转，是两副对子，平声的对仄声，虚的对实的，实的对虚的。若是果有了奇句，连平仄虚实不对都使得的”，“词句究竟还是末事，第一是立意要紧，若意趣真了，连词句不用修饰，自是好的，这叫作‘不以词害意’”②。为了表情达意的需要，在个别地方突破旧体诗词的格律，古代诗人中也有不少。但是毛泽东对于旧体诗词格律的突破不只是一般的修修补补，而是同题材、主题、意境、形象、语言等结合起来改造旧体诗词格律使之向当代诗词发展，这是大胆的革新，也是推动诗歌走向人民大众，为人民大众服务的自觉实践，当然取得的成功也是世人瞩目的。

① 毛泽东《在延安文艺座谈会上的讲话》：《毛泽东选集》第三卷，人民出版社1991年6月版，第860页。

② （清）曹雪芹《红楼梦》第四十八回，人民文学出版社1964年6月版，第597页。

1. 平仄声律的革新

在平仄声律方面，毛泽东诗词为避免以词害意而不惜突破和改革旧体诗词的格律。例如,《为李进同志题所摄庐山仙人洞照》中“乱云飞渡仍从容”句，“仍从容”是应该避免的“三平调”，但为了表达思想的需要，并未将应仄而平的“仍”字硬改成仄声字。平仄声律的革新，主要有以下几种情况。

第一，因史实的原因而突破平仄格律。例如《渔家傲·反第二次大“围剿”》中“七百里驱十五日”句，按词律，第三字可平可仄，第五字当平却用了仄,“十五日”为历史纪实，不可改变，这里只能不拘平仄。

第二，引用民谣或成句而不拘平仄。例如《十六字令三首》“离天三尺三”句，按词律，第一字可平可仄，第二字、第三字都当用仄而用了平，第四字当平却用了仄，因是引用民谣成句，不可改变，故不拘平仄;《水调歌头·游泳》中“子在川上曰，逝者如斯夫”两句，前一句第四字当平而仄，第二句第三字当仄而平，因直接引用的是《论语》成句，平仄也不拘。

第三，以口语入词而不拘平仄。例如，《念奴娇·昆仑》中“不要这高，不要这多雪”两句的第三字都当用平声却用了仄声;“一截赠美”句，第一字可平可仄，第二字当平却用了仄。这三句都是以口语入词，而且别具一格，从表意出发而突破了词的格律。再如,《念奴娇·鸟儿问答》“土豆烧熟了”句，第一、第三字可平可仄，第二字当平而仄;《贺新郎·读史》“只几个石头磨过”句，第二、第三字当平而仄，第四字可平可仄，第六字当仄而平。它们均以口语入词，故亦不拘平仄。

第四，因人名、地名、物名而不拘平仄。例如,《沁园春·雪》中的“成吉思汗”，按词律，第一字可平可仄，第二字当平而仄，第三字可平可仄，第四字当仄而平。“汗”读如“寒”,“成吉思汗”是人名，只能不拘平仄。《沁园春·长沙》中“橘子洲头”，第三字当仄而平,“橘子洲”是地名，可以不拘平仄;《渔家傲·反第二次大“围剿”》中“白云山头云欲立”句，第二字当仄而平,“白云山”是地名，并修饰后面的“云”，故不拘平仄;《西江月·秋收起义》“旗号镰刀斧头”句，第二字当平而仄，第四字当仄而平，第五字当平而仄，“旗号”为了与上句“军叫”对仗，“镰刀斧头”为工农革命军标志，是专用物名，故均不拘平仄；《蝶恋花·答李淑一》“吴刚捧出桂花酒”句，第五字当平而仄，“桂花酒”为专名，平仄也可不拘。

第五，因确定的数据而不拘平仄。例如，《七律二首·送瘟神》其一“坐地日行八万里”句，第三字可平可仄，如第三字用仄，则第五字当用平声，“八万里”是科学数据，故未拘平仄；《水调歌头·重上井冈山》“三十八年过去”句，第二字当平而仄，第四字当仄而平，第五字当平而仄，“三十八年”为确定的时间，故亦不拘平仄。

2. 押韵方面的改革

在押韵方面，毛泽东诗词突破和改革旧体诗词的格律，主要有以下几种情况。

第一，以方音押韵。例如，《西江月·井冈山》，按韵书韵脚“闻”、“遁”属词韵六部，“重”、“动”、“隆”属词韵一部，“城”属词韵十一部，六个韵脚分属三个不同的韵部，这是不合押韵要求的。《蝶恋花·从汀州向长沙》，按韵书韵脚“恶”、“缚”、“角”、“略”、“跃”、“鄂”、“落”属词韵十六部，“曲”属词韵十五部，八个韵脚分属两个不同的韵部，也是不合词律的。但如果用湖南方音朗读以上两首词，就十分押韵了。利用方音押韵，构成和谐的音韵，是毛泽东在格律诗词创作上的一个成功的突破和探索，可以认为是丰富和发展了旧体诗词格律的理论。

第二，突破旧体诗词格律中不可通押的规定，采用邻韵通押或今韵通押。例如，《如梦令·元旦》，按诗韵“化”、“下”属去声二十二祃，“滑”属入声八黠，“画”属去声十卦。按词韵“祃”、“卦”同部，去声通押。但“祃”、“卦”与入声八“黠”词韵不同部，也不通押。但是如果用湖南方音，这些韵脚读起来，又同样朗朗上口，音韵和谐。

第三，为了不以词害意而不按韵书押韵。例如，按词牌要求，《蝶恋花》上下片各押四个仄声韵，韵脚应是同一韵部的字。而《蝶恋花·答李淑一》

的八个韵脚中，“舞”、“虎”、“雨”三个韵脚属词韵四部，“袖”、“酒”、“有”、“九”、“柳”五个韵脚属词韵十二部，是不合押韵要求的。毛泽东在自注中说：“上下两韵，不可改，只得仍之。”①

每一个时代有每一个时代最当行的文体，从中国文学史的发展来看，唐诗、宋词、元曲、明传奇、清章回小说，都达到了那个时代最当行的文学体裁的高峰。以诗词而言，唐宋时代的确出现过一批著名的大诗人、大词人，如李白、杜甫、白居易、苏轼、辛弃疾、李清照等熠熠闪光的名字都是人们熟知的。然而，这并不意味着在以后的时代就不会出现个别或少数达到或超过他们艺术成就和水平的诗人、词家。毛泽东作为当代杰出诗人的代表，在创作中既遵守旧体诗词的格律，又运用自如，不为格律所羁绊，在某些方面或从某种意义上来讲，确实是超越古人的。

毛泽东的诗学理论发展了中国的传统诗歌理论，丰富了马克思主义文艺宝库。毛泽东改革、发展旧体诗词格律，创作了许多传世之作，这是其对自己的诗学理论自觉实践的光辉成果，为旧体诗词在现当代诗坛赢得了一席之地。毛泽东为推动旧体诗词向现当代诗词转型以及新诗的创作树立了楷模，指明了方向。

著名诗人臧克家评价说：“毛泽东诗词是座埋藏深厚的大金矿，有待于我们用力挖掘，希望大家挖得一块块金子，使它放射出万丈光芒，照亮人们的眼睛和一颗颗美丽的心。”

著名诗人贺敬之称赞道：“的确，以一个数量不多的诗而能在一个产生屈原、陶潜、李白、杜甫、白居易、陆游、苏轼、辛弃疾、龚自珍等伟大诗人的诗词古国里自铸伟辞，自开奇响，吐纳宇宙之物象，开拓万古之心胸的诗人，也只能首推毛泽东了。”②

---

① 毛泽东《在〈毛主席诗词十九首〉上的批注》：季世昌《毛泽东诗词书法艺术（下）》，中央文献出版社 2007 年 1 月版，第 487 页。

② 旭光《异国同声话伟词——首届毛泽东诗词国际学术讨论会》：《毛泽东思想论坛》，1972 年第 2 期，第 95 页。

法国前总理富尔评论说："毛泽东和许多马克思主义者不一样，他不是一本书读到老的人。他在这些简短诗歌里表达的思想，不受教条辞藻的束缚。他用简单的形式，表现深刻而生动的革命题材。"①

美籍学者罗斯·特里尔在其著作《毛泽东传》中说："毛泽东是一位领袖，军事指挥家，共产主义者，同时他也是一位杰出的诗人。"② 法国汉学家甚至称毛泽东为"东方诗神"！

① 陈晋《独领风骚：毛泽东心路解读》，中国人民大学出版社 2013 年 10 月版。

② ［美］罗斯·特里尔著，刘路新等译《毛泽东传（修订本）》，河北人民出版社 1990 年 12 月版。

四　毛泽东诗词创作中的修辞

重视文章的修辞，是我国自古以来形成的一个极为优良的传统。孔子曾告诉他的学生："为命：裨谌草创之，世叔讨论之，行人子羽修饰之，东里子产润色之。"① 意思是说，郑国制定外交文件，先由裨谌拟稿，然后请世叔提意见，外交官子羽修改，最后再由东里的子产作文辞上的加工。写一份外交文件如此慎重、认真，要由四个大夫反复地字斟句酌。孔子用这件事来教育学生，反映了他对写作文章和文章的修辞是多么的重视。

从现在所见到的毛泽东诗词手稿和所了解的发表、出版情况，我们可以看到，毛泽东创作诗词的态度是极其严谨审慎的，修辞也是丰富多彩的。建安时期著名诗人曹植说："世人著述，不能无病。仆常好人讥弹其文，有不善应时改定。"② 毛泽东在诗词创作中，除了自己反复推敲，不断修改外，也同古人一样，常常虚心地请求别人给自己的作品提修改意见。

更为可贵的是，毛泽东不仅在创作过程中和创作完成之后做大量的修改工作，甚至作品正式发表和出版多年之后，还乐此不疲地进行修改和润色。据在毛泽东身边工作多年的吴旭君回忆，从1963年3月以后，直到1973年冬，毛

---

① 《论语·宪问》：杨伯峻译注《论语译注》，中华书局1980年版，第147页。

② （三国）曹植《与杨德祖书》：张可礼、宿美丽编选《曹操曹丕曹植集》，凤凰出版社2009年1月版，第286页。

泽东坚持“旧句时时改，无妨悦性情”① 的创作态度，对他的全部诗稿重新审读、推敲过多次，对有些诗词反复作过多次修改。由此看来，毛泽东诗词成为中国革命的壮丽史诗和诗坛的千古绝唱，就绝非偶然了。下面从五个方面来讨论毛泽东诗词创作中的修辞。

（一）锻字炼句，化一般为显豁

宋人张表臣说：“诗以意为主，又须篇中炼句，句中炼字，乃得工耳。”②锻字，指对诗词中关键性字眼的选择，即根据诗意选择生动、形象、有力的动词或形容词作诗句的谓语中心词。炼句，指为了准确地表情达意而选择合律、恰当的句法。立意和主题是文学作品的生命和灵魂，也是文学作品产生美感并具有感染力的重要因素。唐代著名诗人杜牧指出：“苟意不先立，止以文采词句绕前捧后，是言愈多而理愈乱，如入阛阓，纷纷然莫知其谁，暮散而已。是以意全胜者，辞愈朴而文愈高；意不胜者，辞愈华而文愈鄙。是意能遣辞，辞不能成意。大抵为文之旨如此。”③ 通过锻字炼句方法，化一般为显豁，提升诗词的立意，彰显作品的主旨，这是毛泽东在诗词创作中一贯乐此不疲的。词作《念奴娇·昆仑》将初稿的“一截留中国”改为“一截还东国”是最著名的例子。改定的两个字，给人以力重千钧之感，充分表现了毛泽东由昆仑山的多雪而引起的奇特而丰富的想象，不仅要为中国人民消灾，而且要让全世界人民都来共享改造昆仑的成果，为全人类造福。前面讲到了“欧”、“美”，这里再加上“东国”，就概括了全世界。这样一改，使作品的立意更高远，反对帝

---

① （唐）白居易《诗解》：谢思炜撰《白居易诗集校注》（全六册），中华书局2006年8月版，第1820页。

② （清）何文焕辑《历代诗话（上）》：（宋）张表臣《珊瑚钩诗话》（卷一），中华书局1981年4月版。

③ （唐）杜牧《答庄充书》：吴在庆撰《杜牧集系年校注》（全四册），中华书局2008年10月版，第884-885页。

国主义、实现共产主义理想的主题更鲜明，更好地展现了作者无产阶级革命家的博大胸怀，增强了作品的概括力和艺术感染力。

《减字木兰花·广昌路上》上阕最后一句，手稿作“风卷红旗冻不翻”，这是化用唐代诗人岑参《白雪歌送武判官归京》中的诗句，主要是突出冰天雪地里异常寒冷的程度。词句的动感不强，不能完全反映出红军顶风冒雪急速行进在广昌路上的紧迫军情。1963年正式发表时，毛泽东把末三字“冻不翻”改为“过大关”，这一改，立刻就显示出了红军神速越过要塞险关时势如破竹的雄伟气势。红旗翻卷，十万红军如铁流滚滚直奔吉安，场面如此雄壮，行动如此迅捷，跃动着大自然的力和社会革命的力，作品的立意得到升华，主题得到深化。

古人所谓的“意不称物”，就是说“思想”在反映“客观事物”时二者往往不能相称。从“认识论”来看，人们对客观事物的认识是不能一次完成，一劳永逸的。认识是多次往复，不断深化的。例如，《贺新郎·读史》上阕最后两句，手稿中原先写作“洒遍了，郊原血”，后来将“洒”字改为“流”字，一字之易，加重了词句的分量，也使诗词的主旨更加鲜明，更加凝重，加深了作品所要表达的深刻历史内涵。人类进化和社会发展的历史充满了各种苦难和血腥战争，《尚书·武成》中“会于牧野，罔有敌于我师，前徒倒戈，攻于后以北，血流漂杵”和贾谊《新书·益壤》中“炎帝无道，黄帝伐之涿鹿之野，血流漂杵，诛炎帝而兼其地，天下乃治”的记载，绝不是耸人听闻的夸大之词。这样一改，与“人世难逢开口笑，上疆场彼此弯弓月”两句扣得更加紧密。

再如，《七律二首·送瘟神》其一尾联“牛郎欲问瘟神事，一样悲欢逐逝波”，原作“牛郎若问家中事，那个瘟公尚在么”。其中“牛郎欲问瘟神事”的“欲”先后写作“休”、“欲”、“若”等，共改动了5次，最后定稿为“欲”。比较而言，用“欲问”更能表现本是劳动人民出身的牛郎对故乡人民深切的关心之情。其二颔联“红雨随心翻作浪，青山着意化为桥”两句，郭沫若曾经看到原稿“随心”作“无心”，“着意”作“有意”。两词虽然也都是一字之差，但这两句诗的主体却不同了。原来的主体是“红雨”、“青山”，修改以后，这两句诗的主体就成了勤劳、勇敢、智慧的劳动人民。热情讴歌中国人民在共产党领导下，战胜“瘟神”血吸虫，意气风发、斗志昂扬地建设社会主义的精神风貌成了诗歌的主题。经过作者的字斟句酌，精心修改，作品顿时产生了“吟咏之间，吐纳珠玉之声；眉睫之前，卷舒风云之色”① 的艺术效果，而且做到了“笼天地于形内，挫万物于笔端”②。

（二）勤于修改，化常言为妙语

“笑同古炼师，烧丹穷昏昼。一火又一火，层层去粗垢。”清代学者赵翼把修改旧作比为“烧丹”，他说：“及夫将烧成，所成仅如豆。未知此豆许，果否得长寿？”（摘自《瓯北诗钞·删改旧诗作》）毛泽东在诗词创作中总是勤于修改，化常言为妙语，创造崭新的意象，营造幽美的意境。所谓意象，就是客观事物经过创作主体独特的情感活动而创造出来的一种艺术形象。在儒家经典《周易·系辞》中已有“观物取象”、“立象以尽意”之说。不过，这和诗学中意象的含义还不是一回事。诗学借用并引申之，特指具体可感的物象。优秀的诗人总是创造出生动、鲜活的意象用于表达深邃的思想和丰富的情感。意境是中国古典诗词独特而重要的诗学概念，是中国诗词的基本特征和审美基础。境，即外在的客观世界，包括自然世界和社会环境；意，即创作主体的内在世界，包括情绪、情感、思想、知识、欲望、意志等。“诗贵意境高尚，尤贵意境之动态，有变化，才能见诗之波澜”③ 是毛泽东诗词创作实践的经验之谈。他在创作上精益求精，对作品语言的锤炼和润色力求出新脱俗，因而其作品多

① （南朝）刘勰《文心雕龙·神思》：戚良德撰《文心雕龙校注通译》，上海古籍出版社2008年12月版，第321页。

② （西晋）陆机《文赋》：张怀瑾《文赋译注》，北京出版社1984年1月版。

③ 刘汉民编著《毛泽东与梅白谈诗》：《毛泽东谈文说艺实录》，长江文艺出版社1992年5月版，第410页。

能做到意象生动，意境高远，常常给人耳目一新之感。

《七律·到韶山》颔联出句“红旗卷起农奴戟”初稿作“红旗飘起农奴戟”。“卷”和“飘”虽一字之差，但其含意和形象却大不相同，“飘”是随风飘拂，而“卷”是狂飙突起，两者的力度和美感不可同日而语。据毛泽东学友周世钊说，他早年看到这首诗的末句是“人物风流胜昔年”，[①] 梅白说他看到的最后一句诗为“始使人民百万年”。还有资料说，毛泽东曾经还修改为“青年英雄下夕烟”、“人物峥嵘变万年”等。毛泽东都觉得不满意，经过反复斟酌，最后改定为“遍地英雄下夕烟”。诗以意象营造意境。拿原作与修改稿相比较，前四句与改定句的意境迥然有别。前四句虽然内容也很好，但毕竟是一般的说理，且有口号之嫌，而修改后的诗句意象充满了活力，意境立即全出。毛泽东一贯主张“诗要用形象思维，不能如散文那样直说”[②]。精心修改自己的作品，正是毛泽东在创作中实践这一艺术规律的表现。意境是诗化了的生活，读了改定的诗句，我们仿佛看到农民经过一天的辛勤劳动，在夕阳的余晖中踏着歌声归来。这是一幅多么富有生机和诗意的美丽画面！

《七律·和柳亚子先生》颔联对句原作“暮春时节读华章”，后改为“落花时节读华章”，“暮春”是静态陈述，“落花”是动态描写，容易给人以落英缤纷的联想，意象鲜明，形象直观。颈联对句原作“牢愁太盛防肠断”，后改为“牢骚太盛防肠断”，“牢愁”是文言词，语义生疏，“牢骚”是口语，意思显豁，自然通俗。

《沁园春·雪》“原驰蜡象”中“驰”原作“驱”。在上古汉语中，“驱”和“驰”都有“赶马”的意思，清儒段玉裁《说文解字注》：“驰亦驱也，较大而疾耳。”[③] 在词义发展过程中，“驱”和“驰”的含义后来有所变化，“驱”

---

① 周世钊《伟大的革命号角，光辉的艺术典范——读毛主席诗词十首的体会》：《湖南文学》1964 年第 7 期。

② 毛泽东《致陈毅》：中共中央文献研究室编《毛泽东书信选集》，中央文献出版社 2003 年 11 月版，第 572 页。

③ （清）段玉裁《说文解字注》，上海古籍出版社 1981 年 10 月版，第 467 页。

保留了原义,“驰”增加了马的动作的含义,将“驱”改作“驰”,表达诗意更为贴切、自然,而且将北国雪中山脉写得仿佛动起来似的,这样的意象极易拓展读者的想象空间。北国的雪中风光如此壮丽多娇,如此充满生命活力,使词作放射出撼人心魄的艺术魅力。

再如,《清平乐·六盘山》中“红旗漫卷西风”、“何时缚住苍龙”两句,初稿中“红旗”作“旄头”,“缚住”作“缚取”。作者在创作后的几十年中反复推敲过多次,到底是用“红旗”好还是用“旄头”好,是用“缚住”好还是“缚取”好。“旄头”是古代诗词中常用的一个词,指代旗帜,有点古色古香,也比较典雅,但是现代读者比较生疏,且缺乏时代气息;而“红旗”虽然也是古已有之,但今天它更有了新的意义,常用来象征革命和胜利,且色彩鲜艳,用在这里,意象生动,生机盎然。高高的山巅上红旗随风飘拂,景象是多么壮阔,气势是多么宏伟。作者最终选择了“红旗”而舍弃了“旄头”。“缚住”和“缚取”,一为口语,一为书面语,“缚住”生动活泼,极富动感,“缚取”较为现成,动感不强。文学作品用词当然是新鲜、不落俗套为好,作者最终选择了“缚住”而舍弃了“缚取”。作者在锤炼和润色字句上下足了工夫,表现了作者在遣词造句时更注重口语化,注重时代性,注重词语的感情色彩,力求意象生动、意境高远的创新精神。

(三)从善如流,化他言为己用

毛泽东创作诗词有两个特点,一是创作十分审慎,二是善于征求别人的意见,化他言为己用。著名诗人臧克家曾在一次座谈会上说,在《毛主席诗词》出版前,毛泽东亲自开列名单,征求意见。名单中包括朱德、邓小平、彭真等老一辈无产阶级革命家,也包括若干我国现代著名诗人。臧克家曾用便条写了23条意见,被毛泽东采纳了13条。至于请郭沫若、胡乔木以及其他接触较多或身边工作的同志提意见,更是常有的事情。甚至一些素昧平生的老教授、青年学生写信来提出一些修改和订正的建议或意见,毛泽东也虚怀若谷,从善如流，因而毛泽东的“一字师”、“半字师”被人们传为美谈。①

例如，1965年5月，毛泽东到江西视察工作时再次登上了井冈山。旧地重游，作为诗人，自然有很多感慨，酝酿新作也在情理之中。同年6月29日，邓颖超陪同毛泽东接见坦桑尼亚妇女代表团时，悄悄向毛泽东索句，毛泽东回答还没有写出来（实际上登山时已写有初稿，但不甚满意，不愿拿出来）。两个多月以后，即9月25日，毛泽东抄录了《水调歌头·重上井冈山》、《念奴娇·鸟儿问答》两首词，派人送邓颖超一阅，并附言道：“自从你压迫我写诗以后，没有办法，只得从命，花了两夜未睡，写了两首词。改了几次，还未改好，现在送上请教。如有不妥，请予痛改为盼！”② 因邓颖超的索句而熬了两夜，写出两首词，改了几个月，仍不满意，再抄送邓颖超征求意见，毛泽东严谨审慎的创作态度由此可见一斑。

凡有新作，毛泽东总乐于拿出来就教于各方高人。例如，《七律·到韶山》和《七律·登庐山》两首诗一完稿，毛泽东就委托胡乔木代为征求意见，他在信中说：“诗两首，请你送给郭沫若同志一阅，看有什么毛病没有？加以笔削，是为至要。”③ 几天以后又给胡乔木一封信说：“沫若同志两信都读，给了我启发。两诗又改了一点字句，请再送陈沫若一观，请他再予审改，以其意见告我为盼！”④ 这年9月1日，毛泽东还把这两首诗寄给了《诗刊》的臧克家和徐迟两位诗人，说：“近日写了两首七律，录上呈政。如以为可，可上诗刊。”但没过几天，他又让人从《诗刊》取回了这两首诗和附信。此后，毛泽东还把这两首诗送给其他一些人征求意见，直到1963年12月，《毛主席诗词》

---

① 季世昌、徐四海编著《独领风骚：毛泽东诗词赏析》，社会科学文献出版社2009年10月版，第12页。

② 季世昌《毛泽东诗词书法艺术（上）》，中央文献出版社2007年1月版，第310页。

③ 毛泽东《致胡乔木》：季世昌《毛泽东诗词书法艺术（下）》，中央文献出版社2007年1月版，第628页。

④ 毛泽东《致胡乔木》：季世昌《毛泽东诗词书法艺术（下）》，中央文献出版社2007年1月版，第629页。

出版时，这两首诗才正式发表。

据费枝美、季世昌著《毛泽东诗词新解》说，《七律·到韶山》首句最初写作“梦里依稀别经年”，后改为“别梦依稀哭逝川”，最后定稿为“别梦依稀咒逝川”。第一次修改时把“梦里”改为“别梦”，把“别经年”改为“哭逝川”。“经年”和“依稀”表意有所重复，修改后语意就变得丰厚了，既表示分别多年，朦胧如梦醒，又表示对逝去的岁月无奈。后来又接受身边工作人员梅白的建议作第二次修改，把“哭”改为“咒”，毛泽东连连称赞“改得好，改得好”，并诙谐地说：“你是我的‘半字之师’。”①这一字之易，意义大不相同。“哭”侧重于表现“三十二年前”历史的苦难与辛酸，“咒”则侧重于表现“三十二年前”历史的黑暗与罪恶，前者悲叹，后者愤斥。同时，用“咒”字，与“红旗卷起农奴戟”的内在逻辑联系也更紧密，更直接。

陈师道在《后山诗话》中引宋代大文豪欧阳修的话说：“为文有三多，‘看多，做多，商量多’。”所谓“商量多”，就是广纳善言，从善如流。对于写作过程中偶尔出现的笔误和排印中出现的错误，作者一经发现，立即改正，甚至有两种书写形式的词，也力求统一，改为通用、规范的书写形式。《沁园春·雪》写赠柳亚子先生的手稿中“原驰蜡象”的“蜡”写作“腊”，这是毛泽东书写该字时习惯性笔误。有一次臧克家和毛泽东见面时，提出“蜡”字比较好讲，并且正好与“银蛇”映衬，毛泽东欣然接受了臧克家的意见，在正式发表时作了修改。《七律二首·送瘟神》其一“千村薜荔人遗矢”中“薜荔”，原来写作“薜苈”，如何理解这个词，在毛泽东诗词研究者中，当时还曾有过不同的看法。1966 年 9 月，人民文学出版社重印时改为“薜荔”，这个问题就迎刃而解了。《水调歌头·游泳》书赠黄炎培先生的手稿作“一桥飞架，南北天堑变通途”。按照词谱，这是一个十一句，既可作上六下五，也可以作上四下七停顿。而根据句意、声律、节奏和语气等因素，这里作上六下五

① 费枝美、季世昌《毛泽东诗词新解》，中央文献出版社 2003 年 12 月版，第 241-242 页。

较好。“一桥飞架”虽然很有气势，但猛然一顿，“南北天堑变通途”语气较长，使气势一下子就减弱了。而“一桥飞架南北”，气势恢宏，形象壮观，“天堑变通途”承接有力，跌宕起伏。经过再三斟酌，第二天抄赠周世钊时就改成了“一桥飞架南北，天堑变通途”。后来毛泽东又多次反复推敲、修改这两句词，一直没拿定主意。1966 年 4 月，胡乔木向毛泽东转达诗人袁水拍的意见，毛泽东在《毛主席诗词》重印时，才将这两句最终改定为“一桥飞架南北，天堑变通途”。真正是语言越改越规范，越改越通俗晓畅。

当然，毛泽东对诗词的修改也是有自己的主见和原则的。例如，《七律·登庐山》一完稿，就在当时的庐山会议上传诵。诗前原有一则小序：“一九五九年六月二十九日登庐山，望鄱阳湖、扬子江，千峦竞秀，万壑争流，红日方升，成诗八句。”小序文字隽美，诗意盎然。湖南省委第一书记周小舟看过这首诗后，建议删去小序，毛泽东采纳了他的意见。会议结束后，毛泽东委托秘书胡乔木送郭沫若“加以笔削”。郭沫若先后为之修改过两次，建议将第二句“欲上逶迤四百盘”改为“坦道蜿蜒四百盘”；第四句“热风吹雨洒南天”改为“热情挥雨洒山川”。毛泽东没有采纳，最后分别定稿为“跃上葱茏四百旋”和“热风吹雨洒江天”。又如，《水调歌头·游泳》完稿后，毛泽东曾书赠好友黄炎培，黄炎培读后，对“极目楚天舒”一句提出了修改建议。毛泽东致信黄炎培说：“游长江二小时漂三十多里才达彼岸，可见水流之急。都是仰游侧游，故用‘极目楚天舒’为宜。”① 上文提到，臧克家曾给毛泽东提了 23 条修改意见，有 10 条未被毛泽东采纳。

（四）调配音节，化不合律为合律

清代学者唐彪在《读书作文谱》中强调：“气有不顺处，须疏之使顺；机

① 毛泽东《致黄炎培》：中共中央文献研究室编《毛泽东书信选集》，中央文献出版社 2003 年 11 月版，第 522 页。

有不圆处，须炼之使圆；血脉有不贯处，须融之使贯；音节有不叶处，须调之使叶。”毛泽东在创作中十分注意遵守传统诗词格律，对作品初稿中不合格律的地方都要仔细推敲，反复修改，化不合律为合律，使之平仄和谐，朗朗上口。毛泽东在给陈毅谈诗的一封信中指出：“律诗要讲平仄，不讲平仄，即非律诗。”① 这表明了他对写作旧体格律诗词的见解。尽管毛泽东诗词较传统的格律有很多突破和革新，但从总体来看，他的绝大部分诗词是符合旧体诗词格律要求的。例如，《水调歌头·重上井冈山》第一句，手稿先写作“一日复一日”，“一”、“日”属入声四质，“复”属入声一屋，全是仄声（入声）字，完全不合词的格律。后改为“久有凌云志”，平仄为“仄仄平平仄”，就完全合乎格律要求了。

又如律诗一般在同一首诗中不用相同的字，特别是对颔联和颈联要求更加严格。《七律·长征》颈联出句“金沙水拍云崖暖”中，“水拍”原作“浪拍”，与颔联出句“五岭逶迤腾细浪”中的“浪”字相重，后来作者作了修改。出版时，毛泽东在“自注”中说明了这一情况：“水拍：改浪拍。这是一位不相识的朋友建议如此改的。他说不要一篇中有两个浪字，是可以的。”② 这位不相识的朋友是山西大学历史系罗元贞教授。这样改虽与首联对句中的“水”字重复，但总比与颔联出句的“浪”字重复为好，且两个“水”字含义不同。笔者见到最早刊登在《外国记者印象记》上的这首诗，“云崖”原作“悬崖”，后来在《诗刊》正式发表时改为“云崖”。修改以后，这一句和对句“大渡桥横铁索寒”作为律诗的颈联，对仗更为工整。“云崖”和“铁索”，不仅整个词相对，而且词的内部结构相同，语素与语素的性质也相同。

《念奴娇·鸟儿问答》上片最后一句，手稿中原作“哎呀我想逃去”，按

---

① 毛泽东《致陈毅》：中共中央文献研究室编《毛泽东书信选集》，中央文献出版社 2003 年 11 月版，第 572 页。

② 毛泽东《在〈毛主席诗词十九首〉上的批注》：季世昌《毛泽东诗词书法艺术（下）》，中央文献出版社 2007 年 1 月版，第 487 页。

韵书，韵脚“去”属去声六御。后改为“哎呀我要逃却”，韵脚“却”属入声十约。后又改为“哎呀我想逃脱”，韵脚“脱”属入声七曷。最后定稿为“哎呀我要飞跃”，从整个句子看，“想”改为“要”，“逃去”、“逃却”、“逃脱”改为“飞跃”，构词方式由述补结构变为并列结构，音节更加响亮，表意更加恰当，吟诵更加顺口。从押韵的角度看，“跃”属入声十约，与上片的韵脚“角”可以通押，与“郭”、“雀”同韵，都属词韵十六部。“却”虽然符合押韵的要求，但“逃却”一词生僻，构词也不合现代汉语规范。这一反复修改的过程，真正说明了一首绝妙佳词是不厌百回改的。

上文说到《七律·到韶山》第三句“红旗卷起农奴戟”中的“卷”，原作“飘”。“飘”字轻，“卷”字重，用“卷”字不仅能让读者有红旗如怒涛翻卷之感，而且从平仄上看，原句中平声字偏多，改后，平声仄声交替，韵律就显得更加协调、和谐。《七律·登庐山》“跃上葱茏四百旋”中的“旋”初稿作“盘”。按韵书“盘”属上平声十四寒，“旋”属下平声一先，修改以后，“旋”与诗中其他的韵脚“边”、“天”、“烟”、“田”同韵。韵脚的调整，不仅符合格律要求，而且读起来音韵和谐，诗的感染力也得到大大加强。

（五）精心制作、修改标题，准确署明写作时间

我国最初的文章对标题是不大讲究的，比如，《论语》、《孟子》等语录体散文就没有标题，《诗经》也没有标题。白居易在《新乐府·序》中说，他的新乐府是“首句标其目”，其实也没有标题。近代以来，文章的标题受到了作者普遍的重视，现代写作学甚至借人的眼睛来比喻标题在诗文中的重要作用。人们把眼睛比作心灵的窗户，读者可以通过标题了解诗文的时代背景、描写的对象或核心内容以及文体样式，甚至可以了解作者的思想感情、立场态度、人生观、价值观和审美观。

《十六字令三首》是毛泽东诗词中唯一的无题之作。除此之外，其他诗词的标题都是在精思细改中逐步写定的。《沁园春·雪》、《浣溪沙·和柳亚子先

生》(长夜难明赤县天)、《词六首》[1]，在最初的手稿中和初次发表时，都只有词牌，后来才陆续添加了标题。再如，《七律·到韶山》，1963 年 12 月出版的《毛主席诗词》中还没有标题，过了没几天，1964 年 1 月 4 日在《人民日报》发表时就加上了现在的标题。《七绝·刘蕡》初稿题为《咏史一首》，作者晚年审定诗稿时改成了现在的标题。

毛泽东对诗词标题的写作极为审慎，每一个字都要经过仔细斟酌，因而十分精当贴切。《七律·和柳亚子先生》中"和"原作"赠"，《蝶恋花·答李淑一》初发表时词题作"蝶恋花·赠李淑一"。后来把两个"赠"字改为一"和"一"答"，这就告诉读者：有"和"作必有原作，有"答"诗也必有引起创作此诗的缘由。至于《蝶恋花·答李淑一》，为什么开始在致李淑一的信中写作"游仙"，后来又改为现在的标题，我们从毛泽东给李淑一的信中可以看到这样一段话，毛泽东说："这种'游仙'作者自己不在内，别于古之游仙诗。"[2] 也许这就是毛泽东最终改写标题的原因吧。

毛泽东诗词中原先有不少没有标明写作时间，公开发表时如能补上写作时间，对于读者了解创作背景，准确把握作品的立意和主题将会有很大帮助。毛泽东为诗作补出写作时间是非常审慎的。由于一些作品写作时间较早，加上战争年代转战南北，居无定所，手稿大多散佚，已无据可查，回忆时难免有误，遇到这种情况，毛泽东随时发现随即改正。例如，《七律·和柳亚子先生》，最早发表于《诗刊》1957 年 1 月创刊号时未署明写作时间。人民文学出版社 1963 年 12 月出版《毛主席诗词》时，毛泽东加上了写作时间"一九四九年夏"。1964 年 5 月重印时，有人发现了毛泽东的最初手稿，据此，毛泽东又把写作时间改为"一九四九年四月二十九日"。

---

① 《词六首》，指《清平乐·蒋桂战争》、《采桑子·重阳》、《减字木兰花·广昌路上》、《蝶恋花·从汀州向长沙》、《渔家傲·反第一次大"围剿"》、《渔家傲·反第二次大"围剿"》六首词。

② 毛泽东《致李淑一》：中共中央文献研究室编《毛泽东书信选集》，中央文献出版社 2003 年 11 月版，第 486 页。

文学史证明，大凡传世之作，无一例外都是经过反复推敲琢磨，反复修改而成的。例如，俄国作家托尔斯泰的世界名著《复活》断断续续写了10年之久，前后修改过20次；《安娜·卡列尼娜》写了5年，修改了12次；《战争与和平》写了7年，修改过7次。情志所托，以意为主。作为诗人政治家和政治家诗人，毛泽东为党和国家日理万机之余，在诗词创作中竟能表现出如此认真审慎的写作态度，从善如流的博大胸怀，"文字千改始心安"① 的严谨学风，实在难能可贵，值得现今每一位创作者学习。

---

① （清）袁枚《遣兴》：王英志编选《袁枚赵翼集》，凤凰出版社2009年1月版，第71页。

五　毛泽东诗词的出版与传播

毛泽东青少年时代即爱好阅读和写作诗词，此后在漫长的革命战争时期和社会主义建设时期，也仍然保持着这种爱好，乐此不疲，但在很长一段时间却鲜为人知。毛泽东对于自己的诗词或则以为是旧体，怕“贻误青年”；或则以为“诗味不多”[①]，因而历来不愿意公开发表。20 世纪 30 年代，美国著名作家、记者埃德加·斯诺在采访陕北革命根据地的报道和书籍中第一次向世人披露了毛泽东的《七律·长征》，并认为毛泽东“是一个既能领导远征又能写诗的叛逆者”[②]。此后，再一次为国人所知并轰动整个重庆山城乃至波及全国的是 1945 年在重庆被发表的《沁园春·雪》。1945 年 8 月，毛泽东赴重庆和国民党进行和平谈判。其间，应诗人柳亚子“索句”之请，毛泽东将创作于 1936 年 2 月的《沁园春·雪》书赠之。不久被发表在重庆《新民报晚刊》第二版副刊《西方夜谭》上，随即又被《客观》周刊、《大公报》等报刊转载，并引起了一场激烈的文化争论，赞赏者有之，攻击者有之，成为我国现代文学史上的一件盛事。

新中国成立以后，1957 年《诗刊》创刊时首次得到毛泽东同意正式发表了《旧体诗词十八首》。“推翻历史三千载，自铸雄奇瑰丽词”[③]，毛泽东诗人

① 毛泽东《致臧克家等》：中共中央文献研究室编《毛泽东书信选集》，中央文献出版社 2003 年 11 月版，第 480 页。

② ［美］埃德加·斯诺著，董乐山译《西行漫记》（原名《红星照耀中国》），生活·读书·新知三联书店 1979 年 12 月版。

③ 柳亚子《柳亚子文集·剑室诗词集》，上海人民出版社 1985 年 11 月版，第 1544 页。

之名遂风靡全国。此后，毛泽东又接连发表了《蝶恋花·答李淑一》、《七律二首·送瘟神》、《词六首》、《诗词十首》、《词二首》等。20世纪60年代和70年代是毛泽东诗词大普及的年代。毛泽东诗词不仅在中国家喻户晓，妇孺皆知，几乎每个人都能背诵几首或几十首，而且在全世界也广为流传，甚至为一些外国政治领袖所熟知、引用。

毛泽东逝世前，经毛泽东本人亲自审定发表的诗词共有39首。毛泽东逝世后，为了缅怀和纪念他的伟大业绩，或在他的诞辰，或在他的忌日，又陆续发表了他的几首诗词。1986年9月，在毛泽东逝世10周年之际，人民文学出版社出版了《毛泽东诗词选》，收录毛泽东诗词50首。1996年9月，在毛泽东逝世20周年之际，中央文献出版社出版了《毛泽东诗词集》，收录毛泽东诗词68首（包括附录中的《七绝·仿陆放翁〈示儿〉诗》）。2003年12月，在毛泽东诞辰110周年之际，中央文献出版社出版了《毛泽东诗词全编鉴赏》，又增收毛泽东5首诗作为附编，共收录诗词73首。此外，改革开放以来，在其他各种书籍、报刊中也先后披露了一些毛泽东在各个不同时期创作的诗词。这样，我们迄今所见的毛泽东诗词，包括残篇、残句、联句、改诗、仿诗和韵语等，已达100余首。其实，毛泽东一生创作的诗词远不止这些，他在青少年时代和革命战争年代所写的诗词大都散失了。此外，20世纪60年代中期，毛泽东“常读元曲”，他“还创作过曲的小令，只是没有发表而已”。①

1946年3月14日，在江苏淮阴出版的《新华日报（华中版）》发表作家蒋锡金的文章《咏雪词话》，第一次对毛泽东的《沁园春·雪》作了解说和鉴赏。同年5月23日在重庆出版的《新华日报》全文转载了这篇文章。1948年7月1日，在东北解放区佳木斯市出版的《读书》杂志发表了蒋锡金《毛主席诗词四首臆释》一文，对毛泽东的《西江月·井冈山》、《七律·长征》、《清平乐·六盘山》和《沁园春·雪》等四首诗词作了解说和鉴赏。除《沁园春·雪》外，其余三首诗词的解说和鉴赏文字均是第一次发表。陈安吉经过

---

① 吴正裕主编，李捷、陈晋副主编《毛泽东诗词全编鉴赏》，中央文献出版社2003年12月版。

考证后认为，蒋锡金是“毛泽东诗词的最早解说者”①。新中国成立后，随着毛泽东诗词、毛泽东诗词手迹的陆续发表和结集出版，解说和鉴赏毛泽东诗词、毛泽东诗词书法的各种论著大量涌现，毛泽东诗词、毛泽东诗词手迹的出版和传播出现了盛况空前的局面。

据有关统计资料，已结集出版的毛泽东诗词国内版本，包括汉文本、少数民族文本、外文本、对照本、手迹本、字帖本等，目前达300种以上。国内出版的各种鉴赏、讲解、赏析、品读、笺译、译注和研究毛泽东诗词、毛泽东诗词书法的专著约有2000种以上。其中臧克家讲解、周振甫注释的《毛泽东诗词十八首讲解》(后多次增订、再版，更名为《毛泽东诗词讲解》) 是我国第一本研究毛泽东诗词的专著。毛泽东诗词的版本大致可以分为三类。

第一类是毛泽东生前正式出版的。这类毛泽东诗词版本真实可靠，最具权威性、代表性的是经过毛泽东亲自审定，由人民文学出版社1976年出版的《毛主席诗词》，收入诗词39首。这些诗词大都是毛泽东诗词中的精品，奠定了毛泽东政治家诗人、诗人政治家的地位，是我们学习、宣传、研究毛泽东诗词的重点。

第二类是毛泽东逝世后，经中共中央或中共中央有关部门审定后正式出版的。这类毛泽东诗词版本是真实可靠的，最具权威性、代表性的有三个版本：一是人民文学出版社为纪念毛泽东逝世10周年于1986年9月出版的由邓小平题写书名的《毛泽东诗词选》，收入诗词50首，比第一类版本增收了11首。二是为纪念毛泽东逝世20周年，中共中央文献研究室编、中央文献出版社于1996年9月出版的《毛泽东诗词集》，收入诗词68首（包括附录中的《七绝·仿陆放翁〈示儿〉诗》)，增收了29首。三是为纪念毛泽东诞辰110周年，吴正裕主编，李捷、陈晋副主编，中央文献出版社于2003年12月出版的《毛泽东诗词全编鉴赏》，收入诗词73首（包括附录中的《七绝·仿陆放翁

① 陈安吉《毛泽东诗词的最早解说者蒋锡金》：马国征、季世昌主编，王同书副主编《流韵壮东风——江苏毛泽东诗词研究论文集》，吉林人民出版社2001年8月版，第287页。

〈示儿〉诗》)，增收了34首。增收的这些诗词，虽然是毛泽东生前未及发表或不打算发表的作品，但大都是毛泽东生前亲自审定过的。许多诗词在题材、体裁、写作时间上填补了第一类版本的空白和不足，在思想内容和艺术形式上有不少也是精品，应当给予足够的重视和关注。

第三类是毛泽东逝世后各级各类出版部门出版的。这类版本，有的收录诗词以《毛泽东诗词选》、《毛泽东诗词集》为蓝本；有的既全部收录《毛泽东诗词集》中的诗词，也收录散见于其他各种书籍和报刊而《毛泽东诗词选》、《毛泽东诗词集》和《毛泽东诗词全编鉴赏》未收的诗词，收录诗词最多的甚至达140余首。增收的这些诗词和韵语大多数诗句完整，也有少数残篇、残句。从创作方法看，有的是仿作，有的是改作，甚至还有的是戏作、戏改和戏续；从体裁样式看，有的是排律，有的是联句，有的是韵语；从创作年龄看，有的是儿时的口占，有的是少年时代的习作，有的是晚年的即兴之作。这类版本收录的毛泽东诗词绝大多数是真实可靠的，但也有少数诗词是民间传诵的，真伪难辨，还有个别诗词是张冠李戴，或是伪托的，应加以辨别和澄清。

在世界文学史上，毛泽东诗词也具有崇高的地位和重要的影响。1957年9月，苏联莫斯科真理出版社出版的由著名汉学家费德林和艾德林主编的《毛泽东诗词十八首》是国外第一部俄文版毛泽东诗词集。1964年，人民文学出版社出版的《毛主席诗词》被翻译成英文本以后，先后又被转译或直接翻译成法、俄、德、意、日、荷、西、葡、印度尼西亚、匈、捷、朝、越、泰、希腊、罗马尼亚、阿拉伯、世界语等数十种语言文字在世界各地传播。据美籍华裔文学研究专家聂华苓及其丈夫保罗·昂格尔等了解，截至20世纪末，国外“已经出售的毛泽东诗词集达7500万册，完全比得上有史以来所有用英语写作的诗人的诗集的总和”①。这在古今中外所有的诗人中是绝无仅有的。

---

① 刘志中《二十世纪的伟大诗人——国外知名人士对毛泽东诗词的评价》:《江海诗刊（增刊）》2001年第3期。

中篇
笺　译

一　正　编

本辑收诗词42首，其中经毛泽东亲自审定并于生前发表的39首，收入人民文学出版社出版的《毛主席诗词》。毛泽东逝世后，经中共中央审定发表的3首，收入人民文学出版社出版的《毛泽东诗词选》。这些诗词是毛泽东诗词中的精品力作，奠定了毛泽东作为当代杰出诗人的崇高地位。

贺新郎

别　友

一九二三年

挥手从兹去。
更那堪凄然相向，苦情重诉。
眼角眉梢都似恨，热泪欲零还住。
知误会前番书语。
过眼滔滔云共雾，算人间知己吾和汝。
人有病，天知否？

今朝霜重东门路，
照横塘半天残月，凄清如许。

汽笛一声肠已断，从此天涯孤旅。
凭割断愁丝恨缕。
要似昆仑崩绝壁，又恰像台风扫寰宇。
重比翼，和云翥。

【题解】

这首词最早发表于1978年9月9日《人民日报》，标题为《贺新郎》。《中国风》1992年12月创刊号发表的毛泽东手书作《贺新凉》。“贺新凉”是“贺新郎”的别名。1996年9月中央文献出版社出版《毛泽东诗词集》时，根据毛泽东另一件手书上的标题改为《贺新郎·别友》。

贺新郎：词牌名。长调，双调，116字，仄韵。最初见于苏轼词，原名《贺新凉》，因词中有“乳燕飞华屋，悄无人，桐阴转午，晚凉新浴”句，故名。后有人作为词牌填词贺新婚，改“凉”为“郎”字，并一直沿用下来。此调声情沉郁苍凉，宜抒发激越情感，历来为词家所习用。上下片各十句。此词牌又名“金缕曲”、“金缕词”、“金缕衣”、“金缕歌”、“乳燕曲”、“乳燕飞”、“风敲竹”、“雪梅曲”、“雪月江山夜”等。

别友：告别朋友。友：指杨开慧。杨开慧（1901—1930），又名霞、霞姑，字云锦，湖南长沙人，作者的夫人。杨开慧于1920年冬和毛泽东结婚，1921年加入中国共产党，在中共湘区委员会负责机要兼交通联络工作。此后数年随毛泽东在上海、广州、韶山、武汉等地开展革命工作。1927年以后，在湖南长沙板仓一带坚持开展党的地下工作。1930年10月，因叛徒出卖，被国民党反动派逮捕。她带着毛岸英坐牢，坚贞不屈。同年11月14日被国民党反动派杀害，牺牲时年仅29岁。

为了革命工作，毛泽东常常离家四处奔走。1923年4月，毛泽东调到驻上海的党中央工作。6月，中国共产党第三次全国代表大会在广州召开，毛泽东出席了大会，并当选为中央局执行委员、中央局秘书，协助委员长陈独秀处理中央日常工作。这次大会通过了《关于国民运动及国民党问题的决议案》，决定同国民党合作，建立革命统一战线。9 月至 12 月，毛泽东回到长沙从事反对军阀赵恒惕的斗争和发展工农群众运动。11 月，第二个儿子毛岸青出生。12 月，奉中央通知由长沙去上海转广州，准备参加次年 1 月下旬在广州召开的国民党第一次全国代表大会。据此，本词大约作于这一年 12 月底离开长沙时。

词作描写作者与爱妻杨开慧离别时的情景，既抒发了离愁别绪的儿女柔情，同时也融入了高昂的革命激情，在情感上给了杨开慧以无限深情的安慰，在思想上给了杨开慧以巨大的力量和鼓舞。全词柔情爱意和激昂悲壮交融在一起，充满了儿女情、英雄气，健笔抒写柔情，婉约中饱含着豪放，标志着作者的诗词创作臻于成熟，独特的艺术风格已经形成。

【笺注】

〔1〕挥手从兹去：本于南朝宋王铄《拟行行重行行》："眇眇陵长道，遥遥行远之。回车背京里，挥手从此辞。"唐代李白《送友人》："挥手自兹去，萧萧班马鸣。"唐代杜甫《为农》："卜宅从兹老，为农去国赊。"宋代张孝祥《水调歌头・金山观月》："挥手从此去，翳凤更骖鸾。"与其中三个成句都相仿。从兹：从此。兹：此。去：离开。

〔2〕更那堪凄然相向：与宋代柳永《雨霖铃》词"多情自古伤别离，更那堪，冷落清秋节"意境相似。更那堪：古代诗词常用词语。张相《诗词曲语辞汇释》："那堪，犹云兼之也。与本义之解作不堪者异。""更那堪，则犹云更兼之也。""均用于两项或数项平列时。"宋代刘克庄《贺新郎・九日》有"更那堪、斜风细雨，乱愁如织"之句。金代董解元《西厢记诸宫调》卷一："不惟道生得个庞儿美，那堪更小字儿得惬人意。"（按："那堪更"同"更那堪"）元代马致远《双调・夜行船・秋思》："青山正补墙头缺，更那堪竹篱茅舍。"更：更兼之，更加上。那堪：哪能忍受。凄然：悲伤难过的样子。三国魏曹丕《与吴季重书》："乐往哀来，凄然伤怀。"相向：相对，面对面。这里是说，离别本来就是难堪的事，更兼之互相间还闹了误会，就更难忍受面对

面的悲伤难过。

〔3〕苦情：酸楚的心情或困苦的境况。重诉：又一次诉说。表明以前已经诉说过。《中国风》1992 年 12 月创刊号刊载的毛泽东手书作“惨然无绪”。另一件手书作“满怀酸楚”。这里指相爱的人离别时的痛苦的心情。

〔4〕眼角眉梢都似恨：与宋代柳永《雨霖铃》“执手相看泪眼，竟无语凝咽”意境相似。眼角眉梢：以眼角和眉梢指代整个面部。恨：遗憾。东汉许慎《说文解字·心部》：“恨，怨也。”东汉班固《汉书·王嘉传》：“故死者不抱恨而入地，生者不衔怨而受罪。”这里有埋怨之意。

〔5〕欲零还住：眼泪将要落下来又止住。欲：将要。零：落。住：止，忍住。“欲……还”为宋词特定格式。宋代欧阳修《诉衷情》：“拟歌先敛，欲笑还颦。”宋代苏轼《水龙吟·次韵张质夫杨花词》：“困酣娇眼，欲开还闭。”宋代辛弃疾《水龙吟》：“停觞不御，欲歌还止。”宋代李清照《凤凰台上忆吹箫》：“多少事，欲说还休。”宋代史达祖《绮罗香·咏春雨》：“尽日冥迷，愁里欲飞还住。”

〔6〕前番：上一次。书语：信中的话。毛泽东另一件手书作“知误会前番诗句”。据谢柳青编著《毛泽东家书》、林克著《我所知道的毛泽东》等书所写，杨开慧对毛泽东产生爱恋后，一方面对他很钦佩，另一方面又由钦佩变成了依恋，特别是杨昌济逝世后，这种依恋又变为依附。毛泽东从杨开慧的温存中感受到幸福，但也从她的依恋里感觉到了拖累，甚至烦躁。毛泽东曾将唐代元稹的诗《兔丝》抄给杨开慧：“人生莫依倚，依倚事不成。君看兔丝蔓，依倚榛与荆……下有狐兔穴，奔走亦纵横。樵童斫将去，柔蔓与之并。”这首诗的意思是：无论人和人之间有多么亲近或亲密，独立的人格是非常重要的，这是自尊、自重，也是自在的前提。不料杨开慧看了很生气，认为伤害了自己的自尊和人格。毛泽东有时借外出开会的机会，写信向杨开慧解释，但杨开慧却难于消除这心中的委屈。本书作者认为“书语”也可指抄录的元稹诗句。录以备考。

〔7〕过眼：经过眼前，比喻迅疾短暂。宋代夏竦《江州琵琶亭》：“年光

过眼如车毂，职事羁人似马衔。”宋代苏轼《吉祥寺僧求阁名》：“过眼荣枯电与风，久长那得似花红。”滔滔：一说，水流的样子。也形容水势盛大。《论语·微子》：“滔滔者天下皆是。”另一说，形容时间的流逝。战国《楚辞·七谏·谬谏》：“年滔滔而自远兮，寿冉冉而愈衰。”云共雾：疑云和迷雾。比喻误会。宋代赵蕃《观祝少林所藏画》诗：“烟云过眼还收去，怯似凭阑久立时。”清代洪亮吉《北江诗话》第六卷：“盖胜地，园林，亦如名人书画，过眼云烟，未有百年不易主者。”共：与。这句是说发生的误会犹如过眼即逝的云雾，不必放在心上。

〔8〕算：点数，细想。人间：世间，人类所生存的社会。吾：我。汝：你。1928年10月杨开慧曾写有一首《五言诗·偶感》：“天阴起朔风，浓寒入肌骨。念兹远行人，平波突起伏。足疾已否痊，寒衣是否备？孤眠（谁）爱护，是否亦凄苦？书信不可通，欲问无（人语）。恨无双飞翮，飞去见兹人。兹人不得（见），惆怅无已时。一九二八年十月。”［（）中的字原稿残缺］这首诗表达了杨开慧对丈夫毛泽东日夜思念和关心体贴的凄婉心情。

〔9〕人有病：这里指内心的隐痛，夫妻因别离产生的痛楚之情。一说：人有病，指世人有灾难苦痛。《广雅·释诂》：“病，苦也。”《尚书·吕刑》：“罚惩非死，人极于病。”录以备考。

〔10〕天知否：天是无从知道的，无从理解的。西汉司马迁《史记·屈原贾生列传》：“人穷则反本，故劳苦倦极，未尝不呼天也。”宋代苏轼《代滕甫辨谤乞郡书》：“疾痛则呼天，穷窘则号地。盖情发于中，言无所择。”以上两句，《中国风》1992年12月创刊号刊载的毛泽东手书作：“曾不记，倚楼处？”

〔11〕今朝：今天早晨。霜重：霜结得厚。唐代李贺《雁门太守行》：“半卷红旗临易水，霜重鼓寒声不起。”东门：古代诗词中常以此指送别的地点。唐代白居易《秦中吟·不致仕》：“寂寞东门路，无人继后尘。”宋代周邦彦《浪淘沙》：“南陌脂车待发，东门帐饮乍阕。”这里指长沙火车站，在城东的小吴门。毛泽东夫妇住长沙小吴门外清水塘22号，中共湘区执行委员会机关所在地。小吴门为长沙老市区的东门。东门是虚写，也是实写。

〔12〕照横塘半天残月：即半天残月照横塘。宋代柳永《雨霖铃》词有“杨柳岸，晓风残月”之句。照横塘：南朝梁萧纲《药名诗》有“朝风动春草，落日照横塘”之句。横塘：本指三国时吴都城建业沿秦淮河至长江口修筑的长堤，在今南京市西南。因东西横亘，故称横塘。当时，横塘所在地为繁华帝都，故成为古人远行来去、交往接送的一个主要集散地，不免会生发出许多悲欢离合、情意缱绻的情爱故事，因而横塘从原来指“大堤”、“长堤”的本义，转而成为“爱恋”、“别绪”的意象，以及可以用来表达这些意境、情绪的代名词。诗词中多指妇女所居的地方或情人送别的地方，也可泛指水塘。唐代崔颢《长干曲》：“君家住何处？妾住在横塘。停舟暂借问，或恐是同乡。家临九江水，来去九江侧。同是长干（今江苏南京）人，生小不相识。”宋代贺铸《青玉案》：“凌波不过横塘路，但目送，芳尘去。”宋代范成大《横塘》：“年年送客横塘路，细雨垂杨系画船。”这里指长沙城东小吴门外的清水塘。半天残月：指清晨时斜挂在半空中行将隐没的弦月。半天：半空中。明代吴承恩《西游记》第九十二回：“此时约有三更时候，半天中月明如昼。”残月：快要落下的月亮。唐代白居易《客中月》诗：“晓随残月行，夕与新月宿。”

〔13〕凄清：凄凉，清冷，含有天气寒冷之意。晋代潘岳《秋兴赋》：“月朦胧以含光兮，露凄清以凝冷。”如许：犹言像这样，如此。语出南朝宋范晔《后汉书・方术传・左慈》：“忽有一老羝屈前两膝，人立而言曰：‘遽如许。’”李贤注：“言何遽如许为事。”宋代柳永《临江仙》：“问怎生禁得，如许无聊。”宋代卢祖皋《卜算子》：“瘦骨从来不奈秋，一夜秋如许。”

〔14〕汽笛：火车开动前蒸汽机发出的鸣叫信号。肠已断：比喻极度伤心。典出东晋干宝《搜神记》卷二十：“临川东兴，有人入山，得猿子，便将归。猿母自后逐至家。此人缚猿子于庭中树上，以示之。其母便抟颊向人欲乞哀，状直谓口不能言耳。此人既不能放，竟击杀之，猿母悲唤，自掷而死。此人破肠视之，寸寸断裂。”南朝梁江淹《别赋》：“是以行子肠断，百感凄恻。”唐代白居易《长恨歌》：“行宫见月伤心色，夜雨闻铃肠断声。”宋代辛弃疾《鹧鸪天・代人赋》：“肠已断，泪难收，相思重上小红楼。”元代马致远《天

净沙·秋思》:“夕阳西下，断肠人在天涯。”

〔15〕天涯孤旅：谓自己从此以后便孤身一人浪迹天涯。天涯：犹言天边，指极远的地方。涯：指水边，泛指边际。南朝梁萧统《文选·古诗十九首·行行重行行》:“相去万余里，各在天一涯。”唐代王勃《送杜少府之任蜀州》:“海内存知己，天涯若比邻。”孤旅：孤独远行。

〔16〕凭：张相《诗词曲语辞汇释》中有“凭，犹仗也”。唐代杜牧《赠猎骑》:“凭君莫射南来雁，恐有家书寄远人。”这里是“愿”的意思。愁丝恨缕：愁如丝，恨如缕。丝、缕皆细微、绵长，易纠缠、牵扯。形容两情深重，不忍离别。

〔17〕要似昆仑崩绝壁：宋代张元幹《贺新郎》有“底事昆仑倾砥柱，九地黄流乱注”词句。昆仑：昆仑山。崩：崩裂，倒塌。喻指巨大的革命变革。绝壁：峭壁。这句是说就像昆仑山崩掉万丈绝壁。《中国风》杂志 1992 年 12 月创刊号刊载的毛泽东手书作“我自精禽填恨海”。

〔18〕台风扫寰宇：像台风扫荡整个世界那样，表示“割断愁丝恨缕”，投身革命斗争的坚强决心。台风：一种极猛烈的暴风，风力常达 12 级以上，同时裹挟暴雨。这里喻指革命斗争的风暴。寰宇：宇内，天下。这里指全世界。《中国风》杂志 1992 年 12 月创刊号刊载的毛泽东手书作“愿君为翠鸟巢珠树”。

〔19〕重比翼：这里指希望这次离别后重逢。比翼：鸟翅膀挨着翅膀飞。比喻夫妻恩爱至深，不可决绝。语出战国《楚辞·卜居》:“宁与黄鹄比翼乎？将与鸡鹜争食乎？”《尔雅·释地》:“南方有比翼鸟焉，不比不飞。”三国魏阮籍《咏怀诗八十二首》其十二:“愿为双飞鸟，比翼共翱翔。”《中国风》杂志 1992 年 12 月创刊号刊载的毛泽东手书作“重感慨”。

〔20〕和云翥：随同彩云一起飞翔。比喻夫妇二人比翼双飞。这里指再在一起从事革命斗争活动。和云：挟带云朵。翥（zhù）：鸟向上飞的样子。战国《楚辞·远游》:“雌霓便娟以增挠兮，鸾鸟轩翥而翔飞。”唐代李白《大鹏赋》:“欻翳景以横翥，逆高天而下垂。”唐代韩愈《石鼓歌》:“鸾翔凤翥众仙

下，珊瑚碧树交枝柯。"《中国风》杂志1992年12月创刊号刊载的毛泽东手书作"泪如雨"。

【译文】

挥手告别，从这里去向远方。
又哪里能忍受别离时悲伤难过地相对着，
把离别的痛苦心情再一次诉说。
眼角眉梢上都像堆满了离愁别恨，
眼泪将要落下来时又被强忍住。
现在我知道你误会了我前一封信中写的话。
过去的误会犹如眼前滔滔流逝的疑云与迷雾都已经散去了，
仔细想来世上互相最了解、志同道合、情意相投的还是我和你。
我们内心的痛苦，
上天，你知道这些吗？
今天早晨东门一路浓霜凝重，
半空如钩的残月清淡地斜照着横塘，
是如此的凄凉清冷。
火车汽笛一声长鸣，离别时令人无限伤感，犹如肠已断裂，
从此我将孤独一身远走天涯海角。
凭借什么才能割断这离愁别恨的丝缕？
我和你要像昆仑山悬崖绝壁崩塌那样，
又要像台风扫荡寰球似的抱定巨大的决心。
待到革命成功后，我俩将重新比翼齐飞，
直上云霄，随同彩云一起翱翔万里。

沁园春
长 沙
一九二五年

独立寒秋，湘江北去，橘子洲头。
看万山红遍，层林尽染；
漫江碧透，百舸争流。
鹰击长空，鱼翔浅底，万类霜天竞自由。
怅寥廓，问苍茫大地，谁主沉浮？

携来百侣曾游。忆往昔峥嵘岁月稠。
恰同学少年，风华正茂；
书生意气，挥斥方遒。
指点江山，激扬文字，粪土当年万户侯。
曾记否，到中流击水，浪遏飞舟？

【毛泽东自注自解】

1958 年 12 月 21 日，毛泽东在文物出版社同年 9 月刻印的线装大字本《毛主席诗词十九首》第一页《沁园春·长沙》这首词的天头、地脚和标题下空隙处写的注释说：

我的几首歪词，发表以后，注家锋［蜂］起，全是好心。一部分说对了，一部分说得不对，我有说明的责任。一九五八年十二月，在广州，见文物出版社一九五八年九月刊本，天头甚宽，因而写了下面的一些字，谢注家，兼谢读者。

并在这里批注说：

击水：游泳。那时初学，盛夏水涨，几死者数。一群人终于坚持，直到隆冬，犹在江中。当时有一篇诗，都忘记了，只记得两句：自信人生二百年，会当水击三千里。

1960 年前后，毛泽东诗词要翻译成外文，袁水拍找臧克家、叶君健把大家意见纷纭的字句，凑了 17 题，请毛泽东亲自回答。毛泽东约袁水拍谈话时一一作了回答。据臧克家回忆，当时听袁水拍传达时作的记录说："'问苍茫大地，谁主沉浮？'第一说，对。我立即用铅笔在'由谁来统治中国'上面，划了一个'○'，将第二说打上个'×'。"（臧克家《珍贵的孤纸》）

1964 年 1 月 27 日，毛泽东口头答复外国文书籍出版局《毛主席诗词》英译者说：

"这句是指：在北伐以前，军阀统治，中国的命运究竟由哪一个阶级做主？"

据臧克家回忆，1960 年前后听袁水拍传达毛泽东亲自回答说：

"'到中流击水'，指'游泳'。"

1964 年 1 月 27 日，毛泽东口头答复外国文书籍出版局《毛主席诗词》英译者说：

"'击水'指在湘江中游泳。当时我写的诗有两句还记得：'自信人生二百年，会当水击三千里。'那时有个因是子（蒋维乔），提倡一种静坐法。"

【题解】

这首词最早见之于萧三《毛泽东同志的青少年时代》（北京新华书店 1949 年 8 月发行），后经毛泽东亲自审定，正式发表于《诗刊》1957 年 1 月号，总题为《旧体诗词十八首》。为毛泽东生前亲自审定出版的《毛主席诗词》开篇之作。

沁园春：词牌名。长调，双调，114 字，一韵到底，用平韵。"沁园"二字出自东汉明帝之女沁水公主的园林。因其奢华幽美为当时园林之最，外戚窦宪心怀艳羡，遂凭借权势强取豪夺，将沁园占为己有。后有人作诗以咏其事，《沁园春》词牌因此得名。上片四平韵，下片五平韵。此调最初见于北宋张先词。其格调开阔，韵位较疏，宜抒发激越壮阔之豪情，苏辛一派最喜用之。此词牌又名“寿星明”、“东仙”、“洞庭春色”、“念离群”等。

长沙：湖南省的省会。毛泽东自 1911 年至 1923 年，曾在此学习和从事革命活动长达 13 年。长沙是毛泽东人生旅程的起始舞台，是他革命生涯的第一站，是他光辉人生的起点，是他青春时代的象征。对这块土地他有着特别深厚的感情。

1923 年 4 月，毛泽东离开长沙，去驻上海的中共中央工作。1925 年 9 月，毛泽东回到湖南长沙，在即将离开长沙赴广州创办农民运动讲习所之际，重游橘子洲，触景生情，唤起了他对学生时代不平凡生活的美好回忆，激情澎湃，诗兴涌起，写下了这首词。

词中描绘了一幅色彩斑斓充满生机的湘江秋景图，在洋溢着青春、理想的忆旧中，抒发了作者以天下国家为己任，投身革命洪流，推动革命高潮到来的凌云壮志。全词景物优美，形象生动，色彩绚丽，描写细腻，境界开阔，极富哲理性，给人以崇高的美感。

【笺注】

〔1〕独立寒秋：宋代辛弃疾《沁园春》有“伫立潇湘，黄鹄高飞，望君不来”之句。独立：在诗中往往具有一种卓然特立，若有所思的意象。唐代杜甫《乐游原歌》：“此身饮罢无归处，独立苍茫自吟诗。”又《独立》：“天机近人事，独立万端忧。”唐代李白《游精听寄崔侍御》：“独立窥浮云，其心在寥廓。”唐代柳宗元《笼鹰词》：“爪毛吻血百鸟逝，独立四顾时激昂。”寒秋：深秋，晚秋。深秋气候已渐寒冷，故曰寒秋。

〔2〕湘江：湖南省境内最大的河流，源出广西桂林市灵川县海洋山西麓，向东北流贯湖南省东部，经过长沙，北入洞庭湖，全长 817 公里。北去：（湘江水）向北滚滚流去。

〔3〕橘子洲：一名水陆洲，是长沙城西湘江中一个狭长的沙洲，南北大约 5.5 公里，东西最宽处约 0.5 公里。西面靠近著名游览胜地岳麓山。补充写

出“独立”的处所。宋代祝穆《方舆胜览》说，洲上多产美橘，故名。

〔4〕看：领起字。根据词律，领起“万山”至“百舸”四句，根据文义，这里领起“万山”至“万类”七句。万山红遍：所有的山都红了。清代周之琦《好事近·舆中杂书所见》其二：“看万山红叶。”万山：指岳麓山及湘江两岸连绵起伏的群山。岳麓山附近的枫树林最茂盛，秋末枫叶经霜后变红。岳麓山山腰有爱晚亭，因唐代杜牧《山行》“停车坐爱枫林晚，霜叶红于二月花”诗句而得名。

〔5〕层林：重重叠叠的树林，随着起伏的山势一层层地高上去。尽：全部，都。染：染色，这里指染上红色。

〔6〕漫江：满江。碧透：江水碧绿，清澈见底。碧：青绿色。唐代李白《望天门山》：“天门中断楚江开，碧水东流至此回。”

〔7〕百舸：许多船只。唐代李延寿撰《南史·垣护之传》：“玄谟攻滑台，护之百舸为前锋，进据石济。”宋代陆游《戏咏乡里食物示邻曲》：“明珠百舸载芡实，火齐千担装杨梅。”舸：大船。汉代扬雄《方言》卷九：“南楚江湘，凡船大者谓之舸。”这里泛指船只。争流：争着在水上行驶。三国魏嵇康《琴赋》：“尔乃颠波奔突，狂赴争流。”

〔8〕鹰击长空：雄鹰展翅搏击长空，迅猛矫健。《太平御览·天部》引《春秋感精符》：“季秋霜始降，鹰隼击。”东汉班固《汉书·五行志》：“故立秋而鹰隼击。”击：搏击，形容鹰飞得迅猛矫捷。长空：辽阔的天空。

〔9〕翔：本指鸟在空中盘旋。汉代《淮南子·览冥》：“翱翔四海之外。”东汉高诱注：“翼一上一下曰翱，不摇曰翔。”这里指鱼儿在水中游得活跃轻快。浅底：水下清澈可见底。因江水清澈，一望见底，而显得江水浅。北魏郦道元《水经注·湘水》引罗含《湘中记》：“湘川清照五六丈，下见底。”唐代储光羲《钓鱼湾》：“潭清疑水浅，荷动知鱼散。”鹰击长空，鱼翔浅底：《诗经·大雅·旱麓》：“鸢飞戾天，鱼跃于渊。”宋代朱熹注：“鸢与鱼均怡然自得而不知其所以然也。”

〔10〕万类：即万物，统指宇宙间的一切生物。语出晋代张华《答何劭》

其二："洪钧陶万类，大块禀群生。"霜天：下霜的天气，这里指深秋，寒秋。元代吴澄撰《月令七十二候集解》："九月中，气肃而凝，露结为霜矣。"竞自由：竞相自由自在地生长活动。竞：竞赛，竞争。自由：不受拘束，自在适意。

〔11〕怅：惆怅。这里指沉浸在一种深远的感慨思索之中。寥廓：高远空阔。战国《楚辞·远游》："下峥嵘而无地兮，上寥廓而无天。"洪兴祖补注引颜师古曰："辽阔，广远也。"这里指广阔的宇宙。唐代杜甫《橘柏渡》："孤光隐顾盼，游子怅寂寥。"

〔12〕苍茫大地：化用北朝民歌《敕勒歌》"天苍苍，野茫茫"意境。苍茫：旷远无边的样子。唐代李白《关山月》："明月出天山，苍茫云海间。"

〔13〕谁主沉浮：究竟是谁在主宰着这一切事物盛衰消长的命运呢？《庄子·知北游》："天下莫不沈浮，终身不故。""沈浮"，同"沉浮"。这句通过联想，可以进一步理解为：在这军阀统治下的中国，到底应该由谁来主宰国家兴衰和人民祸福的命运呢？主：主宰，支配。沉浮：本指物体在水面上沉没和浮起，后用来比喻事物的盛衰、消长。唐代高适《古乐府·飞龙曲，留上陈左相》："折腰知宠辱，回首见沉浮。"以上两句化用宋代辛弃疾《木兰花慢》"虾蟆故堪浴水，问云何玉兔解沉浮"诗句。

〔14〕携来：手拉着手一起来。百侣：言朋友之多，约数。据《湖南一师校志》记载，1917 年毛泽东主持该校学友会时，参加"游泳部"的同学达 80 余人。侣：伴侣，朋友。三国魏曹植《洛神赋》："命俦啸侣，或戏清流，或翔神渚。"

〔15〕峥嵘岁月：不寻常的岁月。化用南朝宋鲍照《舞鹤赋》"岁峥嵘而愁暮"诗句。唐代杜甫《敬赠郑谏议十韵》："筑居仙缥缈，旅食岁峥嵘。"宋代陆游《十二月二十九日夜半雨雪作披衣起听》："明朝遂除夕，岁月惊峥嵘。"元代赵孟頫《次韵潜师》："闭门坐穴一禅榻，头上岁月空峥嵘。"峥嵘：形容山势高峻的样子。这里比喻超越寻常，不平常。岁月：日子，喻指斗争生活。稠：多。

〔16〕恰：刚好，正值。这里是领起字，根据词律，领起“同学”至“挥斥”四句，根据文义，这里领起“同学”至“粪土”七句。同学少年：语出唐代杜甫《秋兴》八首其三：“同学少年多不贱，五陵衣马自轻肥。”这里借用杜诗字面赞美在湖南省立第一师范学校读书时的革命好友。

〔17〕风华正茂：风采才华正当旺盛之时。风华：风采，才华。唐代温庭筠《中书令裴公挽歌词》：“王俭风华首，萧何社稷臣。”茂：丰盛，旺盛。

〔18〕书生：读书人。指作者自己和蔡和森等同学。唐代高适《酬贺兰大夫》：“鲁连真义士，陆逊岂书生。”意气：意态气概。西汉司马迁《史记·管晏列传》：“拥大盖，策驷马，意气洋洋，甚自得也。”唐代杜甫《赠王二十四侍御契四十韵》：“由来意气合，直取性情真。”

〔19〕挥斥方遒：这里指热情奔放，劲头正足。挥斥：无拘无束，自由奔放。《庄子·田子方》：“夫至人者，上窥青天，下潜黄泉，挥斥八极，神气不变。”郭象注：“挥斥，犹纵放也。”方：正，正当。遒：强劲有力。南朝宋鲍照《上浔阳还都道中》：“鳞鳞夕云起，猎猎晚风遒。”

〔20〕指点江山：指着河山。这里是评论国事之意。元代萨都剌《念奴娇·登石头城次东坡韵》：“指点六朝形胜地，唯有青山如壁。”指点：指说，评论。唐代白居易《东南行一百韵寄通州元九侍御等》：“时遭人指点，数被鬼揶揄。”江山：江河和山岭，常用来指代国家和国家的政权。

〔21〕激扬文字：发表文章批判恶浊的旧势力，宣扬革命的新思想。激扬：义同褒贬，即激浊扬清，抨击丑恶，宣传美善。南朝宋范晔《后汉书·臧洪传》：“洪辞气慷慨，闻其言者，无不激扬。”

〔22〕粪土当年万户侯：化用宋代刘克庄《沁园春》：“使李将军，遇高皇帝，万户侯何足道哉！”元代白朴《双调·沉醉东风·渔夫》有：“傲杀人间万户侯，不识字烟波钓叟。”粪土：秽浊的泥土，比喻恶劣下贱的东西。南朝宋范晔《后汉书·李固传论》：“其顾视胡广、赵戒，犹粪土也。”这里的“粪土”作动词用，是“把……看作粪土”的意思。万户侯：食邑万户的侯。西汉司马迁《史记·李将军列传》：“惜乎，子不遇时。如令子当高帝时，万户侯

岂足道哉!”宋代辛弃疾《沁园春》:“却怪英姿，有如君者，犹欠封侯万里哉。”后泛指有高爵显位的人。这里指当时的反动军阀、官僚等上层人物。

〔23〕曾记否：还记得不记得。曾：犹，尚。《列子·汤问》:“以君之力曾不能损魁父之丘，如太行、王屋何?”

〔24〕中流：水流的中央。语出西汉司马迁《史记·周本纪》:“武王渡河，中流，白鱼跃入王舟中。”这里指湘江江心。击水：拍打着水。这里指游泳。唐代骆宾王《答员半千书》:“化羽垂天，抟风九万；振鳞横海，击水三千。”

〔25〕浪遏飞舟：化用宋代辛弃疾《沁园春·带湖新居将成》“秋江上，看惊弦雁避，骇浪船回”意境。这里指游泳时激起的浪花，阻挡住飞快行驶的船只，表现了青年毛泽东和他的战友们的豪情壮志。遏：阻止。《列子·汤问》:“声振林木，响遏行云。”

【译文】

在已有寒意的秋风之中，
我独自一人站立在橘子洲的南端，
湘江从眼前滚滚向北流去。
我向远处望去，许许多多的山都呈现了一片红色，
那层层叠叠的树林都像染上了艳丽动人的颜色，
再看看近处，满江清澄的水碧绿透了，
很多船只争相行驶，破浪前进。
仰望天空，雄鹰搏击于万里长空，
俯视湘江，鱼儿在清澈见底的水里飞翔似的轻快游动，
一切生物在秋天里都竞相自由自在地生存活动着。
面对广阔无垠的宇宙引起我深沉的思虑，
我不禁要向苍茫的大地发问：
“究竟是谁在主宰着这一切事物盛衰消长的命运呢?”

过去我曾经与朋友结伴携手来这里游览。
回想起从前许多令人难忘的不平常的岁月。
那时正当同学们青春年少，
风采焕发，才华横溢，
读书人的意态气概，
潇洒豪迈，强劲奔放。
批评议论国是，
写出许多激昂慷慨的文章，
把当年的反动军阀、官僚视如粪土一般。
亲爱的老同学，您还记得吗？
那时我们到湘江中游泳，
激起的浪涛几乎把飞快行驶的船只都阻挡住了。

菩萨蛮

黄鹤楼

一九二七年春

茫茫九派流中国，沉沉一线穿南北。
烟雨莽苍苍，龟蛇锁大江。

黄鹤知何去？剩有游人处。
把酒酹滔滔，心潮逐浪高！

【毛泽东自注自解】

1958 年 12 月 21 日，毛泽东在文物出版社同年 9 月刻印的线装大字本《毛主席诗词十九首》上批注：

心潮：一九二七年，大革命失败的前夕，心情苍凉，一时不知如何是好，这是那年的春季。夏季，八月七号，党的紧急会议，决定武装反击，从此找到了出路。

毛泽东在《清平乐·会昌》批注中提到这首词说：

踏遍青山人未老：一九三四年，形势危急，准备长征，心情又是郁闷的。这一首《清平乐》，如前面那首《菩萨蛮》① 一样，表露了同一心境。

1957 年 5 月 21 日，毛泽东在学英语休息时说：

《菩萨蛮·黄鹤楼》是描述大革命失败前夕，心潮起伏的苍凉心境。

【题解】

这首词最早发表于《诗刊》1957 年 1 月号。

菩萨蛮：词牌名。小令，双调，44 字，上、下片各四句，均两仄韵转两平韵。原为唐教坊（唐代管理宫廷音乐的官署）曲名。《菩萨蛮》原是今缅甸境内古代罗摩国的乐曲，后经汉族乐工改制而来，与佛教语中“菩萨”无关。另有一说，唐代苏鹗《杜阳杂编》说：“大中（唐宣宗年号，公元 850 年前后）初，女蛮国入贡，危髻金冠，璎珞被体，号菩萨蛮队。当时倡优遂制《菩萨蛮》曲；文士亦往往声其词。”此说不可信。据《教坊记》载，开元年间已有“菩萨蛮”曲名。《词谱》定李白《菩萨蛮》词为正体。又名“子夜歌”、“重叠金”等。

黄鹤楼：古代亦名黄鹄楼，旧址在湖北武汉市武昌城西蛇山上的黄鹄矶北端，紧靠长江边，即今武汉长江大桥南端西侧，是长江汉水一带著名的古迹。始建于三国吴大帝孙权黄武二年（公元 223 年），南朝以后就很著名，有“天下绝景”之称。楼在历史上曾几经毁坏和修复，最后一次焚毁是光绪十年（1884 年）八月。光绪末年，在黄鹤楼旧址建筑了警钟楼，是西式楼房。由于黄鹤楼久负盛名，警钟楼又建在黄鹤楼旧址上，所以有人习惯上把警钟楼叫作

① 这里所说的“菩萨蛮”，当指毛泽东《菩萨蛮·黄鹤楼》词。——作者注

黄鹤楼。1955 年修建武汉长江大桥时拆去遗留建筑物，1985 年 6 月在蛇山顶上重建新的黄鹤楼。黄鹤楼因矶得名。《元和郡县志·江南道三·鄂州》载："城西临大江，西南角因矶为楼，名黄鹤楼。"但也有人说起于神话。神话有两种不同说法：南朝梁萧子显撰《南齐书·州郡志下》："夏口城据黄鹄矶，世传仙人子安乘黄鹤过此上也。"宋代乐史《太平寰宇记》："昔费祎登仙，每乘黄鹤于此憩驾，故号为黄鹤楼。"意思是说，蜀汉时费祎（字文伟）成了仙，曾经骑着黄鹤飞行，在这里休息过。由于那里风景壮丽，又流传着美丽的神话传说，因此，引起历代许多诗人的吟咏和赞叹。唐代诗人崔颢曾写过有名的《黄鹤楼》诗。黄鹤楼因而名声更大。

1927 年春，毛泽东偕夫人杨开慧一同登上黄鹤楼。此时正值大革命失败前夕，面对严峻的政治形势，毛泽东深感忧虑：中国革命向何处去？出路何在？他一时不知如何是好。面对苍茫空阔的楚天，惊涛拍岸的长江，心情十分抑郁而沉重的毛泽东诗兴涌动，不禁吟出了激昂慷慨的《菩萨蛮·黄鹤楼》。

词中描写了在黄鹤楼上的所见所感，抒发了作者对大革命失败前夕危急形势的深切忧虑和苍凉心情，表达了作者澎湃的革命激情和将革命进行到底的坚定信念与决心。写景抒情，情景交融，使事用典，信手拈来，是这首词的突出特点。

【笺注】

〔1〕茫茫九派流中国：清代王士祯《分甘余话》卷一引王士祯《赠樊裬》："茫茫九派多风雪，忆泊浔阳旧酒楼。"茫茫：辽阔，深远的样子。这里形容长江水势广大。明代林章《登黄鹤楼作》："望里山川是楚乡，美人何处水茫茫。"九派：语出汉代刘向《说苑·君道》："禹凿江以通于九派，洒五湖而定东海。"这里指长江中游的河流。东晋郭璞《江赋》："流九派乎浔阳。"南朝宋鲍照《登黄鹤矶》："三崖隐丹磴，九派引沧流。"九：言其多，非确数。派：江河的支流。毛泽东 1959 年 12 月 29 日在致钟学坤的信中说："九派，湘、鄂、赣三省的九条大河。究竟哪九条，其说不一，不必深究。"流：奔流。中

国：国之中部，指我国的中部地区。语出《庄子·田子方》："吾闻中国之君子，明乎礼义而陋于知人心。"《孟子·梁惠王上》："莅中国而抚四夷。"唐代李白《金陵望汉江》："汉江回万里，派作九龙盘。横溃豁中国，崔嵬飞迅湍。"这句是说有着许多支流的浩渺的长江流贯我国的中部。

〔2〕沉沉：深远的样子，指铁路伸向远处。一线：指当时长江以南的粤汉（广州至武昌）铁路和以北的京汉（北京至汉口）铁路。1957 年武汉长江大桥建成，两条铁路接通后改称京广铁路。穿南北：伸向南方北方的尽头。从黄鹤楼上俯视，细长的铁路如一条直线贯穿南北。

〔3〕烟雨：指迷蒙如烟的细雨浓雾。宋代辛弃疾《菩萨蛮》："烟雨却低回，望来终不来。"莽苍苍：本指草木茂盛，这里指烟雨迷蒙，若隐若现，远望不甚分明。《庄子·逍遥游》："适莽苍者，三餐而返，腹犹果然。"成玄英疏："莽苍，郊野之色，遥望之不甚分明也。"宋代陆游《哀郢》："章华歌舞终萧瑟，云梦风烟旧莽苍。"

〔4〕龟蛇：龟山和蛇山。龟山在武汉汉阳城北，前临大江，北带汉水，状若巨龟；蛇山横贯武昌城中，状若长蛇，首饮长江，尾延东城。大江：指长江。语出战国楚屈原《楚辞·九歌·湘君》："望涔阳兮极浦，横大江兮扬灵。"这句是说龟蛇二山好像锁一样锁住了长江。

〔5〕黄鹤知何去，剩有游人处：与唐代贾岛《黄鹤楼》"青山万古长如旧，黄鹤何年去不归"，宋代卢郢《黄鹤楼》"黄鹤何年去杳冥？高楼千载倚江城"意象、意境相似。何去：去何，去到了什么地方。何：哪里。这句是说从前传说中的黄鹤不知道到哪里去了。屈原《楚辞·卜居》："此孰吉孰凶；何去何从？"

〔6〕游人处：指黄鹤楼。宋代严羽《沧浪诗话》："唐人七言律诗，当以崔颢《黄鹤楼》为第一。"《唐才子传》卷一："（颢）后游武昌登黄鹤楼，感慨赋诗，及李白来，曰：'眼前有景道不得，崔颢题诗在上头。'无作而去，为哲匠敛手云。"以上两句化用唐代崔颢《黄鹤楼》诗："昔人已乘黄鹤去，此地空余黄鹤楼。黄鹤一去不复返，白云千载空悠悠。"处：地方，处所。这句意

即现在只剩下一座供人游览的处所。大革命即将失败，这一片曾经燃烧过革命烽火的土地，将变成历史的遗迹，诗人的心境是苍凉的。

〔7〕把酒：手执酒杯，指饮酒。唐代孟浩然《过故人庄》："开轩面场圃，把酒话桑麻。"宋代苏轼《水调歌头》："明月几时有？把酒问青天。"把：动词，拿着，端起。酹滔滔：把酒浇向滚滚滔滔的江水里。酹：古代把酒浇在地上祭奠鬼神或对自然界事物设誓的一种习俗。南朝宋范晔《后汉书·张奂传》："（奂）召主簿于诸羌前，以酒酹地，曰：'使马如羊，不以入厩；使金如粟，不以入怀。'"宋代苏轼《念奴娇·赤壁怀古》："人生如梦，一樽还酹江月。"宋代陆游《登灌口庙东大桥观岷江雪山》："白发萧条吹北风，手持卮酒酹江中。"滔滔：形容水势盛大的样子。《诗经·小雅·四月》："滔滔江汉，南国之纪。"这里指长江，形容词用作名词。

〔8〕心潮：潮水般激荡着的思想情绪。逐：随，跟着。唐代储光羲《江南曲》："逐流牵荇叶，沿岸摘芦苗。"这句表达了诗人忧党忧国忧民的沉重心情和将革命进行到底的坚强决心。

【译文】

很多支流到这里汇集成浩荡奔流的长江，横贯我国中部，
深远漫长的平汉铁路和粤汉铁路在这里连成一线，纵穿南方和北方。
暮春时节，武汉三镇仿佛笼罩在迷蒙的烟雨之中，一片莽莽苍苍，
龟山和蛇山隔江对峙，像一把大锁似的锁住了激荡奔腾的万里长江。

从前传说中的黄鹤不知到哪里去了，
此地现在只剩下一座供人游览的空楼。
我不由地端起酒浇向滔滔的江水，
心中翻腾起伏的思绪随着大江汹涌澎湃的浪涛，一浪高过一浪！

西江月
井冈山
一九二八年秋

山下旌旗在望，山头鼓角相闻。
敌军围困万千重，我自岿然不动。

早已森严壁垒，更加众志成城。
黄洋界上炮声隆，报道敌军宵遁。

【毛泽东自注自解】

据臧克家回忆，1960年前后听袁水拍传达毛泽东亲自回答自作诗词问题所作的记录说：

“山下旌旗在望，山头鼓角相闻，二句中，‘在望’与‘相闻’均指我方。”

1964年1月27日，毛泽东口头答复外国文书籍出版局《毛主席诗词》英译者问：

“山下旌旗在望，山头鼓角相闻。‘旌旗’和‘鼓角’都是指我军。黄洋界很陡，阵地在山腰，指挥在山头，敌人仰攻。山下并没有都被敌人占领，没有严重到这个程度。‘旌旗在望’其实没有飘扬的旗子，都是卷起的。”

【题解】

这首词最早发表于1948年7月1日出版的由中共东北局宣传部主持出版、东北书店发行的《知识》杂志第七卷第六期（总第四十二期）纪念党的生日特刊上刊载的蒋锡金《毛主席诗词四首臆释》一文。后经毛泽东亲自审定，正式发表于《诗刊》1957年1月号。

西江月：词牌名。小令，双调，50 字。平韵。原为唐教坊曲名。调名出自李白《苏台览古》诗："旧苑荒台杨柳新，菱歌清唱不胜春。只今唯有西江月，曾照吴王宫里人。"后蜀欧阳炯始制此调。上、下片相同，各四句 25 字。上、下片起首二句宜用对仗。又名"玉炉三涧雪""白苹香""江月令""步虚词""晚香时候""壶天晓""双锦瑟"等。

井冈山：位于江西、湖南两省边界的罗霄山脉中段，在江西宁冈、遂川、永新和湖南酃县四县交界的众山丛中，山势险峻陡峭，海拔近千米，中间多盆地，方圆约 280 平方公里。井冈山上有五条出入的小路，被称为五大哨口：即南面的朱砂冲，东面的桐木岭，西面的双马石，北面的八面山，西北面的黄洋界。黄洋界是由茨坪到茅坪的必经之路，距井冈山的中心茨坪 8.5 公里，上下 7.5 公里，只有一条羊肠小道通往宁冈。左右两侧都是峭壁深谷，为五大哨口中最险要处，有"一夫当关，万夫莫开"之势。

1927 年 10 月，毛泽东率领秋收起义部队进军井冈山，在这里建立了中国第一个农村革命根据地。1928 年 4 月，朱德、陈毅率领南昌起义保存下来的部队 2000 余人和湘南农民军 8000 人到此与毛泽东领导的部队胜利会师。随后，两支部队合编为工农革命军第四军。不久，又根据党中央指示改称中国工农红军第四军。1928 年 8 月 30 日，湖南、江西两省敌军各一部，乘红军主力还在赣西南欲归未归之际，重兵围攻井冈山。红军守军不足一营，凭借黄洋界天险，居高临下，奋勇抵抗，击退了强大敌军的多次进攻，胜利地保住了井冈山革命根据地。这首词是毛泽东在黄洋界保卫战胜利后所作。鲁迅曾戏言该词有"山大王"气概。

词中抒发了胜利后的喜悦之情，表现了人民战争的宏伟气势，歌颂了井冈山革命军民众志成城，坚守革命根据地的英勇斗争精神。全词高度概括井冈山战斗形势，充满乐观自信，笔调颇为轻快。

【笺注】

〔1〕山下：井冈山一般习惯把茨坪、大小五井称为山上，其他称为山下。

这里指山下的部分红军和井冈山一带的赤卫队、暴动队等地方武装。作者曾说，当时没有飘扬的旗帜，旗帜是卷起的，可见这里是作者的虚构。旌旗：旗帜的通称。唐代杜甫《北征》："回首凤翔县，旌旗晚明灭。"这里用"旌旗"是为了增加诗的鲜明的形象感。在望：在视野之内，即远望可见。

〔2〕山头：山上。鼓角：指战鼓声和军号声。古代军队用战鼓和号角发号施令，指挥军队行动。《孙子·军争》："言不相闻，故为鼓铎；视不相见，故为旌旗。"《太平御览·兵部·训兵》引唐代李靖《卫公兵法》："使士卒目见旌旗，耳闻鼓角，心存号令。"这里指红军守军的战鼓声、军号声。金代元好问《江月晃重山·初到嵩山时作》诗有类似的句法："塞上秋风鼓角，城头落日旌旗。""塞上"与"城头"、"鼓角"与"旌旗"对举。唐代岑参《轮台歌奉送封大夫出师西征》亦有"轮台城头夜吹角，轮台城北旄头落"句式。相闻：彼此互相听得见。

〔3〕重：层。宋代王安石《泊船瓜洲》："京口瓜洲一水间，钟山只隔数重山。"宋代陆游《游山西村》："山重水复疑无路，柳暗花明又一村。"

〔4〕我自岿然不动：形容红军从容、勇敢、临危不惧、稳如泰山的气概。我：本义称自己，引申为我们或我方。自：本的意思。宋代赵长卿《浣溪沙》词："我自愁多魂已断，不禁楚雨带湘云。"岿然不动：宋代曾慥《类说》引胡纳《见闻录》："李尊懿仕伪蜀，谈论妍媚有妇人女子之态。蜀平，太祖见曰：'有此态耶？'以毡头箭射之，正中其腹，尊懿岿然不动。"意思是说屹立而不动摇。"岿然：山高耸屹立的样子。不动：《孙子·军争》："侵掠如火，不动如山。"这里指红军稳如泰山。

〔5〕早已森严壁垒：宋代范成大《次韵郊祀庆成》有"百神森壁垒，万卫密钩陈"之句。这里是说，我方军民早已作好充分准备，使防御工事严整不可侵犯。森严：整饬而严肃，这里形容工事严密坚固，不可侵犯。唐代杜牧《朱坡》："偃蹇松公老，森严竹阵齐。"壁垒：古代军营的围墙，这里指堡垒等防御工事。战国《六韬·王翼》："修沟堑，治壁垒。"

〔6〕更加众志成城：这里是说军民团结一致，齐心协力，形成坚固的心

理长城。更加：再加上。众志成城：万众一心，就坚如城堡。《国语·周语下》："故谚曰：'众心成城，众口铄金。'"三国吴韦昭注："众心所好，莫之能败，其固若城也。"

〔7〕黄洋界：又名汪洋界、望洋界，位于井冈山区西北部，海拔1342米，两侧是深谷、峭壁。黄洋界距茨坪25公里，是茨坪通向宁冈、永新的必经之路和进入大小五井的要道，也是通往井冈山五大哨口中最险要的一个。站在黄洋界，数百里群山起伏，如汪洋大海，故名。隆：拟声词，是"隆隆"的缩语。

〔8〕报道敌军宵遁：与唐代卢纶《塞下曲》六首其三"月黑雁飞高，单于夜遁逃"意境有相似之处。报道：报告说。宵遁：乘夜逃窜。《左传·成公十六年》："王曰：'天败楚也夫！余不可以待。'乃宵遁。"遁：逃跑。

【译文】

山下我军红旗招展，遥望可见，
山上军号嘹亮，彼此相闻。
敌人把我们重重包围，
我军却仍像大山一样巍然屹立，毫不动摇。

我军早已筑好了严密的防御工事，作好了战斗准备，
再加上军民万众一心，成了一座坚不可摧的城堡。
黄洋界上响起了一片隆隆的炮声，
传来消息说，敌人已经吓得乘夜慌忙逃跑了。

清平乐
蒋桂战争
一九二九年秋

风云突变，军阀重开战。
洒向人间都是怨，一枕黄粱再现。

红旗跃过汀江，直下龙岩上杭。
收拾金瓯一片，分田分地真忙。

【毛泽东自注自解】

1962 年 4 月，毛泽东为《词六首》在《人民文学》1962 年 5 月号上发表写过一篇引言：

这六首词，年深日久，通忘记了。《人民文学》编辑部搜集起来，要求发表，因以付之。回忆了一下，这些词是在一九二九至一九三一年在马背上哼成的。文采不佳，却反映了那个时期革命人民群众和革命战士们的心情舒快状态，作为史料，是可以的。

本书作者按：《词六首》，指《清平乐 · 蒋桂战争》、《采桑子 · 重阳》、《减字木兰花 · 广昌路上》、《蝶恋花 · 从汀州向长沙》、《渔家傲 · 反第一次大“围剿”》、《渔家傲 · 反第二次大“围剿”》。后来，这篇引言未发，改刊一则较短的引言，全文为：

这六首词，是一九二九——一九三一年在马背上哼成的，通忘记了。《人民文学》编辑部的同志们搜集起来，寄给了我，要求发表。略加修改，因以付之。

1964 年 1 月 27 日，毛泽东口头答复外国文书籍出版局《毛主席诗词》英译者问：

“一枕黄粱再现，指军阀的黄粱梦。”

【题解】

这首词最早发表于《人民文学》1962 年 5 月号，总题为《词六首》。

清平乐：词牌名。小令，双调，46 字。上片押仄韵，下片换平韵。也有全押仄韵者。原为唐教坊曲名。其本义为“祈求海内清平之乐曲”，而不是指曲子的清调平调。最早见于《尊前集》中记载的李白《清平乐》词四首。又名“清平乐令”、“醉东风”、“忆萝月”等。

蒋桂战争：指 1929 年 3 月至 4 月间蒋系军阀和桂系军阀之间为争夺华中的控制权而发动的战争。蒋：蒋介石。蒋介石（1887—1975），名中正，字介石。浙江奉化人。1907 年入保定全国陆军速成学堂。1908 年留学日本，加入同盟会。辛亥革命后追随孙中山，曾参加反对袁世凯的活动。1924 年后历任黄埔军校校长、国民革命军第一军军长、国民政府军事委员会主席、国民革命军总司令、国民党中央执行委员会常务委员会主席。1927 年发动“四一二”反革命政变，导致第一次国共合作破裂。1928 年任南京国民政府主席，不断进行新军阀混战。1931 年“九一八”事变后，任军事委员会委员长，推行“攘外必先安内”政策，“围剿”红军革命根据地。1936 年“西安事变”后，被迫接受抗日主张，实行第二次国共合作。1938 年任中国国民党总裁。抗日战争期间，任国防最高委员会主席，同盟国中国战区最高统帅，掀起第三次反共高潮。抗日战争胜利后，与中共代表团在重庆进行和平谈判。1946 年撕毁“停战协定”，大举进攻解放区，单独召开制宪国民大会，通过《宪法》。1948 年擅自召开第一届国民大会，当选中华民国总统。1949 年被迫引退。败退台湾后，历任“总统”与国民党总裁。1975 年 4 月 5 日在台北病逝。桂：广西的简称，指桂系军阀李宗仁、白崇禧等。李宗仁（1891—1969），字德邻，广西临桂（今广西桂林）人。1908 年考入广西陆军小学堂（后改为陆军速成学堂）。1910 年参加中国同盟会。1916 年投桂军，先后参加护国战争、护法战争。1922 年自任广西自治军第二路总司令。1923 年至 1925 年联合黄绍宏、白崇禧组成定桂讨贼联军，消灭了旧桂系军阀，统一了广西，成为新桂系首领。1926年被改编为国民革命军第七军，任军长，参加北伐战争。北伐以后的十年间，屡次发动和参与中原大战等国民党内战。抗战时，动员广西将士抗日，指挥多次大战，在台儿庄大捷中名震一时。1948年国民党行宪，当选中华民国副总统。蒋介石下野后，一度任代总统，欲以和谈挽救国民政府未果，之后出走美国。在周恩来的安排下，1965年毅然回到中国大陆。1969年1月30日在北京病逝。

1929年，蒋介石集团为争夺两湖，打击桂系，于3月至4月间发动了对桂系军阀李宗仁的战争，战争最终以蒋介石的胜利而结束。同年秋又发生了蒋介石与冯玉祥的战争。军阀之间的战争给红军的发展造成了一个有利的条件。1929年3月，红四军由江西进入福建西部，打下了长汀，5月至6月三次占领长汀东南的龙岩，9月又打下了长汀以南龙岩以西的上杭。这首词作于红军攻占上杭之后，当时闽西新革命根据地正在开展“分田分地”的土地革命。

词中高度概括了当时的国内斗争形势，通过军阀混战与革命力量空前壮大之间的内在联系，真实地再现了创建闽西革命根据地的历史背景，生动有力地表现了土地革命迅速发展的趋势。语言精炼通俗，对比鲜明突出，使这首词的思想性和艺术性得到了完美的统一。

【笺注】

〔1〕风云：风起云涌，形态多变。南朝宋范晔《后汉书·皇甫嵩传》：“将军权重于淮阴，指㧑足以振风云。”北周庾信《入彭城馆》：“年代殊氓俗，风云更盛衰。”这里喻指变幻莫测的政治、军事局势。突变：突然急剧的变化。

〔2〕军阀：旧时拥有武装部队，割据一方，自成体系的集团或人员。重：又，一次又一次，这是针对蒋桂之战而言的。此前有1927年10月的蒋（介石）汪（精卫）宁汉战争、1927年12月的蒋介石与广东军阀的战争以及1928年4月至5月间蒋介石、李宗仁、冯玉祥、阎锡山与奉系军阀张作霖的战争。

〔3〕人间：人世间。这里指中国人民。怨：怨恨。北魏杨衒之《洛阳伽

蓝记·闻义里》："王常停境上，终日不归；师老民劳，百姓嗟怨。"

〔4〕一枕黄粱：典出唐代沈既济小说《枕中记》，落魄读书人卢生在邯郸（今河北邯郸）客栈里向道士吕翁述说自己的不得志，当时店主正在蒸黄粱做饭，吕翁从口袋中取出一个瓷枕给卢生，告诉他枕了睡觉可以功成名就，卢生照着吕翁的话，枕着枕头睡着了。在梦中果然出将入相，子孙满堂，享尽了荣华富贵。可是一觉醒来，店主人的黄粱饭还未蒸熟呢。这里借指军阀想用武力霸占中国，统治人民的企图如卢生的黄粱美梦一样，终将成为泡影。一枕：犹言睡一觉。这里的"枕"是计量动作的量词。黄粱：黄色的小米。这里指黄粱梦的故事。再现：又一次重现。

〔5〕红旗：象征革命，这里比喻革命的武装力量，指中国共产党领导下的工农红军。跃过：跳跃而过，越过。这里形容红军势如破竹，神速前进。汀江：江名，源出福建西部长汀县，故名汀江，流经武平、上杭、永定进入广东汕头市入海。

〔6〕直下：一直攻下。下：攻克。西汉司马迁《史记·项羽本纪》："闻陈婴已下东阳。"龙岩、上杭：县名，都在福建省西南部。1929 年的军阀战争，给红军发展造成了有利的条件。这年 3 月，红四军由江西入福建西部，占领了长汀县。5 月至 6 月三次占领长汀东南的龙岩，9 月，占领长汀以南、龙岩以西的上杭县。

〔7〕收拾金瓯一片：宋代岳飞《满江红》有："待从头，收拾旧山河，朝天阙。"收拾金瓯：近代黄兴《临江仙》有"收拾金瓯还汉胤，重瞻舜日尧天"之句。收拾：有整顿、收取之意。语出唐代李山甫《上元怀古》二首其一："总是战争收拾得，却因歌舞破除休。"金瓯：古代用金子制作的杯盆一类的容器。常用来代称国土或比喻国家疆土的完整坚固。唐代李延寿撰《南史·朱异传》："（梁）武帝言：'我国家犹若金瓯，无一伤缺。'"金瓯一片：这里喻指闽西新开辟的宝贵的革命根据地。

〔8〕分田分地：指将地主的土地分配给无地或少地的农民。1929 年 4 月，毛泽东主持制定了江西兴国县《土地法》，根据中共"六大"决议，将井冈山

《土地法》中规定的"没收一切土地"，改为"没收一切公共土地及地主阶级土地"。同年7月，中共闽西第一次代表大会在上杭召开，根据井冈山《土地法》和兴国县《土地法》精神，于27日通过了《土地问题决议案》。会后，在长汀、连城、上杭、龙岩、永定等县纵横150多公里的地区内进行了分田分地，约60多万贫苦农民分得了土地。

【译文】

政治风云突然发生了巨大变化，

蒋介石和桂系军阀李宗仁之间再次交战。

洒向人间的都是战争的祸水，激起广大人民的普遍怨恨，

蒋介石与李宗仁妄想独霸中国的野心，只不过是黄粱美梦的重现。

红四军高举红旗飞跃般地跨过汀江，

又以迅雷不及掩耳之势攻下了龙岩和上杭。

祖国美好河山在军阀割据下四分五裂，红军收复了其中一部分还到人民手中，

打土豪，分田地，真是一片繁忙欢乐的景象。

采桑子

重　阳

一九二九年十月

人生易老天难老，岁岁重阳。
今又重阳，战地黄花分外香。

一年一度秋风劲，不似春光。
胜似春光，寥廓江天万里霜。

【题解】

这首词最早发表于《人民文学》1962年5月号，总题为《词六首》，以词牌为标题，没有标明写作时间。1963年12月，毛泽东亲自审定的人民文学出版社出版的《毛主席诗词》增加了现在的词题，并标明写作时间。

采桑子：词牌名。小令，双调，44字。平韵。唐教坊大曲名。相传汉代一太守出巡，见采桑女秦罗敷姿色美好，想占为妾，罗敷即唱《陌上桑》曲，严加斥责，予以拒绝。唐代朝廷音乐机关把《陌上桑》制成大曲，始名《采桑子》。上、下片各四句二韵。又名“丑奴儿令”、“罗敷媚歌”等。

重阳：节令名，农历九月初九叫重阳。古人把“九”定为阳数，九月九日，日、月并阳，两九相重，故叫“重阳”，又叫“重九”。古人有重阳节登高赏菊的习俗。

1929年6月，由于当时党内一些同志对毛泽东的正确路线尚未理解，出现了意见分歧，毛泽东暂时离开了红四军的主要领导岗位，在闽西一带一边养病，一边指导地方工作。9月，毛泽东住进上杭临江楼。10月11日，是农历九月初九重阳节。这天，临江楼庭院中黄菊盛开。作者登楼远眺，只见汀江横贯，碧水荡漾，两岸一片片傲霜的秋菊正绽放。此情此景，自然使作者联想到革命战争的节节胜利，不禁心中充满了必胜的信念与豪情，诗情喷涌，吟成了《采桑子·重阳》。

词中通过重阳节美丽景色的描写，表达了对革命根据地和革命战争的赞美之情，抒发了作者奋斗不息的革命豪情，洋溢着崇高的革命乐观主义精神。词作一反古来诗人悲秋的情调，写得生机盎然，境界辽阔，格调高昂，充满浓烈的诗情画意和人生哲理。

【笺注】

〔1〕人生易老天难老：化用唐代李贺《金铜仙人辞汉歌》“衰兰送客咸阳道，天若有情天亦老”诗句。宋代张元幹《贺新郎》：“天意从来高难问，况人情老易悲难诉。”这里是反其意而用之。天：指大自然，宇宙。难老：指宇宙

的发展变化不易看到。

〔2〕岁岁：年年。唐代刘希夷《代悲白头翁》："年年岁岁花相似，岁岁年年人不同。"

〔3〕今又重阳：这一天是公历1929年10月11日。唐代孟浩然《过故人庄》："待到重阳日，还来就菊花。"又孟浩然《秋登兰山寄张五》："何当载酒来，共醉重阳节。"唐代白居易《九日登巴台》："去年重阳日，漂泊湓城隈。今岁重阳日，萧条巴子台。"

〔4〕战地黄花分外香：宋代杨万里《九日郡中送白菊》有"若言佳节如常日，为底寒花分外香"之句。战地：战场。《孙子·虚实》："凡先处战地而待敌者佚，后处战地而趋战者劳。"此处指福建上杭一带。这年秋天，红四军在福建西部长汀一带歼灭土著军阀，攻克了上杭县。黄花：指菊花。我国古代菊花品种主要是黄的，故称黄花。一说典出《礼记·月令》："季月之令，鞠有黄华。"鞠：通"菊"。黄华：同"黄花"。又《吕氏春秋·季秋纪》："季秋之月：……菊有黄花。"后因此称菊花为黄花。唐代李白《九日龙山歌》："九日龙山饮，黄花笑逐臣。"这里指野菊。唐代岑参《行军九日思长安故园》："强欲登高去，无人送酒来。遥怜故人菊，应傍战场开。"分外香：格外的香。

〔5〕一年一度秋风劲：化用西晋陆机《文赋》"悲落叶于劲秋，喜柔条于芳春"意境。一年一度：每年一次。宋代王安石《送吴显道》其五："唯有春风最相惜，一年一度一归来。"度：次。秋风劲：指秋风强劲、有力。劲：强劲，猛烈。

〔6〕不似：不像，不同于。宋代苏轼《朝云诗》："不似杨枝别乐天，恰如通德伴伶玄。"春光：春天的风光景色。唐代杜甫《腊日》："侵陵雪色还萱草，漏泄春光有柳条。"

〔7〕胜似：胜过，胜于。张相《诗词曲语词汇释》："似，犹于也，意则犹过也。"唐代刘禹锡《秋词》："自古逢秋悲寂寥，我言秋日胜春朝。"清代陈维崧《风流子·月夜感忆》："今宵月，胜似昨宵圆。"

〔8〕寥廓：空阔、远大无边的样子。江天：江和江上的天空。这里是在

靠近江河的地方看到江天相接，空阔无垠的景象。南朝梁范云《之零陵郡次新亭》："江天自如合，烟树还相似。"唐代杜甫《游修觉寺》："野寺江天豁，山扉花竹幽。"万里：极言广阔。霜：借指秋色。古典文学中有丹霜、紫霜、青霜的说法。这句写江天广阔，秋高气爽，五彩斑斓，一片美妙的秋色。

【译文】

人的生命短暂，容易衰老，自然界的发展变化则比较缓慢，好像不容易衰老一样，

每年都会有一个重阳节。

今天又到重阳节了，

然而战场上盛开的野菊花却使我们感觉它吐露出更加浓烈的芳香。

一年一度的秋风正猛烈地吹着，

与春天和煦明媚的风光迥然不同。

但它却更胜过春天，

从靠近江河的地方看去，水天相接，秋高气爽，一片美好的景色。

如梦令

元　旦

一九三〇年一月

宁化、清流、归化，路隘林深苔滑。
今日向何方，直指武夷山下。
山下山下，风展红旗如画。

【题解】

这首词最早发表于1956年8月出版的《中学生》杂志刊登的谢觉哉《关

于红军的几首词和歌》一文中，词题为《宁化途中〈如梦令〉》。1957年在《诗刊》1月号正式发表，总题为《旧体诗词十八首》。

如梦令：词牌名。单调，33字，仄韵。相传为五代时后唐庄宗李存勖所制，原名《忆仙姿》。宋代苏轼嫌其名不雅，因取庄宗词中“如梦，如梦，残月落花烟重”之语，改为《如梦令》。此调又名“宴桃源”、“如意令”、“无梦令”等。

元旦：旧时称农历正月初一为元旦。词中的元旦为农历庚午年元旦，即阳历1930年1月30日。

1929年11月26日，毛泽东从上杭蛟洋抵达长汀，重返红四军领导岗位。12月28、29日，毛泽东亲自主持在上杭县古田召开的红四军第九次党代表大会，会议通过了毛泽东起草的《中国共产党第四军第九次代表大会决议案》，即《古田会议决议》，毛泽东重新当选前委书记。红四军决定兵分两路，转移到敌人的后方去。1930年1月5日，由朱德率红四军第一、三、四纵队先行出发，经福建连城、宁化等县境进入江西广昌。毛泽东率领的红四军第二纵队1月3日到龙岩大池、小池阻击迷惑敌人，掩护主力转移。任务完成后的1月7日离开古田，向北经连城、清流、归化、宁化，1月19日西越武夷山，入广昌，并在马背上酝酿了这首词。

词中叙写了红四军在元旦这一天实行战略转移的军事行动，描绘了一幅人唱马嘶、红旗飘扬、雄浑壮美的军旅图画，赞扬了红军在困难面前表现出的坚强信念和革命乐观主义精神风貌。全词叙事写景，情景交融，音节回旋跌宕，气势雄浑磅礴，意境宏远瑰丽。举重若轻的大家气度，娴熟高超的艺术技巧，令人叹为观止。

【笺注】

〔1〕宁化、清流、归化：福建省西部的三个县。归化，1933年改为“明溪县”。1956年与三元县合并改称“三明县”。今属三明市。宁化、清流、归化这三个县的位置，清流居中，宁化在清流西北，归化在清流东北，而位于

闽、赣两省交界处的武夷山又在宁化的西面。这次进军是从上杭出发，经清流到归化，再到宁化。词中作“宁化、清流、归化”，是为了适应词牌格律对音韵的要求而改动的。

〔2〕路隘林深苔滑：这句是说红军在急迫的形势下，要甩掉敌人取得战略转移的胜利，走入人迹罕至、狭窄难行的山间小路。路隘：道路崎岖狭窄。

〔3〕今日：指1930年农历元旦。

〔4〕直指：直接指向。《周礼·考工记·轮人》：“辐也者，以为直指也。”南朝宋范晔《后汉书·朱儁传》：“故相率厉，简选精悍，堪能深入，直指咸阳。”武夷山下：指红四军第二纵队和第一、三、四纵队会合的武夷山麓江西省广昌一带，标志着战略转移取得了胜利。武夷山：位于福建、江西两省的交界处，由东北绵亘到西南，约60公里，北接仙霞岭，南接九连山，是赣江、闽江的分水岭，其主峰在福建省崇安县境，海拔1000余米。

〔5〕山下山下：指红军有的在武夷山东麓的山下向西翻越，有的已经翻过了武夷山，到了武夷山西麓的山下。

〔6〕风展红旗如画：唐代岑参《白雪歌送武判官归京》有“纷纷暮雪下辕门，风掣红旗冻不翻”的诗句。展：招展，飘动。

【译文】

部队穿越清流、归化、宁化等县境，
山路崎岖狭窄，丛林茂密幽深，青苔湿滑难行。
今天向哪里进军？
一直奔向武夷山下。
山下啊，山下，
红旗迎风招展，犹如一幅幅美丽的图画。

减字木兰花

广昌路上

一九三〇年二月

漫天皆白，雪里行军情更迫。
头上高山，风卷红旗过大关。

此行何去？赣江风雪迷漫处。
命令昨颁，十万工农下吉安。

【题解】

这首词最早发表于《人民文学》1962 年 5 月号，总题为《词六首》，以词牌为标题，未标明写作时间。1963 年 12 月人民文学出版社出版《毛主席诗词》时，增加了现在的标题，并标明写作时间。

减字木兰花：词牌名。双调，44 字，上、下片各二句仄韵转二句平韵。唐教坊曲有《木兰花》。据《岚斋录》:“唐张抟自湖州刺史移苏州刺史，在堂前大植木兰花，当盛开时，宴郡中诗客，即席赋之。陆龟蒙后至，痛饮稍醉，强执笔题两句云：‘洞庭波浪渺无津，日日征帆送远人。’颓然醉倒，抟又命他客读之，皆不详其意。既而龟蒙稍醒援笔书之：‘几度木兰船上望，不知元是此花身。’遂成一时绝唱。”又据《尊前集》记载，欧阳炯写《木兰花》词中有“今年却忆去年春，同在木兰花下醉”之句，因而得名。此牌名又名“木兰香”、“金兰出玉花”。唐五代人所作《木兰花》格式参差不一，宋人始定为七言八句式。“减字”是指音乐家在唱腔方面的自由伸缩，因旧声为新声。例如,《木兰花》上片和下片的一、三两句，各减三字，同时上片和下片的起首两句仍作仄声韵，结句改用平声韵，词家按照这样减少字数、调整韵脚填词，即为“减字木兰花”。

广昌路上：广昌，县名，位于江西东南部，东接武夷山，西连雩山。

红军攻打吉安，在 1930 年一共有 9 次之多。1930 年 2 月，国民党调集 7 个旅 12 个团，开始对赣西革命根据地和红军进行“会剿”，毛泽东、朱德遂决定不攻吉安，改在吉水县水南、吉安县值夏一带，打孤军进犯的国民党唐云山旅。这首词是部队第一次攻打吉安，行进在广昌西部的雩山境内时所作。

词中描写了红军受命前去攻打吉安时路过广昌的情形，展现了红军战士不怕艰难险阻勇往直前的昂扬斗志。全词画面色彩鲜明，节奏轻快流动，格律严谨，音韵铿锵，韵调高亢。

【笺注】

〔1〕漫天：满天。唐代韩愈《晚春》：“杨花榆荚无才思，惟解漫天作雪飞。”宋代范成大《碧瓦》：“无风杨柳漫天絮，不雨棠梨满地花。”皆：都。

〔2〕情更迫：情势更加急促。情：情势，即事情在一定阶段上的状况和发展的趋势。这里也指红军战士的心情。迫：急促，急迫。成语有“迫不及待”。

〔3〕头上高山：指山势高峻，在山腰或山脚下的山道上行军时，高山就好像在头顶上一样。高山：高耸入云霄的大山，指位于江西广昌西部的雩山山脉。

〔4〕风卷红旗过大关：毛泽东原作“风掣红旗冻不翻”，语出唐代岑参《白雪歌送武判官归京》：“纷纷暮雪下辕门，风掣红旗冻不翻。”后改为现在的句子。唐代王昌龄《从军行》七首其五有“大漠风尘日色昏，红旗半卷出辕门”之句。唐代李贺《雁门太守行》：“半卷红旗临易水，霜重鼓寒声不起。”大关：指高山间雄伟险要的关隘。广昌一带有很多关隘，都以险峻著称。

〔5〕何去：去哪里。战国楚屈原《楚辞·卜居》：“此孰吉孰凶，何去何从?”

〔6〕赣江：江西省最大的河流，由章水、贡水流到赣州市汇合而成，故名赣江。赣江南北纵贯全省，经吉安、南昌注入鄱阳湖，全长 758 公里，流域约占全省面积的 1/2。风雪迷漫：刮着大风，下着大雪，到处都是看不清楚的样子。迷漫：迷迷茫茫，看不清楚。

〔7〕颁：下达，发布。《周礼·春官·大史》：“颁告朔于邦国。”《礼记·明堂位》：“颁度量而天下大服。”

〔8〕工农：指工农红军和其他工农群众武装。下：前往，直奔。这里指攻打。吉安：县名，位于江西中部偏西、赣江中游西岸，距井冈山约90公里，是当时战略要地，也是毛泽东等此次进军攻取的目标。吉安今改为吉安市，是江西中部的政治、经济、文化中心。

【译文】

满天都是白茫茫一片，
在飞雪中行军情势更加紧迫。
仰头望去，头顶上是高耸入云的大山，
高举猛烈的寒风翻卷着的红旗，跨越过雄峻险要的关隘。

这次进军是向哪里去？
是到赣江流域风卷雪飞迷茫不清的吉安地区。
进军的命令昨天刚刚颁布，
十万工农红军浩浩荡荡将要攻取吉安。

蝶恋花

从汀州向长沙

一九三〇年七月

六月天兵征腐恶，万丈长缨要把鲲鹏缚。
赣水那边红一角，偏师借重黄公略。

百万工农齐踊跃，席卷江西直捣湘和鄂。
国际悲歌歌一曲，狂飙为我从天落。

【毛泽东自注自解】

1961年1月23日，毛泽东与何其芳等座谈时说：

“史沫特莱说，听中国人唱《国际歌》，和欧洲不同。中国人唱得悲哀一些。我们的社会经历是受压迫，所以喜欢古典文学中悲怆的东西。”

这句话透露了毛泽东认为《国际歌》是悲壮的看法。

1964年1月27日，毛泽东口头答复外国文书籍出版局《毛主席诗词》英译者问：

“国际悲歌歌一曲：‘悲’是悲壮之意。”

【题解】

这首词最早发表于《人民文学》1962年5月号，总题为《词六首》。

蝶恋花：词牌名。中调，双调，60字，仄韵。本为唐教坊曲名。原名“鹊踏枝”。北宋晏殊词改今名。调名取南朝梁简文帝萧纲诗句“翻阶蛱蝶恋花情”中三字。上、下片各五句，四仄韵。又名“黄金缕”、“卷珠帘”、“江如练”、“鱼水同欢”、“凤栖梧”、“一箩金”、“明月生南浦”、“细雨吹池沼”等。

从汀州向长沙：汀州，指福建西南部的长汀县。唐玄宗开元二十四年（公元736年）始置汀州，州治在长汀。元代改为汀州路。明代改为汀州府。1913年，府废。这里沿用旧称。长沙：湖南省省会。

1930年6月，红军第一军团（开始称“第一路军”）由福建汀州进军江西。8月，从江西向湖南进军，在浏阳东北同彭德怀领导的红军第三军团会合，并决定共同组成红军第一方面军。9月，红一方面军进攻长沙未克。守敌强而有备，红军不宜攻坚。同年夏，由于蒋介石、冯玉祥、阎锡山等军阀正在河南等地混战，数月之内，江西、湖南一带，除长沙、南昌等大中城市外，都无强敌。因此，毛泽东说服红一方面军的干部，改变当时“立三路线”的党中央指示夺取湘、鄂、赣省会的冒险方针，分兵攻取茶陵、攸县、醴陵、萍乡、吉安、峡江、新喻（现改为新余）等地，占领了大片地区，扩大了部队，为粉碎敌人的第一次“围剿”准备了条件。此时毛泽东不禁心情激动，诗潮喷涌，吟成了这首小令。

词中描写中国工农红军和千百万工农群众横扫湘赣、讨伐敌人锐不可当的浩大声势，歌颂了革命根据地建设蓬勃发展的大好形势，抒发了红军1930年6月至7月间从汀州向长沙进军途中的豪迈心情。全词夸张的笔触，雄伟的气魄，豪迈的风格，具有激动人心的战斗力量。

【笺注】

〔1〕六月：1930年农历闰六月。这年农历六月初一是公历6月26日，农历六月三十日是公历7月25日，农历闰六月初一是公历7月26日，农历闰六月二十九日是公历8月23日。这里“六月”指农历闰六月。从汀州向长沙进军这一军事行动主要发生在这一时期。天兵：本指天子的军队，即王师，正义之士。汉代扬雄《长杨赋》中有“夫天兵四临，幽都先加”句。李善注：“天兵，言兵威之盛如天也。”唐代戴叔伦《送崔融》：“王者应无敌，天兵动远征。”这里喻指红军。征：出兵征讨。腐恶：腐朽凶恶的事物，这里指国民党及反动武装力量。

〔2〕万丈长缨：形容红军力量无比强大。长缨：长绳子。语出东汉班固《汉书·终军传》，汉武帝时，朝廷任用年轻的终军为谏议大夫，去劝说南越王入朝，他保证“愿受长缨，必羁南越王而致之阙”。后来把自愿请求带兵杀敌叫作请缨。这里喻指革命武装力量。鲲鹏，古代神话传说中极大的鱼和由它变成的极大的鸟。《庄子·逍遥游》：“北冥有鱼，其名为鲲。鲲之大，不知其几千里也。化而为鸟，其名为鹏。鹏之背，不知其几千里也。”意思是说，北海有一条鱼，大得不知有几千里，叫作鲲；鲲能变化成一种鸟，它的背大得不知有几千里，奋起而飞，它的翅膀像遮盖天的云气，叫作鹏。鲲鹏通常用作褒义，这里作贬义，喻指国民党反革命武装力量。

〔3〕赣水：即赣江，江西省最大的河流。由章水、贡水流到赣州市汇合而成，南北向纵贯全省，经吉安、南昌注入鄱阳湖，全长758公里。那边：指赣水的西南边。毛泽东写作这首词时，红一军团主力红四军和红十二军由福建

汀州向江西进军，红六军尚在赣南的赣江流域，因此说赣水那边。红：用作动词，染红，象征革命。这里指革命军队、革命政权、革命区域等。一角：指江西西南角，即以平江、浏阳、修水、铜鼓等地为中心的湘鄂赣革命根据地。当时这一根据地红军的领导人是黄公略。

〔4〕偏师：指配合主力部队作战的侧翼部队。这里指黄公略的部队，当红一军团的主力红四军和红十二军由福建汀州向江西进军时，红六军尚在赣西南的赣江流域。因其当时是配合红军主力作战担任侧翼的右路军，故曰偏师。南朝晋潘岳《关中》："旗盖相望，偏师作援。"借重：倚重，特别重视。宋代王洋《贺郑侍郎知镇江府启》："方北道有往来之便，而南徐实控扼之区，为其当冲，聊以借重。"这里是说多倚重黄公略出力。黄公略（1898—1931）：原名汉魂，字家杞，湖南湘乡市人。1927 年加入中国共产党，1927 年 12 月 21 日参加广州暴动，1928 年 7 月 22 日参加领导湖南平江暴动，1930 年任红三军军长。红三军是赣西南的主力红军。在第一、第二、第三次反"围剿"战争中，红三军在他领导下，发挥了极大的作用。1931 年 9 月 15 日，在江西吉安东固地区与国民党军队作战时负伤，不幸牺牲。

〔5〕百万：极言其多。汉代司马迁《史记·平原君虞卿列传》："毛先生以三寸之舌，强于百万之师。"踊跃：《诗经·邶风·击鼓》："击鼓其镗，踊跃用兵。"本义为跳跃。又形容热烈、积极、争先恐后的样子。唐代房玄龄、褚遂良等撰《晋书·李矩传》："将士闻之，皆踊跃争进。"

〔6〕席卷：席子收卷，形容迅速全部占有。汉代贾谊《过秦论》："有席卷天下，包举宇内，囊括四海之意，并吞八荒之心。"南朝陈徐陵《檄周文》："席卷江淮，无淹弦望。"直捣：一直攻打，势不可当，有长驱直入之意。元代脱脱、阿鲁图等撰《宋史·岳飞传》："直捣黄龙府，与诸君痛饮耳。"捣：本指舂谷，捣衣，引申为攻打。宋代岳飞《送紫岩张先生北伐》："长驱渡河洛，直捣向幽燕。"湘：湖南省的简称。鄂：湖北省的简称。

〔7〕国际悲歌：即《国际歌》，是国际无产阶级的革命歌曲。巴黎公社社员、无产阶级诗人鲍狄埃（1816—1887）于 1871 年作词，法国工人作曲家狄盖特（1848—1932）于 1888 年作曲。悲：悲壮的略语，实则偏义于壮，即慷

慨悲壮。歌一曲：唱一方。《诗经·魏风·汾沮洳》："彼汾一曲，言采其萎。"清代陈奂传疏："一曲，犹一方也。"歌：动词，唱。

〔8〕狂飙为我从天落：化用唐代杜甫《乾元中寓居同谷县作歌》七首其一"呜呼一歌兮歌已哀，悲风为我从天来"句式。狂飙：急骤的暴风。语出晋代陆云《南郊赋》："狂飙起而妄骇，行云蔼而芊眠。"这里象征蓬勃发展的革命风暴。我：作者自指，也指"大我"，代表被压迫、被剥削的无产阶级。

【译文】

在炎热的六月天里，神勇如天兵的红军征伐腐朽罪恶的敌人，
撒开万丈长绳子要把鲲鹏捆住。
赣水那边建立了一块革命根据地，
主要是倚重这次的侧翼部队黄公略的支援。

百万工农一齐踊跃参军参战英勇杀敌，
横扫江西，如卷席般长驱直入湖南和湖北。
红军战士们高唱着慷慨悲壮的《国际歌》，
让那革命风暴为我从天降落。

渔家傲

反第一次大"围剿"

一九三一年春

万木霜天红烂漫，天兵怒气冲霄汉。
雾满龙冈千嶂暗，齐声唤，前头捉了张辉瓒。

二十万军重入赣，风烟滚滚来天半。
唤起工农千百万，同心干，不周山下红旗乱。

【毛泽东自注自解】

关于共工头触不周山的故事——

《淮南子·天文训》："昔者共工与颛顼争为帝，怒而触不周之山，天柱折，地维绝。天倾西北，故日月星辰移焉；地不满东南，故水潦尘埃归焉。"

《国语·周语》："昔共工弃此道也，虞于湛乐，淫失其身，欲壅防百川，堕高堙庳，以害天下。皇天弗福，庶民弗助，祸乱并兴，共工用灭。"（韦昭注："贾侍中云：共工，诸侯，炎帝之后，姜姓也。颛顼氏衰，共工氏侵陵诸侯，与高辛氏争而王也。"）

司马贞补《史记·三皇本纪》："当其（指女娲）末年也，诸侯有共工氏，任智刑以强，霸而不王，以水乘木，乃与祝融战，不胜而怒，乃头触不周山崩，天柱折，地维缺。"

毛按：诸说不同。我取《淮南子·天文训》，共工是胜利的英雄。你看，"怒而触不周之山，天柱折，地维绝。天倾西北，故日月星辰移焉；地不满东南，故水潦尘埃归焉。"他死了没有呢？没有说。看来是没有死，共工是确实胜利了。

"作者原注关于共工头触不周山的故事：……他死了没有？没有说。看来是没有死，共工是确实胜利了"，其中后面几句，初发表时作"他死了没有呢？没有说，因而没有死，共工是确实胜利了"。1963年12月人民文学出版社出版《毛主席诗词》时，改为"他死了没有呢？没有说。看来是没有死，共工是确实胜利了"。

【题解】

这首词最早发表于《人民文学》1962年5月号，总题为《词六首》。

渔家傲：词牌名。双调，62字，仄韵。也有上、下片各用二平韵三仄韵的作品。《词谱》卷十四："此调始自晏殊，因词有'神仙一曲渔家傲'，取以为名。"考此调原为北宋年间流行歌曲，有用以作"十二月鼓子词"者。故晏殊有"齐唱调，神仙一曲渔家傲"之句，不一定是晏殊创制的。另一说，唐宋词人多有《渔家傲》之作，用之描写渔人生活。范仲淹守边时作《渔家傲》

乐歌数曲，皆以“塞下秋来”为首句，描述镇守边塞之苦。此调创自范仲淹，后来不限渔人生活，题材更加广泛。又名“渔父词”、“游仙咏”、“荆溪咏”、“忍辱仙人”、“吴门柳”等。

反第一次大“围剿”：蒋介石曾经对红军革命根据地大规模地发动过五次“围剿”。围剿：包围起来剿灭。剿：讨伐。在第二次国内革命战争中，蒋介石把他的军队对革命根据地的大进攻叫作“围剿”。

1930年前后，红军总数发展到了6万多人，这引起了蒋介石政府的注意。1930年10月，在结束了蒋、阎（锡山）、冯（玉祥）战争之后，蒋介石发动了对红军革命根据地的第一次大“围剿”。他纠集了10万兵力，任命江西省主席鲁涤平为“围剿”军总司令，第十八师师长张辉瓒为前敌总指挥，采取“分兵合击”的战术，分八个纵队、三个战区，围剿我中央革命根据地。当时我红一方面军仅4万人，在毛泽东的亲自指挥下，先是大踏步作战略退却，后采取诱敌深入、打歼灭战的战略，集中优势兵力，于12月30日乘雾对进入龙冈包围圈内的敌军主力张辉瓒部发起总攻，激战至晚，把敌军全部歼灭，俘获了包括张辉瓒在内的官兵9000余人。接着乘胜追击逃至东韶的敌军另一主力谭道源部，于1931年1月3日又将谭道源部歼灭了一半。两仗共缴获枪12000余支，余敌纷纷逃命，此次“围剿”遂告失败。这首词作于第一次反“围剿”胜利之后，第二次反“围剿”之前。

词作记录了红军在龙冈伏击并全歼张辉瓒部取得反第一次大“围剿”胜利的史实，再现了革命根据地军民高昂的革命士气，预示反第二次大“围剿”必然取得胜利，树立了革命根据地军民的战斗信心。渲染气氛，巧用神话典故，于豪迈中见出典雅、凝重是这首词的特色。

【笺注】

〔1〕万木霜天红烂漫：语出唐代韩愈《山石》：“山红涧碧纷烂漫，时见松枥皆十围。”万木：极言其多，指大片大片的树林。唐代刘禹锡《酬乐天扬州初逢席上见赠》：“沉舟侧畔千帆过，病树前头万木春。”这里特指秋天的枫

树和其他红叶植物。霜天：下霜的天气。这里指冬天。秋冬都有霜，所以都可以说是“霜天”。烂漫：色彩鲜明的样子。南唐冯延巳《抛球乐》：“霜积秋山万树红，倚帘楼上挂朱栊。”这里用经霜的红枫林比喻生机勃勃的革命根据地。

〔2〕天兵：本指天子的军队，即王师。这里指红军。怒气：指战斗豪情。东汉赵晔撰《吴越春秋·勾践伐吴外传》：“今蛙虫无知之物，见敌而有怒气。”霄汉：南朝宋范晔《后汉书·仲长统传》：“如是则可以陵霄汉，出宇宙之外矣。”唐代杜甫《巴西驿亭观江涨》：“霄汉愁高鸟，泥沙困老龙。”这里指极高的天空。霄：高空。汉：天河，银河。

〔3〕雾满：指拂晓时有浓雾。龙冈：江西永丰南端的一个小镇，南与兴国县相连，西与吉安县相接，周围山峦重叠，地势险要，是个易守难攻的地形。千嶂：形容险峻山岭极多。语出宋代范仲淹《渔家傲》词“千嶂里，长烟落日孤城闭”。嶂：高峻如屏障的山峰。

〔4〕唤：呼唤，大声喊叫。宋代郭茂倩编《乐府诗集·横吹曲辞·木兰诗》：“不闻爷娘唤女声，但闻黄河流水鸣溅溅。”

〔5〕前头捉了张辉瓒：套用唐代王昌龄《从军行》七首其五“前军夜战洮河北，已报生擒吐谷浑”句式。1930年12月下旬，毛泽东、朱德等指挥红十二军对张辉瓒部边佯打边退却，张辉瓒得寸进尺，步步尾追。12月29日，张辉瓒部陷入红军包围圈，30日凌晨，毛泽东、朱德登上小别山指挥战斗，上午9时许张辉瓒率十八师在龙冈以东、小别山以西开始登山，突遭乘雾预伏在龙冈附近的红军迎头痛击，红三军打正面，四军打右翼，三军团打左翼，十二军包抄敌人后路。下午四时左右，红军发起总攻，歼敌两个旅和一个师部共9000余人，张辉瓒被反第一次大“围剿”的红军活捉。张辉瓒（1886—1931），湖南长沙人。日本士官学校毕业。1911年回国后加入湘军。历任湘军司令部军务委员、兵站总监、第二区司令等职。1920年任湖南陆军第四混成旅旅长。1924年升任湖南陆军第一军第九师师长。1925年任国民革命军第二军第四师师长。1926年率部参加北伐战争。后任第二军军长、南昌卫戍司令兼十八师师长等职。1930年，参加对中央革命根据地的第一次大“围剿”，任

前线总指挥。12月30日，在龙冈被红军活捉。1931年1月28日被处决。

〔6〕二十万军重入赣：蒋介石于第一次“围剿”失败后，又调集20万国民党军至江西，于1931年4月对中央革命根据地发动第二次军事“围剿”。重：重新，卷土重来。赣：江西省的简称。

〔7〕风烟滚滚来天半：风尘滚滚，卷地而来，将半个天空都遮蔽住了。风烟：风尘，战乱的烟火。唐代杜甫《秋兴八首》其六：“瞿塘峡口曲江头，万里风烟接素秋。”清代孔尚任《桃花扇》第六出：“不管风烟家万里，五更怀里啭歌喉。”这里指国民党发动第二次大“围剿”，敌军大队人马奔驰扬起的尘埃，极写其嚣张的气焰。滚滚：本指大水奔腾的样子，也用来形容物体急速地翻腾。来天半：指风尘卷地而来，遮蔽了半个天空。天半：犹言半空。语出《艺文类聚》卷三九引南朝梁王僧孺《侍宴》：“蔓草亘岩垂，高枝起天半。”唐代李白《莹禅师房观山海图》：“征帆飘空中，瀑水洒天半。”

〔8〕唤起：号召，使得人民觉醒起来。千百万：形容很多。西汉司马迁《史记·平原君虞卿列传》：“今楚地方五千里，持戟百万，此霸王之资也。”

〔9〕同心：齐心协力。《周易·系辞上》：“二人同心，其利断金；同心之言，其臭如兰。”干：参加、支援红军反“围剿”战斗。

〔10〕不周山：古代传说中西北方的一座大山，因其缺坏而不周圆，故名不周山。《山海经·大荒西经》：“大荒西隅，有山而不合，名曰不周。”这里用共工头触不周山喻指推翻国民党反动派的统治。红旗乱：形容红旗拥挤缭乱，滚滚翻卷，革命军容之盛，借喻决心打倒反动统治的工农红军和革命群众声势浩大，士气旺盛。预示反第二次大“围剿”必将取得胜利。

【作者原注笺注】

〔1〕共工：古代传说中的部族英雄。头触不周山：用头去撞不周山。不周山：古代传说中西北方的一座大山。《山海经·海经·大荒西经》：“西北海之外，大荒之隅，有山而不合，名曰不周。”晋代郭璞注引《淮南子》说，共工怒触后，此山始缺坏，不周匝。这里是说，这座山本来是周围合拢的，因共

工发怒撞开缺口，因此叫不周山。

〔2〕《淮南子》：书名，为西汉淮南王刘安及其门人所编纂，以道家思想为主，糅合先秦儒、法、阴阳五行等各家学说。东汉班固《汉书·艺文志》著录内21篇，外33篇。内篇论道，外篇杂说。现只留传内篇21篇。《天文训》：《淮南子》中的篇名。

〔3〕昔者：古时，从前。《周易·说卦》："昔者圣人之作《易》也，幽赞于神明而生蓍。"颛顼：传说中的古代部落首领。争为帝：争做帝王。

〔4〕不周之山：即不周山。之，句中助词，没有实在意义。

〔5〕天柱：古代神话中支撑天的柱子。古人以为天圆地方，天有九根柱子支撑着，大地由四根绳子拴着四角。不周山为九根天柱之一。折：折断。

〔6〕地维：拴住大地的绳子。维：系东西的大绳。绝：断。

〔7〕"天倾"二句：天向西北方向倾倒，因此日月星辰向西北方移动。星辰：星的通称。焉：兼词，于此。在那里。移焉：移向那里。

〔8〕"地不满"二句：地的东南方塌陷下去，因此积水和尘埃归赴东南。地不满东南：东南角的地塌陷下去。潦：雨后地面积水。归：归并，合并。

以上这段是说：古时共工和颛顼争着做帝王，共工发了怒用头去撞不周山，因而震撼了整个天地，西北方的天柱断了，东南角拴住大地的绳子断了。因为天柱折断了，西北方的天塌下来，所以天就往西北倾斜，因此太阳、月亮和星星就往西移动；因为东南角拴住地的绳子断了，东南角的地陷下去，所以江河、积水、尘土就往那里聚集。这个神话是古人为了解释我国西北高、东南低和日月星辰向西运行而虚构的。

〔9〕《国语·周语》：《国语》是我国古代国别体史书，分别记述西周末年和春秋时期周天子和鲁、齐、晋、郑、楚、吴、越等诸侯国历史，以记言为主。全书21篇。《周语》为其中的一部分。

〔10〕昔：从前。弃此道：抛弃了古之为民谋利者不毁坏山陵河流的正道。弃：舍弃，抛开。此道：指原书上文所说"古之长民者，不堕山，不崇薮，不防川，不窦泽"等语。意思是说，古代的帝王所谓不毁坏山，不填高

薮（没有水的池泽），不阻隔河流，不溃决池泽，也就是不违逆“天性”，因此“国富民强”。

〔11〕虞于湛乐，淫失其身：贪图享乐，纵欲放荡。虞：通“娱”，使快乐。这里是安于的意思。湛乐：过度享乐。湛：通“耽”，沉溺于，贪图。淫失：淫逸，纵欲。失：通“佚”或“逸”，安闲，放荡。其身：他的身体。这里指他的生活。

〔12〕壅防：堵塞。防：阻隔。川：水道，河流。

〔13〕堕高堙庳：削平山丘，填塞沼泽。堕：通“隳”，毁坏。高：指山陵。堙庳：填塞沼泽洼地。

〔14〕皇天弗福：皇天，天的尊称。弗福：不保佑。福：降福。

〔15〕庶民弗助：庶民，众民，百姓。《诗经·大雅·灵台》：“庶民攻之，不日成之。”弗助：不协助。

〔16〕祸乱并兴：天灾和变乱一起发生。并：一齐。兴：起来。

〔17〕用灭：因此而灭亡。用：因，由。

〔18〕韦昭（204—273）：三国时吴国人，字弘嗣。博学多才。所撰《国语注》是今存最早的《国语》注本。

〔19〕贾侍中：即贾逵（公元30—101），字景伯，东汉人。汉和帝时官至侍中，因称贾侍中。曾撰《国语解诂》，今已散佚，韦昭《国语注》中有所征引。侍中：官名。旧时于原有的官职之外还可以加领其他官衔，侍中是汉朝列侯将军的加官，职责是侍从皇帝左右，出入宫廷，应对顾问。

〔20〕诸侯：古代中央政权所分封的各国国君的统称。

〔21〕炎帝：传说中我国上古姜姓部族首领。

〔22〕姜姓：姓姜。也：语气词，没有实在意义。

〔23〕氏：远古标志氏族系统的名词。颛顼氏：就是颛顼。

〔24〕侵陵：同“侵凌”，侵犯欺侮。

〔25〕高辛氏：即帝喾，传说中古代部族首领。而：连词，没有实在意义。王：动词，做君王。

以上这段是说：从前共工违背了这个道理，沉浸在过度的享乐之中，他纵欲放荡，他要阻塞所有的河流，铲削山陵，填平湖沼，用这些来坑害天下的人。因此天不保佑他，人民不帮助他，灾祸变乱一齐发生了，共工因此灭亡。三国时代吴人韦昭注解道：贾侍中（毛泽东按：指后汉人贾逵）说：共工是诸侯，炎帝的后代，姓姜。当时的统治者颛顼衰败，共工侵犯欺侮诸侯，与高辛竞争做了帝王。

〔26〕《史记》：西汉司马迁著，为我国第一部纪传体通史。记事始于黄帝，终于汉武帝。全书包括本纪、表、书、世家和列传，共130篇，52.65万字。司马贞：唐代人，字子正。曾官朝散大夫、国子博士、弘文馆学士。撰有《史记索引》，并为《史记》补撰了《三皇本纪》。

〔27〕其：指女娲，神话传说中的远古女帝。相传她曾炼石补天，抟土作人，是人类的始祖。

〔28〕任智刑以强：（共工氏族）凭借智谋和刑罚而强大起来。任：依靠，凭借。智刑：智谋和刑罚。以：而。强：强大。

〔29〕霸而不王：共工行霸道而不行王道。儒家认为，恃武力者只能为诸侯长而霸天下，行仁政者方能为天子而王天下。霸：动词，用霸道。霸道就是凭借威势，利用权术、刑法的统治政策。王：动词，用王道。王道就是做帝王的人治理天下的所谓“正道”。

〔30〕以水乘木：利用水浮着木筏。中国古代思想家用日常生活中习见的水、火、木、金、土五种物质来说明世界万物的起源和多样性的统一，叫作五行。五行又有“相生相克”的说法。“相生”即相互促进，如“木生火、火生土、土生金、金生水、水生木”。“相克”即相互排斥，如“水克火、火克金、金克木、木克土、土克水”等。古代也用五行来说明朝代的更替，相传女娲氏以木德王，而共工为水德，以水德代替木德，也就是共工要代替女娲统治天下。以：用，利用。乘：漂浮。

〔31〕祝融：传说中的古帝。一说帝喾时的火官，后人尊为火神。

〔32〕地维：这里引申为地之四角。缺：通“绝”，即断绝。

以上这段是说：当女娲末年的时候，诸侯中有个共工，他凭借智力和刑罚强盛起来，用霸道而不用王道，想代替女娲统治天下，于是就和祝融打仗，没有取得胜利就发怒，用头撞不周山，不周山崩塌了，天柱折断，大地东南的一角也残缺了。

〔33〕毛按：考据行文时的通例，先罗列前人之说，而后加按语陈述己见。此二字以下，即毛泽东的按语。毛：毛泽东自称。按：作者或编者对有关文章或词句所作的考证或说明。

【译文】

漫山遍野的树木被寒霜染得火红鲜艳，
神勇如天兵的红军满腔怒气直冲云天。
浓雾迷漫的龙冈，群峰一片朦胧灰暗，
红军将士齐声呼喊，
前头活捉了敌人首领张辉瓒。

二十万国民党军又进入江西境内，
烟雾尘土飞扬，似从半空中翻滚而来。
呼唤起千百万工农革命群众，
同心协力，一心一意地干，
敌人如同昔日造反的共工，在不周山下，胜利的红旗必将一片缭乱翻飞。

渔家傲
反第二次大“围剿”
一九三一年夏

白云山头云欲立，白云山下呼声急，枯木朽株齐努力。
枪林逼，飞将军自重霄入。

七百里驱十五日，赣水苍茫闽山碧，横扫千军如卷席。
有人泣，为营步步嗟何及！

【毛泽东自注自解】

1964年1月27日，毛泽东口头答复外国文书籍出版局《毛主席诗词》英译者问：

枯木朽株齐努力。枪林逼，飞将军自重霄入："枯木朽株"，不是指敌方，是指自己这边，草木也可帮我们忙。"枪林逼"也是指自己这边。"枪林逼，飞将军自重霄入"是倒装笔法，就是："飞将军自重霄入，枪林逼。"

【题解】

这首词最早发表于《人民文学》1962年5月号，总题为《词六首》。

渔家傲：词牌名。见《渔家傲·反第一次大"围剿"》题解。

反第二次大"围剿"：指1931年5月下旬，中央革命根据地抗击国民党军队第二次大规模军事进攻的战役。

1931年4月初，国民党集结20万大军，以何应钦为总司令，从江西吉安开始一直延伸到福建建宁，构成一道800里长的弧形阵势，以"稳扎稳打，步步为营"的战术，兵分四路，紧缩包围，向红一方面军的集结地宁都推进。红军在这次作战中仍然采用诱敌深入、集中优势兵力、各个击破敌人的战术。5月16日，先对由富田镇（在吉安县城东南45公里）向东固（在吉安县城东南60公里）地区前进之敌一个师和一个旅突然猛攻，经过一昼夜激战，消灭了大部分敌人。然后向东横扫，一直打到江西、福建两省的边境。5月31日，第二次反"围剿"胜利结束。前后共歼敌3万余人，缴获枪2万余支。反第二次大"围剿"胜利之后，满怀喜悦，诗情勃发的毛泽东写下了这首词。

词作艺术而真实地再现了第二次反"围剿"大获全胜的战斗历程，集中概括了革命根据地军民团结战斗、奋勇杀敌的英勇气概，歌颂了红军不怕疲劳、连续作战的革命精神。战争的局部特写与全局概写相结合，使整首词画面雄奇，气势雄壮，激情豪迈。

【笺注】

〔1〕白云山：江西吉安市东南面的山名，主峰介于吉安、泰和、兴国三县交界处，形势险要，海拔 912 米，距东固镇西南 8.5 公里。《嘉庆一统志》载：此山“峰峦特出，常有白云蒙罩”，因以为名。1935 年 5 月 16 日拂晓，毛泽东、朱德登上白云山红军总指挥部指挥战斗。在这里打响了第二次反“围剿”的第一仗。山头：山顶。云欲立：夏云积聚山顶，像要站立起来似的。西汉司马迁《史记·天官书》：“阵云如立垣。”

〔2〕呼声：指红军围歼敌军的喊杀声。以上两句套用唐代杜甫《白帝》“白帝城中云出门，白帝城下雨翻盆”句式。唐代岑参《轮台歌奉送封大夫出师西征》也有“轮台城头夜吹角，轮台城北旄头落”句式。

〔3〕枯木朽株：干枯腐朽的树木、树桩。典出汉代邹阳《自狱中上梁孝王自明书》：“有人先谈，则以枯木朽株树功而不忘。”意思是如果事先有人吹嘘，那么枯木朽株也可以建立功劳而不被人遗弃。枯木朽株是指可以作为皇帝车辇的极其坚实的千年古老木材，事实上并非枯朽，邹阳以此自比，是为了自谦，而加上“枯”、“朽”的字样。史美珩著《古典兵略·又地》中也说：“得其人，即枯木朽株皆可以为敌难。”这里是说根据地全体军民，男女老少、老弱病残，都在齐心努力打击敌人。西汉司马迁《史记·司马相如列传》：“枯木朽株尽为害矣。”则是指枯朽的树木。

〔4〕枪林：枪炮密集如林，极言其多。逼：迫近，靠近。《国语·郑语》：“王室将卑，戎、狄必昌，不可逼也。”

〔5〕飞将军自重霄入：语出东汉班固《汉书·周勃传》：“诸侯闻之，以为将军从天而下也。”飞将军：指矫健英勇的武将。典出司马迁《史记·李将军列传》：“广居右北平，匈奴闻之，号曰‘汉之飞将军’，避之数岁，不敢入右北平。”这里用来描写行动隐蔽神速的红军从白云山上以高屋建瓴之势、雷霆万钧之力，从天而降，英勇杀敌的情形。重霄：即九重霄，九重天。古代传

说，天有九层，重霄指天极高处。入：这里是降下的意思。当年红军隐蔽集结在山上，敌军由富田向东固地区进攻，红军居高临下，突然从山上打到山下，好像飞将军从天而降。

〔6〕七百里驱十五日：这里是倒装笔法，是说红军十五天驰骋奔袭七百里。当时红军从赣江流域的富田镇打起，一直打到福建、江西两省交界的建宁（闽山）、黎川地区，东西约350公里。战役从5月16日至31日，实际为16天。驱：策马驰骋。这里指快速行军。

〔7〕苍茫：旷远迷茫，无边无际的样子。闽山：这里指福建省建宁县境内的武夷山区。碧：青绿色，形容山青翠秀丽。

〔8〕横扫：有力地扫荡。唐代杜甫《醉歌行》："词源倒流三峡水，笔阵横扫千人军。"卷席：即席卷，像卷席子一样。汉代贾谊《过秦论》有"席卷天下，包举宇内"之句，意即轻而易举地攻取各地。这里形容红军歼敌迅速干净。千军：指敌军。

〔9〕有人：指蒋介石。泣：抑住声音哭，即无声地哭。有资料说，第二次大"围剿"失败后，蒋介石曾跑到南昌召开高级军事会议，气急败坏地大骂其部下无能，不禁失声痛哭。

〔10〕为营步步嗟何及：连同上一句，语出《诗经·王风·中谷有蓷》："有女仳离，啜其泣矣。啜其泣矣，何嗟及矣！"宋代朱熹《诗集传》说："何嗟及矣，言事已至此，未如之何，穷之甚也。"宋代辛弃疾《水龙吟》："但啜其泣矣，啜其泣矣，又何嗟及！"把《诗经》中的这几句用作词的结尾，辛弃疾首开先例。"嗟何及"，即"何嗟及"。蒋介石鉴于第一次"围剿"因冒进而失败，这次"围剿"改用所谓"稳扎稳打，步步为营"的打法，但仍遭惨败，嗟叹莫及。为营步步，即"步步为营"的倒装。指军队前进一段路程就设下一道营垒，层层设防，部署周密。元末明初罗贯中《三国演义》第七十一回："可激劝士卒，拔寨前进，步步为营，诱渊来战而擒之。"营：古代称军垒。古代安营之法，每一大营有四十子营，营与营之间距离若干步，均有规定。嗟：叹息，悲叹。何及：怎么来得及呢？金代元好问《即事》："燃脐易尽嗟何

及，遗臭无穷古未闻。”

【译文】

白云山顶白云愤怒得像要站立起来似的，
白云山下喊杀声一阵比一阵骤急。
连枯草朽木也在一起努力，
枪密如林，向敌人一齐进逼，
红军似天兵天将突然降临大地。

十五天驰骋奔袭七百里，
从西打到东，赣水流域一片苍茫，福建的武夷山区遍野碧绿。
横扫敌人千军万马势如卷席，
有人黯然哭泣了，
“稳扎稳打，步步为营”的战略又遭到惨败，悲叹如何来得及呢！

菩萨蛮

大柏地

一九三三年夏

赤橙黄绿青蓝紫，谁持彩练当空舞？
雨后复斜阳，关山阵阵苍。

当年鏖战急，弹洞前村壁。
装点此关山，今朝更好看。

【题解】

这首词最早发表于《诗刊》1957 年 1 月号，发表时未署明写作时间。

1963年12月人民文学出版社出版《毛主席诗词》时署明为“一九三三年夏”。

菩萨蛮：词牌名。见《菩萨蛮·黄鹤楼》题解。

大柏地：地名，位于江西瑞金县城北39公里处。一九三三年夏：这年立夏是公历5月6日，立秋是公历8月8日。这首词当作于这一时期。

1929年1月，毛泽东和朱德率领红军由井冈山向赣南、闽西进军。2月10日（正值春节）至11日，红军在大柏地一带宿营，国民党赣军刘士毅部追踪而来，红军利用大柏地以南的有利地势，同敌军展开激战，战斗持续一天，红军歼敌近两个团，俘敌团长以下800余人，并缴获大批武器。由于“左”倾冒险主义在中央苏区占了统治地位，1932年10月，苏区中央局宁都会议后不久，毛泽东被调离军事领导岗位，改做政府工作。1933年夏天，毛泽东到宁都视察工作，在返回瑞金县城时，路过大柏地，曾健步登上附近的山岭，极目远眺，适逢天空雨停虹现，夕阳在山，毛泽东触景生情，回忆往事，欣然命笔，写下了这首词。

词中描绘大柏地雨后美丽诱人的景色，抚今追昔，揭示革命战争的重大意义，热情讴歌人民革命战争，流露出一种胜利后的宽慰和乐观情绪。自然景观和人文景观交织，主观的情志美与客观的自然美、社会美高度统一，真正是“诗中有画”，“画中有诗”，内容与形式达到了完美的统一。

【笺注】

〔1〕赤橙黄绿青蓝紫：夏天雨后常常出现彩虹，虹呈现出各种美丽的颜色。古代诗歌也有这样七字并举的句式。相传汉武帝时《柏梁台》诗有“枇杷桔栗桃李梅”句。唐代韩愈《陆浑山火和皇甫湜用其韵》诗有“鸦鸱雕鹰雉鹄鹍”句。

〔2〕持：拿着。彩练：彩色的绸带，这里喻指彩虹。练：白色的生丝织品。南朝齐谢朓《晚登三山还望京邑》：“余霞散成绮，澄江静如练。”

〔3〕雨后复斜阳：语出唐代温庭筠《菩萨蛮》词：“雨后却斜阳，杏花零落香。”复：又，更。张相《诗词曲语辞汇释》：“却，又也，复也。”斜阳：

西方天空斜射过来的阳光。唐代赵嘏《东望》："斜阳映阁山当寺，微绿含风月满川。"元代彭芳远《满江红》："牛背斜阳添别恨，鸾胶秋月续琴心。"

〔4〕关山：关隘和山峦。宋代郭茂倩编《乐府诗集·横吹曲辞·木兰诗》："万里赴戎机，关山度若飞。"这里指大柏地以南约 5 公里的麻子坳隘口及其两侧山峦。关：古代在交通险要或边境出入的地方设置的守卫处所。阵阵苍：雨后的黄昏，斜阳或强或弱，或射到或射不到，光线忽明忽暗，所以关山的颜色也忽明忽暗，变化不定，呈现出一阵阵苍翠的颜色。苍：深绿色。

〔5〕当年：东晋陶渊明《岁暮和张常侍》有"屡阙清酤至，无以乐当年"之句。这里指 1929 年。鏖战：酣战，苦战。北宋宋祁、欧阳修等撰《新唐书·王翃传》："引兵三千，与贼鏖战。"

〔6〕弹洞前村壁：即前村壁上的弹洞。弹洞：弹孔，枪眼。前村：即村前。泛指战场附近的小村庄。唐代杜甫《绝句》其五："舍下笋穿壁，庭中藤刺檐。"

〔7〕装点此关山：化用宋代华岳《登楼晚望》"展开风月添诗料，装点江山归画图"诗句。装点：装饰点缀。此：代词，这。这句是说，当年墙壁上留下的枪眼装饰点缀了关隘山峦。

〔8〕今朝：今天早晨。语出《诗经·小雅·白驹》："皎皎白驹，食我场苗。絷之维之，以永今朝。"这里引申为今天，指 1933 年的夏天。看：这里读 kān，与"山"押韵。

【译文】

天空中呈现出赤橙黄绿青蓝紫的颜色，
是谁挥动着七彩缤纷的绸带凌空翩翩起舞呢？
阴雨过后西边又出现了斜阳，
关隘山峦随着阳光在云层中穿过，时明时暗，呈现出一阵阵苍翠的颜色。

当年我们在这里曾经和敌人进行过一场异常激烈的战斗，
至今还可以看到前村被子弹打穿了的墙壁。

那弹痕累累的墙壁装饰点缀着这关隘山峦，
今天显得更加好看了。

清平乐
会　昌
一九三四年夏

东方欲晓，莫道君行早。
踏遍青山人未老，风景这边独好。

会昌城外高峰，颠连直接东溟。
战士指看南粤，更加郁郁葱葱。

【毛泽东自注自解】

1958 年 12 月 21 日，毛泽东在文物出版社同年 9 月刻印的线装大字本《毛主席诗词十九首》上批注：

踏遍青山人未老：一九三四年，形势危急，准备长征，心情又是郁闷的。这一首《清平乐》，如前面那首《菩萨蛮》一样，表露了同一心境。

1964 年 1 月 27 日，毛泽东口头答复外国文书籍出版局《毛主席诗词》英译者问：

“莫道君行早：‘君行早’的‘君’，指我自己，不是复数，要照单数译。会昌有高山，天不亮我就去爬山。”

【题解】

这首词最早发表于《诗刊》1957 年 1 月号，未标明写作时间。1963 年 12 月人民文学出版社出版《毛主席诗词》时，标明为“一九三四年夏”。

清平乐：词牌名。见《清平乐·蒋桂战争》题解。

会昌：地名，位于江西东南部，东连福建省，南经寻乌通广东省，是第一次国内革命战争时期中央苏区内的城市之一，距红色首都瑞金46公里。

早在1929年，毛泽东为开辟赣南革命根据地，就曾率领红军到过会昌。1931年10月，在会昌建立了革命根据地，这以后作者经常途经和居住在这里。1933年8月中共粤赣省委成立，省委办公地设在会昌。1933年10月，蒋介石调集100万大军、200架飞机，向中央苏区发动了空前的第五次大“围剿”。当时中共中央的领导权被王明所掌握，红军的战略方针出现了偏差，损失了一部分力量，第五次反“围剿”失败，红军被迫准备长征。在革命处于极度困难的时刻，毛泽东写下了《清平乐·会昌》。

这首词抒发了作者对自己亲手创建的革命根据地的深厚感情，表达了对革命必将取得胜利的乐观精神和坚定信念。词作从平常之事，联想到关系中国命运的大事；从眼前的自然美景，联想到革命前途的远景，情景交融，高超的艺术技巧令人叹为观止。

【笺注】

〔1〕东方欲晓：语出唐代韦应物《听莺曲》：“东方欲曙花冥冥，啼莺相唤亦可听。”欲晓：将要天亮。欲：将要。晓：天亮，破晓。宋代苏轼《水龙吟·次韵章质夫杨花词》：“晓来雨过，遗踪何在？”

〔2〕莫道君行早：借用清代周希陶《重订增广贤文》“莫道君行早，更有早行人”诗句。莫道：不要说。宋代李清照《醉花阴》：“莫道不销魂，帘卷西风，人比黄花瘦。”君：第二人称敬词，相当于“您”，这里是作者自称之词。行：动身，出发。

〔3〕踏遍青山人未老：一反宋代陆游《渔家傲·寄仲高》“行遍天涯真老矣，愁无寐，鬓丝几缕茶烟里”诗意。踏遍青山：从1927年9月秋收起义以来，毛泽东率领中国工农红军转战千里，脚下踏过湖南、广东、江西、福建等地的无数山岭，故云。踏遍：走遍。人未老：人没有衰老，依然年富力强。

人：指作者自己。

〔4〕风景：风光，景色。语出南朝宋刘义庆《世说新语·言语》：“过江诸人，每至美日，辄相邀新亭，藉卉饮宴。周侯中坐而叹曰：‘风景不殊，正自有山河之异。’皆相视流泪。”这边：指会昌一带中央革命根据地南线。独：唯独，只有。

〔5〕会昌城外高峰：据《江西通志·山川略》记载：会昌城周围有许多高山，像明山、芙山、羊山、龙归山、白云山、紫云山、四望山、盘固山、君山等等。白云山以下都在会昌东南两面，有的与福建武平相接，有的与赣粤之间的著名界山九连山和大庾岭毗连。作者曾回忆说：会昌有高山，天不亮我就去爬山。

〔6〕颠连直接东溟：化用唐代李白《当涂赵炎少府粉图山水歌》“峨眉高出西极天，罗浮直与南溟连”诗句。颠连：山峰一个连着一个，连绵不断。颠：“巅”的古字。山顶，这里指山峰。直接：一直接到。东溟：东海。语出南朝宋颜延之《车驾幸京口侍游蒜山作》：“元天高北列，日观临东溟。”李白《古风五十九首》其十一：“黄河走东溟，向日落西海。”这里主要指福建地区。溟：即海。福建地区濒临东海。

〔7〕南粤：古代地名和国名，也叫南越，在今广东、广西一带。这里偏指广东。因其在江西南边，立足于江西而南望广东，故言南粤。

〔8〕郁郁葱葱：草木青翠茂盛的样子。语出南朝宋范晔《后汉书·光武帝纪》：“气佳哉，郁郁葱葱然！”这里指广东、江西接界地方的山树木茂盛，自然景色佳丽，预示革命前景仍将是广阔、远大、光明、美好的。

【译文】

东方天空快要破晓，
不要说我行军出发得太早。
革命战士踏遍青山万重，人并没有衰老，
要论风景，只有革命根据地这边最好。

会昌城外的高峰连绵起伏，
一直连接到波涛汹涌的东海之滨。
红军战士们指着逶迤磅礴的山岭，眺望广东那边，
草木茂密郁郁葱葱，一派美好壮丽的气象。

十六字令三首

一九三四年到一九三五年

其　一

山，快马加鞭未下鞍。惊回首，离天三尺三。

其　二

山，倒海翻江卷巨澜。奔腾急，万马战犹酣。

其　三

山，刺破青天锷未残。天欲堕，赖以拄其间。

【毛泽东自注自解】

作者原注：

湖南民谣："上有骷髅山，下有八面山，离天三尺三。人过要低头，马过要下鞍。"

1964 年 1 月 27 日，毛泽东口头答复外国文书籍出版局《毛主席诗词》英译者问：

"离天三尺三：这是湖南常德的民谣。"

【题解】

这三首小令最早发表于《诗刊》1957 年 1 月号，未标明写作时间。1963 年 12 月人民文学出版社出版《毛主席诗词》时署明“一九三四年到一九三

五年”。

十六字令：词牌名。单调，16 字，平韵。以全调字数而取名。凡词牌中有“令”者，表明它是小令。小令是短小的词。《十六字令》以全词之字数取调名，是词中字数最少的小令。又名“归字谣”、“苍梧谣”等。十六字令三首：以词牌和词的首数为标题。

1934 年 10 月，中国工农红军第一方面军开始长征，从江西瑞金出发，途经福建、广东、湖南、广西、贵州、四川、云南、西康、甘肃、陕西等省，翻越无数崇山峻岭，斩关夺隘，冲破敌人重重封锁，击溃一路上敌人的围追堵截，终于在 1935 年 10 月胜利到达陕北。这三首词是作者在 1934 年至 1935 年的长征途中在马背上断断续续哼出来的，虽非一时之作，但内容相互有联系，而且都是写山。

作者以联章体的形式概括了红军长征途中所越过的无数崇山峻岭，从三个不同的审美视阈展示了群山横空接天的高峻，颠连逶迤的磅礴，力擎蓝天的崇高，极典型地显示出山的自然性的外在特征，同时又赋予山以丰富的社会性，使之展示出了革命者的崇高与壮美精神。词作以山为意象，用象征的手法，以劲健的笔力，描绘了浑然磅礴的群山之高峻、连绵和险峻，塑造了山的艺术典型。

【笺注】

〔1〕山：高大险峻的山。

〔2〕快马加鞭：对快跑的马再打上几鞭子，使之跑得更快。比喻快上加快。明代徐仲由《杀狗记》第十七出《看书苦谏》：“何不快马加鞭。”

〔3〕惊：吃惊，兼有惊喜的意味，表现红军征服高山险阻的自豪心情。回首：回头。汉代司马相如《封禅文》：“昆虫闿怿，回首面内。”宋代苏轼《观湖》二首其一：“回首不知沙界小，飘衣犹觉色尘高。”

〔4〕离天三尺三：极言山峰高峻挺拔，与天相近。语出作者所注民谣。类似的夸张，历代典籍、诗词中多有。唐代李白《蜀道难》：“危乎高哉……连

峰去天不盈尺，枯松倒挂倚绝壁。”宋代贺铸《渔家傲·荆溪咏》：“南岳去天才尺五。”

〔5〕山：重叠起伏的山。

〔6〕倒海翻江：语出宋代陆游《夜宿阳山矶将晓，大雨西北风甚劲，俄顷行三百余里，遂抵雁翅浦》：“五更颠风吹急雨，倒海翻江洗残暑。”元曲无名氏《梧桐叶》其二：“翻江倒海惊涛怒，摇脱秋林木。”巨澜：巨大的波浪。这里所说巨浪的翻卷和下文“万马”的奔腾都是比喻群山的起伏。唐代岑参《登慈恩寺塔》：“连山若波涛，奔走似朝东。”宋代王安石《泊姚江》二首其二：“山如碧浪翻江去，水似青天照眼明。”这里写峰峦叠嶂的山一个接着一个，高低起伏，就像倒海翻江所卷起的巨大波浪，滚滚翻腾。

〔7〕奔腾急：语出金代王特起《绝句》二首其一：“山势奔腾如逸马，水流委曲似惊蛇。”

〔8〕万马战犹酣：形容山的气势磅礴。化用宋代辛弃疾《沁园春·灵山齐庵赋》：“叠嶂西驰，万马回旋，众山欲东。”又《菩萨蛮》：“青山欲共高人语，联翩万马来无数。”宋代范成大《谒南岳》：“湘中固多山，夹岸万马屯。”万马：极言马多。战犹酣：即“犹酣战”，颠倒词序是为了适应平仄和押韵。唐代杜甫《丹青引赠曹将军霸》：“褒公鄂公毛发动，英姿飒爽来酣战。”犹：正在。酣：本指酒喝得很畅快，这里形容战斗正激烈紧张。以上两句写峰峦叠嶂的山绵延起伏，曲折回旋，像万匹战马奔腾得非常急骤，正在进行紧张激烈的战斗。极力形容山的气势磅礴。

〔9〕山：峻峭尖利的山。

〔10〕刺破青天锷未残：陡峭险峻的山像一把宝剑刺向天空，刺破了青天，坚韧的剑锋还没有半点残缺。《庄子·说剑》：“天子之剑，以燕溪石城为锋，齐岱为锷。”刺破青天：谓山势极高。神话传说：天是用青石砌成的。后来共工和颛顼争帝，共工怒触不周山，天柱折了，天塌了一个窟窿，女娲炼成了五色石把它补住了。这里形容山峰的坚韧。语出北魏郦道元《水经注·河水》：“长城之际，连山刺天。”唐代杜甫《夔州歌十绝句》其四：“赤甲白盐俱

刺天，闾阎缭绕接山巅。”仇兆鳌注：“刺天，言山势之高。”锷：刀口，剑锋。这里比喻峰尖。唐代柳宗元《与浩初上人看山寄京华亲故》：“海畔尖山似剑铓，秋来处处割愁肠。若为化得身千亿，散上峰头望故乡。”残：残缺，残损。

〔11〕欲堕：要掉下来。宋代杜安世《菩萨蛮》：“游丝欲堕还重上，春残日永人相望。”堕：掉下，落下。

〔12〕赖：依赖，依靠。以：即“以之”。宾语“之”省略。“之”为代词，它，指代山峰。拄其间：支撑在天和地之间。拄：支撑。其：代词，指天和地。以上两句是说天要掉下来，靠山来支撑在天中间，使天掉不下来。以上几句极言山的峭拔，坚韧。

【作者原注笺注】

作者原注：湖南民谣：“……下有八面山……”《诗刊》1957年1月号发表时和以后各种《毛主席诗词》版本均作“民谣：……下有八宝山……”1996年9月出版《毛泽东诗词集》时据毛泽东手书（二）改为：“湖南民谣：‘……下有八面山……’”

【译文】

其　一

高大险峻的山，
快马再加鞭仍未下鞍。
吃惊地猛然回头一看，
山巅离天只有三尺三。

其　二

重叠起伏的山，
像倒海翻江卷起万丈巨大的波澜。
奔腾急骤，
像万匹战马正在紧张激烈地战斗。

其 三

峻峭尖利的山，

山峰像刺破青天后的利剑仍未残缺。

天要是塌下来，

依靠它支撑于天地之间。

忆秦娥

娄山关

一九三五年二月

西风烈，长空雁叫霜晨月。

霜晨月，马蹄声碎，喇叭声咽。

雄关漫道真如铁，而今迈步从头越。

从头越，苍山如海，残阳如血。

【毛泽东自注自解】

1958年12月21日，毛泽东在文物出版社同年9月刻印的线装大字本《毛主席诗词十九首》上对《忆秦娥·娄山关》① 批注说：

万里长征，千回百折，顺利少于困难不知有多少倍，心情是沉郁的。过了岷山，豁然开朗，转化到了反面，柳暗花明又一村了。以下诸篇反映了这一种心情。

1962年《人民文学》准备在5月号发表毛泽东词六首，郭沫若应约于5

① 在《毛主席诗词十九首》中《忆秦娥·娄山关》排在《十六字令三首》之前，故“以下诸篇”指《十六字令三首》、《七律·长征》、《念奴娇·昆仑》、《清平乐·六盘山》。——作者注

月 1 日撰写了《喜读毛主席〈词六首〉》一文。5 月 9 日，郭沫若将这篇文章的清样送毛泽东审改。毛泽东阅后将这篇文章中关于《忆秦娥·娄山关》写作背景的一段话全部删去，以郭沫若的口吻重新写道：

我对于《娄山关》这首词作过一番研究，初以为是写一天的事。后来又觉得不对，是在写两次的事，头一阕一次，第二阕一次。我曾在广州文艺座谈会①上发表了意见，主张后者（写两次的事），而否定前者（写一天），可是我错了。这是作者告诉我的。一九三五年一月党的遵义会议以后，红军第一次打娄山关，胜利了，企图经过川南，渡江北上，进入川西，直取成都，击灭刘湘②，在川西建立根据地。但是事与愿违，遇到了川军的重重阻力。红军由娄山关一直向西，经过古蔺、古宋诸县打到了川滇黔三省交界的一个地方，叫作“鸡鸣三省”，突然遇到了云南军队的强大阻力，无法前进。中央政治局开了一个会，立即决定循原路反攻遵义，出敌不意，打回马枪，这是当年二月。在接近娄山关几十华里的地点，清晨出发，还有月亮，午后二三时到达娄山关，一战攻克，消灭敌军一个师，这时已近黄昏了。乘胜直追，夜战遵义，又消灭敌军一个师。此役共消灭敌军两个师，重占遵义。词是后来追写的，那天走了一百多华里，指挥作战，哪有时间和精力去哼词呢？南方有好多个省，冬天无雪，或多年无雪，而只下霜，长空有雁，晓日不甚寒，正像北方的深秋，云贵川诸省，就是这样。“苍山如海，残阳如血”两句，据作者说，是在战争中积累了多年的景物观察，一到娄山关这种战争胜利和自然景物的突然遇合，就造成了作者自以为颇为成功的这两句话。由此看来，我在广州座谈会上所说的一段话，竟是错了。解诗之难，由此可见。

1964 年 1 月 27 日，毛泽东口头答复外国文书籍出版局《毛主席诗词》英译者问：

这首词上下两阕不是分写两次攻打娄山关，而是写一次。这里北有大巴

① 指 1962 年 2 月初在广州召开的诗歌座谈会。——作者注

② 刘湘，1933 年任国民党军四川“剿匪”总司令部总司令，1934 年兼任国民党四川省政府主席。——作者注

山，长江、乌江之间也有山脉挡风，所以一二月也不太冷。“雁叫”、“霜晨”，是写当时景象。云贵地区就是这样，昆明更是四季如春。遵义会议后，红军北上，准备过长江，但是遇到强大阻力。为了甩开敌军，出敌不意，杀回马枪，红军又回头走，决心回遵义，结果第二次打下了娄山关，重占遵义。过娄山关时，太阳还没有落山。①

【题解】

这首词最早发表于《诗刊》1957年1月号。未标出写作时间。1963年12月人民文学出版社出版《毛主席诗词》时，署明为“一九三五年二月”。

忆秦娥：词牌名。小令，双调，46字。分仄韵、平韵两体。仄韵体多用入声韵，上、下片各一叠韵。始见于宋黄昇编《唐宋诸贤绝妙词选》，题李白作，因该词中有“秦娥梦断秦楼月”句，故名《忆秦娥》。上、下片各四韵，其中的三字句是叠韵，为上句末三字的重复。又名“秦楼月”、“蓬莱阁”、“子夜歌”、“双荷叶”、“碧云深”、“花深深”等。

娄山关：关隘名，位于贵州遵义县城北60公里娄山的最高峰上，万峰插天，形势极为险要，是防守贵州北部重镇遵义的重要关隘，有“一夫当关，万夫莫开”之险。关上竖有一块石碑，上面写着“娄山关”三个大字。

中国工农红军长征时，于1935年1月占领遵义，中共中央在此召开了具有伟大历史意义的遵义会议。1月19日，毛泽东率领红军离开遵义，1月20日翻越娄山关，打算在泸州和宜宾之间渡过长江，与川西北的红四方面军会师北上。蒋介石发现了红军的行动意图，在长江沿岸集结重兵，处处设防，红军只得改变计划，突然抛开四川敌军，转头东进。2月25日，红军第二次攻克

① 据《聂荣臻回忆录》和杨成武《忆长征》记载，中央红军第一次打娄山关，是在1月10日，由红一军团二师四团（杨成武任政委）完成攻占任务的。遵义会议后，1月20日红军经过娄山关，没有发生任何战斗，因为那时娄山关早在我军控制之下了。毛泽东说“一九三五年一月党的遵义会议以后，红军第一次打娄山关”，可能是笔误。录以备考。——作者注

娄山关，2 月 28 日重新占领遵义，歼灭王家烈部两个师，击溃国民党中央军两师增援部队，获得了遵义会议以后第一个大胜利，也是长征以来的第一次伟大胜利。同日，毛泽东同军委纵队过娄山关。这首词写的就是这次攻克娄山关的战斗。

词人描绘了遵义会议后红军第二次跨越娄山关与敌人发生激战的情景，赞颂了红军不畏艰险夺取胜利的豪迈气概和英勇精神。词作以写景起，以写景结，含蓄蕴藉，富有历史的厚重感和英雄史诗般的格调。景色优美，境界开阔，意境深远，具有极强的艺术感染力。

【笺注】

〔1〕西风烈：宋代蒋捷《虞美人·听雨》词有“江阔云低，断雁叫西风”之句。这里是说，娄山关地势很高，当时又值农历早春季节，所以西风吹得很猛烈。西风：唐代李白《长干行》：“八月西风起，想君发扬子。”又相传李白《忆秦娥》有：“西风残照，汉家陵阙。”烈：剧烈，猛烈。《尚书·舜典》：“纳于大麓，烈风雷雨弗迷。”

〔2〕长空雁叫霜晨月：唐代温庭筠《商山早行》：“鸡声茅店月，人迹板桥霜。”又《苏武庙》：“云边雁断胡天月，陇上羊归塞草烟。”又《菩萨蛮》：“江上柳如烟，雁飞残月天。”唐代武元衡《送李秀才赴滑州诣大夫舅》：“长亭叫月新秋雁，官渡含风古树蝉。”唐代杜牧《登乐游原》有“长空澹澹孤鸟没，万古销沉向此中”诗句。这里是说，大雁在辽阔的天空中凄凉尖厉地叫着，这时正是寒霜满地的清晨，残月还挂在天空。长空：辽阔的天空。霜晨月：清晨时霜花铺地，残月在天。贵州山区，早春也有霜。“雁叫”、“霜晨”和上句的“西风”都是娄山关二月间的真实景物。以上两句是说，娄山关地势很高，当时又值农历早春季节，所以西风吹得很猛烈。寒霜满地的清晨，残月还挂在天空，大雁在辽阔的天空中凄厉地叫着。

〔3〕霜晨月：在这寒霜满地，一钩残月还挂在天空的清晨。霜晨：寒冷多霜的清晨。唐代李华《吊古战场文》：“蓬断草枯，凛若霜晨。”宋代苏轼

《再和杨公济梅花》其六:“莫向霜晨怨未开,白头朝夕自相催。”

〔4〕马蹄声碎:化用唐代岑参《卫节度赤骠马歌》“扬鞭骤急白汗流,弄影行骄碧蹄碎”诗句。唐代刘言史《春游曲》二首其二:“弄影便从天禁出,碧蹄声碎五门桥。”碎:碎乱,碎杂。形容马蹄声繁杂或清脆错落。南唐李煜《玉楼春》:“归时休放烛光红,待踏马蹄清夜月。”

〔5〕喇叭:这里指军号。咽:声音因哽咽而低沉、断续,强弱不定,这里用来描写清晨寒风中的军号声低沉、断续。相传唐代李白《忆秦娥》有“箫声咽,秦娥梦断秦楼月”诗句。唐代韦庄《江城子》:“角声呜咽,星斗渐微茫。”以上两句写行军的气氛,骑兵的马蹄在山石上发出急促、零乱的声音,军号在寒风中从远处传来,发出低沉而悲壮的声音。

〔6〕雄关漫道真如铁:即“漫道雄关真如铁”,因填词平仄的需要而改变词序。雄关:地势险要故而显得雄壮的关隘。娄山关地势险要,气势雄伟,故称“雄关”。漫道:别说,不要说。如铁:像钢铁一样坚固。

〔7〕而今:如今,指1935年1月20日第二次翻越娄山关时。迈步:跨步,大踏步。从头越:从山头上跨过去。另有一说认为,从头是重新开始。宋代岳飞《满江红》:“待从头,收拾旧山河,朝天阙。”以上两句既是说红军再次跨越娄山关,又喻指遵义会议以后,中国革命重新开始起步向前。笔者倾向于后一说。

〔8〕从头越:我们终于重新跨过去了。越:越过。《礼记·曲礼》:“戒勿越。”

〔9〕苍山:深绿色的群山。如海:这里指无边无际的山,高低起伏,像海的波涛似的。

〔10〕残阳如血:化用唐代杜甫《喜雨》“春旱天地昏,日色赤如血”诗句。残阳:快要落山的夕阳。残:将尽,剩余。如血:好像鲜血一样殷红。以上两句写作者看到深绿色的山峦一座接一座,像奔腾的大海中的浪头一个接着一个,落下去的太阳红得像鲜血一般。作者曾说,是在战争中积累了多年的景物观察,一到娄山关,这种战争胜利和自然景物的突然遇合,就造成了“苍

山如海，残阳如血”这两句颇为成功的话。

【译文】

西风猛烈地吹着，
一群大雁惊叫着掠空而过，寒霜满地，一钩残月还挂在天空。
在这寒霜满地，一钩残月还挂在天空的清晨，
骑兵行进在山石上发出碎乱杂沓的马蹄声，
军号在冷空气中发出低沉悲壮的呜咽。

不要说雄伟险要的关隘像铁打的那样坚固，
如今英雄的红军要大踏步地重新跨过去。
我们终于重新跨过去了，
这时，我们看到苍翠的山峦连绵起伏，像波涛奔腾的大海，
将要落山的太阳色彩浓艳，像殷红的鲜血一般。

七　律
长　征
一九三五年十月

红军不怕远征难，万水千山只等闲。
五岭逶迤腾细浪，乌蒙磅礴走泥丸。
金沙水拍云崖暖，大渡桥横铁索寒。
更喜岷山千里雪，三军过后尽开颜。

【毛泽东自注自解】

1958 年 12 月 21 日，毛泽东在文物出版社同年 9 月刻印的线装大字本《毛

主席诗词十九首》上批注：

水拍：改浪拍。这是一位不相识的朋友建议如此改的①。他说不要一篇内有两个浪字。是可以的。

三军：红军一方面军，二方面军，四方面军。不是海、陆、空三军，也不是古代晋国所作上军、中军、下军的三军。

1964 年 1 月 27 日，毛泽东口头答复外国文书籍出版局《毛主席诗词》英译者问：

“五岭逶迤腾细浪，乌蒙磅礴走泥丸：把山比作‘细浪’、‘泥丸’，是‘等闲’之意。”

【题解】

这首诗最早发表于北平东方快报印刷厂 1937 年 3 月秘密出版的《外国记者西北印象记》。后又发表于 1937 年 10 月英国伦敦维克多·戈兰茨公司出版的美国记者埃德加·斯诺编著的《红星照耀中国》一书第五编《长征》。1938 年 1 月美国兰登书屋出版《红星照耀中国》的美国版。建国后又发表于 1955 年 5 月人民出版社编辑出版的《中国工农红军第一方面军长征记》一书，题为《毛泽东同志长征诗》。正式发表于《诗刊》1957 年1 月号，总题为《旧体诗词十八首》。

七律：七言律诗的简称。律诗是旧体诗的一种格式，七言律诗的特点是每篇一般限于八句，每句字数一律限于七个字，偶句末一字押平声韵，首句末字可押可不押，必须一韵到底，句内和句间要讲平仄，中间四句按常规要用对仗。律诗两句为一联，一、二句称首联，三、四句称颔联，五、六句称颈联，七、八句称尾联。

长征：长途行军，这里指中国工农红军二万五千里长征。

1934 年 10 月间，中央红军主力从中央革命根据地江西、福建出发，进行

① 一位不相识的朋友，指山西大学教授罗元贞。——作者注

大规模的战略转移，经过广东、湖南、广西、贵州、四川、云南、西康、甘肃、陕西等省区，一路上击溃了敌人多次的围追和堵截，战胜了军事上、政治上和自然界的无数艰险，行军二万五千里，历时一整年，终于在 1935 年 10 月到达陕北革命根据地的边缘吴起（今吴旗）镇，取得了长征的决定性胜利。这首诗和《念奴娇·昆仑》、《清平乐·六盘山》都是在长征取得胜利时所作。

这首诗高度赞扬了红军历经千难万险长途跋涉二万五千里进军抗日战场的壮举，抒发了无产阶级革命领袖的英雄气概和乐观主义豪情。全诗以总分式的结构，起承转合运用十分精当，中间两联灵活多变，对仗工稳，音调铿锵，雄健有力。“不怕”是全诗的诗眼，豪气干云、豪迈潇洒是这首史诗的风格特征。

【笺注】

〔1〕红军：中国工农红军的简称。第二次国内革命战争时期中国共产党领导下的革命军队。1927 年 8 月 1 日，在中国共产党的领导下，爆发了“南昌起义”。1928 年 4 月，朱德领导的南昌起义队伍到达井冈山，与毛泽东领导的秋收起义队伍在井冈山会师，组成中国工农革命军第四军。1928 年 5 月 25 日，中国共产党中央委员会决定，全国各地工农革命军正式定名为红军。抗日战争全面爆发后，根据中共中央同国民党政府达成的协议，主力红军改编为国民革命军第八路军（简称八路军）；在江西、福建、浙江、广东、湖南、湖北、河南、安徽 8 省 13 个地区坚持斗争的红军和游击队改编为国民革命军陆军新编第四军（简称新四军）。远征：即二万五千里长征。

〔2〕万水千山：极言水多、山多，并非确指。语出唐代贾岛《送耿处士》：“万水千山路，孤舟几月程。”宋徽宗赵佶《燕山亭·北行见杏花》：“天遥地远，万水千山，知他故宫何处?”等闲：看得平常，不在话下。唐代孟郊《送淡公十二首》其七：“兹焉激切句，非是等闲歌。”宋代朱熹《春日》：“等闲识得东风面，万紫千红总是春。”

〔3〕五岭：大庾岭、骑田岭、都庞岭、萌渚岭、越城岭等五座大山的合称，绵延于江西、湖南、广东、广西四省（区）的交界处。西汉司马迁《史

记·张耳陈馀列传》:“北有长城之役，南有五岭之戍。”1934年10月，中央红军从江西、福建出发，沿这四省（区）边境的五岭山道，越过敌人封锁线，向西进军。逶迤：道路、山脉、河流弯弯曲曲，绵延不断的样子。东汉王粲《登楼赋》:“路逶迤而修迥兮，川既漾而济深。”腾细浪：从高处看山势的高低起伏，像大海中腾起的细微的波浪。腾：腾起，跳跃，这里是泛起的意思。细浪：细小的波浪。

〔4〕乌蒙：即乌蒙山，绵延在云南东北部和贵州西部，东北—西南走向，海拔2300米左右。1935年4月，中央红军长征经过此山。磅礴：宋代文天祥《文山集·指南后录·正气歌》:“是气所磅礴，凛冽万古存。”这里指广大无边而气势雄壮的样子。走泥丸：东汉班固《汉书·蒯通传》:“必相率而降，犹如阪上走丸也。”即在斜坡上滚下泥丸来。清代林则徐《出嘉峪关感赋二首》其一:“谁道殽函千古险，回首只看一泥丸。”走：指急趋，即跑。这里指滚动。泥丸：泥做的小球。以上两句写红军把绵延起伏、气势磅礴的大山看作细浪腾涌、泥丸跳动，把越过崇山峻岭看作极平常的事，充分表达了红军形象的高大和革命英雄气概的豪迈。

〔5〕金沙：即金沙江，指长江上游自青海玉树县至四川宜宾市之间的一段江面。因为产金沙，所以得名。这里指的是云南元谋北与四川交界处的一段，江面宽阔，两岸相距约200米，水流湍急，江的两岸除几个渡口外，均是悬崖峭壁高耸入云，地势非常险要。拍：拍打。云崖：插入云霄的悬崖峭壁。崖：山边，峭壁。暖：红军在云南禄劝县西北的绞车渡渡过金沙江的时候是1935年5月，故说“暖”。

〔6〕大渡：即大渡河，岷江的支流，发源于青海、四川两省交界处的果洛山。两岸都是高山峻岭，河中水势陡急，曲折流至四川乐山入岷江。这里指在泸定附近的一段，河水异常湍急，船只不能行驶。泸定是一座位于川西北深山峡谷中的高原小城。桥：即大渡河上泸定桥。该桥位于四川泸定县城西，是四川通往西藏的重要桥梁，清代康熙四十四年（公元1705年）建。《四川通志》载：桥净跨“东西长三十一丈，宽九尺，施索九条，覆板其上，栏柱皆

熔铁为之”。据其他资料介绍，桥两边还各有两根碗口粗的铁索作为栏杆。13根铁索，每条重约2.5吨。桥面高悬于水面上约30丈，桥头碑上刻着两行诗：“泸定桥边万重山，高耸入云千里长。”桥下怒涛奔腾，形势险要。横：指铁索桥横跨在大渡河上。铁索寒：泸定桥铁索上本铺有木板，红军1935年5月到达泸定桥时，桥板已被对岸守敌拆除。波涛汹涌的大渡河上只剩下寒光闪闪的铁索。红军先头部队的勇士是冒着对岸敌人的炮火，攀援桥的铁索冲过大渡河，夺得大渡桥的。寒：铁索是裸露的，接触时有一种寒的感觉。

〔7〕岷山：位于四川、甘肃两省的交界处，南北走向，长500多公里，有“千里岷山”之称。岷山的南支和北支，有几十座山峰海拔超过4500米，山顶终年积雪，称为大雪山。千里雪：语出唐代李世民《饮马长城窟行》：“瀚海百重波，阴山千里雪。”极言积雪面积广大。长征的红军于1935年6月中旬从四川的夹金山开始，翻越五座大雪山，行军31天，共2700余里。红军不但不怕过雪山的艰苦，还特别喜爱雪山壮丽的景色，这里写出了红军的乐观精神。

〔8〕三军：语出《周礼·夏官·司马》：“凡制军，万有二千五百人为军。王六军，大国三军，次国二军，小国一军。”古代军队曾有分中、上、下或中、左、右三军的，后多用为军队的总体通称。唐代李白《战城南》：“万里长征战，三军尽衰老。”毛泽东一反其意。这里的“三军”指中央红军，具体地说指红军陕甘支队。当时只有他们才翻越了岷山。诗中的“五岭”、“乌蒙”、“金沙”、“大渡”也都只与中央红军有关。20多年后，作者自注说：指红军一、二、四方面军。作为全党的领袖，全军的统帅，其用意显然是以点带面，以一概全，是为了加强全党、全军的团结。尽：副词，全，都。开颜：笑逐颜开，喜形于色。唐代杜甫《宴王使君宅》：“自吟诗送老，相劝酒开颜。”颜：面容。

【译文】

红军不怕万里长征的任何艰难困苦，

渡过万条险恶的水，越过千座高峻的山，不过是很平常的事。

连绵起伏的五岭山脉，在飞速前进的红军眼中，像腾起的细微波浪，气势雄伟的乌蒙山脉，在英勇的红军看来，像从斜坡上滚下来的小泥丸。

金沙江的激流巨浪拍击着耸入云霄的悬崖峭壁，给革命战士带来一种温暖的感觉，

大渡河上横跨的铁索桥高悬于湍急的河流之上，给人一种惊心动魄的寒冷感觉。

战士们更加喜欢岷山上白皑皑的千里积雪，

全体红军胜利地越过后，无不笑逐颜开。

念奴娇

昆 仑

一九三五年十月

横空出世，莽昆仑，阅尽人间春色。
飞起玉龙三百万，搅得周天寒彻。
夏日消溶，江河横溢，人或为鱼鳖。
千秋功罪，谁人曾与评说？

而今我谓昆仑：不要这高，不要这多雪。
安得倚天抽宝剑，把汝裁为三截？
一截遗欧，一截赠美，一截还东国。
太平世界，环球同此凉热。

【毛泽东自注自解】

前人所谓“战罢玉龙三百万，败鳞残甲满天飞”，说的是飞雪。这里借用一句，说的是雪山。夏日登岷山远望，群山飞舞，一片皆白。老百姓说，当年孙行者过此，都是火焰山，就是他借了芭蕉扇扇灭了火，所以变白了。

1957 年 5 月 21 日，毛泽东在学英语休息时说：

“《念奴娇·昆仑》这首词主题思想是反帝的。”

1958 年 12 月 21 日，毛泽东在文物出版社同年 9 月刻印的线装大字本《毛主席诗词十九首》上批注：

昆仑：主题思想是反对帝国主义，不是别的。

改一句：一截留中国，改为一截还东国。忘记了日本人是不对的。这样，英、美、日都涉及了。别的解释，不合实际。①

宋人咏雪诗云：“战罢玉龙三百万，败鳞残甲满天飞。”昆仑各脉之雪，积世不减，登高远望，白龙万千，纵横飞舞，并非败鳞残甲。夏日部分消融，危害中国，好看不好吃，试为评之。

【题解】

这首词最早发表于《诗刊》1957 年 1 月号，未标明写作时间。1963 年 12 月人民文学出版社出版《毛主席诗词》时，署明为“一九三五年十月”。

念奴娇：词牌名。长调，双调，100 字。仄韵，也有用平韵者。原为唐教坊曲名。念奴为唐天宝年间（742—756 年）著名歌伎，元稹《连昌宫词》有“力士传呼觅念奴，念奴潜伴诸郎宿……春娇满眼睡红绡，掠削云鬟旋妆束”诗句，调名由此而得。此调音节高亢，英雄豪杰之士多喜用之，宜于抒写豪情壮志。又名“大江东去”、“酹江月”、“百字令”、“大江西上曲”、“壶中天”、“杏花天”、“赤壁谣”、“千秋岁”等。

昆仑：山脉名，其主脉在新疆和西藏交界处。西接帕米尔高原，东段分三支延伸。其南支向东延伸后与岷山相接，因而红军长征时所经过的岷山，也可以看作昆仑山的一个支脉。昆仑山是我国最大的山脉，也是亚洲最大的山脉之一，横贯新疆、西藏、青海、四川境内，全长 2500 公里，平均高度在 5000 米以上。最高峰是木孜塔格山，海拔 7723 米。

---

① 1963 年 12 月人民文学出版社、文物出版社出版《毛主席诗词》时，照毛泽东的意见作了修改。——作者注

1935年10月，中国工农红军胜利到达陕北，完成了史无前例的二万五千里长征。红军在陕北建立了抗日根据地，极大地鼓舞了全国人民的斗志，同时也意味着一个伟大的时代将要开始。当时，日本帝国主义企图把整个中国变为它的殖民地，步步入侵，中国大片国土沦丧，反抗日本帝国主义侵略已上升为国内的主要矛盾。在国际上，各帝国主义势力也企图实现瓜分世界的野心。肩负着中国共产党中央领导重任的毛泽东有感于此，挥笔写下了以反对帝国主义为主题的《念奴娇·昆仑》。

词作通过对昆仑山功罪的评论和拔剑裁山的奇特想象，提出了打倒帝国主义、推翻资本主义制度的伟大思想，展示了无产阶级革命家改造自然、造福人类、实现共产主义大同世界的崇高理想和伟大抱负。全词想象奇特，气魄宏伟，笔力雄健，风格豪放，意境高远，堪称前无古人，后启来者。

【笺注】

〔1〕横空出世：昆仑山遮天蔽日，横亘在空中，突出于世界之上，极言山的雄伟高大。横空：横亘空中。宋代周紫芝《水龙吟·天申艺祝寿词》："黄金双阙横空，望中隐约三山眇。"出世：超出人世，形容昆仑山的雄伟高大和险峻。

〔2〕莽：形容草木茂盛的样子。后来用来形容事物无边无际的样子。这里用来形容昆仑山，包含有巍峨、庞大、厚重等意思。唐代杜甫《秦州杂诗》："莽莽万重山，孤城山谷间。"

〔3〕阅尽：看尽，看足。表示昆仑经历年代久远。这是拟人化的手法。人间春色：这里不仅指大地的春光，而且包括人世间一切盛衰兴废。春色：春天的景色。宋代叶绍翁《游园不值》："春色满园关不住，一枝红杏出墙来。"

〔4〕飞起玉龙三百万：化用宋代张元《雪》"战罢玉龙三百万，败鳞残甲满天飞"诗句。宋代吕胜己《沁园春》："看白玉虬龙奔四围。纷争罢，正残鳞败甲，天上交飞。"飞起玉龙：形容雪山像白色的龙在高空中飞舞。玉龙：白色的龙。金代完颜亮《念奴娇》："玉龙酣战，鳞甲漫天飘落。"比喻经夏积雪

不消的雪山。三百万：极言其多，说明昆仑山积雪面积之大、雪峰之多。这句是说夏日登岷山远望，昆仑山好像许多白色的龙在高空中满天飞舞。

〔5〕搅得：搞得，闹得。周天：满天，整个天空。寒彻：寒冷透彻。意即非常冷。以上两句是说，昆仑山雪峰众多，使得整个天空都冷透了。

〔6〕消溶：指昆仑各山脉的积雪融化。古代同“消融”。宋代秦观《寄李公择郎中》：“朝晛既升淮海见，瀌瀌雨雪自消融。”

〔7〕江河：长江、黄河。语出《墨子·亲士》：“江河之水，非一源之水也，千镒之裘，非一狐之白也。”横溢：水行不由河道而流出来，即洪水泛滥。横：不由正道。宋代曾巩《与孙司封书》：“皇祐三年，邕有白气起廷中，江水横溢。”谓水大而溢出江岸。这里是说水行不由河道而流出来，也就是说洪水泛滥。

〔8〕人或为鱼鳖：本于《左传·昭公元年》：“微禹，吾其鱼乎！”意思是说，如果没有禹的治水，我们恐怕要变成鱼了！后来称人被水淹死为“化为鱼”，也就是人因水灾而葬身鱼腹的意思。南朝梁萧统《文选·辩命论》：“历阳（在今安徽和县西）之都，化为鱼鳖。”宋代陆游《入瞿塘登白帝庙》：“天不生斯人，人皆化鱼鼋。”或：有的，有些。为鱼鳖：成为鱼和鳖。

〔9〕千秋：千年。汉代李陵（少卿）《与苏武》：“嘉会难再遇，三载为千秋。”这里指从古到今。功罪：功劳和罪过，意为千万年来昆仑山积雪融化，给长江、黄河输送水源，给人民带来好处，孕育了中华民族文化，这是功；冰雪融化造成洪水泛滥，给人民带来灾祸，这是罪。这里是偏义词，主要指罪过。

〔10〕谁人：何人。曾：曾经。与：介词，同“为”。《战国策·秦策》：“或与中期说秦王曰：‘悍人也。中期适遇明君故也，向者遇桀、纣，必杀之矣。’”《孟子·离娄上》：“得其心有道，所欲与之聚之，所恶勿施尔也。”评说：评判，评论。

〔11〕而今：现在，如今。谓：告诉，对……说。西汉司马迁《史记·项羽本纪》：“请往谓项伯，言沛公不敢背项王也。”

〔12〕这：犹言这么。

〔13〕安得倚天抽宝剑：即“安得抽倚天宝剑”。语出唐代李白《临江王节士歌》：“安得倚天剑，跨海斩长鲸。”又李白《大猎赋》：“于是擢倚天之剑，弯落月之弓。”三国魏阮籍《咏怀》：“弯弓挂扶桑，长剑倚天外。”宋代辛弃疾《水龙吟·过南剑双溪楼》：“举头西北浮云，倚天万里须长剑。”宋代陆游《泛三江海浦》：“醉斩长鲸倚天剑，笑凌骇浪济川舟。”金代元好问《横波亭》：“倚剑长歌一杯酒，浮云西北是神州。”安得：怎么能够。《国语·楚语》：“民瘦瘠矣，君安得肥？”倚天抽宝剑：倚天剑相传出自战国楚宋玉《大言赋》：“方地为舆，圆天为盖。长剑耿介，倚天之外。”指抽出一头靠在天上的极长的宝剑；形容宝剑长大，拔出来，一头靠在天上。这里作人靠在天上抽出极长的宝剑，以突出无产阶级革命者的高大形象。倚：凭借，靠着。抽：拔。

〔14〕把汝裁为三截：唐代杜甫《剑门》有“吾将罪真宰，意欲划叠嶂”诗句。唐代李白《陪侍郎叔游洞庭醉后三首》其三有“划却君山好，平铺湘水流”句。划，通“铲”，铲除。汝：第二人称代词，你。裁：剪断，这里指用剑劈开。截：段。这句表现了毛泽东奇特丰富的想象和无产阶级改造世界的伟大气魄。

〔15〕遗：送，赠给。《韩非子·五蠹》：“夫山居而谷汲者，媵腊而相遗以水。”欧：指欧洲，包括英国。

〔16〕美：指美洲，包括美国。

〔17〕还东国：还给东方各国。还：还给。东国：东方各国，包括日本。

〔18〕太平世界：即大同世界。世界：本为佛家语，犹言宇宙。语出《楞严经》卷四：“何名为众生世界？世为迁流，界为方位。”这里指世上，人间社会。

〔19〕环球：也作寰球，整个世界。凉热：冷暖，喻指饱暖安乐的幸福。字面上指自然气候的冷暖，实则寓指未来理想的共产主义美好境界，是双关语。

【作者原注笺注】

〔1〕前人所谓“战罢玉龙三百万，败鳞残甲满天飞”，说的是飞雪：宋代吴曾《能改斋漫录》卷十一《记诗》、宋代洪迈《容斋三笔》卷十一《记张元事》引张元《雪》诗作：“战死玉龙三十万，败鳞风卷满天飞。”宋代胡仔《苕溪渔隐丛话》前集卷五十四《宋朝杂记》引宋代蔡绦《西清诗话》卷十一《记事》作：“战退玉龙三百万，败鳞残甲满天飞。”宋代魏庆之辑《诗人玉屑》“知音”姚嗣宗条作“战退（旧时通行本作‘战罢’）玉龙三百万，败鳞残甲满天飞”。宋代俞文豹的《清夜录》、清代袁枚《随园诗话》卷十四所引字句，与毛泽东原注全同，似为毛泽东原注所据。前人：指北宋仁宗天圣年间华州（今陕西华县一带）士人张元。宋代洪迈《容斋三笔·记张元事》说，张元“负气倜傥，有纵横才”，因宋西北边帅未予擢用，乃投西夏。夏人倚为谋主，与宋交兵十余年。本来张元是用玉龙三百万的败鳞残甲满天飞来形容飞雪的。

〔2〕这里借用一句，说的是雪山：毛泽东借用这句，来形容雪山。昆仑山经夏积雪不消，故有雪山之称。

〔3〕当年孙行者过此，都是火焰山，就是他借了芭蕉扇扇灭了火：故事见明代吴承恩《西游记》第五十九、六十、六十一回。

【译文】

横亘天空，超出人世，
巍峨雄伟的昆仑山，
不知经历了多少年代，看尽了人世间的沧桑变化。
昆仑群山的积雪像千万条白色的巨龙腾空飞舞，
把整个天空搅得冷透了。
夏天昆仑山的积雪融化了，
雪水流入长江、黄河而到处泛滥，
甚至有些人丧生，化为鱼和鳖。

昆仑千万年来的功绩和罪过，
又有谁曾经对它做出评论呢？

如今我对昆仑说：
不要你这么高，
不要你这么多的雪。
我怎么才能靠着天抽出极长的宝剑，
把你劈成三段？
一段赠送给欧洲，
一段赠送给美洲，
一段归还给东方诸国。
将来创立一个真正的太平盛世，即大同世界，
使全世界都能受到一样的冷暖，享受饱暖安乐。

清平乐

六盘山

一九三五年十月

天高云淡，望断南飞雁。
不到长城非好汉，屈指行程二万。

六盘山上高峰，红旗漫卷西风。
今日长缨在手，何时缚住苍龙？

【毛泽东自注自解】

1958 年 12 月 21 日，毛泽东在文物出版社同年 9 月刻印的线装大字本《毛主席诗词十九首》上批注：

苍龙：蒋介石，不是日本人。因为当前全副精神要对付的是蒋不是日。

俄罗斯汉学家尼·费德林的《费德林回忆录：我所接触的中苏领导人》说：

毛泽东说“苍龙是泛指敌人……无论说是日本侵略者还是国民党反动派，都没错”。

【题解】

这首词最早发表于1941年12月5日出版的，由楼适夷、蒋锡金、张逸侯（满涛）合编的《奔流新集之二·横眉》，题为《毛泽东先生词（长征时作）》。后又发表于1942年8月1日《淮海报》附刊所登载的昌平《两首诗》一文，题为《长征谣》。建国后，正式发表于《诗刊》1957年1月号，未标明写作时间。1963年12月人民文学出版社出版《毛主席诗词》时，署明为“一九三五年十月”。

清平乐：词牌名。见《清平乐·会昌》题解。

六盘山：山名，位于宁夏南部，甘肃东部，南段又称陇山。南北走向，长约240公里，是陕北和陇西两高原的界山，主峰也叫六盘山（当地习称大关山），海拔2928米，在宁夏南部固原县西南。六盘山山路曲折盘旋，上下约30公里。山势险峻，山路曲折险窄，古代盘道六重始达峰顶，故名。一说据当地人讲，此山过去有鹿，人们上山沿着鹿的足迹走，故名“鹿盘山”，后取“鹿”之谐音字“陆”为“陆盘山”，为书写方便，又改为“六盘山”。录以备考。1935年10月7日下午，红军北上抗日先遣队翻越六盘山。

1935年9月，毛泽东率领红军进入甘肃南部，10月初，突破敌人封锁线，到达六盘山西麓。接着又突破了敌人的一次次堵截，胜利地越过了六盘山，于10月19日直抵吴起镇，与陕北红军胜利会师，胜利结束了举世闻名的二万五千里长征。这首词是作者率领中央红军翻越六盘山时所作。

词中描绘了六盘山上所见西北天空的自然景色，回顾万里长征的艰难行程，抒发了长征即将胜利的豪情，表达了红军北上抗日，彻底打垮国民党反动派和日本帝国主义，将革命进行到底的英雄气概和坚强决心。全词景中有情，情中有景，达到了情景交融、刚柔相济的妙境。

【笺注】

〔1〕天高云淡：秋天的天空显得特别高朗，天空中点缀着淡淡的云。语出唐代杜牧《题宣州开元寺水阁》："六朝文物草连空，天淡云闲古今同。"化用宋代僧仲殊《减字木兰花》："一般奇绝，云淡天高秋夜月。"云淡：宋代程颢《春日偶成》："云淡风轻近午天，傍花随柳过前川。"

〔2〕望断南飞雁：化用唐代王维《寄荆州张丞相》"目尽南飞雁，何由寄一言"诗句和唐代李白《送孟浩然之广陵》"孤帆远影碧空尽，唯见长江天际流"两句诗的意境，表示望得久，望得远。这里是说，望着一行行南飞的大雁，一直望到看不见，寄寓着红军对老根据地人民和留在那里的战友的怀念。望断：极目远望，一直望到看不见。南朝梁萧子显撰《南齐书·苏侃传》："青天望断，白日西斜。"宋代陈深《济南赵君成南使羁留三纪得还其独子录其遗事求诗为赋一绝》："三十六回秋月明，年年望断雁南征。"南飞雁：古代有雁足传书的说法。东汉班固《汉书·苏武传》："昭帝即位数年，匈奴与汉和亲，汉求武等，匈奴诡言武死。后汉使复至匈奴，常惠请其守者与俱，得夜见汉使，具自陈道，教使者谓单于言：'天子射上林中得雁，足有系帛书，言武等某泽中。'使者大喜，如惠语以让单于，单于视左右而惊，谢汉使曰：'武等实在。'"晋代潘岳《秋兴赋》："蝉嘒嘒而寒吟兮，雁飘飘而南飞。"

〔3〕长城：这里兼指蜿蜒于中国北方的万里长城和长征的目的地——抗日前线陕北根据地。长城始筑于战国时代齐、楚、魏、燕、赵、秦、中山等国。秦始皇统一全国后，为了防御北方匈奴南侵，于公元前214年对秦、赵、燕三国的北边长城进行修补，连贯为一。故址西起临洮（今甘肃岷县），北傍阴山，东至辽东，俗称"万里长城"，至今仍有遗迹残存。此后，汉、北魏、北齐、北周、隋各代都曾在北边与游牧民族接境地带筑过长城。明代为了防御鞑靼等少数民族侵扰，自洪武至万历年间，先后十八次修筑长城，西起嘉峪

关，东至山海关，总长达6700公里，大部分至今仍基本完好。好汉：勇敢有为的人。唐代刘肃《大唐新语・举贤》："(武) 则天问狄仁杰曰：'朕要一好汉使，有乎?'……仁杰曰：'荆州长史张柬之，其人虽老，真宰相才也。'" 宋代苏轼《诸公饯子敦轼以病不往复次前韵》："人间一好汉，谁似张长史。"

〔4〕屈指：扳着指头计算。宋代陈造《赤口滩》诗："路可屈指计，归将平心待。" 宋代苏轼《洞仙歌》："但屈指西风几时来，又不道流年暗中偷换。" 行程：走过的路程。二万：是二万五千里的省称。从江西、福建中央革命根据地出发到六盘山，行程约二万五千里。

〔5〕高峰：六盘山主峰在宁夏南部固原县西南部。这里的"高峰"并非指主峰，而是指在宁夏境内的六盘山主峰附近地区的山峦。

〔6〕红旗漫卷西风：红旗在西风中随意翻卷。唐代王昌龄《从军行》："大漠风尘日色昏，红旗半卷出辕门。" 漫卷：舒展自如，随意翻卷飘扬。唐代杜甫《闻官军收河南河北》："却看妻子愁何在，漫卷诗书喜欲狂。" 意思是胡乱地卷起。这里指随风翻卷。

〔7〕今日长缨在手：化用宋代刘克庄《贺新郎・实之三和有忧边之语，走笔答之》："问长缨，何时入手，缚将戎主?" 长缨在手：掌握了革命的武装，具有强大的力量。长缨：长绳子。典出东汉班固《汉书・终军传》："(终) 军自请愿受长缨，必羁南越王而致之阙下。" 这里比喻强大的革命武装。缨：绳子。

〔8〕缚住苍龙：即降龙。这里喻指捆绑住蒋介石这条凶神恶煞似的苍龙。毛泽东《蝶恋花・答李淑一》词中的"伏虎"与此同义。缚：捆绑。苍龙：即青色的龙。古代谓龙与蛇同类，俱为人害。又，东汉班固《汉书・王莽传》："仓龙癸酉。" 唐代颜师古注引汉代服虔曰："仓龙，太岁也。""仓龙"同"苍龙"。太岁星，别称"木星"，位于东方。古代方士以太岁所在为凶方，因称太岁为凶神恶煞。这里指国民党反动派首领蒋介石。因为中央红军当时的全副精神要对付的是蒋介石。这句表现出毛泽东对革命胜利充满了信心，并迫切希望这一天早日到来。

【译文】

秋高气爽，晴朗的天空中点缀着淡淡的白云，

我极目远望着一群群南飞的大雁，一直到看不见。

不坚持北上到长城奔赴抗日前线，就绝不是好汉，

屈指一算，我们已经走过二万五千里路了。

在六盘山高高耸立的山峰上，

中国人民抗日先遣队的红旗迎着西风随意翻卷飘扬。

今天中国共产党和她领导的军队已经掌握了捆缚敌人的长绳，

什么时候才能捆缚住凶神恶煞似的苍龙——蒋介石领导的国民党反动派呢？

沁园春
雪
一九三六年二月

北国风光，千里冰封，万里雪飘。
望长城内外，惟余莽莽；
大河上下，顿失滔滔。
山舞银蛇，原驰蜡象，欲与天公试比高。
须晴日，看红装素裹，分外妖娆。

江山如此多娇，引无数英雄竞折腰。
惜秦皇汉武，略输文采；
唐宗宋祖，稍逊风骚。
一代天骄，成吉思汗，只识弯弓射大雕。
俱往矣，数风流人物，还看今朝。

【毛泽东自注自解】

原：指高原，即秦晋高原。

1957年5月21日，毛泽东在学英语休息时说：

《沁园春·雪》这首词是反封建的，“惜秦皇汉武，略输文采；唐宗宋祖，稍逊风骚”是从一个侧面来批判封建主义制度的，只能这样写，否则就不是写词，而是写历史了。

1958年12月21日，毛泽东在文物出版社同年9月刻印的线装大字本《毛主席诗词十九首》上批注：

雪：反封建主义，批判二千年封建主义的一个反动侧面。文采、风骚、大雕，只能如是，须知这是写诗啊！难道可以谩骂这一些人们吗？别的解释是错的。末三句，是指无产阶级。

1959年4月《诗刊》邀请几十位诗人和评论家举行座谈会，陈毅说：上海有人在毛主席诗中找战略思想，就有些穿凿附会。毛主席诗词有重大政治意义，但还是诗。有人问毛主席：“‘数风流人物，还看今朝’，是不是超过了历代所有的人？”毛主席回答：

“作诗就是作诗，不要那么去解释。”

【题解】

这首词最早发表于1945年11月14日重庆《新民报晚刊》。建国后，发表于《诗刊》1957年1月号。1963年12月收入人民文学出版社出版的《毛主席诗词》时，署明写作时间“一九三六年二月”。

沁园春：词牌名。见《沁园春·长沙》题解。雪：题目。

1936年1月，中共中央决定东渡黄河东征抗日，重新组建了红一方面军，定名为“中国人民红军抗日先锋军”。毛泽东任总政委，彭德怀任总司令。1月26日（农历正月初三），毛泽东、彭德怀率领“东征部队”从瓦窑堡出发，经延川、延长，于2月5日挺进至清涧县高杰村的袁家沟。袁家沟是一个几十户人家的山庄，距黄河仅20余里。部队在这里休整了16天。毛泽东在这里居住期间，曾下过一场大雪，长城内外白雪皑皑，隆起的秦晋高原，冰封雪盖。天气严寒，连平日奔腾咆哮的黄河都结了一层厚厚的冰，失去了往日的波涛，此情此景，激起了毛泽东的浪漫情怀，胸中诗潮翻涌，构思了这首气吞山河的词作。

这首词赞美壮丽的北国风光，表达了崇高的革命气概和无产阶级革命乐观主义精神，抒发了伟大抱负和雄视百代的千古豪情，从一个侧面批判了封建主义，宣告只有无产阶级才是代表国家前途和光明未来的真正民族英雄。全词境界高远，气象宏伟，景象非凡。柳亚子誉之为千古绝唱："虽东坡、幼安，犹瞠乎其后，更无论南唐小令、南宋慢词矣。"

《沁园春·雪》的发表还有一段传奇。

1945 年 8 月 28 日，毛泽东赴重庆与国民党举行和平谈判。8 月 30 日，毛泽东在下榻处红岩村桂园宴请爱国民主人士柳亚子、沈钧儒、王昆仑等。席间，柳亚子敬赠毛泽东七律一首，同时向毛泽东"索诗"。柳亚子《七律·赠毛润之老友》诗云：

阔别羊城十九秋，重逢握手喜渝州。
弥天大勇诚能格，遍地劳民战尚休。
霖雨苍生新建国，云雷青史旧同舟。
中山卡尔双源合，一笑昆仑顶上头。

诗中畅叙 1926 年 5 月二人在广州相识、相知，阔别 19 年后在重庆握手重逢的喜悦之情，极力推崇毛泽东为了建设和平民主国家，毅然深入"虎穴"，亲赴重庆与国民党"和谈"的"弥天大勇"，并寄希望"霖雨"惠泽"苍生"，高度赞扬毛泽东熔孙中山和卡尔·马克思学说于一炉，高瞻远瞩，犹如登上了昆仑之巅。

10 月 7 日，毛泽东抄录自己 1936 年 2 月在东征途中作的《沁园春·雪》，并附一封短信，派人送给柳亚子。信中说："初到陕北看见大雪时，填过一首词，似与先生诗格略近，录呈审正。"

柳亚子接到词和短信后，捧读再三，被其磅礴的气势、丰富的内涵和深邃的思想所折服，直呼“大作！大作”，并作了一首题为《沁园春·次韵和毛润之初到陕北看大雪之作，不能尽如原意也》的和词。词曰：

廿载重逢，一阕新词，意共云飘。叹青梅酒滞，余怀惘惘；黄河流浊，举世滔滔。邻笛山阳，伯仁由我，拔剑难平块垒高。伤心甚，哭无双国士，绝代妖娆。

才华信美多娇，看千古词人共折腰。算黄州太守，犹输气概；稼轩居士，只解牢骚。更笑胡儿，纳兰容若，艳想秾情着意雕。君与我，要上天下地，把握今朝。

后来，柳亚子把毛泽东的原词与自己的和词一并送给在重庆出版发行的《新华日报》，要求发表。由于毛泽东本人不愿意叫人知道他能写旧体诗词，他认为旧体诗词太重格律，束缚人的性灵，不宜提倡。故《新华日报》于11月11日只发表了柳亚子的和词。

毛泽东《沁园春·雪》词书赠柳亚子后，被许多爱好者传抄。当时在重庆担任《新民报晚刊》副刊《西方夜谭》编辑的吴祖光，被这首词的宏大气势所震撼，于是在11月14日《西方夜谭》显著位置以《毛词·沁园春》为题发表出来，并配发了一段按语：

毛润之氏能诗词，似鲜为人知。客有抄得其沁园春咏雪一词者，风调独绝，文情并茂，而气魄之大乃不可及。据毛氏自称则游戏之作，殊不足为青年法，尤不足为外人道也。

这首词刊出后，立即轰动山城。11月28日重庆《大公报》又将柳亚子的“和词”与《毛词·沁园春》以醒目的版面再度刊出，又一次引起人们争相传阅。山城的各大报纸竞相转载，并发表了大量的步韵、唱和之作和评论文章。

毛泽东的咏雪词两度发表所产生的轰动效应，使得国民党当局十分紧张，认为这是为共产党“张目”。他们组织了一帮御用文人以“唱和”为名，以

“反帝王思想”为幌子，在《中央日报》、《和平日报》、《益世报》等报刊上连篇累牍地攻击毛泽东的咏雪词。据统计，在不长的时间内，国民党控制的报刊发表的所谓“和词”近30首，文章10余篇。

12月8日至12日，《大公报》用五天时间连载主笔王芸生《我对中国历史的一种看法》的长文，攻击毛泽东《沁园春·雪》有“帝王思想”。

国民党中央图书杂志审查委员会审查专员、《时事与政治》杂志社社长易君左，也相继于1945年12月4日和1946年1月25日在《和平日报》上抛出《沁园春·步毛泽东〈雪〉原韵》和《再谱沁园春》两首词，充当了“围剿”毛泽东《沁园春·雪》的急先锋。

沁园春·步毛泽东《雪》原韵

国脉如丝，叶落花飞，梗断蓬飘。痛纷纷万象，徒呼负负；茫茫百感，对此滔滔。杀吏黄巢，坑兵白起，几见降魔道愈高？明神胄，忍支离破碎，葬送妖娆。

黄金难贮阿娇，任冶态妖容学细腰。看大漠孤烟，生擒颉利；美人香草，死剩离骚。一念参差，千秋功罪，青史无私细细雕。天才亮，又漫漫长夜，更待明朝。

再谱沁园春

异说纷纭，民命仍悬，国本仍飘。痛青春不再，人生落落；黄流已决，天下滔滔。邀得邻翁，重联杯酒，斗角钩心意气高。刚停战，任开诚布信，难制妖娆。

朱门绣户藏娇，令瘦影婆娑弄舞腰。欲乍长羽毛，便思扑蹴；久贪廪粟，犹肆牢骚。放下屠刀，归还完璧，朽木何曾不可雕。吾老矣，祝诸君“前进”，一品当朝！

为了回击易君左等人对毛泽东和共产党人的污蔑和挑战，以郭沫若为首的进步文化人奋起抗争，针锋相对地进行了驳斥。12月11日《新民报晚刊》副刊《西方夜谭》发表了郭沫若的第一首和词。《萌芽》1946年7月10日发表了郭沫若的第二首和词和《摩登堂吉诃德的一种手法》的评论文章。郭沫若的两首《沁园春·和毛主席韵》唱道：

其　一

国步艰难，寒暑相推，风雨所飘。念九夷入寇，神州鼎沸；八年抗战，血浪天滔。遍野哀鸿，排空鸣鹏，海样仇深日样高。和平到，望肃清敌伪，除解苛娆。

西方彼美多娇，振千仞金衣裹细腰。把残钢废铁，前输外寇；飞机大炮，后引中骚。一手遮天，神圣付托，欲把生民力尽雕。堪笑甚，学狙公芧赋，四暮三朝。

其　二

说甚帝王，道甚英雄，皮相轻飘。看古今成败，片言狱折；恭宽信敏，无器民滔。岂等沛风？还殊易水，气度雍容格调高。开生面，是堂堂大雅，谢绝妖娆。

传声鹦鹉翻娇，又款摆扬州闲话腰。说红船满载，王师大捷；黄巾再起，蛾贼群骚。叹尔能言，不离飞鸟，朽木之材未可雕。何足道！纵漫天迷雾，无损晴朝。

前一首和词，斥责国民党政府在抗战胜利之后，“国步艰难”之时，不去“肃清敌伪”，为人民“除解苛娆”，而是准备发动内战，在舆论上，“一手遮天”，发动一帮御用文人诋毁和攻击毛泽东和中国共产党人。后一首和词，批判国民党御用文人诋毁毛泽东咏雪词有“帝王思想”的不实之词，赞誉毛泽东咏雪词“气度雍容格调高”，嘲讽攻击诋毁毛泽东的一帮御用文人只不过是“朽木之材未可雕”的庸才。

国民党内的一些富有正义感的有识之士，也从爱国的立场出发，用对毛词的唱和表达自己的政治见解。北平故宫博物院创办人之一吴景洲的和词《沁园春·咏雾》，借雾咏怀，道出了当时渴望和平、追求光明的知识分子的心声。词曰：

极目层峦，千里沙笼，万叠云飘。看风车上下，徒增惘惘；江流掩映，不尽滔滔。似实还虚，不竞不伐，无止无涯孰比高？尽舒卷，要气弥六合，涵盖妖娆！

浑莽不事妆娇，更不自矜持不折腰。对荡荡尧封，空怀缱绻；茫茫禹迹，何限离骚？飞絮漫天，哀鸿遍野，温暖斯民学大雕。思往昔，只天晴雨过，昨日今朝。

为了消除毛泽东咏雪词的巨大影响，国民党中央宣传部还煞费苦心地暗中通知各地的国民党组织，要求会作诗词的国民党党员每人写一首或数首《沁园春》，拟从中遴选几首在意境、气势和文笔上能超过毛泽东的，然后以国民党主要领导人的名义公开发表，“欲与毛泽东试比高”。这次征词活动中，虽然各地送来不少应征作品，但都是一些平庸之作，没有能和毛词相比的。后来，他们在南京、上海等地又拉了几个“高手”作了几首，也仍然拿不出手，再后来也就偃旗息鼓了。这场文化斗争以我党的胜利、敌人的失败而告终。

【笺注】

〔1〕北国：就是国北，国家的北部。语出宋代苏轼《韩维三代妻·曾祖处均燕国公制》：“是用因上公之旧秩，开北国之新封。”风光：风景，景色。

〔2〕千里：形容空间极为广大。宋代苏轼《水调歌头》：“但愿人长久，千里共婵娟。”冰封：被冰冻所覆盖。清代蒋士铨《鸡毛房》有“冰天雪地风如虎，裸而泣者无栖所”之句。

〔3〕万里雪飘：以上两句是互文见义，即千里万里大地都被冰冻覆盖着，千里万里长空大雪飘舞。

〔4〕望：领起字，根据词律，领起以下四句，根据文义，领起以下七句。长城：作者当时住在清涧，北距长城约150公里。唐代王昌龄《塞下曲》其二：“昔日长城战，咸言意气高。”内外：内部和外部，里面和外面。

〔5〕惟余莽莽：登高远视，看到长城内和长城外只剩下白茫茫的一片无边无际的原野。惟：只。余：剩下。莽莽：本指草木茂盛的样子，这里指空旷

无际的样子。唐代杜甫《对雨》："莽莽天涯雨，江边独立时。"

〔6〕大河：指黄河。古代以"河"为黄河的专称，后泛指大河。语出战国楚屈原《楚辞·九章·悲回风》："望大河之洲渚兮，悲申徒之抗迹。"作者住地清涧东距黄河20余里。上下：上游和下游。

〔7〕顿失滔滔：黄河上游和下游，雪冻冰封，顿时失掉了滔滔滚滚的水势。顿：顿时，立刻。宋代司马光《训俭示康》："家人习奢已久，不能顿俭，必致失所。"失：消失。滔滔：形容水势盛大的样子。《诗经·齐风·载驱》："汶水滔滔，行人儦儦。"毛传："滔滔，流貌。"

〔8〕山：这里指陕西和山西一带的高原。银蛇：像一条条银白色的蛇。这句是说雪后绵延起伏的高山，像一条条银白色的蛇在舞动。

〔9〕驰：奔驰。明代袁宏道《满井游记》："每冒风驰行，未百步辄返。"蜡象：白色的象。蜡：作形容词用，白色。唐代韩愈《咏雪赠张籍》诗有"岸类长蛇搅，陵犹巨象豗"句。这句是说在陕西和山西一带的高原上许多覆盖着白雪的高低起伏的丘陵，像白色的象群在奔跑。

〔10〕欲与：要跟，要同。唐代白居易《早春》："不开老庄卷，欲与何人言。"宋代叶梦得《点绛唇》："底事多情，欲与流年竞。"天公：老天爷，这里指天空。《尚书大传》卷五："烟氛郊社，不修山川，不祝风雨，不时霜雪，不降责于天公。"宋代陆游《残雨》："五更残雨滴檐头，探借天公一月秋。"清代龚自珍《己亥杂诗》其二百二十："我劝天公重抖擞，不拘一格降人才。"

〔11〕须晴日：化用宋代刘过《沁园春·寄辛承旨。时承旨招，不赴》："须晴去，访稼轩未晚，且此徘徊。"须：等到。《韩非子·外储说左上》："吴起须故人而食。"晴日：晴天。唐代李白《江夏别宋之悌》："谷鸟吟晴日，江猿啸晚风。"又《赋得鹤送史司马赴崔相公幕》："归飞晴日好，吟弄惠风吹。"

〔12〕红装：同"红妆"，指妇女的浓妆，多用红色。也代指美丽的女子。这里指太阳的红光。素裹：裹素的倒装。即披上洁白净美的外衣。裹：包裹，穿。素：洁白净美的服饰。这里指雪覆盖着的大地。宋代蒲宗孟《望梅花》："被天人，制巧妆素艳。"

〔13〕分外：格外。妖娆：娇媚艳丽。三国魏曹植《感婚赋》："顾有怀兮妖娆，用搔首兮屏营。"以上三句是说，天气晴朗的时候，红日与白雪相互映照，好像装饰艳丽的美女裹着白色的外衣，格外娇艳妩媚。

〔14〕江山如此多娇：化用宋代苏轼《念奴娇·赤壁怀古》："江山如画，一时多少豪杰。"江山：本指江河和山岭。语出《庄子·山木》："彼其道远而险，又有江山，我无舟车，奈何？"又借指国家的疆土。西晋陈寿撰《三国志·吴书·贺邵传》："割据江山，拓土万里。"这里两种意思都有。如此：像这样。多娇：十分娇美。娇：妩媚可爱。唐代元稹《莺莺传》："无力慵移腕，多娇爱敛躬。"

〔15〕引：招致。竞：比赛，争着。折腰：鞠躬，躬着腰侍候。唐代房玄龄、褚遂良等撰《晋书·陶潜传》："吾不能为五斗米折腰。"唐代李白《梦游天姥吟留别》："安能摧眉折腰事权贵，使我不得开心颜。"这里引申为倾倒、崇敬之意。

〔16〕惜：可惜。这里是领起字。根据词律，领起以下四句；根据词义，领起以下七句。宋代辛弃疾《沁园春》有"看君才未数，曹刘敌手；风骚合受，屈宋降旗。谁识相如，平生自许，慷慨须乘驷马归"句式。毛词和辛词都是用了五个人名，且有"风骚"二字。秦皇：即秦始皇，名嬴政（公元前259—前210），秦朝的创业皇帝。汉武：即汉武帝，名刘彻（公元前156—前87），汉朝武功最盛的皇帝。古代即有以"秦皇"、"汉武"对举的。南朝梁庾信《温汤碑》："秦皇余石，仍为雁齿之阶，汉武旧陶，即用鱼鳞之瓦。"

〔17〕略输：稍微差一点儿。文采：本指辞藻，才华。语出东汉班固《汉书·韦玄成传》："玄成为相七年，守正持重不及父贤，而文采过之。"这里含有文治的意思。

〔18〕唐宗：即唐太宗李世民（599—649），唐朝建立统一大业的皇帝。宋祖：即宋太祖赵匡胤（927—976），宋朝的开国皇帝。

〔19〕稍逊：稍微逊色。风骚：语出南朝梁沈约撰《宋书·谢灵运传

论》："源其飙流所始，莫不同祖风骚。"风：指《诗经》中的《国风》；骚：屈原作的《离骚》，后来用以代指《诗经》、《楚辞》这两部书。又引申为文学作品的代称。这里指文章的辞采，含有文治的意思。以上"惜"、"略输"、"稍逊"，在这里都是文学作品中委婉的说法，含有对历代封建统治者批判之意。

〔20〕一代天骄：称雄时代的人物。这里指成吉思汗。一代：语出汉代王充《论衡·宣汉》："周有三圣，文王、武王、周公并时猥出。汉亦一代也，何以当少于周？"意谓一个朝代，一个历史时期。这里指整个一个时代。天骄："天之骄子"的略语。汉代匈奴自称为"天之骄子"，意思是上天所娇纵的人物。东汉班固《汉书·匈奴传上》："单于遣使遗汉书云：'南有大汉，北有强胡。胡者，天之骄子也。'"胡指匈奴。意思是说，匈奴被天所娇宠，所以非常强盛。后因此而称北方强盛的少数民族为天骄。

〔21〕成吉思汗：即元太祖，本名铁木真（1162—1227），是古代蒙古族统治阶级的领袖和军事家。"成吉思汗"是1206年统一蒙古后的尊称，意思是"强者之汗"。汗：可汗的省称，即王。在位期间曾两次大举伐金，直至黄河北岸，又西征攻灭花剌子模，击败斡罗斯、钦察联军，将版图扩展至中亚、南俄。后南下攻西夏，死于军中。元朝建立后，被追尊为元朝的始祖。

〔22〕只识：和前面"略输"、"稍逊"一样，在这里也含有对历代封建统治者批判之意。识：知道，懂得。弯弓：拉弓，拉满弓准备放箭。雕：一种鹰属大型猛禽，多生活在北方沙漠地带，飞得又高又快，不容易被射中，所以古代以"射雕手"比喻高强的射手。西汉司马迁《史记·李将军列传》："生得一人，果匈奴射雕者也。"

〔23〕俱：全，都。西汉司马迁《史记·廉颇蔺相如列传》："今两虎共斗，其势不俱生。"往：动词，过去。矣：语气助词，了。

〔24〕数：点算。风流人物：化用宋代苏轼《念奴娇·赤壁怀古》："大江东去，浪淘尽，千古风流人物。"指才能出众、品格超群、对历史发展有巨大影响的杰出人物。这里指无产阶级革命者。风流：本指仪表，风度。西晋陈寿

撰《三国志·蜀书·刘琰传》："（刘备）以其宗姓，有风流，善谈论，厚亲待之。"后指英俊，杰出。南朝宋刘义庆《世说新语·赏誉》："范豫章谓王荆州：'卿风流俊望，真后来之秀。'"这里指英俊的，杰出的。

〔25〕今朝：今天早晨。元代赵孟頫《题耕织图》其二："所冀岁有成，殷勤在今朝。"这里引申为现在，当今。

【作者原注笺注】

〔1〕秦：指陕西。晋：指山西。陕西的北部和山西的大部分都是高原地带（属黄土高原），地理上称为"秦晋高原"。

〔2〕高原：海拔高度一般在500米以上，面积广大，地形开阔，周边以明显的陡坡为界，比较完整的大面积隆起地区。

【译文】

好一派祖国北方的风光，
千里大地都被冰冻封盖着，
万里长空大雪飘舞。
纵目遥望长城内和长城外，
只剩下无边无际白茫茫一片，
黄河上游和下游的河水已经结冰，
顿时失掉了滚滚的波涛。
起伏的群山像一条条银蛇在舞动，
被冰雪覆盖高低起伏的秦晋高原，像白色的象群在奔跑，
好像要跟天公一比高低。
等到雪霁天晴的日子，
红日和白雪交相辉映，好像美女穿着艳丽的服饰披着素色的外衣，
格外妩媚动人。

祖国的河山是这样美好壮丽，
引得无数英雄竞相爱慕倾倒，为之奔走操劳。
可惜秦始皇和汉武帝，
他们虽然武功卓著，而文治方面稍微差一点儿；
唐太宗和宋太祖，
具有雄才大略，文学才华却稍次一等。
威震一时的“天之骄子”，
成吉思汗，
更仅仅是武艺高强，只懂得弯弓射雕而已。
历史上的英雄人物都已经过去了，
要算真正称得上风流人物的，
还得看今天的无产阶级革命领袖和人民群众。

七　律
人民解放军占领南京
一九四九年四月

钟山风雨起苍黄，百万雄师过大江。
虎踞龙盘今胜昔，天翻地覆慨而慷。
宜将剩勇追穷寇，不可沽名学霸王。
天若有情天亦老，人间正道是沧桑。

【毛泽东自注自解】

1964年1月27日，毛泽东口头答复外国文书籍出版局《毛主席诗词》英译者问：

天若有情天亦老：这是借用李贺的句子。与人间比，天是不老的。其实天也有发生、发展、衰亡。天是自然界，包括有机界，如细菌、动物。自然界、人类社会，一样有发生和灭亡的过程。社会上的阶级，有兴起，有灭亡。

虎踞龙盘今胜昔：1977 年 9 月 15 日《新华日报》编辑部文章《毛主席啊，我们江苏人民永远怀念您》说："毛主席在一次亲临南京的讲话中，深刻而又风趣地说：南京这个地方，我看是个好地方，龙盘虎踞。但有一个先生，他叫章太炎，他说龙盘虎踞'古人之虚言'，是古人说的假话。看起来，这在国民党是一个虚言，国民党在这里搞了二十年，就被人民赶走了，现在在人民手里，我看南京还是个好地方。"

【题解】

这首诗最早发表于 1963 年 12 月人民文学出版社出版的《毛主席诗词》。

七律：七言律诗的简称。见《七律·长征》题解。人民解放军占领南京：题目。

1949 年 4 月 21 日，毛泽东和朱德发出《向全国进军的命令》。命令中国人民解放军"奋勇前进，坚决、彻底、干净、全部地歼灭中国境内一切敢于抵抗的国民党反动派，解放全国人民，保卫中国领土主权的独立和完整"。4 月 21 日夜，中国人民解放军百万大军在东起江苏江阴、西至江西湖口的 500 余公里的战线上强渡长江，4 月 23 日人民解放军占领国民党反动政府的首都南京。当天下午，毛泽东在北平香山双清别墅看了《人民日报》关于人民解放军占领南京的"号外"后，心情异常振奋，挥毫写下了史诗《七律·人民解放军占领南京》。南京的解放标志着国民党以至几千年反动统治的历史彻底结束，标志着中国革命的胜利和人民当家做主时代的到来。

这首诗通过对人民解放军解放南京重大意义的高度概括，向人民解放大军发出了"宜将剩勇追穷寇"，夺取全国彻底胜利的伟大号令。"宜将剩勇追穷寇"是这首诗的诗眼。全诗风雷磅礴，豪气盖世，寓意深邃，意境宏阔，充分显示了崇高美和阳刚美的审美特色，是一首永载史册的经典之作。

【笺注】

〔1〕钟山：山名，在江苏南京城东面。东西长 7 公里，南北宽约 3 公里。有三峰，主峰高 448 米。山势险峻，蜿蜒如龙。因多紫页岩层，阳光照耀，远望浮金耀紫，故也名紫金山。这里指代南京。风雨：这里比喻暴风骤雨般的政治形势。苍黄：通“仓皇”，突然，急遽的样子。唐代杜甫《新婚别》：“誓欲随君去，形势反苍黄。”宋代蔡梦弼注：“谓行役之急也。”本义是慌忙，匆忙之意。这里是突然，急遽的意思。

〔2〕百万雄师：元代伯颜《咏鞭》：“虽然三尺无锋刃，百万雄师属指挥。”百万：极言其多。西晋陈寿《三国志·蜀书·诸葛亮传》：“今操已拥百万之众。”南朝梁刘勰《文心雕龙·论说》：“一人之辩，重于九鼎之宝；三寸之舌，强于百万之师。”雄师：强有力的军队，这里指英勇的人民解放军。大江：指长江。参见毛泽东《菩萨蛮·黄鹤楼》“龟蛇锁大江”笺注。

〔3〕虎踞龙盘：形容地理形势优异，雄伟险要。三国时诸葛亮看到吴国都城建业（今江苏南京南部）的地势曾说：“钟山龙盘，石头虎踞，此帝王之宅。”石头：即石头山，在今南京城西石头山。踞：蹲。唐代李白《永王东巡歌》十一首其四：“龙盘虎踞帝王州，帝子金陵访古丘。”宋代苏轼《渔家傲》：“千古龙蟠并虎踞，从公一吊兴亡处。”宋代辛弃疾《念奴娇·登建康赏心亭呈史留守致道》：“虎踞龙蟠何处是？只有兴亡满目。”元代白朴《沁园春》：“我望山形，虎踞龙盘，壮哉建康。”意思是说：钟山像龙一样盘着，石头山（即清凉山，在今南京市西部）像虎一样蹲着。这里指虎踞龙盘之地——南京。胜：超过。昔：从前。元代萨都剌《满江红·金陵怀古》：“六代豪华，春去也，更无消息。空怅望，山川形胜，已非畴昔。”谓南京今不如昔。这首诗反其意，讴歌南京解放，是说以虎踞龙盘的雄壮险要形势著称的南京回到人民手中之后，现在比过去更加雄伟壮丽。

〔4〕天翻地覆：语出唐代刘商《胡笳十八拍》其六：“天翻地覆谁得知，如今正南看北斗。”宋代陈与义《雨中对酒庭下海棠经雨不谢》：“天翻地覆伤春色，齿豁头童祝圣时。”这里指形势发生了巨大变化。南京是国民党政府的

首都，人民解放军占领南京，标志着国民党反动政府的覆灭，故言天翻地覆。慨而慷：即慷慨。因押韵的需要颠倒语序，“而”是连词，连接“慨”和“慷”。意思是感慨而激昂。东汉曹操《短歌行》：“慨当以慷，忧思难忘。”这里是意气激昂的意思，指人民为之欢欣鼓舞。

〔5〕宜：适宜，这里有应当的意思。将：以。剩勇：余勇，指充足有余、用之不竭的勇气和力量。《左传·成公二年》载：齐人高固独自冲入敌阵，夺取战车后向堡垒里的敌人挑战说：“欲勇者贾余余勇！”意即我还有未用完的勇气可以出售，谁想要勇武就快来买吧！穷寇：处于穷途末路的敌寇，指国民党残余的军事力量。《孙子兵法·军争篇》：“穷寇勿迫，此用兵之法也。”旧时流行的“穷寇莫追”含有中途歇手，适可而止，不打到底，甚至怜悯敌人，不打落水狗的意思。宜将剩勇追穷寇：据美国作家、记者哈里森·索尔兹伯里《长征——前所未闻的故事》说，1948 年末，当毛泽东抵达河北省的平山县，准备拿下北平并挥师南下时，斯大林派米高扬带来一个特别口信：不要南下长江，让蒋介石生存下去。毛泽东不仅表示不予接受，相反，他还向米高扬提出了为什么要打过长江去的强有力的论据。1948 年 12 月 30 日，毛泽东为新华社写了新年献词《将革命进行到底》。

〔6〕沽名：买名，即故意做作或用某种手段来赚取好的声誉。学：仿效。霸王：本是古代霸主的称号，秦末项羽自立为西楚霸王。这里即指项羽（公元前 232—前 202）。西汉司马迁《史记·项羽本纪》载，秦朝末年，项羽和刘邦（后来的汉高祖）同时起兵反秦。在巨鹿之战中，项羽摧毁秦军主力，为推翻秦王朝做出了巨大贡献。项羽自封西楚霸王，封刘邦为汉王。在楚汉战争中又与刘邦签订和约，以鸿沟为界，平分天下。后来项羽率 40 万大军入咸阳，他当时为了避免不义之名，在鸿门宴上放过了刘邦，没有利用优势兵力消灭先行入咸阳的刘邦。但是，后来刘邦背弃和约，越过鸿沟追击项羽，项羽最终落得兵败垓下自刎乌江的可悲下场。人民解放军发起渡江战役前，国际国内都曾有人建议共产党与国民党划江而治，甚至有人认为不这样，共产党就不够伟大。“宜将”两句就是针对这些议论而发的。

〔7〕天若有情天亦老：化用唐代李贺《金铜仙人辞汉歌》“衰兰送客咸阳道，天若有情天亦老”诗句。传说三国时魏主曹睿想求长生不老之方，听说汉武帝建柏梁台，上立铜人，手捧承露盘，接三更北斗所降之水，名叫天浆，用美玉为屑，调和服用，可以返老还童。曹睿就派人到长安去拆铜人，移往洛阳，拆时只见铜人潸然泪下。唐代李贺根据这个故事写出了上面的诗。前有小序说：“魏明帝青龙元年八月，诏宫官牵牛，西取汉孝武捧露盘仙人，欲立置前殿。宫官既拆盘，仙人临载，乃潸然泪下。”意思是对于这样的人间恨事，天若有情，也要因悲伤而衰老。宋代孙洙《河满子》：“黄叶无风自落，秋云不雨长阴。天若有情天亦老，摇摇幽恨难禁。”宋代贺铸《行路难》：“白纶巾，扑黄尘，不知我辈，可是蓬蒿人？衰兰送客咸阳道，天若有情天亦老。”宋代万俟咏《忆秦娥》：“天若有情天亦老，此情说便说不了。”这里是说，蒋介石统治了22年，人民处在水深火热之中，天要是有感情的话，也因不能忍受这样的痛苦而衰老。天：指自然界。

〔8〕人间正道是沧桑：人类社会的正常规律是不断变化的，因此我们要遵循社会发展的必然规律，把革命进行到底！人间：人世间，也就是人类社会。人间正道：人类社会发展的正常规律或规则。《礼记·中庸》：“中者天下之正道，庸者天下之正理。”道：中国古代哲学术语，意义是道路或道理，可作法则或规律解说。沧桑：成语“沧海桑田”的缩略语，即沧海（大海）变为桑田。晋代葛洪《神仙传·麻姑》：“麻姑自说：‘接待以来，已见东海三为桑田，向到蓬莱，水又浅于往昔，会时略半也，岂将复还为陵陆乎。’方平笑曰：‘圣人皆言，海中行复扬尘也。’”意思是说，东汉时，有个道士叫王方平，专会装神弄鬼。有一回，他召来了一个十八九岁的女人，说是神仙麻姑。大家觉得很奇怪，问这个女人：“你多大年纪了？”女人装模作样地说：“我记不清了。只记得我曾经看到大海三次变成桑田。方才我经过蓬莱仙岛，看见海水又浅了，差不多比从前浅了一半。”王方平马上在旁边把话接过去，说：“是呀，神仙早就预言，海底不久又要尘土飞扬了。”这里比喻世事发生了历史性的巨变。

【译文】

南京突然掀起了暴风骤雨，

威武雄壮的百万人民解放军已经迅速地渡过了长江。

这座以龙盘虎踞著称的历史名城今天比以往任何时代都更加雄伟壮丽，

这里发生了天翻地覆的大事，广大人民为之激昂鼓舞。

我们应当鼓起余勇，乘胜追击已陷入穷途末路的敌人，

切不可沽名钓誉，像西楚霸王项羽那样，使革命半途而废惨遭失败。

天如果有生命、有情感的话，它也会因不堪国民党反动派的黑暗统治而衰老，

人类社会的正常规律是不断发展变化的，有如沧海变成桑田。

七 律

和柳亚子先生

一九四九年四月二十九日

饮茶粤海未能忘，索句渝州叶正黄。
三十一年还旧国，落花时节读华章。
牢骚太盛防肠断，风物长宜放眼量。
莫道昆明池水浅，观鱼胜过富春江。

【毛泽东自注自解】

1958 年 12 月 21 日，毛泽东在文物出版社同年 9 月刻印的线装大字本《毛主席诗词十九首》上批注：

三十一年：一九一九年离开北京，一九四九年还到北京。旧国之国：都城，不是 State，也不是 Country。

附：柳亚子原诗

七 律

感事呈毛主席

一九四九年三月二十八日夜

开天辟地君真健，说项依刘我大难。
夺席谈经非五鹿，无车弹铗怨冯驩。
头颅早悔平生贱，肝胆宁忘一寸丹！
安得南征驰捷报，分湖便是子陵滩。

【柳亚子自注】

分湖为吴越间巨浸，元季杨铁崖曾游其地，因以得名。余家世居分湖之北，名“大胜村”。第宅为倭寇所毁。先德旧畴，思之凄绝！

【题解】

这首诗最早发表于《诗刊》1957年1月号，原题为《旧体诗词十八首》。这首诗题为《七律·赠柳亚子先生》，未署写作时间。人民文学出版社1963年12月出版毛泽东亲自审定的《毛主席诗词》时，将诗题中的“赠”改为“和”，并加上了写作时间“一九四九年夏”。1964年5月重印时，改为“一九四九年四月二十九日”。

七律：七言律诗的简称。见《七律·长征》题解。

和柳亚子先生：即和后面所附的柳亚子先生的七律诗《感事呈毛主席》。和（hè）：酬和，对别人写来诗词的答作。有如唱歌相和，故称和。和诗或和词大致有两种形式：一为不限定和韵，二为限定和韵。柳亚子（1887—1958），江苏苏州吴江人，清末秀才。早年参加旧民主主义革命，是清末进步文学团体“南社”发起人和主要诗人之一。以诗文鼓吹革命。旧民主主义革命失败后，受马克思主义的影响，参加新民主主义革命，奉行孙中山新三民主义和联俄、联共、扶助农工三大政策，与中国共产党长期合作。1941 年谴责蒋介石制造“皖南事变”，被国民党开除党籍。1944 年在重庆加入中国民主同盟。1948 年 1 月国民党革命委员会成立后，被选为中央常务委员兼秘书长。1949 年中华人民共和国成立，先后当选为中央人民政府委员和全国人民代表大会代表、常务委员会委员。郭沫若赞誉柳亚子“是一位典型的诗人，有热烈的感情，豪华的才气，卓越的器识，随着时代的进步而进步”。

在解放战争即将取得全国胜利的前夕，1949 年 2 月，中共中央决定从河北平山县西柏坡迁到北平。毛泽东电邀在香港的柳亚子和其他民主人士到北平共商国是，筹备召开政协全国会议。3 月 28 日夜，柳亚子突然写了一首《七律·感事呈毛主席》诗，向毛泽东倾诉自己的心情，委婉地流露出内心的苦闷、牢骚和归隐家乡之意。“感事”的原因诗中没有说出，可能是到京后膳食、行车、居宿等安排有欠周之处。毛泽东读了柳亚子的诗后，即派人妥善安排他的生活，让他在 4 月 20 日迁入颐和园居住。并在百忙中作此和诗给予规劝。

诗中追叙了作者与挚友柳亚子长期交往的深厚友谊，规劝柳亚子留在北京共商国是，表现了一代领袖对友人的博大胸怀和真诚平易。词以婉言开导，真情打动对方，委婉含蓄，深藏不露，达到了真诚挽留对方在北京的目的。

【笺注】

〔1〕饮茶：喝茶。这里是交往谈论的意思。粤海：指广州。广州古属粤（也作“越”）地，南濒大海，故称。1925 年至 1926 年，毛泽东在广州主办农民运动讲习所。1926 年 5 月柳亚子作为国民党监察委员，自上海赴广州出席国民党二届二中全会，同毛泽东初次晤面。在这期间，柳亚子与毛时常来往，毛泽东给柳亚子留下了难忘的印象。柳亚子 1941 年自香港《寄毛润之延安，兼柬林伯渠、吴玉章、徐特立、董必武、张曙时诸公》一诗：“弓剑桥陵寂不哗，万年枝上挺奇花。云天倘许同忧国，粤海难忘共品茶。杜断房谋劳午夜，江毫丘锦各名家。商山诸老欣能健，头白相期奠夏华。”回忆他们交往之

事。所以毛泽东在这里写道："饮茶粤海未能忘。"

〔2〕索句：索取诗篇。渝州：古代的州名，治所在巴县（今重庆）。因其在渝水（嘉陵江）之侧而得名。这里借指重庆市，简称渝。叶正黄：指秋天。唐代杜甫《和裴迪登新津寺寄王侍郎》："何恨倚山木，吟诗秋叶黄。"1945年8月28日至10月11日，毛泽东偕周恩来、王若飞等代表中国共产党从延安飞抵重庆与国民党蒋介石进行和平谈判40多天。当时，柳亚子也在重庆，寓居津南村十一号。毛泽东与柳亚子老友重逢，多有交往。柳亚子赠诗给毛泽东，《一九四五年八月三十日渝州曾家岩赠毛润之老友》诗说："阔别羊城十九秋，重逢握手喜渝州。弥天大勇诚能格，遍地劳民战尚休。霖雨苍生新建国，云雷青史旧同舟。中山卡尔双源合，一笑昆仑顶上头。"对毛泽东赤心为民为国，毅然来渝谈判的精神极为推崇。柳亚子还向毛泽东索取诗稿。10月7日，毛泽东复信柳亚子，并附手书《沁园春·雪》词相赠。信中说："初到陕北看见大雪时，填过一首词，似与先生诗格略近，录呈审正。"

〔3〕三十一年：1918年8月19日，毛泽东为组织一批新民学会会员及其他革命青年赴法勤工俭学，首次赴北京；1919年12月18日，率湖南驱张（敬尧）请愿团第二次赴北京，1920年4月11日离开北京；到1949年3月毛泽东率中共中央和解放军总部迁入北京，前后相距三十一年。旧国：过去的国都。国：古代称国都。当时北京称北平，新中国还没有建都，所以说旧国。唐代杜甫《元日寄韦氏妹》诗有"京华旧国移"之句。

〔4〕落花时节：暮春三月。典出唐代杜甫《江南逢李龟年》："正是江南好风景，落花时节又逢君。"唐代韦庄《清平乐》："门外马嘶郎欲别，正是落花时节。"华章：美丽的诗篇，对别人作品的一种美称，这里指柳亚子1949年3月28日写的《七律·感事呈毛主席》一诗。

〔5〕牢骚太盛：指柳亚子给毛泽东的感事诗中因事而发牢骚。牢骚：烦闷不满的情绪。盛：过多。肠断：形容极度悲伤。东汉曹操《蒿里行》："生民百遗一，念之断人肠。"南朝梁江淹《别赋》："是以行子肠断，百感凄恻。"这里含有损害身心健康的意思。这句是说柳亚子的感事诗里牢骚太多了，这样

有损于身心健康，应予提防。

〔6〕风物：风光景物，如同说风景。语出东晋陶渊明《游斜川》诗序“天气澄和，风物闲美”。这里引申指世事，包括各种社会现象、人事动态等问题在内。长：长远。宜：适宜，这里有应该的意思。放眼量：放开眼界去衡量，不应斤斤计较个人得失。

〔7〕昆明池：汉武帝时期所凿，在长安西南。这里借指北京西郊颐和园中的昆明湖。昆明湖的得名也源于汉代的昆明池。湖在颐和园内的万寿山下。湖滨有石舫，湖中有长堤和 17 孔桥等胜景。湖光山色，风景秀丽。当时柳亚子寓居在颐和园昆明湖边。唐代杜甫《秋兴八首》其七：“昆明池水汉时功，武帝旌旗在眼中。”这里用来借指昆明湖的水。

〔8〕观鱼：观赏游鱼。借用《庄子·秋水》中庄子和惠施“濠梁观鱼”的典故。《庄子·秋水》：“庄子与惠子游于濠梁之上。庄子曰：‘鯈鱼出游从容，是鱼之乐也。’惠子曰：‘子非鱼，安知鱼之乐？’庄子曰：‘子非我，安知我不知鱼之乐？’”本意是别有会心，自得其乐。富春江：水名，钱塘江上游的一段，在浙江桐庐和富阳两地境内，东汉时隐士严光（字子陵）隐居桐庐，曾在富春江游钓，现尚存钓台遗迹。这是对柳亚子原诗“分湖便是子陵滩”而言，借富春江指代柳亚子的家乡江苏苏州吴江区的分湖。这句是说，在颐和园昆明湖欣赏游鱼的乐趣比在富春江钓鱼更好。进一步说，就是留在北京参与建国工作比回乡隐居要有意义得多。

【附诗笺注】

〔1〕感事：感慨于某些事情。呈：奉上。毛主席：即毛泽东。

〔2〕开天辟地君真健：毛主席您像盘古氏开天辟地那样建立了新中国，真是伟大。开天辟地：原指盘古开天辟地的神话故事。《太平御览》卷二引三国吴徐整著《三五历纪》说：“天地浑沌如鸡子，盘古生其中。万八千岁，天地开辟，阳清为天，阴浊为地。盘古在其中，一日九变，神于天，圣于地。天日高一丈，地日厚一丈，盘古日长一丈。如此万八千岁，天数极高，地数极

深，盘古极长。”古代神话告诉我们，盘古氏开天辟地才开始了人类的历史，故用来表示以前从未有过，有史以来第一次。这里借指推翻旧中国、创建新中国就像盘古开天辟地一样。君：对毛泽东的尊称。健：这里有伟大、杰出之意。《周易·乾象传》有“天行健”之句。柳亚子这里用来形容毛泽东才力强干，有天地那样的刚健之德。意思是说，毛泽东您像盘古氏开天辟地那样建立了新中国，真是伟大。

〔3〕说项依刘：有两种理解。一种认为：这句意思是，劝说项羽接受刘邦的领导。柳亚子作诗时正值中共中央争取南京国民党政府接受和平解决方案，希望民主人士共同努力。柳亚子在诗中表示他虽然也是国民党元老，自觉无能为力。另一说认为：这句用的是杨敬之到处讲项斯的好话和王粲去荆州依附刘表的故事。唐代杨敬之《赠项斯诗》：“平生不解藏人善，到处逢人说项斯。”《三国志·魏书·王粲传》：“乃之荆州依刘表。表以粲貌寝而体弱通侻，不甚重也。”柳亚子表示说人好话、依附他人，他很难做到。全句意思是，我无论讲人家好话，还是依靠人家过活，总之都非常困难。

〔4〕夺：占据。席：草席，古人没有椅子，用草席铺在地上坐，故有“席地而坐”一语。经：即“五经”。夺席谈经：谈经胜利，夺取其他经师的坐席。《后汉书·戴凭传》说，后汉戴凭，习《京师易》，官至侍中。汉光武帝时，“正旦朝贺，百僚毕会，帝令群臣能说经者更相难诘，义有不通，辄夺席以益通者，凭遂重坐五十余席，故京师为之语曰：‘解经不穷戴侍中’”。意思是说，有很高深的学问，驳倒了很多讲经的学者，夺取了他们的讲席。东汉班固《汉书·朱云传》说，前汉学者五鹿充宗（“五鹿”是复姓）汉元帝时为少府，习《梁丘易》，尝与诸《易》家论难，充宗乘贵行辩，诸儒莫能与之抗。意思是说，五鹿充宗善于谈《易经》，他依附宦官，乘势位谈经，折服了很多人。后来朱云和他辩论，把他驳倒。时语曰：“五鹿岳岳（长角之貌），朱云折其角。”非：不是。意思是说，自己虽然像汉朝朱云那样富有才学，博学雄辩，但决不是五鹿充宗那样依附权势的人。这句是说，自己不被人重视，对当时的一些人事安排和待遇表示不满。

〔5〕无车弹铗怨冯驩：即“无车弹铗冯驩怨”。意思是说，自己不被重用，因此，只好像孟尝君的门客冯驩那样，唱起“长铗归来乎，出无车”的怨歌了。弹铗：敲着剑柄。战国时齐人冯驩投靠孟尝君田文。田文门下食客分三等：上等坐车，中等吃鱼，下等吃粗饭。冯驩列为下等。他弹着剑铗唱：“长铗归来乎，食无鱼。”后来享受到中等待遇，有鱼吃了。他又弹着剑铗唱：“长铗归来乎，出无车。”最后享受到了上等门客的待遇。（见司马迁《史记·孟尝君列传》）冯驩：《战国策·齐策四》作冯谖。柳亚子即兴用典，联类而及，主要还是借以表示对自己进行公务活动而未妥善安排车辆有意见。

〔6〕头颅：指代自己的生命。贱：轻视。南朝梁陶弘景《与从兄书》：“仕宦期四十左右作尚书郎，即抽簪高迈。今三十六方作奉朝请，头颅可知。不如早去。”这里的意思是说，早就悔恨自己生的是一副贱骨头不能做大事。

〔7〕肝胆：喻指内心。宁忘：岂忘，不失。一寸丹：一寸丹心，一片丹心。唐代杜甫《郑驸马池台喜遇郑广文同饮》：“白发千茎雪，丹心一寸灰。”这里是说，对革命却是披肝沥胆，唯有一片丹心，忠诚之至。丹：丹心，犹如说赤心，忠贞的心。

〔8〕安得南征驰捷报：怎么才能够很快得到南征解放军传来胜利的捷报，解放了我的家乡江苏吴江。唐代杜甫《茅屋为秋风所破歌》：“安得广厦千万间，大庇天下寒士俱欢颜。”安得：何得，怎能。

〔9〕分湖便是子陵滩：吴江的分湖便是东汉时严子陵隐居于富春江上的子陵滩。分湖：在江苏苏州市吴江区，柳亚子的家乡在分湖之北的大胜村。子陵滩：本名七里滩，起自浙江省建德梅城，止于桐庐钓台，因东汉初严子陵隐居曾在此游钓而得名，又名严滩。子陵：即严光，字子陵，东汉时人，曾与汉光武帝刘秀一同游学。刘秀称帝后，严光隐身不见。刘秀派人找到他，授以谏议大夫官职，严光拒绝之。归耕富春山，垂钓江滨。后人为了纪念他，称其钓台为“严子陵钓台”，同时将附近一段急流命名为“严陵濑”。这句是说，自己要回乡去隐居。

【柳亚子自注笺注】

〔1〕吴：指江苏。越：指浙江。浸：大的河泽。巨浸：大湖，这里指分湖。

〔2〕元季：元朝末年。杨铁崖（1296—1370）：名维桢，字廉夫，号铁崖，元末明初诸暨（今浙江省诸暨市）人，为当时的著名诗人、书法家。元末率盐丁起义的张士诚招他出来做官，屡招不赴。明太祖朱元璋招他纂修礼乐书志，他作《客妇谣》以拒之。他喜游山水，晚年居于吴江。

〔3〕余：我。世居：世代居住。

〔4〕第宅：富贵人家、名门望族的府第住宅。倭寇：指日本侵略者。倭：中国古代称日本。寇：古代称强盗。

〔5〕先德旧畴：祖先遗留下来的德业和田产。德：恩德，好处。畴：田亩，已耕作的田地。

〔6〕凄绝：极度伤感。宋代秦观《长相思》词："念凄绝秦弦，感深荆赋，相望几许凝愁。"明代冯鼎位《减字木兰花》词："长亭凄绝，去岁伤秋曾送别。"

【译文】

我们初次相识，在广州品茗畅谈的情景至今使人不能忘怀，
在重庆再次会晤，您向我索诗，那时正是秋天草木枯黄的时节。
自从我第一次来北平，历经三十一年的风雨战斗，又回到这旧都，
在这落花缤纷的暮春时节有幸读到了您华美的诗篇。
您遇到一些不顺心的事，牢骚太多了，要提防有碍身心健康，
对一切风光景物要放开眼界去衡量。
不要说北京颐和园昆明湖的水太浅，
在这里观赏游鱼远远胜过富春江。

浣溪沙
和柳亚子先生
一九五〇年十月

一九五〇年国庆观剧，柳亚子先生即席赋浣溪沙，因步其韵奉和。

长夜难明赤县天，百年魔怪舞翩跹。
人民五亿不团圆。

一唱雄鸡天下白，万方乐奏有于阗，
诗人兴会更无前。

【毛泽东自注自解】

1958 年 12 月 21 日，毛泽东在文物出版社同年 9 月刻印的线装大字本《毛主席诗词十九首》上批注：

乐奏：这里误植为奏乐，应改。①

附：柳亚子原词

浣溪沙
一九五〇年十月三日

十月三日之夕于怀仁堂观西南各民族文工团、新疆文工团、吉林省延边文工团、内蒙古文工团联合演出歌舞晚会，毛主席命填是阕，用纪大团结之盛况

① 1963 年 12 月，人民文学出版社出版《毛主席诗词》时，照毛泽东的意见，作了修改。——作者注

云尔！

火树银花不夜天，弟兄姊妹舞翩跹。
歌声唱彻月儿圆。

不是一人能领导，那容百族共骈阗？
良宵盛会喜空前！

【柳亚子原注】

新疆哈萨克族民间歌舞有《圆月》一歌云。

【题解】

这首词最早刊载于1951年1月23日《文汇报》一篇题为《毛主席新词》的报道中，后正式发表于《诗刊》1957年1月号，总题为《旧体诗词十八首》。

浣溪沙：词牌名。小令，双调，42字。平韵。南唐李煜有仄韵之作。原为唐代教坊曲名，因西施浣纱于若耶溪，故又名“浣溪沙”或“浣纱溪”。上、下片三个七字句。最早的是唐人韩偓“浣溪沙”词。上片三句全用韵，下片末二句用韵。此调音节明快，句式整齐，易于上口。为婉约、豪放两派词人所常用。又名“减字浣溪沙”、“小庭花”等。浣：洗。

和柳亚子先生：即和后面所附的柳亚子先生的《浣溪沙》词。和：依照别人的诗或词的题材和体裁作诗或词。柳亚子：见《七律·和柳亚子先生》题解。

1950年10月3日夜，来北京参加国庆盛典的各民族代表，聚集在中南海怀仁堂隆重举行向中央首长献礼大会。参加献礼的58位各民族代表，向中央人民政府和毛泽东主席、朱德总司令、周恩来总理等献礼致敬。出席献礼大会的人员有中央人民政府主席、副主席、秘书长、政务院总理、副总理、秘书长，民族事务委员会主任委员、副主任委员，以及中央人民政府各院、委、部、会、署、行首长，中国人民解放军陆海空高级军官，中国人民政治协商会议全国委员会在京委员，北京市各文艺团体负责人等500余人。献礼毕，接着由新疆文工团、西南各民族文工团、吉林省延边文工团、内蒙古文工团联合演出，毛泽东和柳亚子都参加了晚会。观看晚会时，毛泽东心情很激动，他对坐在前排的柳亚子说："这样的盛况，亚子先生为什么不填词以志盛？我来和。"柳亚子遂应命即席赋《浣溪沙》词，呈献毛泽东。柳亚子的词生动地记述了眼前的良宵盛会，热情歌颂了中国共产党和毛泽东的英明领导。第二天，毛泽东用该词原韵写出《浣溪沙·和柳亚子先生》，并用宣纸抄好，派人送给柳亚子。

这首词通过新旧社会的强烈对比，愤怒地控诉和鞭挞了旧中国黑暗社会的罪恶，热情歌颂了中国人民的胜利解放和全国各族人民的大团结。词作采用象征、比喻和新旧对比等手法，给人以非常强烈的感受。

【笺注】

〔1〕一九五〇年国庆观剧：指1950年10月3日，怀仁堂举行歌舞晚会，由西南各民族文工团、新疆文工团、吉林省延边文工团、内蒙古文工团联合演出，毛泽东和柳亚子参加了晚会。剧：泛指歌舞晚会节目。先生即席赋浣溪沙：是说毛泽东看了歌舞，请柳亚子写词来记述全国各民族大团结的盛况，柳亚子便当场写了《浣溪沙》词。即席：当场。席：座位。赋：写作。作诗填词，有时也叫"赋"。

〔2〕因：就，于是。步其韵：用柳亚子《浣溪沙》词的韵。步韵：又叫次韵，是和韵的一种。和韵，就是遵照别人诗词中的原韵，又分三种：(1) 依韵，即与原作同在一韵中而不必用原字；(2) 次韵，即用原韵，连先后的次序也相同；(3) 用韵，即用原韵而不依照它的次序。步韵，亦作次韵，依别人诗词韵脚字的顺序用韵，犹如步步跟随，故称步韵。其：代指柳亚子。奉和：敬辞，是应对方要求而写作的客气话。奉：表示敬意，用于动词前。和：即作和词。

〔3〕长夜难明赤县天：即“赤县长夜天难明”。长夜：漫长的黑夜。化用相传春秋卫国宁戚作《饭牛歌》“长夜漫漫何时旦”诗句。这里象征中华人民共和国建立前几千年来黑暗的反动统治。赤县：赤县神州的略语，中国的别称。西汉司马迁《史记·孟子荀子列传》记战国邹衍言：“中国名曰赤县神州，赤县神州内自有九州。”意思是说，战国时齐国邹衍创立一种“大九州”的地理学说，把中国叫作“赤县神州”，亦简称“赤县”或“神州”。神州内又有九州。即传说禹所划分的九州。

〔4〕百年：从1840年鸦片战争起到1949年中华人民共和国成立，已有109年的时间。这里取其整数而言。魔怪：妖魔鬼怪，喻指在中国横行作恶的英、美、德、法、俄、日、意、奥等帝国主义侵略者及封建官僚和官僚资本主义者。翩跹：晋代左思《蜀都赋》：“纡长袖而屡舞，翩跹跹以裔裔。”本指轻快、轻盈的舞姿。这里形容魔怪们的狂舞，指帝国主义、封建主义、官僚资本主义在中国大地恣意妄为，横行作恶。

〔5〕人民五亿不团圆：即“五亿人民不团圆”。人民五亿：中华人民共和国成立前，估计中国人口为4.75亿，这里取其整数而言。不团圆：是说新中国成立前在国内外反动势力的黑暗统治下，中华民族四分五裂，不能统一，全国各族人民不能亲密地团结在一起过幸福美好的生活。

〔6〕一唱雄鸡天下白：语本唐代李贺《致酒行》：“我有迷魂招不得，雄鸡一声天下白。”李贺诗所言为雄鸡报晓，这里是化旧句表新意，比喻革命取得胜利。唱：指鸡鸣。白：天亮。宋代苏轼《前赤壁赋》：“相与枕藉乎舟中，不知东方之既白。”

〔7〕万方：本指万邦，各方诸侯，引申为天下各地。这里指国内各民族、各地区，四面八方。乐奏：音乐演奏。于阗：汉代西域地名，在今新疆维吾尔自治区西南的和田一带，原有于阗县，1959年改为于田。当地人民以能歌善舞著名。那天歌舞晚会上，新疆文工团哈萨克族演员演唱了《圆月》歌，歌颂毛泽东，特别引起了柳亚子的注意，把它写进自己的词里。毛泽东这首词是和柳亚子的，因而也提到新疆文工团的演唱，借以表达全国各民族的大团结。

这里有国庆佳节，万方来贺之意。

〔8〕诗人：兼指作者自己和柳亚子。兴会：情兴所会，指情感兴致高涨的心理状态。语出北齐颜之推《颜氏家训·文章》：“标举兴会，发引性灵。”这里指诗人创作时的艺术灵感与审美情趣。无前：前所未有。

【附词笺注】

〔1〕怀仁堂：在北京中南海，原名仪鸾殿，新中国成立后改建为会堂。延边：在吉林省东部，1952年建立延边朝鲜族自治州，辖一市六县，州领导机关驻延吉市，居有朝鲜、汉、满、回、蒙古等族。命填是阕：叫我填这首词。命：叫，吩咐。是：代词，这个。阕：曲终的意思，这里当“首”或“一首”讲。词的一段也称阕，前一段称上阕，后一段称下阕。

〔2〕用纪：用它来记述。用：以。纪：记载。盛况：盛大热闹的场景。云尔：两个语气词连用，无实在意义，表示陈述语气，相当于“罢了”。

〔3〕火树银花不夜天：怀仁堂灯火辉煌，一片欢腾。火树银花：古代灯节挂灯于树，称“火树银花”。唐代苏味道《正月十五夜》：“火树银花合，星桥铁锁开。”不夜天：形容灯火通明，广照如昼。夜：动词，夜间降临的意思。

〔4〕弟兄姊妹舞翩跹：各民族的兄弟姊妹翩翩起舞。弟兄姊妹：指新中国成立后各族人民团结得亲如家人，也指参加演出的各兄弟民族文工团。舞翩跹：指各兄弟民族歌舞团演出的舞蹈节目。

〔5〕歌声唱彻月儿圆：新疆哈萨克族的民间歌舞《圆月》，歌声嘹亮，响彻云霄。彻：贯通，深透。唱彻：宋代辛弃疾《鹧鸪天·送人》：“唱彻《阳关》泪未干，功名余事且加餐。”唱得响彻云霄，指新疆哈萨克族民间歌舞《圆月》一歌唱出了全国各族人民热爱毛泽东的共同心声。唱的人热情奔放，听的人兴奋激动，歌声显得更加清脆嘹亮，诗人也以此表达了自己对毛泽东的崇敬和热爱之情。

〔6〕不是一人能领导：要不是有伟大领袖毛主席领导中国人民革命取得胜利。一人：《尚书·商书·太甲下》有“一人元良，万邦以贞”。旧题汉代

孔安国传曰："一人，天子。"这里指国家元首，即指毛泽东。这句称赞毛泽东领导中国人民革命取得了胜利。

〔7〕那容百族共骈阗：哪里会有今天全国各民族人民欢聚一堂？那：同"哪"。容：可，允许。百：举成数以言其多。百族：许多民族，指全国各族。骈阗：罗列，聚集。北魏杨衒之《洛阳伽蓝记·城西永明寺》："庭列修竹，檐拂高松，奇花异草，骈阗阶砌。"这里含有欢聚一堂的意思。

〔8〕良宵盛会喜空前：在这样美好的夜晚举行如此盛大的歌舞晚会，真是使人感到空前的高兴。良宵盛会：美好的夜晚，盛大的文艺晚会。良宵：天色美好的夜晚。唐代储光羲《同张侍御宴北楼》："良宵清净方高会，绣服光辉联皂盖。"盛会：盛大的聚会。喜空前：使人感到空前高兴。元代周伯琦《诈马行》有"良辰咸会喜云从"诗句。

【柳亚子原注笺注】

〔1〕哈萨克族：我国少数民族之一，主要分布在新疆北部。云：句末助词，没有实在意义。

【译文】

灾难深重的中华大地，漫漫长夜，天就是难亮，

自鸦片战争至新中国建立的一百年来，各种妖魔鬼怪横行作恶，张牙舞爪，狂欢乱舞。

中华民族四分五裂，五亿各族人民不能团圆。

雄鸡一声欢快的长鸣，高唱中华大地天亮了，

全国各族人民欢聚一堂奏乐庆贺，其中还有来自祖国大西北新疆的歌舞。

诗人看到中国各民族大团结、大一统的盛况，诗兴勃发，情绪更是空前高涨。

浪淘沙

北戴河

一九五四年夏

大雨落幽燕，白浪滔天，秦皇岛外打鱼船。
一片汪洋都不见，知向谁边？

往事越千年，魏武挥鞭，东临碣石有遗篇。
萧瑟秋风今又是，换了人间。

【毛泽东自注自解】

1962年4月21日，毛泽东谈《浪淘沙·北戴河》一词写作缘由时说：

李煜写的《浪淘沙》都是婉约的，没有豪放的。因此，他以《浪淘沙》写了一首奔放豪迈的词。①

毛泽东的保健医生徐涛回忆说：

“他（指毛泽东）说，南唐后主李煜也写过《浪淘沙》。李煜的词意境和语言都好，但风格柔靡，情绪伤感，他不喜欢。他说他还是喜欢曹操的诗。气魄雄伟，慷慨悲凉，是真男子、大手笔。”

1964年1月27日，毛泽东口头答复外国文书籍出版局《毛主席诗词》英译者问：

一片汪洋都不见，知向谁边：是指渔船不见。

【题解】

这首词最早发表于《诗刊》1957年1月号，总题为《旧体诗词十八首》。

---

① 林克《忆毛泽东学英语》：龚育之，逄先知，石仲泉《毛泽东的读书生活》，生活·读书·新知三联书店2009年7月第1版。

浪淘沙：词牌名。小令，双调，54 字。平韵。本为唐教坊曲名。原为七言绝句，白居易词有“却到帝都重富贵，请君莫忘浪淘沙”句。刘禹锡作的《浪淘沙》属于此体。以后的双调小令《浪淘沙》是南唐后主李煜创制的。宋人也有于上片或上、下片起句增减一二字的，也有稍变音节而用仄韵的。多作激越凄壮之音。又名“卖花声”、“过龙门”、“曲入冥”等。

北戴河：地名，位于河北秦皇岛西南 15 公里处，因戴河流经其境而得名。海滨南临渤海，背依联峰山，西起戴河口，东至鹰角石，长约 10 公里，宽约 3 公里。境内巉岩起伏，林木茂密，风光明媚，气候宜人，海滩沙平水清，是天然游泳场、旅游胜地和著名的避暑休养胜地。

1954 年夏天，毛泽东住在北戴河，边工作边休养。一天，北戴河海滨狂风骤起，急雨横飞，海面上巨浪滔天。毛泽东仍兴致勃勃地提出要下海游泳，并豪迈地说：“风浪越大越好，可以锻炼人的意志。”毛泽东在巨浪翻滚的大海中畅游了一个多小时。游泳过后，毛泽东走上沙滩，坐在藤椅上，面对咆哮翻腾的大海，思接千古，抚今追昔，吟成了这首豪迈的大浪淘沙词。

词中叙写了北戴河夏天海上狂风急雨天的情景，并由此抒发了怀古论今的情思，赞美了党所领导的人民革命胜利后的新天地和新气象——换了人间。写景抒情，寓情于景，情景交融，是这首词的特色。

【笺注】

〔1〕幽燕：《尔雅 · 释地》：“燕曰幽州。”幽：即幽州，古代九州之一。燕：古代国名。幽州和燕国，大约均在今北京市、河北省北部及辽宁省一带。这一带战国时属燕国，唐代属幽州，故幽燕常用以指代河北省。这里指北戴河。

〔2〕白浪滔天：形容水大得连天都要被淹没似的。宋代释普济《五灯会元》卷十二载潭州衡岳寺奉能禅师语录：“须弥顶上，白浪滔天。大海波中，红尘满地。”滔天：弥漫天际，形容水势极大。《尚书 · 尧典》：“汤汤洪水方割，荡荡怀山襄陵，浩浩滔天。”滔：弥漫，水势盛大的样子。

〔3〕秦皇岛：地名，位于河北省东部，邻接辽宁省。为突出海中的半岛，三面环海，岸呈弓形，冬季不冻，是渤海沿岸天然良港。相传秦始皇曾因求仙来此，故名秦皇岛。1949 年设市，北戴河在其辖区。打鱼船：在渤海中捕鱼的渔民船只。这句写在这大风雨中，秦皇岛外的海里还有打鱼船在作业。

〔4〕汪洋：水势很大，无边无际的样子。语出战国《楚辞·九怀·蓄英》："临渊兮汪洋，顾林兮忽荒。"这句写向海上望去，由于雨大，只看到白茫茫一片，别的什么也看不见。

〔5〕向：往。谁边：何处，哪边。唐代刘希夷《代悲白头翁》："一朝卧病无相识，三春行乐在谁边。"这句写打鱼的船知道往哪里行驶呢？表达了毛泽东对渔民们深切的关心。

〔6〕往事越千年：公元 207 年（汉献帝建安十二年五月）曹操与乌桓族（鲜卑族的一支）作战凯旋，途经碣石，登山望海赋诗的盛事，到毛泽东写这首词时，已相距 1800 多年。越：超过，过去了。千年：举其成数。

〔7〕魏武：即魏武帝曹操（155—220），沛国谯县（今安徽亳州）人，东汉末年著名的政治家、军事家和诗人。曹操死后被追封为魏武帝。挥鞭：挥动马鞭，率领军队出外打仗。这里是说骑马经过。

〔8〕碣石：山名，位于河北昌黎县西北，在北戴河西南面。东汉时还在岸上，靠近渤海边，北魏时没入海中。遗篇：流传下来的诗篇。曹操在北征乌桓时曾写了一组有名的《步出夏门行》，其中第二首《观沧海》写北征乌桓，过碣石山登山望海所见当时的景色："东临碣石，以观沧海。水何澹澹，山岛竦峙。树木丛生，百草丰茂。秋风萧瑟，洪波涌起。日月之行，若出其中。星汉灿烂，若出其里。幸甚至哉，歌以咏志。"因为诗的首句为"东临碣石"，所以又称《碣石篇》。诗中说曹操在碣石山看渤海，称赞那里的风景很美，又看到秋风一吹，大波涌起，好像日月星辰都是从海里升起来，极言海的广大，曹操认为看到这样壮丽的景象是非常幸运的。古代诗评家称《观沧海》诗"有吞吐宇宙气象"。下文的"萧瑟秋风今又是"也由《观沧海》

引出。

〔9〕萧瑟秋风：语见东汉曹操《步出夏门行·观沧海》："东临碣石，以观沧海。秋风萧瑟，洪波涌起。"三国魏曹丕《燕歌行》："秋风萧瑟天气凉，草木摇落露为霜。"萧瑟：拟声词，形容秋风吹刮草木发出的飒飒声音。宋代苏轼《仙都山鹿》："长松千树风萧瑟，仙宫去人无咫尺。"今又是：这里不是指时序的重现，而是指地望、景物和当年曹操东临碣石以观沧海所见到的情景多么相似。

〔10〕换了人间：这句是说社会已经发生了巨大变化，人民翻身做了主人，和曹操那个时代完全不同了。人间：人世间，即人类社会。《韩非子·解老》："聋则不能知雷霆之害，狂则不能免人间法令之祸。"

【译文】

滂沱大雨倾泻在河北、辽宁一带的大地上，
渤海里白色的巨浪翻滚，汹涌地冲向天空，
然而就在这大风雨中，秦皇岛外的海面上还有打鱼船在作业。
向海上望去，只见一片汪洋，什么也看不见，
不知打鱼船驶向哪一边了？

联想魏武帝曹操的一件往事，距今已有一千多年，
那时曹操北征乌桓凯旋，威风凛凛，策马扬鞭，
经过这里时向东登临碣石山，留下了著名的诗篇。
如今眼前又是一片秋风萧瑟的景象，
可是人间社会已经发生天翻地覆的巨大变化。

水调歌头
游 泳
一九五六年六月

才饮长沙水，又食武昌鱼。
万里长江横渡，极目楚天舒。
不管风吹浪打，胜似闲庭信步，今日得宽馀。
子在川上曰：逝者如斯夫！

风樯动，龟蛇静，起宏图。
一桥飞架南北，天堑变通途。
更立西江石壁，截断巫山云雨，高峡出平湖。
神女应无恙，当惊世界殊。

【毛泽东自注自解】

1957年2月11日，毛泽东在致黄炎培的信中说：

游长江二小时漂三十多里才达彼岸，可见水流之急。都是仰游侧游，故用“极目楚天舒”为宜。①

1957年5月21日，毛泽东在学英语休息时说：

《水调歌头·游泳》这首词是反映社会主义建设的。“一桥飞架南北”，只有我们今天才做到了。②

1958年12月21日，毛泽东在文物出版社同年9月刻印的线装大字本《毛

---

① 中共中央文献研究室编《毛泽东书信选集》，中央文献出版社2003年11月第1版。

② 林克《忆毛泽东学英语》：龚育之、逄先知、石仲泉《毛泽东的读书生活》，生活·读书·新知三联书店2009年7月版。

主席诗词十九首》上批注：

长沙水：民谣有“常德德山山有德，长沙沙水水无沙”。所谓长沙水，地在长沙城东，有一个有名的“白沙井”。

武昌鱼：三国孙权一度从京口（镇江）迁都武昌①，官僚、绅士、地主及其他富裕阶层不悦，反对迁都，造作口号云：宁饮扬州水，不食武昌鱼。那时的扬州人心情如此，现在改变了，武昌鱼是颇有味道的。

1975年5月3日，毛泽东在中央政治局会议上顺口念了两副传世的名联：

“无锡锡山山无锡，平湖湖水水平湖”；“常德德山山有德，长沙沙水水无沙”。接着说：“我说‘才饮长沙水’就是白沙井的水。‘武昌鱼’不是今天的武昌，是古代的武昌，在现在的武昌到大冶之间，叫什么县我忘了，那个地方出鳊鱼。所以我说‘才饮长沙水，又食武昌鱼……’”

【题解】

这首词最早发表于《诗刊》1957年1月号。未标明写作时间。1963年12月人民文学出版社出版《毛主席诗词》时，标明写作时间为“一九五六年六月”。

水调歌头：词牌名。长调，双调，95字。平韵。宋人于上、下片中两个六字句，多兼押仄韵。也有句句通押同部平仄声韵的。据《隋唐嘉话》说，隋炀帝开凿汴河（运河的一段）时曾制《水调歌》，唐人演为大曲。凡大曲必有歌头，即大曲的开头部分。此词牌是截取《水调歌》的开头部分另创的新调。这就是说，《水调歌》初制时本与开河导水有关，唐代演变为一种大曲，宋人截取其开头部分，再另谱新曲制成，故名“水调歌头”。上、下片各用四个韵。又名“凯歌”、“元会曲”、“台城游”、“花犯念奴”等。

---

① “三国孙权一度从京口（镇江）迁都武昌”，这是毛泽东凭记忆写的，所说有误。据《三国志·吴书·陆凯传》记载，吴主孙皓要把都城从建业（故城在今江苏南京市南）迁往武昌（今湖北鄂州市），老百姓不愿意，有童谣说：“宁饮建业水，不食武昌鱼。宁还建业死，不止武昌居。”——作者注

游泳：1956年6月1日，毛泽东第一次横渡长江。此后，6月3日、4日又两次畅游长江。

1956年5月31日毛泽东由长沙飞抵武汉，当天就视察了长江大桥施工现场。6月1日中午时分，毛泽东以63岁的高龄第一次横渡长江。他从汉口坐“武康号”轮船在武昌蛇山长江大桥8号墩附近下水，一直游到汉口湛家矶江面登船休息，历时两小时零四分钟，游程达28里。6月3日下午2时许，从汉阳鹦鹉洲附近下水，游到武昌八大家江面上船，全程28里。6月4日下午3时30分，从汉阳游到武昌，历时一个多小时。

这首词是作者横渡长江后的感兴之作，描绘了新中国的社会主义建设事业，展现了社会主义建设的宏伟蓝图，抒发了伟大的理想和高尚的情怀。这是一首快词。语气顺势而下，句句相承，时空转换神速。过去未来，上下古今，齐汇笔端，读之振奋人心，催人奋进，堪称革命现实主义和革命浪漫主义相结合的艺术典范。

【笺注】

〔1〕长沙水：长沙白沙井的井水，以水甘美而得名。白沙井位于长沙市天心阁下白沙街东隅。清代《统一志》载白沙井：“广仅尺许，最甘洌，汲久不竭。”

〔2〕武昌鱼：指古代武昌（今湖北鄂州市鄂城区）樊口出产的鳊鱼，也称团头鳊或团头鲂，以鲜美著称。明代《永乐大典·寿昌乘》：“孙权于此取鱼，召群臣斫脍，味美于他处。”1955年，水产学家易伯鲁将武昌鱼从其他鱼类中鉴别出来，定名为“团头鲂”。以上两句语出西晋陈寿撰《三国志·吴书·陆凯传》载：吴主孙皓要把都城从建业（今江苏南京）迁到武昌，住惯了建业的贵族们都反对，老百姓也不愿意，陆凯上疏引童谣曰：“宁饮建业水，不食武昌鱼。”这里是化用典故。武昌：武汉三镇之一。这两句句式同唐代杜甫《发潭州——时自潭之衡》：“夜醉长沙酒，晓行湘水春。”又杜甫《登岳阳楼》：“昔闻洞庭水，今上岳阳楼。”宋代辛弃疾《水调歌头》有“折尽武昌

柳，挂席上潇湘”句式。

〔3〕万里长江：长江是我国和亚洲第一大河，世界第三大河，发源于青藏高原唐古拉山脉，由西向东，流经11个省市，全长6280公里，故有此称。横渡：《尔雅·释水》：“鬲津。”晋代郭璞注：“水多阨狭，可隔以为津而横渡。”这里指从江河湖海的此岸到达彼岸。

〔4〕极目楚天舒：化用宋代词人幼卿《浪淘沙》“极目楚天空，云雨无踪，漫留遗恨锁眉峰”词句。1957年2月11日，毛泽东在致黄炎培的信中说：“游长江二小时漂三十多里才达彼岸，可见水流之急。都是仰游侧游，故用‘极目楚天舒’。”宋代辛弃疾《水龙吟》：“楚天千里清秋，水随天去秋无际。”极目：尽眼力所及远望。语出东汉王粲《登楼赋》：“平原远而极目兮，蔽荆山之高岑。”楚天：楚地的天空。武昌一带春秋战国时属于楚国，所以称这一带的天空为“楚天”。泛指中国南方的天空。宋代柳永《雪梅香》：“楚天阔，浪浸斜阳，千里溶溶。”又柳永《雨霖铃》：“念去去，千里烟波，暮霭沉沉楚天阔。”这里指武昌一带的上空。舒：舒展，这里指天空辽阔。

〔5〕不管：任凭，不顾。唐代无名氏《渔父》词：“从棹尾，且穿腮。不管前溪一夜雷。”风吹浪打：清代洪昇《长生殿》第二十五出：“可怜一对鸳鸯，风吹浪打，直恁的遭强霸。”这里比喻险恶的遭遇或严峻的考验。

〔6〕胜似：胜于，胜过。清代陈维崧《风流子·月夜感忆》：“今宵月，胜似昨宵圆。”闲庭：闲静的庭院。唐代杨炯《梓州惠义寺重阁铭》：“闲庭不扰，退食自公，远览形势，虔心净域。”信步：随意散步。唐代齐己《游谷山寺》：“此生有底男抛事，时复携笻信步登。”南唐李煜《蝶恋花》：“遥夜亭皋闲信步，才过清明，渐觉伤春暮。”

〔7〕得：一种十分称心如意的感觉。宽馀：身体舒展、轻松，心情舒畅、怡悦。

〔8〕子：指孔子（公元前551—前479）。名丘，字仲尼。古代著名思想家、教育家，儒家学说的创始人。子，为尊称。川上：河边。川：水道，河流。曰：说。

〔9〕逝者如斯夫：语出《论语·子罕》："子在川上曰：'逝者如斯夫！不舍昼夜。'" 逝者：指流逝过去的光阴。斯：指示代词，相当于"这"，指流水。夫：文言虚词，用在句末，表示感叹。意思是说，孔子在河边发出感叹，流逝的时光就像这河里的水一样啊，日夜不停！这是毛泽东在长江里游泳，深切地感到时光的消逝就像流水一样，一去不回。所以必须珍惜光阴，搞好社会主义建设，因而想起了孔子的这句话。

〔10〕风樯：帆船。语出宋代陆游《醉后草书歌诗戏作》："宝刀出匣挥雪刃，大舸破浪驰风樯。"宋代周邦彦《西河·金陵怀古》："怒涛寂寞打空城，风樯遥度天际。"樯：船的桅杆，用以张帆乘风。

〔11〕龟蛇：指龟山和蛇山，龟山在汉阳，蛇山在武昌，两座山夹江对峙，武汉长江大桥的桥头堡就建筑在龟山和蛇山上。静：静止。《淮南子·本经》："怒则动，动则手足不静。"

〔12〕起：产生。宏图：语出汉代张衡《南都赋》："非纯德之宏图，孰能揆而处旃？"这里指规模巨大的建设蓝图，即指下面的"一桥飞架南北"。

〔13〕一桥：指当时正在建造的武汉长江大桥。该桥包括引桥在内总长1670米，高80多米。于1955年9月开工，1957年10月建成。飞架：形容大桥像长虹腾空架起的雄伟气势和建设的神速。当时，武汉长江大桥正在兴建中。

〔14〕天堑变通途：把长江天堑变成交通大道。天堑：天然的险阻。堑：壕沟。古人把长江看作"天堑"。唐代李延寿撰《南史·孔范传》："隋师将济江，群官请为备防。范奏曰：'长江天堑，古来限隔，虏军岂能飞度？'" 度："渡"的古字。唐代李白《金陵三首》其一："金陵空壮观，天堑净波澜。"宋代岳珂《祝英台近·北固亭》："古往今来，南北限天堑。"毛泽东这里一反其意。通途：四通八达的大道。

〔15〕更：再。立：竖立，建筑起。西江：即武汉以西，指三峡一带的江面。一说西江即长江。唐代杜牧《西江怀古》诗旧注云："楚人指蜀江为西江，谓从西而下也。"这里指湖北宜昌市境内的一段长江。石壁：坚如岩壁的长江

拦水大坝。这里指长江三峡水利枢纽工程。

〔16〕截断巫山云雨：唐代李白《清平调》其二有“一枝红艳露凝香，云雨巫山枉断肠”之句。截断：拦腰斩断，拦住。巫山：在重庆市、湖北省边境，北与大巴山相连，是巴山山脉的最高峰，因形如巫字，故名。东北—西南走向，海拔1000~1500米。长江穿流其中，成为三峡，即巫峡、瞿塘峡、西陵峡，自重庆市奉节县白帝城至湖北省宜昌市南津关，全长204公里。巫山有神女峰，巫峡有神女庙，也叫真人祠。巫山云雨：典出战国宋玉《高唐赋序》，序中说楚怀王游云梦泽，曾梦与巫山神女相遇，神女自称“旦为朝云，暮为行雨。朝朝暮暮，阳台之下”。巫山山脉是我国暴雨中心之一。这里指长江上游三峡一带的山洪雨水及三峡以上的江水。另一说，这里是指山高峡深，湿气蒸郁，云雾缭绕，常蒙“峡雨”。截断巫山云雨：是说高高的长江拦水大坝，好像把巫山的云雨都截断了。这里暗用了巫山神女的美丽神话。本书作者倾向于后说。

〔17〕高峡：地势很高的山峡，这里指三峡。三峡峡谷两岸垂直陡峭，故称“高峡”。唐代李贺《巫山高》诗有“碧丛丛，高插天，大江翻澜神曳烟”之句。出：出现，变成。平湖：水平如镜的人工湖，指长江三峡水利枢纽工程完成后山上的大水库。

〔18〕神女：指掌管巫山云水的神。传说是炎帝的女儿，名瑶姬，称云华夫人，曾在巫山助大禹治水。去世后葬在巫山，巫峡神女峰因此而得名。战国宋玉《神女赋序》：“楚襄王与宋玉游于云梦之浦，使玉赋高唐之事，其夜王寝，梦与神女遇。”唐代李商隐《无题》：“神女生涯原是梦，小姑居处本无郎。”应：该当，料想之词，有大概的意思。唐代李商隐《无题》：“晓镜但愁云鬓改，夜吟应觉月光寒。”无恙：现在和过去一样安好，无病无灾。恙：疾病，灾祸。《战国策·齐策四》：“岁亦无恙耶？民亦无恙耶？王亦无恙耶？”这里指健在，尚在人世间。

〔19〕当：应该，大概。猜测之词。殊：改变，不同。汉代贾谊《过秦论》：“始皇既没，余威震于殊俗。”以上两句是说，料想神女还是好好的，仍

然健在如故吧，她看到这人间奇迹，该惊叹世界变了样，和以前大大不同了吧！

【译文】

才喝了长沙白沙井清甜的水，
接着又吃到了武昌樊口鲜美的鳊鱼。
我横渡万里长江，
仰泳极目望去，楚地的天空多么辽阔。
不管受到多少风吹浪打，
总感到胜过在清静的庭院里悠然地漫步，
今天才从繁忙的工作中得到一点闲暇，真觉得十分舒畅。
我不禁联想起孔子在河边慨叹说：
流逝去的光阴就像这流水一样。

各种船只在江中扬帆乘风破浪前进，
龟山和蛇山隔江静穆地对峙，
让我想起未来宏伟的建设规划将在这里实现。
正在建设的长江大桥凌空而起，飞架长江南北，
自古以来以天堑著称的长江将成为通衢大道。
还要在长江上游的武汉以西三峡以东修筑起一道大坝，
拦截住巫山一带的雨水，
使高高的三峡往日的激流出现一个波平如镜的大湖。
那时我料想巫山神女应当一切都很安好，
当她看到这人间奇迹，该惊叹世界发生了巨大的变化。

蝶恋花

答李淑一

一九五七年五月十一日

我失骄杨君失柳，杨柳轻飏直上重霄九。
问讯吴刚何所有，吴刚捧出桂花酒。

寂寞嫦娥舒广袖，万里长空且为忠魂舞。
忽报人间曾伏虎，泪飞顿作倾盆雨。

【毛泽东自注自解】

1958年12月21日，毛泽东在文物出版社同年9月刻印的线装大字本《毛主席诗词十九首》上批注：

上下两韵，不可改，只得仍之。①

1959年6月27日，毛泽东在长沙接见李淑一和杨开慧兄嫂杨开智、李崇德时，对在座的华国锋、柯庆施等人说：

她就是李淑一，是开慧的好朋友。前年她把悼念直荀的词寄给我看，我就写了《蝶恋花》这首词和她，完全是照她的意思和的。

李淑一说："我在抄给主席的《菩萨蛮》里写道：'征人何处觅？六载无消息。'主席向我回答了征人的去处：'杨柳轻飏直上重霄九。'我的《菩萨蛮》词的后两句是：'醒忆别伊时，满衫清泪滋。'毛主席答我的是：'忽报人间曾伏虎，泪飞顿作倾盆雨。'我是在想念传闻中牺牲了的亲人，主席答我烈士忠魂也因人民革命的胜利而高兴落泪。主席的词写出了烈士的高尚革命气节和伟

① "上下两韵"，指韵脚字"柳、九、有、酒、袖"与韵脚字"舞、虎、雨"不同韵。——作者注

大革命精神。主席是了解他们的。”①

李湘文《毛泽东家世》一书说，1962年，章士钊在一次登天安门城楼观礼时，曾当面问毛泽东“骄杨”作何解释，得到毛泽东的答复。1963年3月，章士钊在所撰《杨怀中别传》中说：“越二十余岁（指杨开慧牺牲后二十余年），毛公填词，有我失骄杨句。吾乃请益毛公，何谓骄？公曰：女子革命而丧其元（头的意思），焉得不骄？”

1964年1月27日，毛泽东口头答复外国文书籍出版局《毛主席诗词》英译者问：

“泪飞顿作倾盆雨：是指高兴得掉泪。”

附：李淑一原词

菩萨蛮

惊 梦

一九三三年夏日

兰闺索寞翻身早，夜来触动离愁了。
底事太难堪，惊侬晓梦残。

征人何处觅？六载无消息。
醒忆别伊时，满衫清泪滋。

【题解】

这首词最早以《蝶恋花（赠李淑一）》为题发表于1958年1月1日出刊的湖南师范学院院刊《湖南师院》元旦专刊上，后正式发表于同年1月7日

① 见《两世情深，一阕惊天》，载冯彩章主编《毛泽东与他的友人》。

《人民日报》[题为《蝶恋花（赠李淑一）》] 和《诗刊》[题为《蝶恋花·游仙（赠李淑一）》] 1958 年 1 月号。以上均未署明写作时间。1963 年收入毛泽东亲自审定、人民文学出版社出版的《毛主席诗词》，标题改为《蝶恋花·答李淑一》，并标明写作时间“一九五七年五月十一日”。

蝶恋花：词牌名。见《蝶恋花·从汀州向长沙》题解。

答李淑一：即答赠李淑一。李淑一（1901—1997），湖南长沙人，是毛泽东夫人杨开慧在长沙私立福湘女子中学读书时的同学兼好友。1924 年，经杨开慧介绍，她与毛泽东的战友柳直荀结婚。曾掩护过郭亮、夏曦、李维汉等人从事革命活动。1932 年柳直荀在湖北洪湖革命根据地被害后，她以教书为业，独立抚育烈士遗孤长大。新中国成立后，曾任长沙市第十中学语文教师、湖南省政协委员、省文史馆馆员。1977 年 6 月被聘为中央文史研究馆馆员。1997 年在北京病逝。

1957 年 1 月，毛泽东的《旧体诗词十八首》在《诗刊》创刊号上发表。当时在长沙市第十中学任语文教师的李淑一读后激动不已，联想起毛泽东早年写给妻子杨开慧的《虞美人》词，于是，她趁 2 月 7 日春节之际，写信向毛泽东祝贺春节，并把她 1933 年听说丈夫柳直荀牺牲，结想成梦，和泪填写的《菩萨蛮》词寄请毛泽东指正，同时向毛泽东索要《虞美人》词。5 月 11 日，毛泽东给她复信说：“大作读毕，感慨系之。开慧所述那一首不好，不要写了吧。有《游仙》一词为赠。这种游仙，作者自己不在内，别于古之游仙诗。但词里有之，如咏七夕之类。”《游仙》词 1958 年 1 月 1 日在湖南师范学院院刊《湖南师院》发表时，毛泽东将题目改为《赠李淑一》。

词中描写杨、柳二位英烈的忠魂升到九重天，进入月宫后的情状，歌颂了他们的崇高品质和永垂不朽的伟大革命精神，表达了作者对二位英烈的无限怀念之情。

首句写实，以下各句都是诗人的想象，把古代神话传说与人间的现实社会生活联系起来。意境开阔，想象丰富，语言绚烂多彩，是一首革命现实主义与革命浪漫主义相结合的绝唱。

【笺注】

〔1〕骄：壮健的样子。毛泽东曾说过："女子革命而丧其元（头），焉得不骄。"这里有引以为骄傲、自豪之意。也可以解释为坚强的意思。杨：杨开慧，见毛泽东《贺新郎·别友》题解。君：敬辞，对别人的尊称。这里指李淑一。柳：柳直荀（1898—1932），湖南长沙人，作者早年的战友，李淑一的丈夫，1923年加入中国共产党，历任湖南省政府委员、湖南省农民协会秘书长。1927年参加南昌起义。1930年到湖北省洪湖革命根据地工作，历任红军第二军团政治部主任、红六军政委等职。1932年9月，在洪湖革命根据地因"左"倾肃反扩大化被害。1945年4月中共中央正式予以平反，并追认为革命烈士。

〔2〕杨柳：双关语，既指杨姓、柳姓二烈士，又喻指随风飘扬的杨花柳絮。南唐冯延巳《鹊踏枝》（《蝶恋花》）中有"杨柳风轻，展尽黄金缕"之句。轻飏：轻轻地飘扬。东晋陶渊明《归去来兮辞》："舟摇摇以轻飏，风飘飘而吹衣。"唐代杜牧《题禅院》："今日鬓丝禅榻畔，茶烟轻飏落花风。"旧时传说魂是可以飘扬的。这里指烈士的忠魂轻轻地飘扬。飏：随风飘扬。重霄九：即九重霄，九重天的第九层，是天的最高处。我国古代神话认为天有九重。战国楚屈原《天问》："圜则九重，孰营度之？"这里形象地歌颂了革命者为人民献身，虽死犹荣。

〔3〕问讯：兼有问好和询问的意思。唐代杜甫《送孔巢父谢病归游江东兼呈李白》："南寻禹穴见李白，道甫问讯今何如？"宋代辛弃疾《太常引·建康中秋夜为吕叔潜赋》："一轮秋影转金波，飞镜又重磨。把酒问姮娥。"吴刚：相传是汉代西河人，因学仙有错，被罚到月宫砍那棵高500丈的桂树。砍下去的斧头刚举起，砍伤之处随即愈合，所以吴刚永远砍不完，只得留在月宫。唐代段成式《酉阳杂俎·天咫》说："旧言月中有桂，有蟾蜍，故异书言月桂高五百丈，下有一人常斫之，树创随合。人姓吴名刚，西河人，学仙有过，谪令伐树。"何所有：有什么东西。《古乐府·陇西行》："天上何所有？历历种白榆。"南朝齐梁时陶弘景《诏问山中何所有赋诗以答》："山中何所有，岭上白

云多。”所：助词，用在动词前面。

〔4〕桂花酒：酒名，以桂花炮制取其芳香的酒。战国楚屈原《九歌·东皇太一》：“蕙肴蒸兮兰藉，奠桂酒兮椒浆。”王逸注：“桂酒，切桂置酒中也。”三国魏曹植《仙人篇》：“玉樽盈桂酒，河伯献神鱼。”这里的桂花酒是由吴刚折桂的传说联想出来的。

〔5〕寂寞嫦娥：相传嫦娥为月亮里的仙女，本作姮娥或恒娥，汉代避汉文帝（刘恒）讳，改为嫦娥。汉代刘安《淮南子·览冥》：“羿请不死之药于西王母，姮娥窃以奔月。”汉代高诱注：“姮娥，羿妻。羿请不死之药于西王母，未及服之，姮娥盗而食之，得仙，奔入月中，为月精也。”在月宫里的嫦娥整天看到的只是像碧海一样的蓝天，因此感到寂寞，后悔当初偷吃了不死之药。唐代李商隐《嫦娥》：“嫦娥应悔偷灵药，碧海青天夜夜心。”舒广袖：形容舞蹈的姿势。宋代郭茂倩《乐府诗集》说，术士罗公远同唐明皇游月宫，看见仙女数百人，都穿着白色舞衣，跳霓裳羽衣舞。《韩非子·五蠹》：“长袖善舞，多财善贾。”唐代李白《高句骊》：“金花折风帽，白马小迟回。翩翩舞广袖，似鸟海东来。”舒：舒展，展开。广袖：长而宽大的衣袖。

〔6〕万里长空：辽阔的天空。宋代辛弃疾《太常引·建康中秋夜为吕叔潜赋》有“乘风好去，长空万里，直下看山河”之句。且：姑且。李白《将进酒》：“烹羊宰牛且为乐，会须一饮三百杯。”忠魂：唐代许浑《题卫将军庙》：“欲奠忠魂何处问，苇花枫叶雨霏霏。”这里意谓杨、柳二位烈士对革命无限忠诚，是为人民尽忠而死的。

〔7〕人间：指中国。曾：曾经，这里是已经的意思。伏虎：降伏恶虎。伏：降伏。明代许仲琳《封神演义》第八十二回：“伏虎降龙为第一，擒妖缚怪任纵横。”这里比喻中国人民在党的领导下，打垮反动派，取得了革命胜利。

〔8〕泪飞：指杨、柳二烈士的泪水纷飞。顿作：顿时化作。倾盆雨：大雨倾注，好像翻倒盆水一样。唐代杜甫《白帝》：“白帝城中云出门，白帝城下雨翻盆。”宋代苏轼《介亭饯杨杰次公》：“前朝欲上已蜡屐，黑云白雨如倾盆。”宋代张孝祥《六州歌头》：“使行人到此，忠愤气填膺，有泪如倾。”宋

代黄庭坚《鹊桥仙 · 席上赋七夕》:“一年尊酒暂时同，别泪作、人间晓雨。”这里极言泪水多。以上两句是说，两位烈士的忠魂忽然听见革命胜利的消息，顿时激动得热泪盈眶，化作倾盆大雨。表现了烈士们对革命的无限忠诚，对祖国的无比热爱。

【附词笺注】

〔1〕1927 年大革命失败后，柳直荀与李淑一分别。直到 1933 年夏天，李淑一才听到柳直荀已经不在人世的消息。一天夜里，她梦见丈夫柳直荀归来，但才见面就惊醒了。她感极而泣，填了一首《菩萨蛮》词，这就是李淑一 1957 年 2 月给毛泽东信中所说的“一九三三年夏，道路传言直荀牺牲，我结想成梦，大哭而醒，和泪填《菩萨蛮》一首。”词中叙述与丈夫柳直荀分别六年无消息而朝思暮想、魂牵梦萦、孤独、悲伤的苦况，表达了对亡夫的无限思念之情。

〔2〕兰闺：香闺，旧时对女子居室的美称。索寞：神色颓丧的样子。金代董解元《西厢记》:“兰闺久寂寞，无事度芳春。料得行吟者，应怜长叹人。”翻身：翻转身体，睡不着觉。这句是说，在房间里我感到自己神色非常颓丧，很早就翻身醒来了。

〔3〕夜来：昨夜。离愁：离别的愁苦。南唐李煜《相见欢》:“剪不断，理还乱，是离愁。别是一般滋味在心头。”这句是说，昨天夜里梦见柳直荀归来，触动了我离别的愁苦。

〔4〕底事：这件事情。宋代林希逸《题达摩渡芦图》:“若将底事比渠侬，老胡暗中定羞杀。”底：这，此。一说“底事”即“何事”。难堪：难以忍受。这句是说，才见面我就惊醒了，这件事实在太使人难以忍受了。

〔5〕侬：第一人称代词，我。唐代李白《横江词》六首其一:“人道横江好，侬道横江恶。”晓梦：清晨的梦。晓：天亮。残：残破，毁坏。这句是说，清晨我的一场好梦被打破了。

〔6〕征人：远行的人。清代宋琬《江上阻风》:“长江巨浪征人泪，一夜

西风共白头。”这里指柳直荀。觅：寻找。这句是说，柳直荀为革命辗转南北各地，离家远行，到哪里去寻找呢？

〔7〕载：如同说年。《尔雅·释天》：“夏曰岁，商曰祀，周曰年，唐虞曰载。”这句是说，自1927年和他分别，已经六年没有他的消息了。

〔8〕伊：第三人称代词，他。南朝宋刘义庆《世说新语·方正》：“江家我顾伊，庾家伊顾我。”这里指柳直荀。这句是说，做梦惊醒了，回忆和他分别时的情景。

〔9〕清泪：眼泪。宋代曾巩《秋夜》：“清泪昏我眼，沉忧回我肠。”滋：湿润。这句是说，整个衣服都被清净的泪水润湿了。

【译文】

我失去了英勇无畏、引以为豪的爱妻杨开慧，您失去了坚强不屈为革命而被害的丈夫柳直荀，

杨柳二位烈士的忠魂像杨花柳絮轻轻飘扬，一直飞上了九重天。

杨柳二位烈士的忠魂进入月宫，询问仙翁吴刚月宫里有什么东西，

吴刚恭敬地捧出亲自酿造的桂花美酒热情地款待他们。

在月宫里长期寂寞生活的嫦娥舒展起宽大的长袖，

在万里长空为欢迎二位烈士的忠魂到来而翩翩起舞。

这时忽然听见传来捷报说，人间已降服了凶恶的猛虎般的反动派，

二位烈士的忠魂顿时激动得热泪纷飞，化作倾盆大雨。

七律二首

送瘟神

一九五八年七月一日

读六月三十日《人民日报》，余江县消灭了血吸虫。浮想联翩，夜不能

寐。微风拂煦，旭日临窗。遥望南天，欣然命笔。

其 一

绿水青山枉自多，华佗无奈小虫何！
千村薜荔人遗矢，万户萧疏鬼唱歌。
坐地日行八万里，巡天遥看一千河。
牛郎欲问瘟神事，一样悲欢逐逝波。

其 二

春风杨柳万千条，六亿神州尽舜尧。
红雨随心翻作浪，青山着意化为桥。
天连五岭银锄落，地动三河铁臂摇。
借问瘟君欲何往，纸船明烛照天烧。

【毛泽东自注自解】

六月三十日《人民日报》发表文章说：余江县基本消灭了血吸虫，十二省、市灭疫大有希望。我写了两首宣传诗，略等于近来的招贴画，聊为一臂之助。就血吸虫所毁灭我们的生命而言，远强于过去打过我们的任何一个或几个帝国主义。八国联军，抗日战争，就毁人一点来说，都不及血吸虫。除开历史上死掉的人以外，现在尚有一千万人患疫，一万万人受疫的威胁。是可忍，孰不可忍？然而今之“华佗”们在早几年大多数信心不足，近一二年干劲渐高，因而有了希望。主要是党抓起来了，群众大规模发动起来了。党组织、科学家、人民群众，三者结合起来，瘟神就只好走路了。

1958年10月25日，毛泽东在致周世钊的信中说：

坐地日行八万里，蒋竹如讲得不对，是有数据的。地球直径约一万二千五百公里，以圆周率三点一四一六乘之，得约四万公里，即八万华里。这是地球的自转（即一天时间）里程。坐火车、轮船、汽车，要付代价，叫作旅行。坐地球，不付代价（即不买车票），日行八万华里，问人这是旅行么，答曰不是，我一动也没有动。真是岂有此理！囿于习俗，迷信未除。完全的日常生活，许多人却以为怪。巡天，即谓我们这个太阳系（地球在内）每日每时都在银河系里穿来穿去。银河一河也，河则无限，“一千”言其多而已。我们人类只是“巡”在一条河中，“看”则可以无数。牛郎晋人，血吸虫病、蛊病，俗名鼓胀病，周秦汉累见书传，牛郎自然关心他的乡人，要问瘟神情况如何了。大熊星座，俗名牛郎星（可能是记错了，应为天鹰座），属银河系。这些解释，请向竹如道之。有不同意思，可以辩论。

1964年1月27日，毛泽东口头答复外国文书籍出版局《毛主席诗词》英译者问：

坐地日行八万里，巡天遥看一千河：人坐在地球这颗行星上，不要买票，在宇宙里旅行。地球自转的里数，就是人旅行的里数。地球直径为一万二千七百多公里，乘以圆周率，即赤道长，约四万公里，再折合成华里，约八万里。人在二十四小时内走了八万里。

牛郎欲问瘟神事：牛郎织女是晋朝人的传说。

红雨随心翻作浪，青山着意化为桥：红雨，指桃花。写这句是为下句创造条件。青山着意化为桥，指青山穿洞成为桥。这两句诗有水有桥。

【题解】

这两首诗最早发表于1958年10月3日《人民日报》第1版，同时发表于《诗刊》1958年10月号。

七律：七言律诗的简称。见《七律·长征》题解。

送瘟神：即把旧时迷信传说中散布瘟疫的恶神送走。这里是指驱除血吸虫病害的一种比喻的说法。送：遣送，驱逐。瘟神：旧时代瘟疫流行，人们无法控制，以为有“神”在作祟，于是称瘟疫为“瘟神”。迷信认为，若送走瘟神，则瘟疫自然不会发生。瘟：瘟疫。这里指危害人的血吸虫。

1949年以前，血吸虫病广泛流行于中国南部12个省、市的350个县，上千万的农民和渔民受到感染，上亿人口的生命受到威胁。新中国成立以后，党和人民政府一直非常重视血吸虫病的防治工作。1958 年，是毛泽东发动“大跃进”的一年，南方 12 个省、市的“血防”工作迅速取得了成效。6 月 30 日,《人民日报》头版头条刊登了《第一面红旗——记江西省余江县根本消灭血吸虫病的经过》。在杭州视察的毛泽东读后兴奋异常，彻夜不眠，通宵达旦，于次日旭日东升之后写成这两首联章体七律。

前一首通过对广大农村萧条凄凉景象的描写，反映了血吸虫被消灭前劳动人民遭受血吸虫病祸害的悲惨景象。

后一首描写新时代的广大劳动人民在中国共产党的领导下，精神振奋，斗志昂扬，消灭血吸虫后，进而征服大自然，治山理水，创造新生活的动人情景，赞颂了人民群众建设社会主义的巨大积极性和创造性以及战天斗地的英雄气概和伟大力量。

诗人成功地运用了想象和夸张手法，做到了理想与现实结合，科学与神话联姻，极具浪漫主义色彩，艺术地实现了这两首诗的教育价值、认识价值和审美价值。

【笺注】

〔1〕读六月三十日《人民日报》：指 1958 年 6 月 30 日《人民日报》社论《反复斗争，消灭血吸虫病》和同日该报的一篇特写《第一面红旗——记江西省余江县根本消灭血吸虫病的经过》。

〔2〕余江县：位于江西东北部，是血吸虫闹得很严重的地方，也是在党的领导下最先消灭血吸虫病的地方。血吸虫：是寄生在人体或家畜门静脉小血管内的一种病虫。虫卵顺血流进入肝脏或逆血流穿过肠壁随粪便排出，入水后孵化为毛蚴，侵入钉螺体内发育为成虫。在血吸虫病流行的地区，人在有钉螺的水中劳动，血吸虫就会钻进人的皮肤，引起血吸虫病。人患此病，急性则发烧、咳嗽、肝肿大、肝区疼痛；慢性则腹泻，肝脾肿大；晚期则肝硬化。脑型血吸虫病可导致症状性癫痫。儿童患病，可严重影响生长发育，形成侏儒症。新中国成立前，此病死亡率甚高。

〔3〕浮想联翩：浮泛在脑海中的种种想象像鸟儿那样连续不断地飞翔。联翩：鸟飞的样子。晋代陆机《文赋》："浮藻联翩，若翰鸟缨缴而坠曾云之峻。"不能寐：语出南朝梁萧统《文选·古诗十九首·明月何皎皎》："忧愁不能寐，揽衣起徘徊。"寐：睡眠。微风拂煦：微风吹拂，感到一股暖意。拂：吹拂，掠过。煦：温暖。旭日：指初升的太阳。《诗经·邶风·匏有苦叶》："雝雝鸣雁，旭日始旦。"南天：南方的天空，余江县在北京的南面，故称。欣然：喜悦的样子。西汉司马迁《史记·吕太后本纪》："上有欢心以安百姓，百姓欣然以事其上，欢欣交通而天下治。"命笔：使笔，用笔，指写作。南朝梁刘勰《文心雕龙·养气》："意得则舒怀以命笔，理伏则投笔以卷怀。"

〔4〕绿水青山枉自多：唐代杜甫《寄常征君》："白水青山空复春，征君晚节傍风尘。"绿水青山：指江南山清水秀，风景秀丽。唐代薛用弱《集异记·蒋琛》："年年绿水青山色，不改重华南狩时。"枉自多：白白地拥有那么多。枉：徒然，白白地。自：自己，己身。唐代杜甫《征夫》："十室几人在，千山空自多。路衢唯见哭，城市不闻歌。"这句是说，在旧中国，祖国河山虽然美丽，然而血吸虫却蔓延其间。

〔5〕华佗无奈小虫何：唐代杜甫《奉寄高常侍》有"汶上相逢年颇多，飞腾无那（奈）故人何"诗句。华佗：汉末沛国谯（今安徽亳州）人。精通内、妇、儿、针灸各科，尤擅长外科。公元208年，因不从曹操征召，遭杀害。这里泛指名医。无奈……何：古代汉语一种固定格式。对……没有什么办法。唐代张渭《别韦郎中》："不醉郎中桑落酒，教人无奈别离何。"唐代柳浑《牡丹》："近来无奈牡丹何，数十千钱买一窠。"唐代韩愈《石鼓歌》："少陵无人谪仙死，才薄将奈石鼓何。"宋代辛弃疾《定风波》："听我尊前醉后歌，人生无奈别离何。"小虫：指血吸虫。这句是说，不发动群众，纵使有像华佗那样的名医，对血吸虫也无能为力。

〔6〕千村薜荔：化用五代谭用之《秋宿湘江遇雨》："秋风万里芙蓉国，暮雨千家薜荔村。"形容很多村落杂草丛生，一片荒凉。唐代杜甫《兵车行》："君不闻汉家山东二百州，千村万落生荆杞。"薜荔：一种野生常绿藤本植物，

这里泛指野草。唐代柳宗元《登柳州城楼寄漳汀封连四州》:“惊风乱飐芙蓉水,密雨斜侵薜荔墙。”遗矢:排泄粪便。矢:通“屎”。粪便,大便。语出西汉司马迁《史记·廉颇蔺相如列传》:赵王派使者到楚国看廉颇,想召他回来抗秦,使者捏造说:“廉将军虽老,尚善饭;然与臣坐,顷之三遗矢矣。”这里暗用典故生动地说明了血吸虫病流行地区病人腹泻不止,瘦弱无力,濒临死亡的情景。

〔7〕万户萧疏鬼唱歌:化用唐代杜甫《兵车行》:“新鬼烦冤旧鬼哭,天阴雨湿声啾啾。”萧疏:稀稀落落,人烟稀少。唐代杜甫《除架》:“束薪已零落,瓠叶转萧疏。”这里指人家萧条冷落,人丁稀少。鬼唱歌:语出南朝梁沈约撰《宋书·乐志》:“晋孝武太元中,琅琊王轲之家有鬼歌《子夜》。”唐代李贺《秋来》:“秋坟鬼唱鲍家诗(指南朝宋鲍照的诗),恨血千年土中碧。”唐代李商隐《曲江》:“望断平时翠辇过,空闻子夜鬼悲歌。”鬼:指死于血吸虫病的人。歌:指怨死者的悲歌。这里是说血吸虫病闹得严重的地方已经成了鬼的世界,即《人民日报》报道中所说的多少个村庄完全毁灭。

〔8〕坐地日行八万里:化用唐代李商隐《瑶池》:“八骏日行三万里,穆王何事不重来。”坐地:晋代葛洪《神仙传》有王遥治病,“但以八尺布帊敷坐于地,不饮不食,须臾病愈”。日行八万里:地球的赤道周长八万华里,故地球自转一周为八万里。这句是说,人们坐在地面上不动,一天之间被地球带着走了八万里。

〔9〕巡天:巡游太空。一千河:极言星河之多,并非确指。遥看:化用唐代李白《望庐山瀑布》“遥看瀑布挂前川”,“疑是银河落九天”意境。河:银河,星河。这句是说,地球在自转的同时也在公转。人们随着地球绕太阳公转,好像对着天巡行,在夜间可以远远地看到天上无数的星河。

〔10〕牛郎欲问瘟神事:唐代窦巩《南游感兴》有“伤心欲问前朝事,惟见江流去不回”诗句。牛郎:神话人物,在我国民间广泛流传着从银河边的牵牛星演化出来的牛郎织女的传说。语出《佩文韵府》卷二十六《牛》:“天河之东有织女,天帝之子也,年年机杼劳役,织成云锦天衣。天帝怜其独处,

许嫁河西牵牛郎。嫁后遂废织纴，天帝怒，责令归河东，但使其一年一度相会。”意思是说，天帝的孙女织女，长年织造云锦，自嫁与河西牛郎后，织造就中断了。天帝大怒，责令她与牛郎分离，只准每年七夕相会一次。由此可见，牵牛星是地球上一位农民的化身。南朝梁萧统《文选·古诗十九首·迢迢牵牛星》：“迢迢牵牛星，皎皎河汉女。”瘟神事：关于瘟神的事情，也就是关于血吸虫病的情况。中国三千年来，创造了无数的神，只有牛郎织女是劳动者，最好的两个劳动人民形象。这句是说，毛泽东由巡天联想到天上的牛郎自然关心人间的情况，惦记着农民的命运。

〔11〕一样悲欢：一说，指传播血吸虫的瘟神肆虐如旧，人民仍然遭受血吸虫病的痛苦，悲者自悲，欢者自欢。另一说，在旧中国漫长的岁月里，广大农民的命运并没有改变，仍然过着悲惨的生活。悲欢：一说，即悲伤和欢乐。另一说，偏义复词，这里是悲的意思。逐逝波：随着时间流逝的意思。逐：随着。逝波：一去不回的流水。五代欧阳炯《江城子》：“六代繁华，暗逐逝波声。”这里比喻过去的时间。这句是说，血吸虫病，在解放以前，在党没有发动群众加以消灭以前，还是同牛郎在人间时一样，多少年就这样流水似的过去了。

〔12〕春风杨柳万千条：化用宋代王安石《壬辰寒食》“客思似杨柳，春风万千条”诗句。唐代白居易《柳枝词》：“一树春风千万枝，嫩于金色软于丝。”这里象征新中国欣欣向荣。万千：形容数量多。条：枝。这句写万千条杨柳随着春风飘拂，婀娜多姿的景象。

〔13〕六亿：1954年1月，国家统计局公布全国人口为6.0193亿。“六亿”是举其概数。神州：赤县神州的略称，古代中国的别称。西汉司马迁《史记·孟子荀卿列传》记战国邹衍言：“中国名曰赤县神州，赤县神州内自有九州，禹之序九州是也，不得为州数。”西晋左思《魏都赋》：“故将语子以神州之略，赤县之畿，魏都之卓荦，六合之枢机。”舜尧：古代历史传说中的圣君唐尧、虞舜，倒置是为了押韵。尧：陶唐氏，名放勋，史称唐尧。舜：姚姓，有虞氏，名重华，史称虞舜。《孟子·告子下》：“曹交问曰：‘人皆可以为舜尧，

有诸？’孟子曰：‘然。’”这句是说，中国六亿人民都成了有高度觉悟和杰出才干的人。

〔14〕红雨：唐代李贺《将进酒》：“况是青春日将暮，桃花乱落如红雨。”唐代刘禹锡《百舌吟》：“花树满空迷处所，摇动繁英坠红雨。”宋代苏轼《哨遍·春词》：“任满头红雨落花飞。”元代王实甫《西厢记》第五本：“相见时，红雨纷纷点绿苔，别离后，黄叶萧萧凝暮霭。”比喻落花。随心：随着人们的心意。这句是说，春天的桃花纷纷落下，好似翻动的波浪。表现春天的一片艳丽景象。

〔15〕着意：犹用心，也就是按照人们的意愿。着：动词，用。化为桥：意谓青翠的山峦像有意化作凌波之桥。如武汉的龟、蛇二山成为武汉长江大桥的天然桥头堡。毛泽东自注：“青山着意化为桥”指青山穿洞成为桥。诗无达诂，两说均可。

〔16〕天连五岭：即五岭连天之意。五岭：大庾岭、骑田岭、萌渚岭、都庞岭、越城岭等五座山的合称，绵延于江西、湖南、广东、广西四省区之间。这里泛指南方地区。银锄：光白如银的锄头，这里泛指人们劳动生产用的铁制的银光闪闪的工具。

〔17〕地动三河：即三河地动之意。三河：语出西汉司马迁《史记·货殖列传》：“昔唐人都河东，殷人都河内，周人都河南。夫三河，在天下之中，若鼎足，王者所更居也。”汉代把河东、河内、河南三郡称为“三河之地”，原指今晋西南和河南西部黄河两侧的一部分地区。这里指黄河、淮河、洛河，并以此来概括全国的河流。铁臂：铁一样坚实的臂膀。以上两句歌颂广大劳动人民战天斗地、改造河山的壮举。

〔18〕借问：习惯用语，设问之词，用于向人打听事情。东晋陶渊明《悲从弟仲德》：“借问为谁悲，怀人在九冥。”瘟君：即瘟神，对血吸虫病的谑称。古人迷信，认为人间的瘟疫是由瘟神主宰的。这句是说，在人民当家做主、改天换地的崭新形势下，瘟神没有立足之地了，请问瘟神打算到哪里去呢？

〔19〕纸船明烛：旧时民间祭送鬼神时焚烧纸船、纸马、纸车、纸钱、点

燃蜡烛等的一种风俗。纸船：纸扎的船。明烛：明亮的蜡烛。照天：火光照射到天空。唐代韩愈《送穷文》写他准备了焚化用的车和船来送穷鬼，说“主人使奴婢结柳作车，……缚草为船”。这里借来形容瘟神（瘟君）在六亿人民的奋进中无处存身，只有逃离人间。这句是说，让我们焚化纸船，点起明亮的蜡烛，火光照耀天空，把瘟神送上天去吧！

【译文】

其　一

在灾难深重的旧中国，绿水青山徒然有那么多，

即使像华佗那样的名医对小小的血吸虫也无可奈何。

成千个村庄田园破败荒凉，到处长满了蔓草，遍地是病人的粪便，

上万户人家因血吸虫病死亡而变得萧条冷落，冤死者的鬼魂唱着哀怨的悲歌。

人们坐在地球上不动，靠地球自转一昼夜行走了八万里，

随着地球在宇宙中运动，人们还能看到天上无数的星河。

天上的牛郎自然关心他的乡人，要问起血吸虫病肆虐的情况如何了，

只能令人遗憾地告诉他：人民的悲苦和瘟神的得意依然和从前一样，多少年就这样流水似的过去了。

其　二

随着新中国的建立，万千条杨柳在春风中婀娜多姿地飘拂，

六亿中国人民个个都成了唐尧虞舜那样有道德和杰出才干的圣人。

桃花纷纷飘落如红雨，随着人们的心愿翻作波浪，

一向成为交通阻碍的青山也有意化作方便人们通行的桥梁。

在高入云天的南方山脉上，人们劈山开岭，银光闪闪的锄头挥舞起落，

在辽阔的北方原野上，人们抡起钢铁般强有力的手臂，兴修水利，使大地剧烈地震动摇撼。

请问瘟神要到哪里去呢？

让我们焚化纸船，点上明亮的蜡烛，把你送上天去吧！

七 律
到韶山
一九五九年六月

一九五九年六月二十五日到韶山。离别这个地方已有三十二周年了。

别梦依稀咒逝川，故园三十二年前。
红旗卷起农奴戟，黑手高悬霸主鞭。
为有牺牲多壮志，敢教日月换新天。
喜看稻菽千重浪，遍地英雄下夕烟。

【毛泽东自注自解】

1959 年 9 月 13 日，毛泽东致胡乔木的信中说：

通首写三十二年的历史。

“霸主”指蒋介石。这一联写那个时期的阶级斗争。

1961 年出版毛泽东诗词英文版时，郭沫若曾问毛泽东，《七律 · 到韶山》中“黑手高悬霸主鞭”的“黑手”指谁，因有人释为人民，有人释为反动派。毛泽东回答指反动派。

1964 年 1 月 27 日，毛泽东口头答复外国文书籍出版局《毛主席诗词》英译者问：

“别梦依稀咒逝川，故园三十二年前……黑手高悬霸主鞭：咒逝川、三十二年前，指大革命失败，反动派镇压了革命。这里的霸主，就是指蒋介石。”

1978 年 12 月 29 日《光明日报》刊登的《在毛主席身边读书》一文说：1975 年的一段时间，北京大学中文系讲师芦荻曾被调到毛泽东身边，帮助患眼疾的毛泽东读书。一次，毛泽东让芦荻读王粲的《登楼赋》，当分析赋中表现的王粲怀念故土思想感情时，主席说：

“人对自己的童年，自己的故乡，过去的朋侣，感情总是很深的，很难忘记的。到老年就更容易回忆、怀念这些。随后又说，他写《七律·到韶山》的时候，就深切地想起32年前许多往事，对故乡是十分怀念的。”

【题解】

这首诗最早发表于1963年12月人民文学出版社出版的《毛主席诗词》。

七律：七言律诗的简称。见《七律·长征》题解。

韶山：位于湖南湘潭西北部，群山环抱，林木葱茏，风景秀丽。西南有韶峰，为南岳衡山七十二峰之一。相传虞舜南巡经过此峰，演奏韶乐，因而得名。《长沙府志》载：有韶氏三女，居山学道，有凤凰衔天书至，女皆仙去。山上有凤音亭，其南有东台、桃花洞仙迹可觅。山麓有毛泽东故居，毛泽东在此度过了童年和少年时代。

毛泽东在韶山生活了17年，后来到长沙上学，常回韶山。1927年他领导秋收起义上井冈山后，就再也没有回去过。新中国成立后，毛泽东虽然曾多次到湖南视察工作，但由于新中国刚成立，百废待兴，日理万机，都没有回过故乡韶山。直到1959年6月25日，毛泽东才回到阔别32年的韶山。26日上午看父母的墓，看旧屋，看旧邻居，看韶山学校，并与师生们合影留念。下午4时左右到韶山水库，兴致勃勃地畅游了两个小时。回招待所途中，又视察农业生产情况。晚上宴请韶山的老党员和当年的老赤卫队员、儿童团员、妇女联合会员、烈士家属等革命老人。经过一天的活动后，他百感交集，心潮澎湃，诗思喷涌，夜不能寐，直到27日黎明4时许吟成了这首诗。

诗人用回忆追叙的方式，艺术地概括了韶山人民在党的领导下所走过的可歌可泣的革命历程，深情地歌颂了韶山人民的伟大志向和英雄气概，展示了社会主义建设的美好前景，揭示了人民创造历史的真理。诗中对运用的神话、人事、风物、历史、地理和古典诗文加以时代观照、改造和重铸，表现了新的时代精神；融记叙、议论、抒情为一体，以及明朗欢快的旋律，使诗的境界大为开阔。

【笺注】

〔1〕别梦依稀：化用唐代李商隐《春雨》："远路应悲春晼晚，残宵犹得梦依稀。"唐五代张泌《寄人》："别梦依依到谢家，小廊回合曲栏斜。"鲁迅《无题》："梦里依稀慈母泪，城头变幻大王旗。"别梦：想到离别多年的故乡，往事好像梦一样浮现在眼前。别：离别。依稀：隐约，仿佛。咒：诅咒。这里有恨的意思。逝川：流去的河水，这里指流逝过去的时光。《论语·子罕》中有："子在川上曰：'逝者如斯夫！不舍昼夜。'"唐代李白《古风五十九首》其十一："逝川与流光，飘忽不相待。"唐代温庭筠《苏武庙》："茂陵不见封侯印，空向秋波哭逝川。"本指逝去的流水，后用来比喻流逝的岁月。这里指黑暗的反动统治年代。

〔2〕故园：故乡，家园。这里指韶山。唐代骆宾王《晚憩田家》："唯有寒潭菊，独似故园花。"唐代杜甫《复愁》："万国尚防寇，故园今若何？"三十二年前：毛泽东从1927年1月9日离开韶山，到1959年6月25日回韶山，已有三十二周年。

〔3〕红旗：指当时农民武装的旗帜，也象征党的领导。卷起：翻卷而起。农奴戟：指农民革命武装。农奴：封建时代隶属于农奴主，没有人身自由的农业劳动者。这里指旧中国受压迫受剥削的贫苦农民。戟：古代一种兵器，合矛戈为一体，可以直刺和横击。这里指当时农民革命时所用的梭镖之类的武器。这句是说，那时农民运动蓬勃兴起，到处打起红色的大旗，农民扛着梭镖，红旗迎风飘扬，把梭镖都卷起来了。

〔4〕黑手：反革命的血腥魔掌，借指反动统治阶级。悬：举起。霸主鞭：指以蒋介石为首的反革命武装。霸主：《管子·枢言》："王主积于民，霸主积于将战士。"指称霸的君主，这里指蒋介石。鞭：古代一种短兵器，有竹节鞭、三棱鞭等。这里指反动派镇压、屠杀革命人民的武器。这句是说，反动势力用罪恶的黑手，高高地举起霸主的鞭子，对农民进行残酷镇压。

〔5〕为有：因为有。唐代李商隐《为有》诗："为有云屏无限娇，凤城寒尽怕春宵。"多：富有。壮志：宏大的志向。这句是说，因为革命志士们有着

为革命不惜付出任何代价，乃至牺牲生命的精神，富有充塞天地之间的豪情壮志。

〔6〕教：使，令。唐代王昌龄《出塞》其一："但使龙城飞将在，不教胡马度阴山。"日月换新天：把旧天换成新天。这里指推翻旧世界，创造新世界。日月：代表天。这句是说，敢于推翻帝国主义、封建主义、官僚资本主义三座大山，把旧社会变成新社会。

〔7〕稻菽：指庄稼，农作物的通称。菽：本指大豆，引申为豆类的总称。千重：千层。宋代陆游《长相思》："云千重，水千重，身在千重云水中。"重：层。这句是说，非常高兴地看到一望无际的稻菽像大海一般，迎风涌起千重碧浪。

〔8〕英雄：指田间劳动者，泛指新中国的农民。下夕烟：在黄昏的暮霭或炊烟中从地间收工回来。下：动词，收工，下工。夕烟：暮霭，黄昏时缭绕于村庄、树林周围的雾气，也喻指黄昏时的炊烟。唐代李白《登黄山凌歊台送族弟溧阳尉济充泛舟赴华阴》："日入牛渚晦，苍然夕烟迷。"唐代谢偃《高松赋》："霏夕烟而暧景，度神飙而流音。"这句是说，昔日过着牛马生活的农民，如今个个都是建设社会主义的英雄，他们在傍晚的云雾之中，怀着劳动后的喜悦，从田地返回家中。

【译文】

离别故乡的情景依稀如梦，我不由得诅咒那逝去的岁月，
离别故乡已经三十二年了。
在中国共产党的领导下，农民拿起了斗争的武器，
反革命的黑手高高地举起了霸主的鞭子镇压农民革命。
因为有烈士不怕牺牲生命，才展现了充塞天地之间的豪情壮志，
所以人民敢于推翻三座大山，使黑暗的旧世界变成光明的新世界。
非常高兴地看到一望无际的庄稼涌起千层碧浪，
在傍晚缭绕的烟霭中，农民们从田里下工回家。

七 律
登庐山
一九五九年七月一日

一山飞峙大江边，跃上葱茏四百旋。
冷眼向洋看世界，热风吹雨洒江天。
云横九派浮黄鹤，浪下三吴起白烟。
陶令不知何处去，桃花源里可耕田？

【毛泽东自注自解】

这首诗原有一则小序：

一九五九年六月二十九日登庐山，望鄱阳湖、扬子江，千峦竞秀，万壑争流，红日方升，成诗八句。

湖南省委第一书记周小舟看过此诗，建议删去小序，毛泽东采纳了他的建议。

1959年9月7日，毛泽东致信胡乔木说：

诗两首①请你送郭沫若同志一阅，看有什么毛病没有？加以笔削，是为至要。……主题虽好，诗意无多，只有几句较好一些的，例如“云横九派浮黄鹤”之类。诗难，不易写，经历者如鱼饮水，冷暖自知，不足为外人道也。

1959年12月29日，毛泽东致信钟学坤说：

九派，湘、鄂、赣三省的九条大河。究竟哪九条，其说不一，不必深究。三吴，古称苏州为东吴，常州为中吴，湖州为西吴。

1964年1月27日，毛泽东口头答复外国文书籍出版局《毛主席诗词》英译者问：

① “诗两首”指《七律·到韶山》和《七律·登庐山》。——作者注

冷眼向洋看世界："冷眼向洋"就是"横眉冷对"。

云横九派浮黄鹤："黄鹤"不是指黄鹤楼。"九派"指这一带的河流，是长江的支流。明朝李攀龙有一首送朋友的诗《怀明卿》："豫章西望彩云间，九派长江九叠山。高卧不须窥石镜，秋风憔悴侍臣颜。"李攀龙是"后七子"之一。明朝也有好诗，但《明诗综》不好，《明诗别裁》好。

浪下三吴起白烟："白烟"为水。

陶令不知何处去，桃花源里可耕田：陶渊明设想了一个名为桃花源的理想世界，没有租税，没有压迫。

【题解】

这首诗最早发表于1963年12月人民文学出版社出版的《毛主席诗词》。

七律：七言律诗的简称。见《七律·长征》题解。

庐山：位于江西北部九江市南，屹立在长江和鄱阳湖之滨。又称匡庐、匡山。相传商周之际，有匡姓兄弟曾结庐隐居于此而得名。宋代慧远《庐山记略》："有匡俗先生者，出殷周之际，隐遁潜居其下，受道于仙人而共岭，时谓所止为仙人之庐而命焉。"庐山呈东北—西南走向，长约25公里，宽约10公里，最高峰汉阳峰海拔1474米。山中多巉岩、峭壁、清泉、飞瀑，林木葱茏，风景秀丽，气候宜人，为休养、游览、避暑胜地。

1959年是中国国民经济持续三年发生严重困难的第一年。产生困难的原因有很多，但最主要的原因有两个：在国际上，中苏两党在意识形态上的分歧，已经进一步导致国家关系的恶化；在国内，由于人民公社化和"大跃进"中出现的"共产风"、浮夸风、高指标等错误倾向业已产生严重后果。为了进一步总结社会主义建设的经验教训，1959年7月，中共中央在江西庐山召开了政治局扩大会议，目的是纠正"大跃进"的某些偏差，要求到会的高级干部放下包袱，畅所欲言。毛泽东对人民公社化和"大跃进"始终有个基本估计。他认为，这些都是人民群众的主动性和创造精神的体现，其中难免会有错误，但与成绩相比，不过是一个指头同九个指头的关系。他最欣赏的，一是人民群众热火朝天的革命干劲，一是人民公社体制。他曾设想，人民公社有可能成为建设社会主义并逐步向共产主义过渡的最好组织形式。《七律 · 登庐山》以诗的艺术形式表达了这些思想。细细品读这首诗，对庐山会议何以会由“纠左”变为“反右”不无帮助。6 月 29 日，毛泽东乘汽车上庐山，这是毛泽东第一次登上庐山。7 月 1 日，是中国共产党成立 38 周年纪念日，也是庐山会议的前一天。毛泽东被庐山美丽的风景所陶醉，触景生情，也被满脑子的各种国内国际问题勾起了兴致，感慨万千，诗思涌动，吟成了这首欢快愉悦的述怀诗。

诗中生动地描写了庐山挺拔、雄伟的美丽景色，热情赞颂了当时轰轰烈烈的人民公社化和“大跃进”的大好形势，表达了对国内外反华势力极大蔑视的非凡胸襟和坚定乐观的政治情怀。全诗雄伟壮阔，笔力雄健，意境高远，主题深刻。

【笺注】

〔1〕一山：指庐山。飞峙：形容庐山高峻，拔地而起，凌空欲飞。飞：形容高，如“飞架”、“飞楼”、“飞阁”都是形容高。峙：直立，耸立。大江：指长江。唐代李白《庐山谣寄卢侍御虚舟》：“登高壮观天地间，大江茫茫去不还。”这句是说，九江一带地势平衍，庐山突然拔地而起，真像一座大山从天外飞来，高高地耸立在长江之滨。

〔2〕跃上：跳跃而上，表示登山人意气飞扬，车子一下子就开到了山上。葱茏：形容草木青翠茂盛的样子，这里作名词，指树木苍翠的庐山山顶。唐代李贺《新夏歌》：“阴枝拳芽卷缥茸，长风回气扶葱茏。”四百旋：庐山登山公路建成于 1953 年，全长 35 公里，绕山盘旋，据说从山下到山顶有近 400 个盘旋转折处，这里举其概数，说明山势高峻。旋：盘旋。这里作量词。

〔3〕冷眼：冷淡严峻的目光，表示蔑视。元代杨显之《潇湘雨》杂剧：“常将冷眼看螃蟹，看尔横行到几时。”清代袁枚《随园诗话》卷十六：“一双冷眼看世人，满腔热血酬知己。”向洋：向着海洋。这句是说，在庐山之上居

高望远，面向海洋冷眼观看世界，帝国主义和国外反华势力，它们究竟搞些什么名堂。

〔4〕热风：本于鲁迅一本杂文集的题名，他在《题记》中写道：“我觉得周围的空气太寒冽了，我自说我的话，所以反而称之曰‘热风’。”毛泽东这里用“热风”，一方面指夏风，另一方面喻指中国人民热情洋溢、意气风发、斗志昂扬地建设社会主义的精神。江天：长江和长江上的天空。多指江河上的广阔空际。南朝梁范云《之零陵郡次新亭》：“江天自如合，烟树还相似。”宋代柳永《八声甘州》：“对潇潇暮雨洒江天，一番洗清秋。”这里指祖国的广大区域。这句写，夏天的热风吹来的雨滴洒在江面和空中，既是眼前景物，也是说中国人民满怀热情。

〔5〕云横：放眼看去，云总是横在天上。唐代韩愈《左迁至蓝关示侄孙湘》：“云横秦岭家何在？雪拥蓝关马不前。”九派：九条支流。作者1959年12月29日在致钟学坤的信中说：“九派，湘、鄂、赣三省的九条大河。究竟哪九条，其说不一，不必深究。”（参见毛泽东《菩萨蛮·黄鹤楼》“茫茫九派流中国”笺注）派：水的支流。这里泛指江西境内向东北流注鄱阳湖而入长江的河流。浮：浮现。黄鹤：作者自注“黄鹤，不是指黄鹤楼”。这里是诗人展开想象的翅膀，向长江上游望去，云彩在空中不断变幻，仿佛有黄鹤在飞翔。指黄鹤状形态的浮云。另一说指湖北鄂州的黄鹤山。唐代李白《望黄鹤山》：“东望黄鹤山，雄雄半空出。四面生白云，中峰倚红日。”这句是说，站在庐山顶上向长江上游望去，隐隐约约地似乎可以望到武汉三镇，白云缥缈之中仿佛有黄鹤在上面翱翔。

〔6〕浪：指长江水。下：动词，有奔腾而下之意。三吴：诸说不一。作者1959年12月29日在致钟学坤的信中说：“三吴，古称苏州为东吴，常州为中吴，湖州为西吴。”这里泛指长江下游一带。白烟：江上激起的浪花，远望如白烟。语出唐代刘禹锡《途中早发》：“水流白烟起，日上彩霞生。”这句是说，再向下游望去，波涛滚滚，直奔三吴，江面上迷迷漫漫，只见一片白烟。以上两句意境与李白《庐山谣寄卢侍御虚舟》意境相近。李诗为：“登高壮观

天地间，大江茫茫去不还。黄云万里动风色，白波九道流雪山。”唐代杜甫《秋兴八首》其六有“朱帘绣柱围黄鹤，锦缆牙樯起白鸥”句。毛泽东这里是写祖国万里河山呈现出一派社会主义建设的兴旺景象。

〔7〕陶令：陶渊明（365—427），一名潜，字元亮，东晋大诗人，浔阳柴桑（今江西九江）人，曾做过彭泽县令八十余日，故称陶令。因不满现实，辞官归隐，躬耕乡里。他曾经登过庐山，辞官归隐之地也在庐山附近，故自然联想之。这句是说，辞官后躬耕柴桑的彭泽县令陶渊明不知哪里去了。

〔8〕桃花源里可耕田：全句以问句出之，表现了作者对陶令“乌托邦”式的社会理想的否定，对现实社会中由人民公社、“大跃进”实现共产主义理想的肯定。桃花源：陶渊明写过《桃花源诗并记》，描绘了一个与世隔绝，“春蚕收长丝，秋熟靡王税”的世外桃花源奇境。可：用在疑问句里加强疑问语气。这句有四解。一解：而今，我们现在的祖国正在建设新社会，实现人们梦寐以求的社会理想，陶渊明是不是还在他创造的人间乐园桃花源里耕田呢？二解：陶渊明的时代早已过去了，在当时他可以到桃花源里耕田吗？不行，因为那是空想。今天的中国农村跟桃花源不同，今天的知识分子自然也跟陶渊明不同了。三解：祖国已经变成了社会主义幸福的桃花源了，那么，陶渊明可以来耕田了吧！四解：彭泽县令陶渊明已经一去不复返了，他写的这个“不知有汉，无论魏晋”，“黄发垂髫，并怡然自乐”的人间乐园，在热情洋溢的社会主义建设的高歌声中，难道我们还能躲到里面做几千年前躬耕陇亩式的自娱自乐吗？本书作者倾向于第一解。

【译文】

一座大山拔地而起，好像从天外飞来，高高屹立在长江之滨，
驱车飞驰而上苍翠葱茏的山顶要盘旋四百转。
我面向大洋冷峻地观看世界，反共反华的势力究竟搞些什么名堂，
眼前阵阵热风吹来，雨洒在江面和天空中，滋润着祖国的大地。
向西望去，云层横亘在长江中游一带的上空，仿佛有黄鹤在上面翱翔，

向东望去，波涛滚滚直奔三吴，只见江上弥漫着一片白烟，真是气象万千，多么壮丽美好的景象！

昔日隐居在庐山附近的陶渊明不知到哪里去了，

他是不是还在他理想中的没有剥削没有压迫的桃花源里耕田呢？

七 绝

为女民兵题照

一九六一年二月

飒爽英姿五尺枪，曙光初照演兵场。
中华儿女多奇志，不爱红装爱武装。

【题解】

这首诗最早发表于人民文学出版社 1963 年 12 月出版的《毛主席诗词》。

七绝：七言绝句的简称。绝句是旧体诗的一种格式。整首诗两联四句。有五言、七言之分，每句五个字的叫五绝，每句七个字的叫七绝，讲究平仄、对仗和押韵。

为女民兵题照：为女民兵的照片题诗。民兵：不脱离生产劳动的群众性的人民武装组织。题照：在照片上题字或题诗，这里指题诗。题：书写，署名。

1960 年，国际风云变幻，帝国主义和各国反动派遥相呼应，掀起了一次又一次的反华浪潮，我国全民皆兵运动再现高潮。1960 年 12 月的一天，毛泽东看到机要员小李参加民兵军事训练时拍摄的持枪照片，有感而发，写下了这首诗。

作者通过对飒爽英姿的女民兵照片的赞美，歌颂了中华儿女尚武的英雄壮志和意气风发、斗志昂扬的精神风貌，寄寓了人民战争、全民皆兵的深刻思想，表现了中华民族决不屈服于任何外来压力的崇高精神。全诗旋律欢快，以诗语代替宣言，以诗心鼓励民心。用词精当，评赞突出，充满了热情洋溢的赞美之情。

【笺注】

〔1〕飒爽英姿：唐代杜甫《丹青引赠曹将军霸》："褒公鄂公毛发动，英姿飒爽来酣战。"褒公段志元、鄂公尉迟恭，都是唐代开国名将。曹霸曾经画过功臣像。杜甫的诗句是称赞曹霸的艺术精妙，能够充分表现这些武将们的英雄气概。清代钱枚《金缕曲·咏秦良玉》："一领锦袍殷战血，衬得云鬟婀娜。更飞马桃花一朵，展卷英姿添飒爽。"飒爽：敏捷勇健、神采奕奕的样子。英姿：英武矫健的姿态。五尺枪：指步枪。这句写女民兵精神抖擞，手持五尺长枪的勃勃英姿。

〔2〕曙光：清晨的阳光。唐代唐彦谦《早行遇雪》："鸡犬寂无声，曙光射寒色。"初照：刚刚开始照射。演兵场：练兵场。泛指进行军事训练的场所。这句写早晨的太阳光刚刚照射到练兵场上，女民兵们就开始操练了。

〔3〕儿女：偏义复词，这里指女子，是女青年的意思。唐代李白《越女词》其一："长干吴儿女，眉目艳新月。"唐代白居易《劝我酒》："洛阳女儿面似花，河南大尹头如雪。"多：富有。奇志：不同平常的志向。这句赞颂我国女青年富有不平常的志向。

〔4〕爱：喜欢，喜爱。红装：女子鲜艳漂亮的装束。明代袁宏道《满井游记》："红装而蹇者，亦时时有。"武装：这里指战士的装束。这句是说，女民兵们不喜欢穿红戴绿，却喜欢持枪练武，保卫祖国。

【译文】

女民兵矫健威武，英姿焕发，手持五尺钢枪，

清晨的阳光刚刚照射到练兵场上。

中华新一代儿女有着不平凡的远大志向，

女青年不追求艳丽华美的装束打扮，却喜欢练兵习武，一身戎装。

七 律
答友人
一九六一年

九嶷山上白云飞，帝子乘风下翠微。
斑竹一枝千滴泪，红霞万朵百重衣。
洞庭波涌连天雪，长岛人歌动地诗。
我欲因之梦寥廓，芙蓉国里尽朝晖。

【毛泽东自注自解】

1964年1月27日，毛泽东口头答复外国文书籍出版局《毛主席诗词》英译者问：

《七律·答友人》的“友人”指谁：“友人”指周世钊。①

九嶷山上白云飞：“九嶷山”，即苍梧山，在湖南省南部。

红霞万朵百重衣：“红霞”，指帝子衣服。

洞庭波涌连天雪：“洞庭波”，取自《楚辞》之《九歌·湘夫人》：“洞庭波兮木叶下。”

长岛人歌动地诗：“长岛”即水陆洲，也叫橘子洲，长沙因此得名，就像汉口因在汉水之口而得名一样。

芙蓉国里尽朝晖：“芙蓉国”，指湖南，见谭用之诗“秋风万里芙蓉国”。“芙蓉”是指木芙蓉，不是水芙蓉，水芙蓉是荷花。谭诗可查《全唐诗》。

1978年12月29日《光明日报》刊载杨建业《在毛主席身边读书——访

① 《毛泽东诗词集》注释说：“友人即周世钊。本诗作者手迹原题为‘答周世钊同学’，后改为‘答友人’。”并说，1961年12月26日毛泽东致周世钊信云：“秋风万里芙蓉国，暮雨朝云薜荔村。西南云气来衡岳，日夜江声下洞庭。同志，你处在这样的环境中，岂不妙哉？”——作者注

北京大学中文系讲师芦荻》一文说："1975 年，主席说，人对自己的童年，自己的故乡，过去的朋侣，感情总是很深的，很难忘记的。到老年就更容易回忆，怀念这些。""并说他的七律《答友人》，'斑竹一枝千滴泪，红霞万朵百重衣'就是怀念杨开慧的，杨开慧就是霞姑嘛！可是现在有的解释却不是这样，不符合我的思想。"

附：周世钊呈毛泽东词

江城子

国庆日到韶山

一九六三年

良辰嘉庆到韶山。
赤旗边，彩灯悬。
万朵红霞，荡漾碧峰前。
似水人流流不尽，腾语笑，久留连。

夜来场上响丝弦。
鼓填填，舞翩翩。
革命斗争，唱出好诗篇。
唱到牺牲多壮志，人感奋，月婵娟。

附：乐天宇呈毛泽东诗

七　古

九嶷山颂

三分石耸楚天极，大气磅礴驱舞龙。

南接三千罗浮秀，北压七二衡山雄。
东播都庞越城雨，西嘘大庾骑田虹。
我来瞻仰钦虞德，五风十雨惠无穷。
为谋山河添锦绣，访松问柏谒石枞。
瑶汉同胞殷古谊，长林共护紫霞红。
于今风雨更调顺，大好景光盛世同。

【题解】

这首诗最早发表于1963年12月人民文学出版社出版的《毛主席诗词》。

七律：七言律诗的简称。见《七律·长征》题解。

答友人：即答赠朋友。友人：有两说，毛泽东自注说是指周世钊。另一说，除了周世钊，还包括李达、乐天宇等。周世钊（1897—1976）：字惇元，又名敦元、东园，湖南宁乡市人。1913年春，和毛泽东一同考入湖南省立第四师范学校同班学习，次年，湖南第四师范并入湖南省立第一师范，他们仍在同班学习，直到1918年毕业，同窗长达五年半。1918年，周世钊参加毛泽东发起并领导的新民学会，积极支持和协助毛泽东从事革命活动。1919年应毛泽东之邀，担任毛泽东创办的《湘江评论》顾问。毛泽东发起湖南各界人士"驱张运动"，周世钊带领学生参加示威游行。"驱张运动"胜利后，毛泽东与周世钊等共同创办了"文化书社"，向青年传播新思想、新文化。1921年，周世钊考入国立南京东南大学。毕业后走上"教育救国"道路。中华人民共和国成立后，周世钊加入中国民主同盟。先后任湖南省教育厅副厅长兼湖南第一师范学校校长、湖南省副省长、中国民主同盟中央委员、湖南省主任委员、湖南省政协副主席、全国人大常委会委员等职。李达（1890—1966），号鹤鸣，湖南零陵县人，著名的马克思主义理论家，中国共产党创始人之一。1921年出席中国共产党第一次全国代表大会，当选中共中央宣传主任。1923年因与陈独秀在国共合作问题上发生争执而脱党。北伐战争时，任国民革命军总政治部编审委员会主席等职。大革命失败后，在国民党统治区长期担任大学教授，坚持宣传马克思主义。1949 年 12 月由刘少奇介绍重新加入中国共产党。建国后，历任湖南大学、武汉大学校长等职。曾当选第一届、第二届全国政协委员，第三届全国人大常委会委员。“文化大革命”之初，被诬反对毛泽东思想，在武汉含冤去世。乐天宇（1901—1984），湖南宁远人，著名林业专家。1916 年考入长沙第一中学，参加了毛泽东等领导的“驱汤（芗铭）”、“驱张（敬尧）”运动。1920 年考入北平农业大学，参加了社会主义研究小组。1922 年加入中国共产主义青年团。1924 年转为中国共产党，曾任北平西郊区委书记。1927 年，受党组织委派到湖南宁远县领导农民运动，被选为农民协会委员长。“马日事变”中被捕。1930 年 7 月红军一度攻占长沙时被营救出狱。1937 年，通过八路军驻西安办事处与党组织取得联系。1939 年任延安自然科学研究院农科主任、边区林业局局长等职。曾参与南泥湾垦区规划。建国后曾任北京农业大学校务委员会主任。乐天宇在长沙求学时就认识毛泽东，长沙学生联合会经常组织一些活动，他们都是本校的代表。到延安后，与毛泽东常见面。因为他的家乡有一座九嶷山，毛泽东常称他“九嶷山人”。

20 世纪 60 年代初，乐天宇带领科研小组到湖南九嶷山区进行科学考察时，同也在湖南做社会调查的周世钊、李达相遇。他们都是湖南人，又都是毛泽东早年结识的好友。三人商定送几件九嶷山的纪念品给毛泽东，并附上有关诗词作品。周世钊送了一幅内有东汉文学家蔡邕文章的墨刻和他自作的《江城子·国庆日到韶山》词。乐天宇送了一支得自家乡九嶷山区的墨竹和一个条幅，条幅上额写有他自己作的七言古体诗《九嶷山颂》。李达送了一支斑竹管毛笔，也写了一首咏九嶷山的诗词。毛泽东陆续收到湖南友人周世钊等人反映湖南新形势的信件和诗作，引起了他对家乡的关切和怀念。1961 年 12 月 26 日，毛泽东生日那天，他给湖南的老同学兼诗友周世钊写信说：“‘秋风万里芙蓉国，暮雨朝云薜荔村。’‘西南云气来衡岳，日夜江声下洞庭。’同志，你处在这样的环境中，岂不妙哉？”

这首诗通过具有湖南地域特征的传说、神话等意象的描写，倾诉了昔日湖南人民的深重苦难，赞颂了今日湖南社会主义建设蓬勃发展的大好形势，抒发了对友人、亲人和故乡的怀念以及祝愿之情。全诗以艳丽的色彩、浪漫的想象展示神话传说、人文典故、现实美景，向远隔千山万水的故园亲友畅叙自己的心声，达到了光彩夺目、绚丽多姿的艺术境界。

【笺注】

〔1〕九嶷山上白云飞：明代李氏《登楼》有“明月不知沧海暮，九嶷山下白云多”之句。九嶷山：一作“九疑山”，又名“苍梧山”，位于湖南南部宁远县城南 30 公里，因山上有九座峰，形状都很相似，故名“九嶷山”。北魏郦道元《水经・湘水注》：“九嶷山盘基苍梧之野，峰秀数郡之间，罗岩九举，各导一溪，岫壑负阻，异岭同势，游者疑焉，故曰九疑山。”这里指代湖南省。西汉司马迁《史记・五帝本纪》载：舜“践帝位三十九年，南巡狩，崩于苍梧之野，葬于江南九疑”。唐代李白《远别离》诗：“九疑联绵皆相似，重瞳（指舜，传说其有双瞳）孤坟竟何是?”白云飞：汉武帝刘彻《秋风辞》有“秋风起兮白云飞”之句。唐代李颀《古意》有类似句式：“黄云陇底白云飞。”

〔2〕帝子：指传说中舜帝的二妃娥皇、女英，她们是尧帝的女儿（古代女儿也可称“子”），故称“帝子”。战国楚屈原《九歌・湘夫人》：“帝子降兮北渚，目眇眇兮愁予。”《文选・谢朓〈新亭渚别范零陵〉》诗：“洞庭张乐池，潇湘帝子游。”李善注引王逸曰：“娥皇女英随舜不返，死于湘水。”这里借指杨开慧。毛泽东曾明确地说过，上帝“就是全中国的人民大众”。杨开慧是中国人民的女儿。乘：凭借。下：飘然而下，降下。翠微：《尔雅・释山》：“山脊，冈。未及上，翠微。”指青翠掩映的山腰幽深处。这里指代九嶷山。传说舜南巡时死于九嶷山，娥皇、女英二妃追之未及，寻到湘水边，相思恸哭，遂自投湘水，后为湘水女神。唐代李白《下终南山过斛斯山人宿置酒》：“却顾所来径，苍苍横翠微。”以上两句由友人的赠物和题诗联想起发生在湖南的古代的神话传说。九嶷山上白云飞舞，尧的两个女儿驾着风从青翠掩映的山腰幽深的地方降落下来。

〔3〕斑竹一枝千滴泪：化用清代洪昇《黄式序出其祖母顾太君诗集见示》“斑竹一枝千点泪，湘江烟雨不知春”诗句。斑竹：因竹上面有美丽的紫色斑点，故名“斑竹”。相传娥皇、女英二妃寻舜至湘江边，遥望苍梧，痛哭不已，眼泪滴在竹子上，留下了斑点，因而又称“湘妃竹”。这种竹子盛产于湖南、广西等地。晋代张华《博物志》卷十：“尧之二女，舜之二妃，曰湘夫人。舜崩，二妃啼，以涕（泪）挥竹，竹尽斑。”明代王象晋《群芳谱·竹谱》：“斑竹，即吴地称湘妃竹者，其斑如泪痕。……世传二妃将沉湘水，望苍梧而泣，洒泪成斑。”千滴泪：极言人之悲，泪之多。这里是说，过去她们的热泪使斑竹上面洒满了千滴泪痕，象征旧社会的人民经历了无数的苦难。

〔4〕红霞万朵百重衣：战国楚屈原《九歌·东君》有“青云衣兮白霓裳，举长矢兮射天狼”之句。三国魏曹植《五游咏》：“披我丹霞衣，袭我素霓裳。”唐代李白《梦游天姥吟留别》亦有“霓为衣兮风为马”诗句。红霞：天上红色的云霞，这里指娥皇、女英二妃身上用艳丽云霞织成的衣饰。百重衣：言衣饰之盛。重：层。作者以娥皇、女英代指杨开慧，隐含了他对霞姑杨开慧的深切怀念。这句写今天她们身披万朵红霞所做的无限斑斓的百重彩衣，象征了新社会人民过着光明幸福的生活。

〔5〕洞庭波：语出战国楚屈原《九歌·湘夫人》：“袅袅兮秋风，洞庭波兮木叶下。”唐代杜甫《秋兴八首》其一：“江间波浪兼天涌，塞上风云接地阴。”唐代刘长卿《自夏口至鹦鹉洲望岳阳寄元中丞》：“汉口夕阳斜度鸟，洞庭秋水远连天。”洞庭：即洞庭湖，位于湖南北部、长江南岸，面积2820平方公里，为我国第二大淡水湖，湘、资、沅、澧四大水系均汇集于此。湖的北面从岳阳城陵矶通长江。连天雪：形容白浪滔天。唐代韩愈《八月十五夜赠张功曹》：“洞庭连天九疑高，蛟龙出没猩鼯号。”雪：形容白浪。宋代苏轼《念奴娇·赤壁怀古》：“乱石穿空，惊涛拍岸，卷起千堆雪。”这句是说，洞庭湖波涛涌起，好似一片连天的白雪，象征故乡社会主义建设事业蓬勃发展的形势。

〔6〕长岛人歌动地诗：即长岛人歌诗动地。唐代李商隐《瑶池》有“瑶池阿母绮窗开，黄竹歌声动地哀”之句。唐代张继也有类似的诗句：“寒草连天暮，边风动地愁。”长岛：湖南长沙湘江中的橘子洲。借用唐代沈佺期《早发平昌岛》“积气冲长岛”诗句而创新之。橘子洲，又名“水陆洲”，是一个狭长的小岛，长沙因此而得名。西面靠近著名风景区岳麓山。这里代指长沙。人：即友人。歌：歌唱。动地诗：惊天动地的诗歌。化用唐代白居易《李白墓》：“可怜荒垅穷泉骨，曾有惊天动地文。”这句赞颂友人所赠的讴歌故乡湖南社会主义建设的豪迈诗篇。

〔7〕我欲因之梦寥廓：化用唐代李白《梦游天姥吟留别》“我欲因之梦吴越，一夜飞渡镜湖月”诗句。我：作者自称。欲：想要。因之：因此，凭借这些景象。之：指代前面所写的情景。梦：这里有联想的意思。寥廓：广大空阔，包括时间和空间。这里指辽远的地方，把想象推广到更广阔的范围。

〔8〕芙蓉国里尽朝晖：唐五代谭用之《秋宿湘江遇雨》有“秋风万里芙蓉国，暮雨千家薜荔村”之句。芙蓉国：木芙蓉花到处盛开的地方。这里指湖南省。湖南自古盛产芙蓉，故古代有“芙蓉国”之称。芙蓉：指木芙蓉，栽培供观赏的落叶灌木。朝晖：清晨的阳光。晖：日光。唐代杜甫《秋兴八首》其三：“千家山郭静朝晖，日日江楼坐翠微。”这句是说，那时清晨灿烂的阳光普照着整个湖南，那该是多么美好的景象啊！

【附词笺注】

〔1〕江城子：词牌名。小令，单调，35 字，五平韵。始见于唐代《花间集》韦庄词。五代欧阳炯用此调所填词中有“如西子镜，照江城”语，因而成词牌名。宋代增为双调，上下阕各七句，35 字，五平韵。一名“江神子”。国庆日到韶山：题目。韶山：地名，位于湖南湘潭市西面，毛泽东的故乡。这首词通过对韶山人民欢度国庆佳节盛大场面的渲染，表达了韶山人民取得革命斗争胜利后其乐融融的欢畅心情。

〔2〕良辰：美好的时光。三国魏阮籍《咏怀》其九：“良辰在何许，凝霜沾衣襟。”嘉庆：美好的国庆佳节。这句是说，在欢度国庆佳节的美好日子里，我来到了韶山。

〔3〕赤旗：红旗。《墨子·旗帜》：“守城之法，木为苍旗，火为赤旗。”赤：红色。彩灯：花灯，我国传统的民间工艺品。宋代孟元老《东京梦华录》：“汴京宫廷扎做灯山，有普贤、文殊佛骑狮子、白象等灯。”这句意谓韶山红旗飘扬，彩灯高悬。

〔4〕万朵红霞，荡漾碧峰前：满天的彩霞荡漾在碧绿的山峰前。

〔5〕似水人流流不尽，腾语笑，久留连：游人像车水马龙，川流不息，一片欢声笑语，令人流连，不想离去。

〔6〕丝弦：用丝拧成的琴弦，借指弦乐器。这里泛指音乐。清代曹雪芹《红楼梦》第九十三回：“闲时便学些丝弦，唱个曲儿。”这句是说，夜晚，广场上响起了美妙动听的音乐。

〔7〕鼓填填，舞翩翩：锣鼓声敲起，人们翩翩起舞。鼓填填：鼓声响咚咚。填填：拟声词，形容声音巨大。战国楚屈原《九歌·山鬼》：“雷填填兮雨冥冥。”《隋书·音乐志中》：“鞉鼓填填。”翩翩：舞姿轻盈的样子。《诗经·小雅·四牡》：“翩翩者雏，载飞载下。”唐代李白《高句骊》：“翩翩舞广袖，似鸟海东来。”

〔8〕革命斗争，唱出好诗篇：诗人们写下了赞美革命斗争胜利的美好诗篇。

〔9〕感奋：感动而振奋。宋代宋祁、欧阳修等撰《新唐书·朱忠亮传》：“闻者莫不感奋。”月婵娟：月光美好。婵娟：美好的样子。唐代孟郊《婵娟篇》：“花婵娟，泛春泉。竹婵娟，笼晓烟。”以上几句是说，唱到革命先烈英勇牺牲的豪情壮志，人们激动振奋不已，天边的月色显得更加美好。

【附诗笺注】

〔1〕七古：七言古体诗的简称。古体诗与唐代形成的近体诗（又称“格

律诗”）相对。每篇句数不拘，有四言、五言、六言、七言、杂言等诗体，而以五言、七言较为通行。古体诗押韵比较自由，通常偶句押韵，首句可押可不押，可换韵，也不像近体诗那样讲究平仄和对仗。九嶷山颂：题目。这首诗描写了九嶷山的美丽景色，表达了对虞舜美德的钦敬之情，歌颂共产党领导的新社会各族人民大团结，祖国到处是一片太平盛世的美好景象。

〔2〕三分石耸楚天极：九嶷山的三分石耸立于楚天的最高处。楚天：见毛泽东《水调歌头·游泳》“极目楚天舒”笺注。

〔3〕大气磅礴驱舞龙：巍峨雄伟，气势磅礴，像奔驰起舞的蛟龙。驱：东汉许慎《说文解字·马部》：“马驰也。”《诗经·鄘风·载驰》：“驱马悠悠，言至于漕。”引申为奔跑，奔驰。

〔4〕南接三千罗浮秀：南面绵延三千里接壤秀丽的罗浮山。罗浮：罗浮山，位于广东博罗县境内东江之滨，也称“东樵山”，与广东南海市的西樵山齐名，享有“南粤名山数二樵”的盛誉。

〔5〕北压七二衡山雄：北面高耸入云超越衡山七十二雄峰。衡山：古称南岳，是我国著名的“五岳”之一，位于湖南中部，山势雄伟，盘纡数百里，有大小山峰72座，以祝融、天柱、芙蓉、紫盖、石廪五峰为最著名。

〔6〕东播都庞越城雨：东面播洒着都庞岭、越城岭的雨水。都庞：即都庞岭，五岭之一，也称“孔明岭”，位于湖南和广西交界处。越城：即越城岭，五岭之一，也称“始安岭”、“临源岭”、“全义岭”、“越岭”，位于广西东北部和湖南边境。

〔7〕西嘘大庾骑田虹：西面映照着大庾岭、骑田岭的彩虹。大庾：即大庾岭，五岭之一。古名“塞上”、“台岭”，又名“东峤”、“梅岭”，在今江西大余、广东南雄交界处，向为岭南、岭北的交通咽喉。骑田：即骑田岭，五岭之一，位于湖南东南部宜章、郴县之间。

〔8〕我来瞻仰钦虞德：我来到九嶷山瞻仰钦敬虞帝舜的美德。瞻仰：仰望。《韩诗外传》卷三：“夫山者，万民之所瞻仰也。”钦虞德：钦敬虞帝舜的美德。钦：恭敬，钦仰。

〔9〕五风十雨惠无穷：犹如沐浴春风，甘霖普降，真是受惠无穷。五风十雨：五天刮一次风，十天下一场雨，形容风调雨顺。语出汉代王充《论衡·是应》："风不鸣条，雨不破块，五日一风，十日一雨。"惠：受惠。

〔10〕为谋山河添锦绣：为了想着给祖国的大好河山增添锦绣。谋：谋划，想着。锦绣：花纹色彩精美鲜艳的丝织品，比喻美丽或美好的事物。唐代刘禹锡《酬乐天见贻贺金紫之什》："珍重和诗呈锦绣，愿言归计并园庐。"

〔11〕访松问柏谒石枞：我一路不辞劳苦，调查研究。谒：拜见，这里指寻访。

〔12〕瑶汉同胞殷古谊：瑶族和汉族同胞亲如骨肉，民风古朴淳厚。殷：盛大。唐代李白《梦游天姥吟留别》："熊咆龙吟殷岩泉，栗深林兮惊层巅。"引申为富于。古谊：古朴淳厚的友谊。

〔13〕长林共护紫霞红：高大的树木与紫红的彩霞相映生辉。长林：高大的树木。唐代杜甫《茅屋为秋风所破歌》："高者挂罥长林梢，下者飘转沉塘坳。"

〔14〕于今风雨更调顺：如今国泰民安，风调雨顺。于今：如今，现在。更：又。

〔15〕大好景光盛世同：祖国到处是一片太平盛世的美好景象。盛世：昌盛的时代。同：大同，指理想的社会。

【译文】

九嶷山上的白云飞舞，

尧帝的两个女儿娥皇、女英乘风从青翠微茫的山上飘然而下。

她们手里拿着一枝昔日挥洒有凄苦眼泪的斑竹，

身上穿着如今用万朵红霞织就的百重彩衣。

湖南兴起社会主义建设的高潮，人们干劲冲天，犹如洞庭湖波涛汹涌澎湃，掀起连天的白雪，

长沙的诗人、朋友兴高采烈，唱出了惊天动地的诗篇。

我要凭借这些令人欣喜振奋的景象，想象未来更广阔区域的情景，
那时整个湖南都沐浴在清晨灿烂的阳光之中。

七 绝
为李进同志题所摄庐山仙人洞照
一九六一年九月九日

暮色苍茫看劲松，乱云飞渡仍从容。
天生一个仙人洞，无限风光在险峰。

【毛泽东自注自解】

1964 年 1 月 27 日，毛泽东口头答复外国文书籍出版局《毛主席诗词》英译者问：

暮色苍茫看劲松，乱云飞渡仍从容：是云从容，不是松从容。

1974 年 10 月，袁水拍致江青的信中谈及对毛泽东“暮色苍茫看劲松，乱云飞渡仍从容”诗句的理解，说不知是“松”从容，还是“云”从容。毛泽东在答复中说：“是云从容。我喜欢乱云。”①

【题解】

这首诗最早发表于 1963 年 12 月人民文学出版社出版的《毛主席诗词》。

七绝：七言绝句的简称。见《七绝 · 为女民兵题照》题解。

为李进同志题所摄庐山仙人洞照：李进，即江青。1951 年在为批判电影《武训传》组成的调查团中曾用过这个名字。江青（1915—1991），山东诸城人，1929 年入山东省实验剧院。1931 年在青岛大学任图书管理员。1933 年加

① 陈晋《毛泽东之魂》，中央文献出版社 1997 年 12 月第 1 版。

入中国共产党。后到上海入业余剧社等剧团和在电影界当演员。1934 年被捕脱党。1935 年后加入上海电通家业公司、联华影片公司，以艺名“蓝苹”在上海从事演出活动。1937 年到延安，改名“江青”，在马列学院学习。1938 年与毛泽东结婚，担任毛泽东秘书工作。建国后，曾任中共中央宣传部电影处处长、全国电影事业指导委员会委员。“文化大革命”开始后，任中共中央文化大革命领导小组第一副组长、代理组长、解放军文化大革命领导小组顾问。是中共第九届、第十届中央委员、中央政治局委员。与张春桥、姚文元、王洪文组成以她为首的反革命集团，进行篡党夺权的阴谋活动。1976 年 10 月中共中央粉碎了江青反革命集团。1977 年被中共中央永远开除党籍，撤销其党内外一切职务。1981 年被判处死刑，缓期二年执行。1983 年依法减为无期徒刑。1991 年 5 月 14 日，在保外就医期间于北京居住地自杀。题：书写。庐山：见毛泽东《西江月 · 秋收起义》“匡庐一带不停留” 注。仙人洞照：是一幅背依仙人洞所摄的洞前景象的照片，而非仙人洞照。照片顶端有横逸遒劲的松枝，中间大片空白，光色较为暗淡，似大片的暮云，偏左下角，是飞檐状的御碑亭。仙人洞：在庐山牯岭之西佛手岩下，天然生成，高约 7 米，深广各 14 米。相传唐代吕洞宾曾修仙于此，洞内有石制的吕祖龛，故名“仙人洞”。仙人洞为庐山著名风景点之一。照：照片。

1961 年 8 月毛泽东第二次上庐山。8 月 23 日至 9 月 16 日，毛泽东在庐山主持召开了中共中央工作会议。当时，国内经济形势虽已有所好转，但还没有走出低谷。国际上苏联又对我国实行经济封锁，在政治上施加压力，我国在外交上面临不利的局面。面对国内外的各种压力，毛泽东镇定自若，充满信心，坚信国民经济的暂时困难和外来的封锁、孤立、威胁都吓不倒中国人民。9 月 9 日，毛泽东看到李进所摄的庐山仙人洞照片后，找到了寄托。他把照片的画面和意境作了一番诗意的再创作，挥笔写下了这首言志诗。需要注意的是，这首诗不是对江青的摄影作品进行评价，而是触景生情，借景抒怀，寓情于景，是一篇托物言志之作。

这首诗通过对庐山仙人洞附近神奇美丽的自然景色的赞美，歌颂了真正的无产阶级战士和马克思主义政党具有正义凛然的革命精神，表达了在社会主义建设道路上不畏艰险奋勇攀登的决心，寄寓了从容、无畏、奋进的人生哲理。借景寓情、寓情于景、情景交融、托物言志是这首诗的一大特色。

【笺注】

〔1〕暮色：傍晚时昏暗的天色。唐代杜甫《对雪》："乱云低薄暮，急雪舞回风。"苍茫：旷远迷茫的样子。唐代李白《关山月》："明月出天山，苍茫云海间。"劲松：挺拔的青松。晋代潘岳《西征赋》："劲松彰于岁寒，贞臣见于国危。"劲：刚劲，有力。这句写，在暮色苍茫中看到有一株刚劲挺拔的松树。

〔2〕乱云飞渡：厚密、涌动的云阵飞快地从眼前的天空飘过。仙人洞不远处有悬崖绝壁，崖边有横石悬空向北伸展，叫蟾蜍石，石上有"纵览云飞"四个大字，是观云的绝好去处。乱云：纷扰翻滚的云。宋代辛弃疾《鹧鸪天》："一片归心拟乱云，春来谙尽恶黄昏。"又《江城子》："乱云扰扰水潺潺。笑溪山，几时闲。"又《玉楼春》："今朝不管乱云深，来伴仙翁山下住。"宋代赵善括《水调歌头》："洪涛江上乱云，山里簇红楼。"这里是正面形象，喻指革命的怒涛。从容：从容镇定，悠然自若的样子。

〔3〕天生：天然生成。唐代白居易《长恨歌》："天生丽质难自弃，一朝选在君王侧。"仙人洞：见题解。这句诗热烈赞叹仙人洞附近美妙的风景，诗人感叹这真是一个天生的仙人洞啊！

〔4〕无限风光在险峰：化用唐代罗隐《蜂》"不论平地与山尖，无限风光尽被占"句式。风光：风景，景色。唐代李益《行舟》："闻道风光满扬子，天晴共上望乡楼。"险峰：地势险峻，不容易攀登的山峰。这句是说，无限美妙的风光在险峻的山峰上！诗人认为只有登上险峻的山峰，才能享受到这样无限美妙的风光。另有一说，这首诗是一句题一景。仙人洞在庐山牯岭西北侧佛手岩下，在海拔一千多米的高入云海的悬崖陡壁处，洞附近岩隙间卓立古松一株，乱云飞渡是仙人洞外常能看到的景象，在照片上虽然不能看到仙人洞本身，但照片上所拍的苍松、云海都是仙人洞附近的景物，因而，自然就想

象到牯岭西侧的仙人洞。诗中刚劲挺拔的苍松，从容飞渡的乱云，天然生成的仙人洞，都是作者歌颂的美好事物。作者最后进一步说，只有攀登到峰顶，才能领略到无限美好的风光。这一解释与毛泽东自己说喜欢乱云的解释相吻合。

【译文】

在暮色苍茫中，我看到一株昂然屹立的松树是那样的刚劲挺拔，
纵览不断翻腾飘飞的云涛是那样的果敢坚定，从容自若。
在悬崖峭壁上天然生成的仙人洞是那么神奇美妙，巧夺天工，
要领略观赏无限美好的风光，就得攀登上险峻的山峰。

七 律
和郭沫若同志
一九六一年十一月十七日

一从大地起风雷，便有精生白骨堆。
僧是愚氓犹可训，妖为鬼蜮必成灾。
金猴奋起千钧棒，玉宇澄清万里埃。
今日欢呼孙大圣，只缘妖雾又重来。

【毛泽东自注自解】

1964年1月27日，毛泽东口头答复外国文书籍出版局《毛主席诗词》英译者问：

僧是愚氓犹可训，妖为鬼蜮必成灾：郭沫若原诗针对唐僧。应针对白骨精。唐僧是不觉悟的人，被欺骗了。我的和诗是驳郭老的。

附：郭沫若原诗

七 律

看《孙悟空三打白骨精》

一九六一年十月二十五日夜

人妖颠倒是非淆，对敌慈悲对友刁。
咒念金箍闻万遍，精逃白骨累三遭。
千刀当剐唐僧肉，一拔何亏大圣毛。
教育及时堪赞赏，猪犹智慧胜愚曹。

【题解】

这首诗最早发表于1963年12月人民文学出版社出版的《毛主席诗词》。

七律：七言律诗的简称。见《七律·长征》题解。

和郭沫若同志：指和后面所附的郭沫若同志的七律诗《看〈孙悟空三打白骨精〉》。和：即依照别人的诗或词的题材和体裁作诗或词。郭沫若（1892—1978）：四川乐山人，现代著名诗人、剧作家、古文字学家、社会活动家和历史学家。早年赴日本学医。回国后从事文艺活动。五四时期积极从事反帝反封建的革命文化运动。1921年出版新体白话诗集《女神》，并与郁达夫、成仿吾等组织创造社。1924年以后，逐步接受马克思主义思想并倡导革命文学。1926年参加北伐战争，任国民革命军总政治部副主任。1927年8月参加南昌起义，在随起义军南下途中加入中国共产党。1928年旅居日本，从事中国古代史和甲骨文、金文研究。1930年加入左联。抗战爆发后回国，从事抗敌救亡工作，曾任国民政府军事委员会政治部第三厅厅长和文化工作委员会主任。中华人民共和国成立后，历任中国文联主席、中央人民政府委员、政务院副总理、中国科学院院长、中国人民保卫世界和平委员会主席、全国人大常委会副委员长、全国政协副主席，以及中共九届、十届、十一届中央委员等职。

1978 年 6 月 12 日在北京病逝。有《沫若文集》、《郭沫若全集》行世。

1961 年 10 月 18 日，浙江省绍剧团在北京演出绍剧《孙悟空三打白骨精》。郭沫若看过戏后，于 10 月 25 日作了一首七律诗即《看〈孙悟空三打白骨精〉》送给了剧团，借以表达反对修正主义的主题，同时也抄送了一份给毛泽东。毛泽东于 11 月 17 日和了这首诗，主题和郭沫若诗相同，也是反对修正主义的。但是毛泽东对郭沫若诗中敌视被白骨精欺骗的唐僧表示了不同的看法，指出了在斗争中要区分政策，团结、教育中间派。郭沫若读了毛泽东这首诗后表示接受他的意见。

这首诗塑造了唐僧、白骨精和孙大圣三类不同的人物，艺术地抒发了诗人强烈的爱憎感情，批判了国际共产主义运动中的修正主义思潮，表达了建立革命统一战线、同修正主义作斗争的正确策略和思想。整首诗境界宏阔，高屋建瓴，在对比、比喻、象征中，使诗的政治主题得到了具体形象地展示。

【笺注】

〔1〕一从：自从，刚刚从。唐代王昌龄《寄穆侍御出幽州》："一从恩谴度潇湘，塞北江南万里长。"大地：广阔的地面上，指全世界。起：掀起。风雷：风暴雷霆。《周易 · 说卦》："动万物者，莫疾乎雷，挠万物者，莫疾乎风。"古人认为风雷是推动自然界万物生长的动力。清代龚自珍《己亥杂诗》其二百二十："九州生气恃风雷，万马齐喑究可哀。"这里比喻以马克思主义理论为指南的无产阶级革命运动。

〔2〕便有精生白骨堆：典出明代吴承恩《西游记》第二十七回："山高必有怪，岭峻却生精。"便有：就有，即有。与上句的"一从"相应，说明必然性。精：妖精，这里指白骨精。喻指背叛马克思主义的修正主义者和形形色色的机会主义者。生：产生。白骨堆：指吴承恩《西游记》中描写的白骨精在孙悟空金箍棒下化作的"一堆粉骷髅"。这里喻指暴露出来的修正主义者和机会主义者反马克思主义的本质。

〔3〕僧：唐僧，即玄奘，汉传佛教史上最伟大的译师。俗姓陈，本名祎，

河南洛阳洛州缑氏县（今河南偃师市南）人。小说《西游记》中的唐僧是一个吃斋念佛的僧人，他们师徒四人经历了千辛万苦，最终取得了真经。愚氓：糊涂人，愚蠢的人。清代恽敬《文昌宫碑阴录》："本朝承平既久，上下以休养为福，愚氓积煽，遂盗兵戈。"这里喻指革命阵营中政治警觉性不高，嗅觉不灵的人，因而一时敌我不分的"中间派"。氓：即民。犹：还。训：教育，训导。这里指教育争取、开导的意思。

〔4〕妖：妖魔，指白骨精。为：做。鬼蜮：即鬼怪，后来比喻阴险作恶的人。这里喻指修正主义者。蜮：古代传说中水里一种暗害人的怪物，形如鳖，三足，能暗中喷沙射人或人的影子。人被射中即发疮，人的影子被射中也会害病，甚至死亡。唐代白居易《读史》："含沙射人影，虽病人未知。"成语"含沙射影"即出自此诗。唐孔颖达疏引陆机云："一名射影，江淮水皆有之，人在岸上，影在水中，投入影则杀之，故曰射影。南人将入水，先以瓦石投水中，令水浊，然后入。或曰含沙射人皮肤，其疮如疥是也。"《诗经·小雅·何人斯》："为鬼为蜮，则不可得。有靦面目，视人罔极。"成灾：那些修正主义者像白骨精一样做鬼做蜮，他们必定要给革命事业造成灾难和危害。

〔5〕金猴：孙悟空的美称。古人以十二种动物配十二地支，猴属申；又以十二地支配五行，申属金，故称金猴。明代吴承恩《西游记》中称孙悟空为"金公"。一说《西游记》中写孙悟空大闹天宫时被太上老君投入八卦炼丹炉中烧了49天，练就了铜臂铁骨，炼成了一双能识别一切妖魔鬼怪的火眼金睛，故称"金猴"。这里喻指坚持马列主义的无产阶级革命者。奋起：鼓起劲来举起。千钧棒：指孙悟空所使的"如意金箍棒"。据吴承恩《西游记》说，金箍棒重13500斤。钧：古代重量单位，1钧合现在的30斤。"千钧"是夸张说法，极言其重。这句是说，坚强的无产阶级革命者拿起马列主义的锐利武器，迎头痛击修正主义者。

〔6〕玉宇澄清万里埃：即澄清玉宇万里埃。南朝宋范晔《后汉书·党锢传》载范滂"慨然有澄清天下之志"。玉宇：古代传说中天帝居住的地方。谓以玉为殿，形容其光洁华丽。这里指辽阔的天空，引申为美好光洁的世界。宋

代苏轼《水调歌头》词："又恐琼楼玉宇，高处不胜寒。"宋代陆游《十月十四日夜月终夜如昼》："西行到峨眉，玉宇万里宽。"澄清万里埃：这里指清除形形色色的机会主义、修正主义和各种反动势力的谬论邪说。澄清：把液体里的杂质沉淀下去，使液体变清。万里埃：万里长空飞舞的尘埃，喻指当时所说的修正主义者到处散布的邪说谬论。埃：尘埃。这里喻指蔓延于全世界的修正主义思潮。这句是说，这样就扫除了修正主义到处散布的邪说谬论，而使广阔的天空变得一片清亮。

〔7〕孙大圣：即孙悟空。明代吴承恩《西游记》第四回《官封弼马心何足，名注齐天意未宁》写孙悟空大闹天宫后回花果山，自称"齐天大圣"，与玉皇大帝对抗。这里喻指马克思主义。这句是说今天全世界人民，热烈地欢呼坚持马克思列宁主义的无产阶级革命者。

〔8〕只缘：只因为。唐代任华《杂言寄杜拾遗》："只缘汲黯好直言，遂使安仁却为掾。"妖雾：旧时传说妖怪所发散的妖氛毒雾。这里喻指修正主义思潮以及各种反动势力散布的各种谬论邪说。这句是说，只因为今天现代修正主义的妖雾重来了，无产阶级革命者要坚决勇敢地担当起这场降魔任务。

【附诗笺注】

〔1〕人：指孙悟空。妖：指白骨精。喻指当时所说的修正主义者。淆：混淆，分不清。这句是说，唐僧真糊涂，朋友和敌人颠倒，是非混淆。

〔2〕慈悲：本为佛教语。谓给人快乐，将人从苦难中解救出来，泛指慈爱与悲悯。南朝梁沈约《究竟慈悲论》："慈悲之要，全生为重。"友：指孙悟空。刁：苛刻，刁难。这句是说，唐僧对敌人大发慈悲，对自己人却百般刁难。

〔3〕咒念金箍：即念紧箍咒。明代吴承恩《西游记》第十四回写道：观音菩萨给孙悟空头上勒一圈金箍，并传给唐僧紧箍儿经（即紧箍咒），也叫"空心真言"。每当唐僧念紧箍咒时，孙悟空就头痛难忍。唐僧就靠这个制服孙悟空，使他听话。一般人都把制服孙悟空的紧箍咒说成是"金箍咒"，这大

概是孙悟空头上套着金箍，手上拿着金箍棒的缘故。郭沫若因为“金箍”和上句的“白骨”在对仗和声调上都更好，也就存心从众，写作“金箍”。咒：旧时道士、方士等施行法术时的口诀。闻：听。万遍：言其多，并非确数。

〔4〕精逃白骨：即白骨精逃走。累三遭：累计三次。累：累积，连续。遭：量词，次，遍。这句是说，却让白骨精逃掉三次。

〔5〕当：该。剐：古代一种酷刑，也叫“凌迟”，即割肉离骨。唐僧肉：吴承恩《西游记》中说，吃了唐僧肉可以长生不老，因此妖精都想捉拿唐僧吃他的肉。郭沫若误将唐僧借喻为当时所说的修正主义者，因此得出了“千刀当剐”的偏激结论。这句是说，唐僧敌我不分，真是可恨，应当千刀万剐。

〔6〕何亏：何必亏耗、损失。大圣毛：孙悟空能拔汗毛变成猴子或其他东西，用后仍可以收回复原。在这出戏中也有孙悟空用计变出小妖抬着轿子，自己装作老妖，去战胜白骨精，搭救唐僧的情节。这句是说，对于孙悟空来说，拔一根汗毛，有什么损耗呢？

〔7〕教育及时堪赞赏：戏中的白骨精第三次逃掉，等唐僧赶走孙悟空后，终于把唐僧和沙僧捉住，逃走了的猪八戒接受教训醒悟得早，请回孙悟空除妖值得称赞。堪：可，值得。南朝宋刘义庆《世说新语·捷悟》：“众云并不堪用，正令烧除。”

〔8〕猪：指猪八戒。犹：还，尚且。智慧：聪明。愚曹：愚蠢之辈，指唐僧之类。曹：辈，表示人的复数。唐代杜甫《戏为六绝句》其二：“尔曹身与名俱灭，不废江河万古流。”这句是说，猪八戒还很聪明，胜过唐僧这些愚蠢的人。

【译文】

自从世界上兴起了马克思主义的革命风暴雷霆，

就有修正主义如同妖精产生于白骨堆。

唐僧是被白骨精欺骗了的愚蠢人，还可以教育过来，

白骨精则是妖魔鬼怪，必然会酿成大灾。

火眼金睛的孙猴子奋力抡起千钧重棒，
扫除干净笼罩在宇宙间的万里妖雾尘埃。
今天我们之所以呼吁齐天大圣孙悟空，
只因为白骨精的毒雾又弥漫而来。

卜算子
咏 梅
一九六一年十二月

读陆游咏梅词，反其意而用之。

风雨送春归，飞雪迎春到。
已是悬崖百丈冰，犹有花枝俏。

俏也不争春，只把春来报。
待到山花烂漫时，她在丛中笑。

【毛泽东自注自解】

1961 年 12 月 27 日，毛泽东亲自校改《卜算子 · 咏梅》清样时，在词后写道：

附陆游咏梅词一首卜算子。作者北伐主张失败，皇帝不信任他，卖国分子打击他，自己陷于孤立，感到苍凉寂寞，因作此词。

1962 年 1 月 12 日毛泽东致信康生说：

近作咏梅词一首，是反对修正主义的，寄上请一阅。并请送沫若一阅。外附陆游咏梅词一首，末尾的说明是我作的，我想是这样的。究竟此词何年所作，主题是什么，尚有待于考证，我不过望文生义说几句罢了。

附：陆游原词

卜算子
咏　梅

驿外断桥边，寂寞开无主。
已是黄昏独自愁，更著风和雨。

无意苦争春，一任群芳妒。
零落成泥碾作尘，只有香如故。

【题解】

这首词最早发表于1963年12月人民文学出版社出版的《毛主席诗词》。

卜算子：词牌名。小令，双调，44字。仄韵。北宋时盛行此曲。《词谱》以为此词取义于“卖卜算命之人”。上、下片各四句，在偶数句用仄韵，奇数末字须用平声。又名“楚天谣”、“眉峰碧”、“百尺楼”、“缺月挂疏桐”、“黄鹤洞中仙”等。

咏梅：以梅为题材来描写景物，抒发感情。咏：曼声长吟，吟咏。这里指用诗词等文学样式写作。

1961年12月，毛泽东在广州筹划即将召开的中共中央扩大的工作会议。闲暇时，他读了陆游的《卜算子·咏梅》，受到启发，联系当时国际上以美国为首的帝国主义及各国反动派与苏联修正主义集团遥相呼应，妄图颠覆中国社会主义制度，达到其通过“和平演变”复辟资本主义目的的严峻形势。“反其意而用之”，创作了这首词。郭沫若在《待到山花烂漫时》一文中说：“主席的词写成于一九六一年十一月，当时是美帝国主义和他的伙伴们进行反华大合唱最嚣张的时候。”“主席写出了这首词来鼓励大家，首先是在党内传阅的，意思就是希望党员同志们要擎得住，首先成为毫不动摇、毫不害怕寒冷的梅花，为中国人民做出好榜样。斗争了两年，情况逐渐好转了，冰雪的威严逐渐减弱了，主席的诗词才公布了出来。不用说，还是希望我们继续奋斗，使冰雪彻底解冻，使山花遍地烂漫，使地上永远都是春天。”①

这首词通过对梅花俊美而坚忍不拔的形象塑造，寄托了中华民族和中国共产党人英勇无畏，谦虚磊落，藐视各种困难的情怀，激励全党和全国人民坚持马克思主义真理，同修正主义和一切反动势力作不屈不挠的斗争。词中象征、拟人、衬托、比喻、夸张、对仗、顶真等多种修辞手法的巧妙运用，写出了梅花富于挑战性的个性和谦逊无私的高风亮节，较完美地实现了托物言志的目的。

【笺注】

〔1〕陆游（1125—1210）：字务观，号放翁，越州山阴（今浙江绍兴）人。南宋著名的爱国诗人。他生于封建统治阶级向外来侵略势力委屈求和的时代，少年时代受家庭中爱国思想的影响，中年投军，此后流转四川，前后九年。由于主张抗金收复失地的爱国抱负不为时用，晚年退居家乡，但报国信念始终不渝。一生留有9000多首诗歌，抒发政治抱负，关心社会命运，风格豪迈，气象雄浑，表现出强烈的爱国情感。抒写日常生活，也多清新之作。

〔2〕反其意而用之：陆游诗词中有100多首咏梅的，作《卜算子·咏梅》时，正是他主张北伐抗金，受到投降派打击，内心愤懑抑郁，无可奈何的时候，所以词中表现出一种孤芳自赏、自命清高、消极悲观、凄凉消沉的情绪。作者这首词借用陆游原调（卜算子）原题（咏梅），但表现的思想内容和情调完全相反，塑造了一个谦逊虚心、不计名利、积极乐观、充满希望和信心的全新梅花形象，所以作者说“反其意而用之”。宋代胡仔《苕溪渔隐丛话后集·王黄州》引严有翼《艺苑雌黄》说：“文人用故事，有直用其事者，有反其意而用之者。”

---

① 见1964年3月15日《人民日报》。——作者注

〔3〕风雨送春归：化用宋代康与之《风入松》词："一宵风雨送春归，绿暗红稀。"这里说春末风雨特多，所以人们感到好像是在风风雨雨中把春天从人间送了回去。风雨：指暮春风雨。前一句"春"指去春，后一句"春"指来春。宋代苏轼《和秦太虚梅花》诗有"不知风雨卷春归"句。宋代辛弃疾《摸鱼儿》词："更能消几番风雨，匆匆春又归去。"宋代陈德武《蝶恋花·送春》："昨夜狂风今日雨，风雨相摧，断送春归去。"

〔4〕飞雪迎春到：冬天和初春常有雪，所以又使人们感到好像是满天的飞雪把春天迎回到人间。飞雪：唐代岑参《白雪歌送武判官归京》有"北风卷地白草折，胡天八月即飞雪"之句。以上两句说，随着时令的变化，春天去了还会来到。

〔5〕悬崖：高而陡的山崖。百丈冰：在悬崖上都挂下了百丈长的冰柱，极言冰柱之高，寒冷之甚。借喻当时所说的修正主义造成的严峻形势。唐代岑参《白雪歌送武判官归京》："瀚海阑干百丈冰，愁云惨淡万里凝。"宋代石敏若《咏雪》："燕南雪花大如掌，冰柱悬檐一千丈。"

〔6〕犹：仍然，尚且。花枝：指梅花。俏：俏丽，容姿美好。这里指梅枝挺拔俊美。花枝俏：比喻中国共产党和全世界真正的马克思主义者坚贞不屈的高贵品质。

〔7〕俏也不争春：化用宋代陆游《卜算子·咏梅》"无意苦争春，一任群芳妒"词句，但意境和境界全然不同。清代叶申芗《霜天晓角·梅花》："开向花头上，又岂为占春忙。"不争春：不与百花在春天争妍斗丽。冬梅，开在冬天，春天花谢而结成梅子，所以说它不争春。春：指新春景色，春光。喻指革命功劳，革命斗争取得的胜利果实等。全句是说，梅花虽然俏丽，但是却也不同谁去争夺春天。

〔8〕只把春来报：梅花的职责只是把春天到来的消息普告人间。宋代欧阳修《蝶恋花》词："雪里香梅，先报春来早。"宋代陈亮《梅花》："一朵忽先变，百花皆后香。欲传春消息，不怕雪埋藏。"春：指春天，春光。借喻革命胜利的喜讯。这句是说，真正的马克思主义者以解放全人类为己任，他们全心

全意为中国和世界的绝大多数人服务，而不是为了争夺荣誉，居功自傲，只是为了迎来革命的胜利，向人民报道革命胜利的消息。

〔9〕待到：等到。山花烂漫时：指春光普照大地、山花灿烂盛开的时候。喻指马列主义胜利之时，当时所说的修正主义失败之日。宋代严蕊《卜算子》词：“若得山花插满头，莫问奴归处。”唐代杜甫《十二月一日》三首其三：“春花不愁不烂漫，楚客唯听棹相将。”唐代韩愈《山石》：“山红涧碧纷烂漫，时见松枥皆十围。”

〔10〕她在丛中笑：梅花在万紫千红中享受一份春光，与大众共同欢乐愉快地笑了。她：喻指坚持和捍卫马列主义的中国共产党。丛中笑：在花丛中开颜而笑。唐代杜甫《院中晚晴怀西郭茅舍》：“浣花溪里花饶笑，肯信吾兼吏隐名。”唐代崔护《题都城南庄》：“人面不知何处去，桃花依旧笑春风。”唐代李贺《李凭箜篌引》：“昆山玉碎凤凰叫，芙蓉泣露香兰笑。”“她”、“笑”，是梅的拟人用法。

【附词笺注】

〔1〕咏梅：陆游创作有100多首咏梅的诗词，《卜算子·咏梅》是其中的名篇。陆游写这首词时，正是他主张北伐抗金，受到投降派打击，消极颓丧、无可奈何的时候。

〔2〕驿外：指驿站附近。驿：驿站，古代官府设置的供来往官员和传递公文的人途中休息、暂住和换马的处所。断桥：残破的桥。

〔3〕开无主：在没有主人的环境中独自开放。主：主人。这里指培育、欣赏的人。唐代杜甫《江畔独步寻花七绝句》其五：“桃花一簇开无主，可爱深红爱浅红。”唐代李群玉《山驿梅花》：“生在幽崖独无主，溪萝涧鸟为俦侣。”这句是说，梅花孤独寂寞地开着，也没有人来照料观赏。深红、浅红都很可爱，使人不知爱哪种好。

〔4〕已是黄昏独自愁：已经是到了黄昏时分，梅花正在独自悲愁。独自：单独。南唐李煜《浪淘沙》：“独自莫凭栏，无限江山。”

〔5〕更：再，加上。著：同“着”，遭受，承受。这句是说，再加上受到风和雨的打击。

〔6〕无意苦争春：到了春天冬梅花儿就凋谢，结出果实。无意：不愿。苦：极力，竭力。争春：借喻争宠于皇帝。宋代黄庭坚《次韵答马中玉》其三：“争春梅柳无三月，对雪樽罍属二天。”这句是说，梅花不愿意竭力地和谁在春天争奇斗艳。

〔7〕一任：任凭，完全听凭。群芳妒：百花的妒忌。宋代杨无咎《蓦山溪·和婺州晏倅酴醾》：“天姿雅素，不管群芳妒。”群芳：百花。芳：花卉的总称。这里偏指花。作者把“群芳”作为梅花的对立面，喻指朝廷中的投降派、卖国分子。妒：嫉妒。这里指排挤，打击。这句是说，只听凭许多花儿妒忌。

〔8〕零落：凋谢而飘零于地，坠落。成泥：变成泥土，与泥土混同。碾作尘：被车轮碾碎而化为尘埃。宋代王安石《北陂杏花》：“纵被春风吹作雪，绝胜南陌碾成尘。”宋代陆游《言怀》：“兰碎作香尘，竹裂成直纹。”碾：压碎。这句是说，梅花凋谢，脱落变成泥土，或被踩碎碾为尘土。

〔9〕香如故：香气还像以前一样。比喻节操不变。如故：如旧，还像原来一样。这句是说，只有梅花的芳香还和以前一样，终不消散。零落成泥碾作尘，只有香如故：可与陆游《言怀》诗“兰碎作香尘，竹裂成直纹。炎火炽昆冈，美玉不受焚”参读。

【译文】

在一阵阵风雨中送走了春天，
漫天飞舞的大雪又将春天迎来。
又已经到了悬崖峭壁垂挂百丈冰柱的严冬，
还有不畏严寒的梅花俏丽地绽放。

俏丽的梅花不是为了同谁争夺美丽的春光，
只是把春天将要到来的消息告诉人间。

等到漫山遍野鲜花艳丽开放的时候，

梅花在万紫千红的花丛中欢乐愉快地笑了。

七 律

冬 云

一九六二年十二月二十六日

雪压冬云白絮飞，万花纷谢一时稀。
高天滚滚寒流急，大地微微暖气吹。
独有英雄驱虎豹，更无豪杰怕熊罴。
梅花欢喜漫天雪，冻死苍蝇未足奇。

【题解】

这首诗最早发表于1963年12月人民文学出版社出版的《毛主席诗词》。

七律：七言律诗的简称。见《七律·长征》题解。

冬云：指隆冬季节笼罩在寒冷的天空中的降雪之云。这里喻指笼罩在国际共产主义运动上层的“妖雾”、乌云。

1962年12月，北方地区大雪纷飞。国际国内政治、经济形势和当时的天气一样，十分复杂和严峻。在国内，连续三年严重的自然灾害刚结束，中国的国民经济从“谷底”开始向上回升，但是仍然困难重重。另一方面，当时所说的苏联赫鲁晓夫修正主义集团背信弃义，撕毁合同，撤走专家，给我国造成严重的经济困难；在台湾的蒋介石妄图窜犯大陆。在国际上，以苏联为首的赫鲁晓夫修正主义集团掀起了一股反共反华的浪潮。处于内外交困形势下的中国共产党和中国人民坚定不移地高举马列主义大旗，同自然灾害和国内外敌人进行英勇顽强、艰苦卓绝的斗争，终于取得了胜利。在岁末年底，又逢作者69岁生日，毛泽东有感于国内外形势，借眼前的时令景物起兴，咏成这首七律。

诗中真实描写了隆冬的自然景象，隐喻当时严峻的国际政治形势，表达了中国共产党和中国人民坚持马克思主义原则立场，不屈不挠，敢于和一切邪恶势力作斗争的大无畏英雄气概。象征、比喻、对比、反衬等修辞手法的运用，显示了诗人艺术手法的高超。

【笺注】

〔1〕雪压冬云白絮飞：即“冬云压雪白絮飞”。雪压：犹言雪厚、雪大。冬云：指隆冬季节笼罩在寒冷的天空中的降雪之云。白絮：白色的花絮。这里比喻雪花。絮：去掉种子弹松的棉花。南朝宋刘义庆《世说新语·言语》说，东晋女诗人谢道韫曾以“柳絮因风起”比喻雪飞，后遂以飞絮喻飞雪。这句是写，下雪天彤云密布，云层很低，上面还有漫天大雪压顶似的，雪片在空中飘飘扬扬，漫天飞舞。

〔2〕万花纷谢一时稀：许多花纷纷凋谢，一时变得非常稀少。万花纷谢：借喻许多国家的马列主义政党“和平演变”为修正主义政党。一时稀：短时间变稀少了。喻指中国共产党等少数坚持和捍卫马列主义的政党。一时：暂时，一时间。宋代文天祥《南安军》：“江山千古在，城郭一时非。”

〔3〕高天滚滚寒流急：即“高天寒流滚滚急”。这时很高的天空中的寒流滚滚而来，非常急骤。比喻当时国际上反共、反华的修正主义和各种反动势力的逆流来势凶猛。高天：辽阔旷远的天空。滚滚：形容大水奔流的样子。唐代杜甫《登高》：“无边落木萧萧下，不尽长江滚滚来。”也用来形容别的事物急速翻腾，这里形容寒流。寒流：寒冷的气流。急：急骤，很快而且猛烈。

〔4〕大地微微暖气吹：即“大地暖气微微吹”。这一年的12月26日是冬至后的第四天，旧说“冬至一阳生”，所以诗中说“大地微微暖气吹”，时令虽是冬至，但大地并没有完全被寒流控制。微微：缓缓。暖气：喻指世界革命人民的力量和国际共产主义运动中坚持马列主义反对修正主义的政党的革命力量。这句是说，在漫天冰雪中，我们看见了春天的来临。这里比喻革命力量正在生长。

〔5〕独有英雄驱虎豹，更无豪杰怕熊罴：古代诗歌中即有以“虎豹”、

“熊罴”对举的诗句。如东汉曹操《苦寒行》：“熊罴对我蹲，虎豹夹路啼。”唐代杜甫《石龛》：“熊罴哮我东，虎豹号我西。”唐代李商隐《重有感》：“岂有蛟龙愁失水，更无鹰隼与高秋。”独：唯独。英雄：指中国共产党和全世界马列主义政党以及全世界革命人民。驱虎豹：语出自《孟子·滕文公下》“驱虎豹犀象而远之，天下大悦”。驱：赶。虎豹：喻指以美国为首的帝国主义和霸权主义。一说喻指国内外各种反动势力。

〔6〕更：更加。豪杰：与上句的“英雄”义同。熊罴：典出战国《楚辞·淮南小山·招隐士》：“虎豹斗兮熊罴咆，禽兽骇兮亡其曹。”熊罴：借喻当时所称的苏联修正主义集团。一说喻指各种反动势力。罴：熊的一种，又叫“马熊”或“人熊”。

〔7〕梅花：借喻中国共产党及世界上其他马列主义政党。漫天雪：喻指严酷的国际局势。漫天：见《减字木兰花·广昌路上》笺注。这句是说，梅花在漫天大雪中开得特别精神。

〔8〕苍蝇：常被用来比喻令人厌恶的事物。《诗经·小雅·青蝇》：“营营青蝇，止于棘。谗人罔极，交乱四国。”郑玄注：“蝇之为虫，污白使黑，污黑使白，喻佞人变乱善恶也。”这里喻指当时所称的苏联修正主义集团及其追随者。未足奇：不值得大惊小怪。

【译文】

隆冬的乌云压向低空，如絮的白雪漫天飞舞，

许多经不起严寒袭击的花纷纷凋谢，花一时间显得非常稀少。

高空中的寒流滚滚，急剧地翻腾袭来，

大地上的暖气已经缓缓升起。

唯独有英雄敢于驱赶凶恶的虎豹，

更没有豪杰会惧怕害人的熊罴。

梅花喜欢在漫天飞雪中舒枝怒放，

肮脏丑恶的苍蝇被冻死不足为奇。

满江红

和郭沫若同志

一九六三年一月九日

小小寰球，有几个苍蝇碰壁。
嗡嗡叫，几声凄厉，几声抽泣。
蚂蚁缘槐夸大国，蚍蜉撼树谈何易。
正西风落叶下长安，飞鸣镝。

多少事，从来急；天地转，光阴迫。
一万年太久，只争朝夕。
四海翻腾云水怒，五洲震荡风雷激。
要扫除一切害人虫，全无敌。

【毛泽东自注自解】

据臧克家回忆，1960年前后听袁水拍传达毛泽东亲自回答问题时所作的记录时说：

“飞鸣镝：指革命力量。”

1964年1月27日，毛泽东口头答复外国文书籍出版局《毛主席诗词》英译者问：

蚂蚁缘槐夸大国：“大槐安国”是汤显祖《南柯记》里的故事。

正西风落叶下长安，飞鸣镝：“飞鸣镝”指我们进攻。“正西风落叶下长安”，虫子怕秋冬。形势变得很快，那时是“百丈冰”，而现在正是“四海翻腾云水怒，五洲震荡风雷激”了。从去年起，我们进攻，九月开始写文章，一评苏共中央的公开信。

天地转，光阴迫。一万年太久，只争朝夕：你要慢，我就要快，反其道而行之。你想活一万年？没有那么长。我要马上见高低，争个明白，不容许搪塞。但其实时间在我们这边，“只争朝夕”，我们也没有那么急。

附：郭沫若原词

满江红

领袖颂

——一九六三年元旦书怀

沧海横流，方显出英雄本色。
人六亿，加强团结，坚持原则。
天垮下来擎得起，世披靡矣扶之直。
听雄鸡一唱遍寰中，东方白。

太阳出，冰山滴；真金在，岂销铄？
有雄文四卷，为民立极。
桀犬吠尧堪笑止，泥牛入海无消息。
迎东风革命展红旗，乾坤赤。

【题解】

这首词最早发表于1963年12月人民文学出版社出版的《毛主席诗词》，是《毛主席诗词》的压卷之作，也是毛泽东词的代表作之一。

满江红：词牌名。长调，双调。93字。仄韵。唐代教坊曲名。本名“上江虹”，后改今名。上片47字，八句，四韵；下片46字，十句，五韵。格调沉郁激昂，宜用以发抒怀抱，佳作颇多，如岳飞的《满江红》。又名“念良游”、“伤春曲”等。

和郭沫若同志：指和后面所附的郭沫若同志的《满江红·领袖颂》词。

20 世纪 60 年代初，国际社会风云变幻。从 1962 年底到 1963 年初，中共和苏联共产党在意识形态方面展开了激烈的论战。另一方面，世界革命运动风起云涌，形势一派大好。在国内，人民在党和政府的领导下终于度过了三年困难时期。1963 年元旦，在辞旧迎新之际，郭沫若填了一首《满江红》词呈毛泽东。词中歌颂了党和毛泽东以及全国人民在国内外斗争中的大无畏英雄气概和不屈不挠的革命精神，对革命前景抱有必胜信心。毛泽东读后感慨良多，于是写下了这首激动人心的和词作答。

这首词无情嘲弄了企图主宰世界的几个大国的霸权主义者不过是几只嗡嗡叫的“碰壁苍蝇”，表现了中国共产党和中国人民“要扫除一切害人虫”的坚强决心和必胜信心，号召革命人民齐奋起，冲破修正主义、霸权主义的重重迷雾，把反修反霸的斗争进行到底。词作上片风趣、幽默，在讥讽中略带潇洒；下片急速、奔放，势如雷霆万钧。整首词谋篇布局，堪称完美。

【笺注】

〔1〕小小寰球：意思是在广阔无际的宇宙中，地球不过是一个非常微小的物体。寰球：地球，指全世界。寰：通“环”。周围以内的意思。

〔2〕苍蝇：喻指背叛马列主义的苏联赫鲁晓夫修正主义集团及其追随者。碰壁：撞墙。这句是说，有几个渺小丑恶的苍蝇走投无路，在墙壁上乱撞乱碰。这里含有地球在宇宙中已属很小，几只苍蝇就更加微不足道的意思。近代秋瑾《满江红》有“肮脏尘寰，问几个男儿英哲”之句。

〔3〕嗡嗡叫：这句是说，国内外敌对势力声嘶力竭地叫嚷，不过像苍蝇那样嗡嗡叫罢了。嗡嗡：拟声词，形容苍蝇的叫声。

〔4〕凄厉：凄惨尖厉的叫声。南朝宋刘义庆《世说新语·言语》：“帝因诵庾仲初诗曰：‘志士痛朝危，忠臣哀主辱。’声甚凄厉。”宋代苏轼《初秋寄子由》：“西风忽凄厉，落叶穿户牖。”这句是说，叫了几声，声音非常凄凉尖厉。

〔5〕几声抽泣：又叫了几声，好像是在抽搐地哭泣。以上几句表示国内

外反共反华反人民势力只不过作垂死挣扎，但终究挽救不了他们失败的命运。

〔6〕蚂蚁缘槐夸大国：典出唐代李公佐小说《南柯太守传》：有个叫淳于棼的人，一天醉酒后就寝，梦见自己在“大槐安国”做了驸马，又在南柯郡当了20年的太守，“贵极禄位，权倾国都”。等到他妻子死后，官被解除，大槐安国用车子送他回家。醒后，与友人追寻梦游之处，原来是他家庭院前一株大槐树，树穴中聚着一大窝蚂蚁。1996年4月22日《扬子晚报》载杨文思《“南柯梦”中的古槐》一文说，李公佐《南柯太守传》说：“淳于棼家住广陵郡东十里，所居宅南有大古槐一株，枝干修密，清荫数亩。”文章还指出“广陵郡”即今日之扬州。大槐树就是指扬州驼铃巷内原古槐道院内的一株古槐树。古槐道院现已荡然无存，但这株古槐依然屹立在驼铃巷内。缘：沿着爬，攀爬。这里是说，苏联修正主义集团拉大旗作虎皮，凭借着列宁缔造的苏联共产党和世界上第一个社会主义国家，以大国夸耀，逞强称霸。

〔7〕蚍蜉：一种大蚂蚁，身体褐色而发亮，生活在树林里。撼：摇动。唐代韩愈《调张籍》斥责当时一些诽谤唐代大诗人李白、杜甫的人说：“李杜文章在，光焰万丈长。不知群儿愚，那用故谤伤。蚍蜉撼大树，可笑不自量。”谈何易：谈何容易。语出东汉班固《汉书·东方朔传》，东方朔假托非有先生之口说：“可乎哉？可乎哉？谈何容易！”意思是不可能做到。这里是说，苏联修正主义集团企图指令坚持马列主义的中国共产党和世界上其他马列主义政党跟着他们的指挥棒转，这是根本办不到的事情。

〔8〕正西风落叶下长安：化用唐代贾岛《忆江上吴处士》诗：“秋风吹渭水，落叶满长安。”正：正当，正好。西风：秋风。下长安：落到长安。长安：唐朝都城，即今西安。宋代周邦彦《齐天乐》：“渭水西风，长安落叶，空忆诗情宛转。”元代白朴《梧桐雨》杂剧：“伤心故园，西风渭水，落叶长安。”意思是，秋风已起，虫子不好过了。这里喻指当时世界上反共反华的敌人日趋衰亡，正像落叶飘零一样，正面临着日趋衰亡的命运。

〔9〕飞鸣镝：这里喻指革命力量对敌人的声讨、反击。三国吴韦昭《吴鼓吹曲》其二《汉之季》有“飞鸣镝，接白刃”句。南朝梁丘迟《与陈伯之

书》："如何一旦为奔亡之虏，闻鸣镝而股战（大腿发抖），对穹庐以屈膝。"鸣镝：古代一种射出去箭头能发出响声的箭，也叫"响箭"，是汉代匈奴创制的一种武器。西晋左思《咏史》八首其一："边城苦鸣镝，羽檄飞京都。"镝：箭头。这里是说，全世界真正的马克思主义者和革命人民乘这大好形势，奋起反击。

〔10〕多少：偏义复词，单指多，即许多。东汉班固《汉书·刑法志》："今郡国被刑而死者岁以万数……其冤死者多少相覆。"唐代杜牧《江南春绝句》："南朝四百八十寺，多少楼台烟雨中。"

〔11〕从来急：明代张居正《文华殿论奏》："此地从来多荒少熟。"这里是说，从来就是非常紧急的。急：急迫，紧急。西汉司马迁《史记·项羽本纪》："甚急！今者项庄拔剑舞，其意常在沛公也。"

〔12〕天地转：天地在不停地运行。这里喻指世界在不断发展。转：旋转。西汉刘安《淮南子·原道》："所谓志弱而事强者……恬然无虑，动不失时，与万物回周旋转。"

〔13〕迫：紧迫，急促。南朝梁刘孝胜《冬日家园别阳羡始兴》诗有"弥惜光阴遽"句。"遽"与"迫"同义。这里是说，光阴很快过去，显得十分急迫。

〔14〕一万年：形容时间长久。只争朝夕：我们要马上见高低，争个谁是谁非，辩个明白。朝夕：犹言一朝一夕，一个早上和一个晚上。形容时间非常短。《国语·晋语二》："夫晋国之乱，吾谁使先，若夫二公子而立之？以为朝夕之急。"这句是说，要争分夺秒努力地去做。

〔15〕四海翻腾云水怒：这里喻指全世界被压迫民族和被压迫人民掀起了革命的怒潮。四海：古人认为中国四周都有大海环绕，故称"四海"。《尚书·大禹谟》："文命敷于四海。"现在一般指太平洋、大西洋、印度洋、北冰洋。四海等于说天下，这里泛指全世界各地。翻腾：汹涌澎湃的样子。云水：云、水可以互相转化，故常常连用。这里是偏义复词，单指水，指海水，象征无产阶级革命运动。怒：愤怒，形容气势很盛。

〔16〕五洲震荡风雷激：这里喻指世界革命的风雷已经震荡着五大洲，民

族解放运动、人民革命运动已经在世界各地蓬勃地开展起来了。五洲：指亚洲、欧洲、非洲、美洲、大洋洲五大洲。这里义同“四海”，泛指全世界。震荡：受震而摇荡。激：激烈，引申为急剧。

〔17〕害人虫：即苍蝇、蚂蚁、蚍蜉等。喻指世界上一切剥削、压迫人民的反革命势力。这句是说，要坚决、彻底地消灭世界上害人的东西。

〔18〕无敌：没有对手。形容力量强大无比。化用《孟子·公孙丑下》：“如此，则无敌于天下。无敌于天下者，天吏也。然而不王者，未之有也。”这句是说，用马列主义武装起来的革命人民所向无敌。

【附词笺注】

〔1〕沧海横流：海水四处奔流。晋代范宁《春秋谷梁传集解序》：“孔子睹沧海之横流，乃喟然而叹……”唐代杨士勋疏：“沧海横流，喻害万物之大。”唐代房玄龄、褚遂良等撰《晋书·王尼传》：“常叹曰：‘沧海横流，处处不安也。’”这里喻指当时政治斗争尖锐、激烈，国内外反共反华逆流泛滥，社会动荡不安。沧海：大海。因大海水深呈青绿色，故名。沧：通“苍”。青绿色。横：四处奔流，水行不由河道。横：不由正道。这里比喻政治斗争激烈，社会动荡不定。当时国内外敌对势力掀起一股反共反华反人民的逆流，斗争极为尖锐、激烈、复杂，全世界正处在大动荡、大分化、大改组之中。

〔2〕方显出英雄本色：才更显出无产阶级革命者的英雄本色。方：副词。才，才能。本色：真正的面目。

〔3〕人六亿：1954 年 1 月，国家统计局公布全国人口为 6.0193 亿，这里取其整数。

〔4〕天垮下来擎得起：即使天塌下来也能托得起。垮：倒塌。擎得起：比喻能克服众多的困难，顶住巨大的压力。擎：举，向上托。清代释八指头陀《满路花·感时》：“念长林，没个鸣蝉，赤手欲擎天。”

〔5〕世：世界，世道。披靡：本指草木随风偃倒，后用来形容军队溃败不能立足，这里指世道不正。矣：语气助词，可译为“了”。之：代词，它，

代指前面的“世披靡”。直：不弯曲，引申为“正”。这句是说，世道衰败了也能扶直。

〔6〕雄鸡一唱：借喻以毛泽东为首的中国共产党吹响了公开批判苏联修正主义的战斗号角。唱：指雄鸡啼。寰中：环球之中，这里指全世界。

〔7〕东方白：东方发白，也就是天亮了。白：亮，发白。唐代杜甫《东屯月夜》：“日转东方白，风来北斗昏。”唐代李贺《致酒行》：“我有迷魂招不得，雄鸡一声天下白。”

〔8〕太阳出：喻指产生了毛泽东、毛泽东思想。

〔9〕冰山滴：喻指帝国主义和苏联修正主义集团的失败如冰山一样融化了。冰山：漂浮在海上的巨大冰块。这里喻指苏联修正主义集团。唐五代王仁裕《开元天宝遗事》卷上《天宝》上《依冰山》条载：唐玄宗时，杨国忠权倾天下，有人劝进士张彖谒以图显荣，张彖曰：“尔辈以谓杨公之势，倚靠如太山；以吾所见，乃冰山也。或皎日大明之际，则此山当误人尔。”后果如其言。滴：滴水，融化。

〔10〕真金：喻指真正的马列主义、毛泽东思想的伟大真理。这句是说，马列主义、毛泽东思想的真理掌握在人民手中。

〔11〕岂销铄：喻指马列主义、毛泽东思想是“真金不怕火炼”。岂：表示反诘的语气词。怎能，哪能。销铄：熔化，消除。这里是说，马列主义、毛泽东思想的真理是颠扑不破、战无不胜的，相反地，却在斗争中越战越强，日益发展。

〔12〕雄文四卷：指《毛泽东选集》第一至第四卷。雄文：伟大的著作。

〔13〕立极：树立最高准则。立：树立。极：古代神话传说中指大地四角支撑天宇的栋梁。这里指正确的标准，原则。《淮南子·览冥》：“往古之时，四极废，九州裂，天不兼覆，地不周载，……于是女娲炼五色石以补苍天，断鳌足以立四极。”南朝梁元帝萧铎《言志赋》：“差立极而补天，验璧合而珠连。”这里的意思是指树立标准，也就是说，毛泽东著作是我们革命斗争的行动指南，为革命人民指出了正确的斗争方向。

〔14〕桀犬吠尧堪笑止：这里是说，苏联修正主义对以毛泽东为首的中国

共产党的恶意攻击，就好像恶狗乱咬人一样。桀犬吠尧：桀的狗向尧狂吠，比喻当时所说的苏联修正主义集团对以毛泽东为首的中国共产党的肆意诽谤。汉代邹阳《狱中上梁王书》："今人主诚能去骄傲之心，怀可报之意，披心腹，隳肝胆，施厚德，终与之穷达，无爱于士，则桀之犬可使吠尧，而跖之客可使刺由。"唐代房玄龄、褚遂良等撰《晋书·康帝纪》："桀犬吠尧，封狐嗣乱，方诸后羿，曷若斯之甚也。"桀：夏朝最后一位君主，以残暴闻名。吠：狗叫。尧：古代传说中的贤君。堪笑止：真是可笑至极。堪笑：可笑。止：表示确定的语气助词。

〔15〕泥牛入海无消息：喻指苏联修正主义集团和一切反动势力在人民革命的汪洋大海里，跟泥牛入海一样，杳无音信。泥牛入海：宋代释道原《景德传灯录·潭州龙山和尚》："我见两个泥牛斗入海，直至如今无消息。"元代尹廷高《送无外僧弟归奉庐墓》："泥牛入海无消息，万壑千岩空翠寒。"后人以此比喻一去不返，杳无音信。这里是说，喧嚣一时的反共反华反人民浪潮，被革命人民击败，偃旗息鼓，销声匿迹了。

〔16〕迎东风，革命展红旗：就是"革命红旗迎东风展"，革命红旗在东风中随风招展。东风：喻指革命的力量或气势。

〔17〕乾坤赤：喻指无产阶级革命在全世界取得胜利。乾坤：《周易》中的两个卦，指阴阳两种势力，阳的势力叫乾，乾之象为天；阴的势力叫坤，坤之象为地。引申为天地、日月、男女、父母、世界等。这里指全世界。赤：红色。这句是说，全世界一片通红，到处是光辉灿烂的景象，也就是说无产阶级革命在全世界取得胜利。

【译文】

在这小小的地球上，
有几只令人厌恶的苍蝇无路可走，在墙壁上乱撞乱碰。
嗡嗡地乱叫，
发出几声非常凄惨尖厉的叫声，

又叫了几声，好像是在抽搐地哭泣。

修正主义和帝国主义反动派自以为很强大，像一群沿着槐树往上爬的蚂蚁，把小小的蚁穴夸耀成“大槐安国”，

他们又像蚍蜉妄图摇撼参天大树，谈何容易。

正当他们的末日快要来临，如同秋风扫落叶，飘零满长安的时候，

我们一篇篇批判修正主义和帝国主义反动派的檄文像射向敌人的锐利鸣镝。

世界上有多少事情，
从来就是非常紧急的；
天地在不停地运行，
时间很急迫。
等一万年后让历史做出结论，时间就太长了，
我们要马上见高低，辩个明白，争分夺秒，夺取斗争的彻底胜利。
全世界被压迫民族的革命斗争像大海掀起了怒潮，滚滚翻腾，
五大洲人民革命的风雷蓬勃兴起，激烈地震荡。
要坚决、彻底、干净、全部地消灭修正主义、帝国主义和一切反动派，
用马列主义武装起来的革命人民所向无敌。

七 律

吊罗荣桓同志

一九六三年十二月

记得当年草上飞，红军队里每相违。
长征不是难堪日，战锦方为大问题。
斥鷃每闻欺大鸟，昆鸡长笑老鹰非。
君今不幸离人世，国有疑难可问谁？

【题解】

这首诗最早发表于1978年9月9日《人民日报》。

七律：七言律诗的简称。见《七律·长征》题解。

吊：吊唁，伤悼。罗荣桓（1902—1963），湖南衡山县人。1927年加入中国共产主义青年团，同年转为中共党员。8月，参加领导鄂南秋收暴动。9月，参加毛泽东领导的湘赣边界秋收起义。历任红军连、营、纵队党代表。1930年起，历任红四军政治委员，红一军团、江西军区、红八军团政治部主任，八路军一一五师政治部主任、政治委员兼代理师长，山东军区司令员兼政治委员，中共中央山东分局书记，中国人民解放军第四野战军第一政治委员。建国后，历任中央人民政府委员、最高人民检察署检察长、中国人民解放军总政治部主任、国防委员会副主席、中央军委副主席等。1955年被授予“中华人民共和国元帅”军衔。在第一、二届全国人大会议上当选为人大常委会副委员长，在中共八届一中全会上当选为中央政治局委员。1963年12月16日，病逝于北京。

1963年12月16日，罗荣桓在北京病逝的噩耗传来，毛泽东不胜悲痛，提议与会者起立默哀。默哀后，毛泽东说：“罗荣桓是1902年生的。这个同志有一个优点，很有原则性，对敌人狠，对同志有意见，背后少说，当面多说，不背地议论人，一生始终如一。一个人几十年如一日不容易。原则性强，对党忠诚，对党的团结起了很大的作用。”次日，会议结束后，毛泽东亲莅医院向罗荣桓遗体告别。对罗荣桓的逝世，毛泽东连续几天沉浸在深深的哀思之中。几天后，写下了这首悼亡诗。

这首诗追忆了罗荣桓光彩照人的往事，赞美了罗荣桓的高度智慧和指挥才能，字里行间流露出作者对罗荣桓的深切哀悼与失去亲密战友之后的痛惜之情。全诗从“大”处着笔，展示了作者高瞻远瞩的阔大胸襟。

【笺注】

〔1〕记得当年草上飞：还记得在当年战争年代纵横驰骋、飘忽不定的战

斗生活。这是对罗荣桓投身革命，在山野丛林间驰骋经历的概括。后人伪托唐代黄巢作《自题画像》诗，全诗为："记得当年草上飞，铁衣着尽着僧衣。天津桥上无人识，独倚栏干看落晖。"当年：指第二次国内革命战争时期，即1927年8月到1937年7月，井冈山的土地革命和红军的二万五千里长征都包括在内。草上飞：指在野草丛生的大地上奔跑如飞。是旧时"流寇"的代称，表示起义造反的生涯。这里指在当时的战争年代中纵横驰骋、飘忽不定的革命战斗生涯。元代萨都剌《台山怀古》诗："一时人物风尘外，千古英雄草莽间。"

〔2〕红军队里每相违：我们在红军队伍里见面机会很少。毛泽东和罗荣桓在红军时期曾有两次因为党内军内发生意见分歧或路线斗争而暂时离别。自秋收起义上井冈山时起，罗荣桓就在毛泽东的直接领导下从事革命斗争。在1929年6月下旬于闽西龙岩召开的红四军第七次党代表大会上，毛泽东与另一些负责人就建军和作战等一系列重大问题进行了激烈的争论。当时任二纵队九支队党代表的罗荣桓支持毛泽东的正确意见。在选举前委书记时，原由中共中央指定的前委书记毛泽东没有当选。会后，毛泽东离开了红四军前委书记的领导岗位，到闽西养病并指导地方工作。这是两人的第一次分离。8月，红四军出击闽中失利。在9月下旬于闽西上杭召开的红四军第八次党代表大会上，罗荣桓竭力主张将毛泽东请回。10月，红四军冒进粤东，遭到较大损失。11月，毛泽东终于重返红四军前委主持工作。1932年10月中共苏区中央局宁都会议后，王明"左"倾机会主义者撤销了毛泽东红一方面军总政委的职务，改派他做政府工作。1933年春，罗荣桓亦遭"左"倾机会主义者排挤，被调离红一方面军。这是两人的第二次分离。直至长征中，罗荣桓才又回到毛泽东的身边。每相违：常常不能相见。每：每每，常常。相违：不能相见。宋代苏轼《八声甘州·寄参寥子》："约它年、东还海道，愿谢公雅志莫相违。"唐代王维《送綦毋潜落第还乡》："置酒长安道，同心与我违。"清代蘅塘退士《唐诗三百首》注说："同心，犹知己。违，分离。意谓心虽同而行踪却相违。"

〔3〕长征不是难堪日：长征并不是什么了不起的困难时日。长征：指中

央红军1934年10月至1936年10月的二万五千里长征。难堪：难以忍受。1935年1月遵义会议后，毛泽东在四川、贵州境内率领中央红军迂回作战，四渡赤水，并胜利地渡过金沙江，从而摆脱了围追堵截的数十万敌军，最终取得了长征的胜利。日：岁月，年月。一说二万五千里长征是艰苦的，但"在长征途中，罗荣桓跟随干部团行动，不论环境多么艰苦，始终保持着昂扬的斗志和乐观精神"①。两说都可通。

〔4〕战锦：有两说。一说，在对于全中国的解放具有决定意义的三大战役中，辽沈战役是首战；而在辽沈战役中，锦州之战又是关键的一仗，敢不敢打锦州，直接关系到解放战争的前途，故毛泽东称之为"大问题"。毛泽东的作战方针是先打锦州，切断敌军逃入山海关的通道，将其关在东北就地歼灭。但东北野战军司令员林彪主张先打长春。罗荣桓当时是东北野战军政委，他与林彪产生意见分歧。罗荣桓坚决执行中央军委和毛泽东的战略方针，在攻打锦州的战斗中起了很大的作用，立了大功。笔者以为，罗荣桓逝世时林彪正受到毛泽东的信任和重用。1959年，林彪取代彭德怀任国防部长。就在罗荣桓逝世这天，毛泽东还在致党内一些领导人的信中说："解放军的思想政治工作，经林彪同志提出"四个第一""三八作风"之后，比过去有了一个很大的发展，更具体化又更理论化了。"因而不可能在这首挽诗中去数罪林彪。从现在发表的手迹看，有研究者认为是林彪事件后，毛泽东留下的修改稿。另一说，"战锦"是要同锦衣玉食搞特权享受的人作斗争。锦：指锦衣，即精美华丽的衣服，旧指显贵者的服饰。锦衣玉食，形容生活优裕。战锦是用唐代李白《越中览古》"越王勾践破吴归，义士还家尽锦衣"，胜利后骄傲享乐，终于招致衰亡的典故。意思是说，革命胜利了，要巩固无产阶级政权，这才是大问题。方为：才是。

〔5〕斥鷃每闻欺大鸟：即"每闻斥鷃欺大鸟"。斥鷃：也叫尺鷃，在蓬蒿中飞起来不过几尺高的小雀。每闻：常常听说。欺：嘲笑，侮辱。大鸟：指鹏

---

① 《解放军将领传》第四集，解放军出版社1984年7月版。

鸟，即鲲鹏。它能展翅九万里。《庄子·逍遥游》载，对鹏鸟高飞九万里，斥鷃却讥笑鹏鸟飞得太高，认为自己在蓬蒿中飞翔，已是飞得最好了，“我腾跃而上，不过数仞而下，翱翔蓬蒿之间，此亦飞之至也”。这句中的“大鸟”借喻中国共产党人。“斥鷃”借喻当时以苏联赫鲁晓夫为头目的修正主义集团及其追随者。有学者认为，这句中的“斥鷃”、“大鸟”喻指当时共产党内的不同意见者。录以备考。

〔6〕昆鸡：也作鹍鸡，一种大鸡，形似鹤，黄白色。战国宋玉《九辩》：“鹍鸡啁哳而悲鸣。”汉代司马相如《上林赋》：“躏玄鹤，乱昆鸡。”这里借喻当时以苏联赫鲁晓夫为头目的修正主义集团及其追随者。长笑：常常嘲笑或总是讥笑。长：通“常”。宋代王安石《书湖阴先生壁》：“茅檐长扫净无苔。”老鹰：借喻中国共产党人。非：不是，过错。这句借用俄国克雷洛夫寓言《鹰和鸡的故事》。故事说，鹰因为低飞而受到鸡的耻笑，认为鹰飞得跟鸡一样低。鹰答道：鹰有时比鸡飞得还低，但鸡永远不能飞得像鹰那样高。列宁曾用这个寓言赞扬马克思主义者卢森堡“始终是一只鹰”，斥责考茨基一类叛徒只是工人运动后院粪堆里的一群鸡。有学者认为，这句中的“昆鸡”、“老鹰”喻指当时共产党内的不同意见者。录以备考。

〔7〕君：敬辞，对别人的尊称。这里指罗荣桓。南朝宋刘义庆《世说新语·自新》：“况君前途尚可。”不幸：不希望发生而竟然发生。东汉班固《汉书·卜式传》：“今天下不幸有事，郡县诸侯未有奋繇直道者也。”这句表达了作者对罗荣桓过早地逝世的惋惜和沉痛心情。

〔8〕国有疑难可问谁：国家有疑难问题，让我找谁去商量呢？宋代文及翁《贺新郎·西湖》：“国事如今谁倚仗？衣带一江而已。”这句意境与孙中山《挽刘道一》“尚余遗业艰难甚，谁与斯人慷慨同”相似，表达了作者对罗荣桓的倚重和失去一位亲密战友时的悲痛之情。

【译文】

还记得当年飞驰于草莽的革命生涯，

那时红军队伍里常常出现不同意见的争论甚至路线斗争。

二万五千里长征经历的无数艰难困苦不是难以忍受的，

解放战争辽沈战役中攻占锦州是关键性的大战，这才是事关全局的大问题。

我常常听说斥鷃欺负大鹏鸟，

昆鸡也常常讥笑老鹰飞得低。

你现在不幸过早地离开了人世，

今后国家有重大的疑难问题，让我向谁询问呢？

贺新郎

读 史

一九六四年春

人猿相揖别。
只几个石头磨过，小儿时节。
铜铁炉中翻火焰，为问何时猜得，
不过几千寒热。
人世难逢开口笑，上疆场彼此弯弓月。
流遍了，郊原血。

一篇读罢头飞雪，
但记得斑斑点点，几行陈迹。
五帝三皇神圣事，骗了无涯过客。
有多少风流人物？
盗跖庄屩流誉后，更陈王奋起挥黄钺。
歌未竟，东方白。

【题解】

这首词最早发表于《红旗》1978 年第 9 期，同年 9 月 9 日《人民日报》转载。

贺新郎：词牌名。见《贺新郎·别友》题解。

读史：即阅读史书。日本遍照金刚曾在《文镜秘府论》中说："咏史者，读史见古人成败，感而作之。"古代诗词中有咏史、读史一类。咏史诗最大的特征是以精炼的形式和耐人寻味的议论来评判历史事件或历史人物、阐发历史发展规律，表达作者的胸怀、抱负、识见。

毛泽东很重视研究历史，读过大量的历史著作，从上古史《尚书》《春秋》《左传》到《二十四史》《资治通鉴》《清史稿》等史书，他都读过。1964 年春，正是中国度过三年自然灾害不久，国民经济经过调整后开始有了好转。在政治、思想、文化、科技和军事等方面也取得了举世公认的成就。据曾任毛泽东护士长并为毛泽东保管诗稿的吴旭君回忆："在那一段时间里，毛泽东办公之余，全是看《史记》和范文澜写的《中国通史简编》"，以及《二十四史》、《资治通鉴》等文史哲著作。《贺新郎·读史》写的是阅读历史，特别是阅读了中国历史以后所产生的感想，是对国内外斗争形势的哲学概括，"堪称他晚年词中的压卷之作，被誉为读史词的'千古一篇，千古一人'"。

毛泽东站在历史唯物主义的高度，以如椽的大笔艺术地概括了人类社会几十万年前的发展史和中国几千年的历史演进及其表现形态，揭示了中国历史发展的内部结构即阶级关系，歌颂了历史上奴隶和农民起义领袖，表达了只有人民群众才是创造历史的真正动力的思想。

这首词以辩证唯物主义与历史唯物主义的深邃眼光来看待几十万年前至今的人类发展史和社会发展史，笔墨纵横，气象恢宏，意境之深，堪称读史、咏史类诗词中一篇空前的力作。

【笺注】

〔1〕人猿相揖别：科学证明，人类是从猿进化而来的。在远古时代，人、

猿本来同祖，有一部分类人猿因自然条件的变化，迫使它们来到地面上生活，改变原来的生活习惯，并且通过劳动创造了语言，同时使手、脑不断发达，从而在距今约三百万年以前至五六十万年前进化成为能够制造工具和使用简单生产工具的原始人类，完成了从猿到人的转变。从此人与猿分道扬镳，开始有了人类社会的历史。揖别：互相拱手作揖而别，即拜别。揖：旧时的拱手礼。

〔2〕石头磨过：原始人类把石头磨制成石器。石头：这里代指石器时代，考古学上人类历史的最初阶段。石器时代约经历了二三百万年，当时，人类的主要生产工具是石器。石器时代在人类历史上属原始社会时期。又可分为旧石器、中石器、新石器三个时代。这句是说，那时的生产工具十分简陋，生产力水平非常低下。

〔3〕小儿时节：漫长的石器时代只是人类的幼儿时期。包括母系氏族社会、父系氏族社会，以及实行生产资料公有，没有剥削没有阶级的原始公社制度。恩格斯《家庭、私有制和国家的起源》一书曾援引美国民族学家和原始社会历史学家摩尔根《古代社会》中的论述，以新石器时代以前为“蒙昧时代”，并称之为“人类的童年”。

〔4〕铜铁炉中翻火焰：石器时代之后是青铜时代和铁器时代。铜铁炉：炼铜炼铁的火炉。铜：代指青铜器时代的奴隶社会。据考古发现，约4000年前，我国发明了红铜冶炼术，夏朝已出现铜鼎等器物。殷商时已出现青铜器。铁：代指铁器时代的封建社会。我国在春秋初年已开始使用铁器。翻火焰：指青铜器和铁器都要用炉火来冶炼、翻铸。这句写的是石器时代之后的青铜时代和铁器时代。

〔5〕为问何时猜得：即“为问猜得何时”。如果问什么时候发现人类开始使用青铜器和铁器。为问：试问，请问。唐代刘禹锡《赠日本僧智藏》有“为问中华学道者，几人雄猛得宁馨”诗句。据曾为毛泽东保存诗稿的吴旭君说，此处的“为”原作“如”，笔误作“为”，吴旭君建议毛泽东在手稿上改过来，毛泽东说：“不要改了，随它去。”① 猜得：推测出，猜中。

① 吴旭君《毛泽东两首诗词的写作时间及其他》，1986年9月28日《光明日报》。

〔6〕不过几千寒热：和石器时代经历了二三百万年不同，青铜器时代和铁器时代只经过了几千年。几千寒热：犹言几千年的时间。寒热：寒来暑往，因一年中有一个冬天（寒），一个夏天（热），故以寒热代指年。元代赵善庆《山坡羊·燕子》："来时春社，去时秋社，年年来去搬寒热。"我国殷商时代已使用青铜器，距今约 3600 年至 3100 年。春秋初年已使用铁器，距今约 2760 年至 2460 年。估计中国及世界人类使用铜器和铁器的历史也只有数千年。这句含有石器时代的时间长，经过了几十万年，而青铜器、铁器历史短，才不过几千年的意思，说明人类的进化越来越快。

〔7〕人世难逢开口笑：语本《庄子·盗跖》假托盗跖的话说："人上寿百岁，中寿八十，下寿六十，除病瘐、死丧、忧患，其中开口而笑者，一月之中，不过四五日而已矣。"这里是说，人们之间很少有笑脸相向的日子。唐代杜牧《九日齐山登高》："尘世难逢开口笑，菊花须插满头归。"宋代胡铨《青玉案》："感节物，愁多少，尘世难逢开口笑。"宋代洪适《满江红》词："人世难逢开口笑，老来更觉流年迫。"说的是个人失意，感时伤怀。毛泽东借用古人诗句，拓展到整个人类社会，意思是说，人类社会随着生产力的发展，出现了私有制和阶级后，从而产生了阶级矛盾、阶级斗争、战争。从此人们很少欢乐。人世：人世间。

〔8〕上疆场彼此弯弓月：人类过去的历史充满了各种苦难和战争。疆场：战场。彼此：指战争中的敌对双方。弯弓月：把弓拉得如圆月。比喻刀兵相向、大动干戈。弓月：将弯弓拉开欲射如满（圆）月。弓的形状，未拉如半月，拉开欲射如满月。唐代李贺《南园》其六："寻章摘句老雕虫，晓月当帘挂玉弓。"宋代苏轼《江城子·密州出猎》："会挽雕弓如满月。西北望，射天狼。"

〔9〕流遍了，郊原血：倒装句，依顺序应为"郊原（上）流遍了血"。郊原：城郊和原野。唐代李贺《勉爱行二首送小季之庐山》其二："江干幼客真可念，郊原晚吹悲号号。"这里指战场。这句是说，人类进入阶级社会以后，人们为维护本阶级或社会集团的利益，彼此之间总在进行斗争，斗争激烈时，

即以残酷的战争形式出现。特别是剥削阶级为了剥削和压迫人民，为了掠夺和占有社会财富而进行的战争，给人民带来了深重的、巨大的灾难，“血流漂杵”、“杀人盈野”一类的记载向来史不绝书。

〔10〕一篇读罢头飞雪：辛亥革命烈士南社诗人周实《拟决绝词》：“一曲歌成鬓飞雪，鬓飞雪，拼决绝，我不怨尔颜色劣，尔无怨我肠如铁，请决绝。”这里是说，自己从少年至老年一直都在“读”中国史，探究人类社会发展的奥秘和真谛。一篇：一部，指一部浩繁驳杂的中国古代史。也可代指一部分人类社会发展的历史。读罢：读完。罢：停止。引申为完。头飞雪：头上布满白发，形容时间过得很快，白发转眼之间就上了头。唐代李白《将进酒》：“君不见高堂明镜悲白发，朝如青丝暮成雪。”

〔11〕但：只，仅仅。唐代王维《鹿柴》：“空山不见人，但闻人语响。”唐代王昌龄《出塞》二首其一：“但使龙城飞将在，不教胡马度阴山。”斑斑点点：模糊、零星、点滴的印象。

〔12〕陈迹：陈旧模糊的痕迹。晋代王羲之《兰亭集序》：“向之所欣，俯仰之间，已为陈迹。”以上两句说，所读史书不能尽行记忆，只能在脑子里留下一些印象，记得一些历史事迹。这里只是一种形象的说法，而并非真的记不得。

〔13〕五帝三皇神圣事：三皇五帝被史学家们说得神圣无比的事迹。五帝三皇：即三皇五帝的倒装。语出《周礼·春官·外史》：“（外史）掌三皇五帝之事。”具体所指，说法不一。常见的说法，三皇指燧人、伏羲、神农；五帝指黄帝、颛顼、帝喾、尧、舜。一说五帝指伏羲、神农、黄帝、尧、舜。神圣：言其尊贵不可亵渎之意。神圣事：指三皇五帝之类被旧史学家说得神圣无比。东汉班固《汉书·晁错传》载晁错语：“臣闻五帝神圣，其臣莫能及。”神圣：圣明崇高，极言其尊贵不可亵渎之意。事：指传说中三皇五帝的事迹。

〔14〕无涯：本指无边无际，这里指无数。《庄子·养生主》：“吾生也有涯，而知也无涯。”这里指人类在历史长河中一代接一代延续下去，无穷无尽。过客：路过的客人。唐代李白《春夜宴从弟桃李园序》：“夫天地者，万物

之逆旅也；光阴者，百代之过客。”又李白《拟古十二首》其九：“生者为过客，死者为归人。”指人生在迁流不息的历史长河中如匆匆而过的旅客。这里实指读史的人。以上两句是说，旧史书上所谓五帝三皇的“神圣”事迹，都不过是后人根据自己的需要编造出来的，古往今来骗了无数读史的人。

〔15〕有多少风流人物：化用宋代苏轼《念奴娇·赤壁怀古》：“大江东去，浪淘尽，千古风流人物。”多少：几个，表示不多。风流人物：某一时代有极大影响的杰出人物。这里指对历史有巨大影响的革命者。参见毛泽东《沁园春·雪》“数风流人物”笺注。这句是说，旧史书上所标榜的帝王将相俱不足道，只有被剥削阶级中的英雄人物才是真正值得人们称颂的。

〔16〕盗跖庄屩流誉后：典出《荀子·不苟》：“盗跖吟口，名声若日月，与舜、禹俱传而不息。”汉代王充《论衡·命义》载：“盗跖、庄屩横行天下，聚党数千。”盗跖：春秋末期奴隶起义的领袖，名跖，被统治者污蔑为“盗”，后来袭称“盗跖”。他是齐国和鲁国之间的柳下（今山东西部）人，所以又称“柳下跖”。《庄子·盗跖》中说他“从卒九千人，横行天下，侵暴诸侯”，“所过之邑，大国守城，小国入（堡）”。庄屩：战国时期楚国奴隶起义的领袖。《韩非子·喻老》中说楚庄王时“庄屩为盗于境内”。流誉后：流传美名于后世。

〔17〕更：更有，又。陈王：即陈胜（公元前？—前208），字涉，阳城（今河南登封东南）人，农民起义领袖。雇农出身。秦二世元年（公元前209年），他被征守渔阳（今北京市密云西南），同吴广在蕲县（今安徽宿州市东南）发动起义，后攻占陈县（今河南淮阳县），建立张楚政权，他被推为陈王。挥：挥动。奋起：奋力举起或抡起。挥：挥动。黄钺：饰以黄金的长柄斧形兵器，为古代帝王所专用。《尚书·周书·牧誓》中说：“王左仗黄钺，右秉白旄以麾，斩纣王。”“王”指周武王，记载周武王率义师伐商纣王之事。西汉司马迁《史记·周本纪》也曾有同样的记载。以上两句是用来概括中国几千年历史上，劳动人民不断地进行反抗压迫和剥削的斗争。

〔18〕歌未竟：陈胜以后的许多起义英雄尚未来得及一一歌颂。歌：吟

咏。竟：终了，完毕。《周礼·乐师》："凡乐成则告备。"汉代郑玄注："成，谓所奏一竟。"

〔19〕东方白：东方发白，这里指天亮。唐代杜甫《东屯月夜》："日转东方白，风来北斗昏。"宋代苏轼《前赤壁赋》："相与枕藉乎舟中，不知东方之既白。"白：指天亮了。末二句义同唐代李贺《酒罢，张大彻索赠诗，时张初效潞幕》："葛衣断碎赵城秋，吟诗一夜东方白。"以上两句是说，作者深夜读史，浮想联翩，发为歌吟，陈胜以后的许多起义英雄尚未来得及一一歌颂，不觉天已破晓。这里喻示人类社会发展迅速，被剥削阶级的英雄人物代有人出，广大人民群众的斗争推动着历史前进，历代被剥削阶级英雄的颂歌还没有唱完，人类的黎明已经出现了，中国革命已告胜利，人类社会进入了一个新的发展阶段。

【译文】

人类和类人猿互相拱手作揖道别了。
又经过几百万年用石头打磨生产工具的石器时代，
这只不过是人类的童年幼儿时代。
之后是冶炼铜和铁的青铜器时代和铁器时代，
如果问是什么时候发现人类进入青铜器、铁器时代的呢？
距今只不过几千年时间罢了。
自从产生私有制和阶级社会以来，人世间难得遇到开口欢笑的日子，
为了阶级和集团的利益走上战场刀兵相向，大动干戈。
伤亡者血流成河，
城郊原野洒满了鲜血。

读完一部浩繁的中国社会发展历史，头发都已白了，
只留下一些模糊不清、斑斑点点的印象，
脑子里存留下几行支离破碎的陈旧的痕迹。
三皇五帝被史学家们说得神圣无比的事迹，

古往今来不知欺骗了多少历史上的匆匆过客。
有多少在历史发展中发挥巨大作用和影响的杰出人物呢？
盗跖、庄屩率众反抗压迫和剥削，他们的美名流传之后，
还有陈胜奋臂挥起金黄色的大钺带领农民起义。
我这首吟咏历史之歌还没写完，
不知不觉天已大亮了。

水调歌头
重上井冈山
一九六五年五月

久有凌云志，重上井冈山。
千里来寻故地，旧貌变新颜。
到处莺歌燕舞，更有潺潺流水，高路入云端。
过了黄洋界，险处不须看。

风雷动，旌旗奋，是人寰。
三十八年过去，弹指一挥间。
可上九天揽月，可下五洋捉鳖，谈笑凯歌还。
世上无难事，只要肯登攀。

【题解】

这首词中“可上九天揽月，可下五洋捉鳖”两句最早见于《伟大的毛泽东思想敲响了帝修反的丧钟》一文（载 1967 年 8 月 21 日《解放军报》第 1 版）。全词最早发表于《诗刊》1976 年 1 月号，总题为《词二首》，是毛泽东生前最后发表的两首词之一。

水调歌头：词牌名。见《水调歌头·游泳》题解。

重上井冈山：1965年5月下旬，在时隔38年后，毛泽东重上井冈山游览视察。井冈山：见《西江月·井冈山》题解。

1927年10月，毛泽东率领秋收起义的工农革命军挺进井冈山，创建了中国第一个农村革命根据地，开辟了以农村包围城市，最后夺取全国政权的革命道路。1949年10月1日，中华人民共和国成立。1965年毛泽东视察大江南北，于5月21日从湖南长沙乘车，途经韶山、安源、三湾、宁冈和直达茨坪的公路上井冈山。22日到达茨坪，在茨坪住了7天，分别会见了老红军、烈士家属、机关干部和各界群众，同他们亲切交谈。在交谈中，毛泽东深情地说："我离开井冈山已经三十八年了，这次旧地重游，回忆起三十八年前的这段历史，心情总是非常激动的。为了创建这块根据地，不少革命先烈牺牲了自己的生命。我早想回井冈山，一别就是三十八年啊！我的心情和你们一样高兴、激动。没有过去井冈山的艰苦奋斗，就不可能有今天了。"作者一时诗兴涌起，写下了这首词。

词中描绘了重上井冈山后所看到的旧貌变新颜的生机勃勃的美好景色，回顾了井冈山的革命斗争历史，抒发了作者的无限感慨和欢欣之情，赞美了共产党人和革命人民所具有的藐视困难、敢于战胜困难的英雄气概和凌云壮志。词作叙事、写景、抒情、议论熔于一炉；善于用典、化用前人诗句和运用俗语、谚语入诗。豪迈是这首词的基调。

【笺注】

〔1〕久有凌云志：很久以前就怀有爬山登高的志愿。南朝宋范晔《后汉书·冯衍传》说，冯衍自谓"常有陵云之志"。陵：通"凌"。元末明初施耐庵《水浒传》第三十九回："他时若遂凌云志，敢笑黄巢不丈夫。"凌云志：本指高远的志向。这里兼指重上井冈山的心愿，同时含有实现共产主义崇高理想和一往无前的革命精神的意思。凌云：升高至云霄，这里是登高之意。唐代杜甫《戏为六绝句》其一："庾信文章老更成，凌云健笔意纵横。"志：心愿，

想法。

〔2〕重上井冈山：指毛泽东离开井冈山38年后的1965年5月，回到井冈山视察社会主义建设。这句点题。井冈山：见《西江月·井冈山》题解。

〔3〕千里：指从北京到井冈山，千里迢迢。寻：寻访。故地：曾经生活、战斗过的地方。西汉司马迁《史记·穰侯列传》："齐人攻卫，拔故国，杀子良；卫人不割，而故地复反。"这里指井冈山革命根据地。

〔4〕旧貌变新颜：井冈山建设事业迅速发展，面貌发生了巨大的变化。

〔5〕到处莺歌燕舞：建国后，井冈山的自然生态受到特别保护，各种鸟儿在绿树丛中欢唱，在空中飞旋嬉戏。莺歌燕舞：唐代皇甫冉《春思》："莺啼燕语报新年，马邑龙堆路几千？"宋代苏轼《被锦亭》："烟红露绿晓风香，燕舞莺啼春日长。"元代杨景贤《西游记》杂剧第三本第九折有"山光明媚，柳色妖妖，莺歌巧韵，燕舞纤腰"之句。

〔6〕更有：另外有，还有。明末清初张岱《湖心亭看雪》："湖中焉得更有此人。"潺潺：形容流水的声响或水缓缓流动的样子。宋代欧阳修《醉翁亭记》："山行六七里，渐闻水声潺潺而泻出于两峰之间者，酿泉也。"三国魏曹丕《丹霞蔽日行》："谷水潺潺，木落翩翩。"

〔7〕高路入云端：环山公路盘旋而上，伸入云际。高路：这里指1960年冬修筑的从江西宁冈砻市至井冈山茨坪的盘山公路。云端：云里，云中。

〔8〕黄洋界：见毛泽东《西江月·井冈山》笺注。

〔9〕险处：险要之处。不须：不用，不必。东汉班固《汉书·冯奉世传》："不须复烦大将。"看：此处读平声。以上两句是说，黄洋界在井冈山五大哨口中形势最为险要，过了黄洋界，其余的就不必看了。含有我们经历了黄洋界战斗这样严峻的考验，就不会为任何艰难险阻所吓倒，一定能够取得革命斗争胜利的意思。

〔10〕风雷动：无产阶级革命斗争的风暴气势磅礴，万里激荡。风雷：风暴雷霆。比喻气势浩大而猛烈的革命斗争的冲击力量。宋代辛弃疾《水龙吟·过南剑双溪楼》："凭栏却怕，风雷怒，鱼龙惨。"

〔11〕旌旗奋：指火红的战旗迎风飘扬。旌旗：旗帜的通称。《周礼·春官·司常》：“凡军事，建旌旗。”这里指革命斗争的红旗。奋：奋力高举。西汉司马迁《史记·张耳陈馀列传》：“今陈王奋臂，为天下倡始。”

〔12〕是人寰：这正是人间的景象。人寰：即人世间。南朝宋鲍照《舞鹤赋》：“去帝乡之岑寂，归人寰之喧卑。”寰：指广大的地域。

〔13〕三十八年过去：从 1927 年 10 月毛泽东率领秋收起义的工农革命军第一次上井冈山算起，到 1965 年重上井冈山，其间相隔 38 年。

〔14〕弹指：唐代王维《六祖能禅师碑铭》：“饭食讫而敷坐，沐浴毕而更衣，弹指不留，水流灯焰，金身永谢，薪尽火灭。”本为佛教用语。指勾指弹一下的工夫，极言时间短暂。一挥：挥一挥手，比喻时间过得飞快。宋代释法云《翻译名义集》引《阿毗达摩俱舍论》：“壮士一弹指顷六十五刹那。”

〔15〕可上九天揽月：典出《孙子·形篇》：“善攻者，动于九天揽月之上。”唐代李白《宣州谢朓楼饯别校书叔云》：“俱怀逸兴壮思飞，欲上青天览明月。”“览”，“揽”的古字。宋代梅尧臣注：“九天揽月，言高不可测。”九天：天的极高处。古代以为天有九重。战国楚屈原《离骚》：“指九天以为正（证）兮，夫唯灵修之故也。”唐代李白《望庐山瀑布》：“飞流直下三千尺，疑是银河落九天。”揽月：摘取月亮。

〔16〕五洋：指世界五大洋，即太平洋、大西洋、印度洋、北冰洋和南冰洋。这里泛指世界。南冰洋即南极洲，过去人们以为它是海洋，现已探明，实为冰川覆盖的大高原。捉鳖：成语有“瓮中捉鳖”，形容手到擒来，极其容易。元代康进之《梁山泊李逵负荆》第四折：“管教他瓮中捉鳖，手到拿来。”鳖：甲鱼。西晋潘尼《鳖赋》曾把鳖描绘成“骇人而可恶”的丑类。“若乃秋水暴骇，百川沸流，有东海之巨鳖，乃负山而吞舟。”这里喻指擒拿的敌人。这句是说，无产阶级革命者一定能够打倒国内外一切敌人，取得革命胜利。

〔17〕谈笑凯歌还：典出西晋左思《咏史八首》其三大：“吾慕鲁仲连，谈笑却秦军。”意谓在谈笑声中高奏凯歌，胜利归来。这里表现了无产阶级革命者的乐观主义精神。谈笑：笑语言谈，形容十分轻松，不费气力。凯歌：胜

利的歌。宋代陆游《出塞四首借用秦少游韵》其一："壮士凯歌归，岂复赋国殇。"元代关汉卿《哭存孝》第一折："人唱着凯歌回。"还：归来，回还。

〔18〕世上无难事：俗语有"世上无难事，只怕有心人"。

〔19〕登攀：即攀登。这句是说，社会主义建设事业就如同爬山一样，只要不畏艰险，努力攀登，就一定能到达光辉的顶点，取得胜利。

【译文】

很久以前我就怀有登高望远的凌云壮志，
今天终于重新登上了井冈山。
千里迢迢来寻访当年创建革命根据地的地方，
昔日的面貌已经换成了新的容颜。
到处耳闻黄莺呖呖歌唱，眼见紫燕翩翩起舞，
还有那潺潺流淌的溪水，
蜿蜒的盘山公路绕山环岭高入云端。
越过了最险要的黄洋界，
其他险要的地方就不必再看了。

无产阶级革命斗争和民族解放运动蓬勃兴起，风雷滚滚激荡，
革命的红旗高高举起，奋力挥舞，到处飞扬，
这正是人间革命斗争如火如荼，方兴未艾，发生翻天覆地变化的景象。
从当年率领秋收起义的工农革命军上井冈山，到今天已经38年过去了，
这仿佛是一弹指一挥手的瞬间。
无产阶级革命者有上九重天摘取明月的凌云壮志，
有下五大洋活捉大鳖、打倒国内外一切敌人的英雄气概，
在谈笑间把敌人消灭，高奏凯歌，胜利归来。
世界上没有做不到的事情，
这就如同登山，只要努力攀登，就一定能够到达光辉的顶点。

念奴娇
鸟儿问答
一九六五年秋

鲲鹏展翅，九万里，翻动扶摇羊角。
背负青天朝下看，都是人间城郭。
炮火连天，弹痕遍地，吓倒蓬间雀。
怎么得了，哎呀我要飞跃。

借问君去何方，雀儿答道：有仙山琼阁。
不见前年秋月朗，订了三家条约。
还有吃的，土豆烧熟了，再加牛肉。
不须放屁，试看天地翻覆。

【题解】

这首词最早发表于《诗刊》1976 年 1 月号，总题为《词二首》，是毛泽东生前最后发表的两首词之一。

念奴娇：词牌名。见《念奴娇·昆仑》题解。鸟儿问答：指鲲鹏与蓬间雀的问答。

20 世纪 60 年代前期，在国际共产主义运动中曾经出现过围绕马列主义一系列原则问题的大论战。论战的一方，是以毛泽东为代表的坚持和捍卫马列主义的中国共产党人；另一方，是以苏联赫鲁晓夫为首的背叛马列主义的修正主义者。1963 年 6 月 29 日，苏联公开发表了赫鲁晓夫在苏共中央全会上攻击中国共产党的讲话。1965 年 3 月，赫鲁晓夫的继任者勃列日涅夫强行召集以集团谴责中共为目标的各国共产党和工人党会议，中国共产党和其他六国党拒绝参加。此后，苏联便向中苏边境不断增兵，并向蒙古派驻苏军，跟美国一起加紧对我国进行军事威胁，推行霸权主义。与此同时，国家要独立，民族要解放，人民要革命，在世界上已经成为一种历史潮流。面对这样的国际形势，毛泽东写下了这首批判修正主义和霸权主义的词作。

作者采用寓言的形式，借鲲鹏鸟与蓬间雀的形象和故事，批判了赫鲁晓夫修正主义集团和国际上某些人在世界革命、战争与和平等问题上的错误观点，歌颂了马克思主义者革命的坚定性和崇高理想，表达了作者反对霸权主义和对各国民族解放运动力量的无限信心。寓言式的对话描写，大鹏鸟和蓬间雀的一问一答，让伟大与渺小、高尚与低下、豪壮与猥琐形成鲜明对比，造成了这首词幽默诙谐的艺术风格。

【笺注】

〔1〕鲲鹏展翅：典出《庄子·逍遥游》："北冥有鱼，其名为鲲。鲲之大，不知其几千里也。化而为鸟，其名为鹏。鹏之背，不知其几千里也。怒而飞，其翼若垂天之云。是鸟也，海运则将徙于南冥。南冥者，天池也。"冥：同"溟"，海。这里鲲鹏象征马克思列宁主义者和世界革命人民。

〔2〕九万里：极言其高。《庄子·逍遥游》："有鸟焉，其名为鹏，背若泰山，翼若垂天之云，抟扶摇羊角而上者九万里。绝云气，负青天，然后图南，且适（往）南冥也。"

〔3〕翻动扶摇羊角：鲲鹏乘着盘旋而上的飓风奋飞。翻动：翅膀扇起。扶摇：急剧盘旋而上的暴风。羊角：旋风名，义同扶摇。因其旋转而上的形状像羊角，故名。

〔4〕背负青天朝下看：鲲鹏飞到九万里的高空，然后才凭借巨大的风力负托着鹏翼，背贴着蓝天自在地翱翔，俯视人间。《庄子·逍遥游》："背负青天而莫之夭阏者。"青天：高空。夭阏：阻拦，意思是大鹏鸟到了高空其飞行无人阻拦。朝下看：指俯视人间。

〔5〕都是人间城郭：人世间的情景，历历在目。城郭：概指城市。南朝梁徐陵编《玉台新咏·古诗为焦仲卿妻作》："东家有贤女，窈窕艳城郭。"城：

指内城的墙。郭：指外城的墙。

〔6〕弹痕遍地：这句写人间城郭的真实图景。第二次世界大战后，新的世界大战虽然没有爆发，但是局部战争一直连绵不断。一说“弹痕遍地”指全世界到处都有被压迫人民和被压迫民族的革命武装斗争。录以备考。

〔7〕吓倒蓬间雀：马列主义者和修正主义者对当时的革命形势有两种看法，而又集中地表现在战争与和平问题上。马列主义者认为战争有正义和非正义之分，对于被压迫民族、被压迫人民的正义战争，应当坚决支持和赞成。而对于反动势力发动的非正义战争，一是反对，二是不怕，用革命战争去消灭反革命战争。蓬间雀：典出《庄子·逍遥游》：“斥鷃笑之曰：‘……我腾跃而上，不过数仞而下，翱翔蓬蒿之间，此亦飞之至也。’”即蓬草蒿草间飞行的小雀。蓬：蓬蒿，一种草。雀：飞起来只有几尺高的小雀。这里喻指当时国际上某些害怕和反对革命战争，企图苟安的国家领导人。一说即指当时的苏联领导人赫鲁晓夫。赫鲁晓夫 1960 年 9 月在联合国大会演说时曾说：“任何争取民族解放的局部战争都会蔓延成世界大战。”作者给以辛辣的讽刺。

〔8〕哎呀我要飞跃：这是“蓬间雀”所说的害怕革命战争，想要逃避的话。飞跃：这里指飞离逃脱。

〔9〕借问君去何方：这又是鲲鹏向雀儿发出的问话。借问：请问，设问之辞。见毛泽东《七律二首·送瘟神》“借问瘟君欲何往”笺注。君：先生，阁下，讽刺蓬间雀的称呼，含有调侃的意味。

〔10〕雀儿答道：以下从“有仙山琼阁”到“再加牛肉”都是蓬间雀回答鲲鹏问话所鼓吹的一套谬论。

〔11〕仙山：指传说中的蓬莱、方丈、瀛洲三座神山。西汉司马迁《史记·封禅书》载，相传海上有三仙山，金银为宫阙，可望而不可即。琼阁：美玉砌成的楼阁，即琼楼玉宇，仙人住处。唐代白居易《长恨歌》：“忽闻海上有仙山，山在虚无缥缈间。楼阁玲珑五云起，其中绰约多仙子。”宋代苏轼《水调歌头》：“我欲乘风归去，又恐琼楼玉宇，高处不胜寒。”“仙山琼阁”比喻幻想中的美妙境界。这里喻指赫鲁晓夫修正主义集团鼓吹的“无武器、无

军队、无战争”的“三无世界”，以及在国内推行的“土豆烧牛肉”的假共产主义。琼：美玉。阁：楼阁。

〔12〕前年：指1963年。秋月朗：指秋月明亮的时节。朗：明亮。三国魏嵇康《琴赋》：“冬夜肃清，朗月垂光。”

〔13〕三家条约：指1963年8月5日苏、美、英三国在莫斯科签订的《禁止在大气层、外层空间和水下进行核武器试验条约》。该条约把停止核试验同全面禁止核武器完全分开，企图使苏、美、英三国继续制造、储存和使用核武器合法化，并把禁止地下核试验排除在外，旨在剥夺其他国家为抗拒核讹诈而试验核武器的权利，维护几个核大国的核垄断地位，以利于它们在全世界推行霸权主义统治。

〔14〕土豆烧熟了，再加牛肉：苏联领导人赫鲁晓夫1964年4月曾在一次演讲中说“福利共产主义”是“一盘土豆烧牛肉的好菜”。“土豆烧牛肉的共产主义”是当时所说的苏联修正主义的一套谬论。

〔15〕不须放屁：这是鲲鹏听到蓬间雀的胡言乱语后，义正词严地厉声斥责蓬间雀的话。放屁：从肛门中排出的臭气。明代吴承恩《西游记》第七十五回：“兄弟，你虽无甚本事，好道也是个人。俗云：‘放屁添风。’你也可壮我些胆气。”这里喻指胡言论语。

〔16〕试看：试着看看，请看。唐代韩愈《盆池》其五：“且待夜深明月去，试看涵泳几多星。”天地翻覆：即天翻地覆，形容变化巨大。见《七律·人民解放军占领南京》“天翻地覆慨而慷”笺注、《念奴娇·井冈山》“人间变了，似天渊翻覆”笺注。

【译文】

由鲲变成的大鹏展开巨大的翅膀，

向上九万里，

鲲鹏乘着盘旋而上的飓风奋飞。

大鹏背靠着青天朝下看，

看到的都是人世间的城郭。
人世间到处炮火燃烧，火光烟雾冲天，
打得遍地弹痕累累，
吓坏了躲在蓬蒿间的小雀。
“这怎么得了，”
雀儿惊叫道，“哎呀，我要赶快飞逃。”

大鹏鄙夷地质问雀儿：“请问你要飞逃到什么地方呢？”
雀儿回答说：
“有个神仙居住的仙山琼阁。
你没有看见前年秋月明朗的时节，
苏、美、英三国在莫斯科签订了部分禁止核试验的条约。
那里还有好吃的，
土豆已经煮熟了，
再加上牛肉。”
“不准你胡说八道，
请你睁开眼睛看看，整个世界正在发生天翻地覆的变化。”

二　副　编

本辑收诗词29首，均为毛泽东逝世后，经中共中央有关部门批准发表的，收入人民文学出版社1986年出版的《毛泽东诗词选》、中央文献出版社1996年出版的《毛泽东诗词集》和2003年出版的《毛泽东诗词全编鉴赏》。这些诗词都是经毛泽东生前亲自审定的，虽然生前没有发表，但其中不乏精品佳构。同时这些作品在创作时期、题材、体裁、艺术风格等方面，与毛泽东生前所发表的诗词相得益彰，因而也是颇为珍贵的。

五　古

挽易昌陶

一九一五年五月

去去思君深，思君君不来。
愁杀芳年友，悲叹有余哀。
衡阳雁声彻，湘滨春溜回。
感物念所欢，踯躅南城隈。
城隈草萋萋，涔泪侵双题。
采采余孤景，日落衡云西。
方期沆漭游，零落匪所思。

永诀从今始，午夜惊鸣鸡。
鸣鸡一声唱，汗漫东皋上。
冉冉望君来，握手珠眶涨。
关山蹇骥足，飞飙拂灵帐。
我怀郁如焚，放歌倚列嶂。
列嶂青且茜，愿言试长剑。
东海有岛夷，北山尽仇怨。
荡涤谁氏子，安得辞浮贱。
子期竟早亡，牙琴从此绝。
琴绝最伤情，朱华春不荣。
后来有千日，谁与共平生？
望灵荐杯酒，惨淡看铭旌。
惆怅中何寄，江天水一泓。

【题解】

这首诗最早发表于湖南第一师范学校 1915 年油印的《易君咏畦追悼录》。

五古：五言古体诗的简称。古体诗是别于唐代兴起的近体格律诗而言，不讲究平仄、对仗，用韵比较自由，首句可押韵，也可以不押韵，偶句押韵，可以换韵，句数也不限。句式有四言、五言、六言、七言、杂言等。挽易昌陶：即悼念易昌陶。挽：哀悼死者。毛泽东在致友人湘生的信中说："同学易昌陶君病死，易君工书善文，与弟甚厚，死殊可惜。"并抄录了这首诗寄上。易昌陶（？—1915），字咏畦，湖南衡山县人，是毛泽东在湖南省立第一师范学校八班的同学与挚友，1915 年 3 月病逝。

1915 年 5 月 23 日，湖南省立第一师范学校为易昌陶开追悼会。1915 年 6 月 25 日，毛泽东给湘生的信中说："读君诗，调高意厚，非我所能。同学易昌陶君病死，君工书善文，与弟甚厚，死殊可惜。校中追悼，吾挽以诗，乞为斧正。"接着抄录了这首诗。毛泽东同时还写了一副挽联。挽联是："胡虏多反复，千里度龙山，腥秽待湔，独令我来何济世；生死安足论，百年会有殁，奇花初茁，特因君去尚非时。”

这首挽诗表达了作者对挚友英年早逝的痛惜、悲伤之情，抒发了青年毛泽东忧国忧民的报国情怀以及改造旧世界的宏图远志。此诗大量用典和化用古诗的意境和词句，写得迂回婉转，九曲回肠，沉郁顿挫，至情至性，意境深邃。

【笺注】

〔1〕去去：越去越远。催人速去之词。这里指永别，死了。东汉蔡琰《悲愤诗》：“去去割情恋，遄征日遐迈。”旧题汉代苏武《别诗》四首其三：“参辰皆已没，去去从此辞。”东晋陶渊明《和刘柴桑》：“去去百年外，身名同翳如。”宋代柳永《雨霖铃》词：“念去去千里烟波，暮霭沉沉楚天阔。”深：副词，很，甚。《孟子·滕文公上》：“歠粥，面深墨。”注：“深，甚也。”

〔2〕思君君不来：句法脱胎于西晋陆机《挽歌》：“呼子子不闻，泣子子不知。”不来：不能回来，即不能复生。《诗经·小雅·采薇》：“忧心孔疚，我行不来。”朱熹集传：“来，归也。”

〔3〕愁杀：使人极为忧愁，愁死、愁坏。极言悲愁之甚。清代沈德潜《古诗源·古歌》：“秋风萧萧愁杀人，出亦愁，入亦愁。”唐代李益《汴河曲》：“行人莫上长堤望，风起杨花愁杀人。”芳年：青春年少。南朝宋刘铄《拟行行重行行》：“芳年有华月，佳人无还期。”唐代卢照邻《长安古意》：“借问吹箫向紫烟，曾经学舞度芳年。”友：朋友。唐代王昌龄《芙蓉楼送辛渐》：“洛阳亲友如相问，一片冰心在玉壶。”这里指毛泽东自己。

〔4〕悲叹有余哀：直接袭用三国魏曹植《七哀》：“上有愁思妇，悲叹有余哀。”余哀：未尽的悲哀。旧题汉代苏武《别诗》四首其二：“丝竹厉清声，慷慨有余哀。”南朝梁萧统《文选·古诗十九首·西北有高楼》：“一弹再三叹，慷慨有余哀。不惜歌者苦，但伤知音稀。”余：多。

〔5〕衡阳雁声彻：相传衡阳有回雁峰，秋天北雁南来即到此为止，春天返回北方。借鸿雁北飞喻好友永诀。唐代王勃《秋日登洪府滕王阁饯别序》：

“雁阵惊寒，声断衡阳之浦。”唐代杜甫《归雁》：“万里衡阳雁，今年又北归。”宋代范仲淹《渔家傲》词：“塞下秋来风景异，衡阳雁去无留意。”声彻：声音大，传得广远。

〔6〕湘滨：湘江之滨。滨：水边，近水的地方。春溜：指春水，春天的水流。南朝梁阴铿《渡青草湖》：“洞庭春溜满，平湖锦帆张。”宋代秦观《西城宴集》：“春溜泱泱初满池，晨光欲转万年枝。”溜：迅速的水流。回：回旋，旋转。《荀子·致士》：“水深而回，树落则粪本。”

〔7〕感物念所欢：句法化用汉乐府《伤歌行》：“感物怀所思。”感物：因接触外界事物引起的思想情绪。三国魏曹植《赠白马王彪》：“感物伤我怀，抚心长太息。”唐代韩愈《荐士》：“念将决焉去，感物增恋嫪。”物：事物。这里指秋雁和春水。念：思念，回想。《战国策·赵策四》：“念悲其远也，亦哀之矣。”所欢：亲密的人，这里指好友易昌陶。东汉刘桢《赠五官中郎将》：“涕泣洒衣裳，能不怀所欢。”这里指与易昌陶快乐相处时的许多往事。

〔8〕踯躅：徘徊不前的样子。南朝梁徐陵编《玉台新咏·古诗为焦仲卿妻作》：“金车玉作轮，踯躅青骢马。”南城隈：南城墙拐弯的地方。南城：即城南，湖南省立第一师范学校在长沙城南门外的书院坪。隈：弯曲的地方，角落。唐代骆宾王《帝京篇》：“三条九陌丽城隈，万户千门平旦开。”

〔9〕草萋萋：草长得茂盛繁密的样子。战国《楚辞·招隐士》：“王孙游兮不归，春草生兮萋萋。”唐代崔颢《黄鹤楼》：“晴川历历汉阳树，芳草萋萋鹦鹉洲。”唐代无名氏《杂诗》：“近寒食雨草萋萋，著麦苗风柳映堤。”

〔10〕涔泪：不断流下的眼泪。南朝梁江淹《谢法曹赠别》：“芳尘未歇席，涔泪犹在袂。”涔：形容汗、泪、雨水等不断落下的样子。侵双题：浸湿了两颊。侵：通“浸”，浸湿。双题：双颊，两腮。南朝宋谢惠连《捣衣》：“微芳起两袖，轻汗染双题。”双题：额头两端。这里泛指面颊。

〔11〕采采：众多的样子。《诗经·秦风·蒹葭》：“蒹葭采采，白露未已。”余：剩下。孤景：即孤影。景：“影”的古字，读“yǐng”。唐代杜牧《早雁》：“仙掌月明孤影过，长门灯暗数声来。”这里指独自徘徊。

〔12〕衡云：湖南长沙西岳麓山上空的云彩。衡：本指在长沙之南的衡山，这里指属衡山七十二峰之一的岳麓山。

〔13〕方期沆漭游：意思是说，还有过一道远游的计划，正准备到广阔天地去遨游。方：正。期：希望。沆漭：义同“汪洋”，水深广的样子。西晋左思《吴都赋》：“泝溶沆漭，莫测其深，莫究其广。”这里引申为广阔的天地。游：交游。明代宋濂《送东阳马生序》：“又患无硕师名人与游。”引申为考察，学习。南朝宋范晔《后汉书·张衡传》：“衡少善属文，游于三辅。”

〔14〕零落：原指草木凋谢。战国楚屈原《离骚》：“惟草木之零落兮，恐美人之迟暮。”这里喻指死亡。语本三国魏曹植《箜篌引》：“生存华屋处，零落归山丘。”匪所思：不是所想到的。匪：通“非”。《周易·涣卦》：“匪夷所思。”这句意谓想不到你却去世了。

〔15〕永诀从今始：句法化用三国魏阮籍《咏怀诗》其三：“秋风吹飞藿，零落从此始。”永诀：永别。后晋沈昫等《旧唐书·李勣传》载李勣说：“生死永诀，此肉同归于土矣。”

〔16〕午夜：半夜，夜里12点钟前后。唐代戴叔伦《重游长真寺》：“蒲间千年雨，松门午夜风。”鸡鸣：《诗经·齐风·鸡鸣》：“鸡既鸣矣，朝既盈矣。”明代刘基《无寐》：“夜长无寐待鸣鸡，及至鸡鸣梦却迷。”

〔17〕鸣鸡：与上句结尾构成顶真修辞。唐代韩偓《故都》：“掩鼻计成终不觉，冯驩无路敩鸣鸡。”

〔18〕汗漫东皋上：唐代李白《庐山谣寄卢侍御虚舟》有“遥见仙人彩云里，手把芙蓉朝玉京。先期汗漫九垓上，愿接卢敖游太清”之句。汗漫：水势浩瀚的样子，形容无边无际，这里指漫步。东皋上：似指在妙高峰上。东晋陶渊明《归去来兮辞》：“登东皋以舒啸，临清流而赋诗。”皋：水边的高地。

〔19〕冉冉望君来：即“望君冉冉来”。句法化用南朝梁徐陵编《玉台新咏·古诗为焦仲卿妻作》：“君既若见录，不久望君来。”冉冉：慢慢地。宋代郭茂倩编《乐府诗集·陌上桑》：“盈盈公府步，冉冉府中趋。”

〔20〕握手：南朝宋范晔《后汉书·李通传》：“及相见，公语移日，握手

极欢。”珠眶涨：泪珠由眼眶涨出。珠眶：眼眶。涨：扩大，这里指涨满泪水。

〔21〕关山蹇骥足：这里是婉指易昌陶英年早逝而不能施展其才华。关山：关和山。见毛泽东《菩萨蛮·大柏地》“关山阵阵苍”笺注。宋代郭茂倩编《乐府诗集·木兰诗》：“关山度若飞。”蹇骥足：比喻英才早逝，壮志未酬。典出唐代房玄龄、褚遂良等撰《晋书·王接传论》：“王接才调秀出，见赏知音，惜其夭枉，未申骥足，嗟夫！”蹇：本指跛足，这里引申为阻挡，阻碍。骥足：良马，这里比喻俊逸之才。

〔22〕飞飙拂灵帐：以高风、清风喻指易昌陶的遗风遗德。语出西晋陆机《日出东南隅行》：“遗芳结飞飙，浮景映清湍。”飞飙：飞速的风。飙：疾风。汉代桓宽《盐铁论·世务》：“因时而动，乘可而发，飙举电至。”拂：吹。灵帐：张挂在死者灵柩前的帐幔。

〔23〕我怀郁如焚：句法仿三国魏曹植《赠白马王彪》：“玄黄犹能进，我思郁以纡。”郁：忧愁。西汉刘安《淮南子·泛论》：“故乐愈侈，而民愈郁，国愈乱。”焚：烧。

〔24〕放歌：尽情地放声歌唱。唐代杜甫《自京赴奉先县咏怀五百字》：“沈饮聊自遣，放歌破愁绝。”倚：靠着。列嶂：排列如屏障的山峰。湖南长沙湘江西岸的岳麓山，南北走向，如同排列的屏障。唐代李益《再赴渭北使府留别》：“列嶂高烽举，当营太白低。”

〔25〕列嶂青且茜：句式同南朝梁萧统《文选·古诗十九首·迢迢牵牛星》：“河汉清且浅，相去复几许。”其十二：“东城高且长，逶迤自相属。”茜：红色。“列嶂”与上句结尾构成顶真。

〔26〕愿言：每念，常想。汉代无名氏《李陵录别诗》：“愿言莫相忘。”西晋潘岳《在怀县作》其二：“愿言旋旧乡，畏此简书忌。”言：语气助词，无实义。多见于《诗经》等上古作品。如《诗经·卫风·氓》：“静言思之，躬自悼矣。”《左传·僖公九年》：“既盟之后，言归于好。”试长剑：汉代王符《潜夫论·考绩》有“剑不试则利钝暗，弓不试则劲挠诬”之句。元代虞集《张道士蜀山图》有“试剑丹崖秋隼疾，濯缨清涧夜龙闲”之句。这里寄寓愿

为国效力之意。

〔27〕东海有岛夷：这里指日本帝国主义。东海：《释纪》“谓东海者，日本自大唐当东方之间，唐朝所名也”。岛夷：古代指我国东部沿海及附近岛屿上的民族。《尚书·禹贡》：“冀州岛夷皮服，扬州岛夷卉服。”南朝宋范晔《后汉书·度尚传》注：“书曰岛夷皮服，原本作鸟夷。今作岛夷，后人所改。”唐代孟浩然《永嘉上浦馆逢张八子容》：“廨宇邻鲛室，人烟接岛夷。”鸦片战争前后的诗文中，常称外国侵略者为岛夷。如清代黄遵宪《冯将军歌》：“何物岛夷横割地，更索黄金要岁币。”诗中的岛夷指法国侵略者。

〔28〕北山：泛指我国北方一带。《诗经·小雅·北山》：“陟彼北山，言采其杞。”这里与“东海”句相对应，以北方群山代指中国北部疆域。尽：全部、都。宋代司马光《资治通鉴·唐纪》：“虚实尽知。”仇怨：仇恨，冤仇。西汉司马迁《史记·留侯世家》：“所诛者，皆平生所仇怨。”又《史记·秦始皇本纪》：“秦王之邯郸，诸尝与王生赵时母家有仇怨，皆阬之。”北山、仇怨：这里指俄国帝国主义。

〔29〕荡涤：冲洗，清除。东汉班固《汉书·李寻传》：“洪水乃欲荡涤。”南朝宋范晔《后汉书·陈宠传》：“荡涤烦苛之法。”这里喻指赶走侵略者，洗刷国耻。谁氏子：谁家的子弟。三国魏曹植《白马篇》：“借问谁家子？幽并游侠儿。”唐代韩愈《谁氏子》：“非痴非狂谁氏子，去入王屋称道士。”

〔30〕安得：怎么才能。唐代杜甫《茅屋为秋风所破歌》：“安得广厦千万间，大庇天下寒士俱欢颜。”辞：推辞。浮贱：对自己谦卑的说法。犹言我们这些分量轻微的人。宋代任广《书叙指南·谦称引咎》：“自谦曰无似……又曰浮贱。”南朝江淹《杂体诗·效颜延之〈侍宴〉》：“测恩跻逾逸，沿牒懵浮贱。”浮：指知识浮浅。贱：卑微，地位低下。

〔31〕子期：钟子期，春秋时楚国人，精通音律。他的朋友俞伯牙善于弹琴。伯牙鼓琴，志在高山流水，子期听而知之。子期死，伯牙谓世无知音者，乃绝弦破琴，终身不复鼓琴。《吕氏春秋·本味》有：“伯牙鼓琴，钟子期听之……曰：‘善哉乎鼓琴，巍巍乎若泰山！’”唐代李峤《琴》诗：“子期如可

听，山水响余哀。”竟：竟然，表示出乎意料。

〔32〕牙琴：俞伯牙的琴。传说琴艺精湛的俞伯牙抚琴，琴声中含有高山流水的意境，钟子期一听就心领神会，成为俞伯牙的知音。钟子期死后，俞伯牙认为世上再没有知音，便将琴摔断了，不再抚琴。清代林则徐《杭嘉湖三郡观风告示》：“如赏牙琴，更亲听乎操缦。”牙：俞伯牙。这里作者把易昌陶比作钟子期，自喻为俞伯牙，意即易昌陶是自己的知音、挚友。从此：从此时或此地起。绝：断，断绝，停止。《广雅》：“绝，断也。”

〔33〕琴绝：琴弦断绝，借喻易昌陶之死。伤情：伤心，伤感，因遭不幸而内心痛苦。唐代元稹《寄乐天》：“闲夜思君坐到明，追寻往事倍伤情。”

〔34〕朱华：泛指红花。唐代孟郊《峥嵘岭》：“古树浮绿气，高门结朱华。”春：春天，生机盎然的季节。《尔雅·释天》：“春为青阳，春为发生，春秋繁露。春者，天之和也。又春，喜气也，故生。”易昌陶病故正值春季。不荣：不鲜艳茂盛，黯然失色。东晋陶渊明《归去来兮辞》：“木欣欣以向荣，泉涓涓而始流。”

〔35〕后来：后到，指以后成长起来的人。南朝宋范晔《后汉书·卢植传》：“宜置博士，为立学官，以助后来，以广圣意。”有：存在。《老子》第四十章：“天下万物生于有，有生于无。”千日：许许多多的日日夜夜，不是确数。

〔36〕谁与：即与谁。语出《国语·晋语八》：“死者若可作也，吾谁与归。”宋代范仲淹《岳阳楼记》：“噫！微斯人，吾谁与归？”宋代曾觌《水调歌头·书怀》：“谁与共登眺，公子气横秋。”平生：终身，一生。

〔37〕望灵：朝着灵柩。灵：灵柩。荐：献，祭奠。南朝宋范晔《后汉书·礼仪志》：“斩牲于郊东门，以荐陵庙。”姚思廉撰《梁书·袁昂传》：“所以踌躇，未遑荐璧。”杯酒：饮酒。宋代欧阳修等撰《新唐书·张延赏传》：“吾武夫，虽有旧恶，杯酒间可解。”这里指一杯酒。

〔38〕惨淡看铭旌：即“看铭旌惨淡”。惨淡：阴沉、暗淡无光的样子。宋代欧阳修《秋声赋》：“夫秋之为状也，其色惨淡，烟霏云敛。”铭旌：旧时竖在

灵柩前以标识死者官衔和姓名的旗幡，一般用白布或黑布做成。又称“名旌”。郭沫若《满江红·天外人归》词：“高树铭旌三叩首，跪参导弹孤哀样。”

〔39〕惆怅：情怀伤感的样子。东晋陶渊明《归去来兮辞》：“既自以心为形役，奚惆怅而独悲？”中：满，充满。一说通“衷”，指心情。东汉班固《汉书·匈奴传上》：“令其量中，必善美而已。”三国魏曹植《白马篇》：“名编壮士籍，不得中顾私。”何寄：寄何，寄托什么。

〔40〕江天：江河水面上的广阔空际。清代曹寅《观打鱼歌》：“撇眼旋看凫鹜飞，鸣榔早彻江天响。”毛泽东《采桑子·重阳》：“不似春光，胜似春光，寥廓江天万里霜。”水一泓：语出宋代张方平《瑶池宴曲》：“晓过扶桑水一泓，下视中州尘九点。”一泓：唐代李贺《梦天》：“遥望齐州九点烟，一泓海水杯中泻。”泓：水深而广的样子。这里用作量词。东晋郭璞《江赋》：“极泓量而海运，状滔天以淼茫。”

【译文】

你和我们永别了，随着岁月的流逝，我对你的思念会越来越深。
我们多么思念你，你却永远也不能回来了。
愁坏了你年轻的朋友，
悲伤叹息，我有非常多的悲哀。
衡阳回雁峰的雁声传到很远的地方，大雁春天又飞回北方。
湘江之滨的春水因你的去世而回旋。
感念这些事物而想起我亲爱的人，
我长久地在南城弯曲处徘徊。
南城弯曲处的春草已经长得非常茂盛，
我泪水不断地流下，浸湿了两颊。
众多的景物中只剩下我孤独的身影，
太阳坠落在衡山云层的西边。
正指望同你一起到广阔天地去遨游，

想不到你竟像秋天的草木一样，过早地枯萎凋零。
从今以后我们永别了，
我常常半夜被鸡鸣声突然惊醒。
当鸡叫声把我惊醒时，
仿佛我俩正漫步在田野上。
恍惚中我看见你慢慢向我走来，
我俩紧紧地握手，泪珠从眼眶溢出。
关隘山峦阻碍了良马奔驰，
飞速的风吹拂着你的灵帐。
我心中的忧愁如火燃烧，
背靠群山我长歌当哭。
群山青色浓郁，草木茂盛，
我们期待着为国效力，就如一把长剑，一试锋芒。
东面海岛国有我们的敌人日本帝国主义，
北方群山边是我们的仇敌俄国帝国主义。
谁家的子弟能够赶走侵略者，
我们怎能以知识浮浅、地位低下而推辞。
钟子期竟然早早地去世了，
俞伯牙从此不再弹琴。
琴音断绝最使人悲伤，
就像红花在春天不能鲜艳地开放一样。
虽然未来的日子还很长，
但是谁能同我共度一生。
我只能望着灵位给你献上一杯酒，
神情哀伤地看着你灵柩前的旗幡。
在充满哀伤中，我用什么来寄托往昔深深的友情呢？
思念之情就像江河的水一样深沉。

七　古

送纵宇一郎东行

一九一八年四月

云开衡岳积阴止，天马凤凰春树里。
年少峥嵘屈贾才，山川奇气曾钟此。
君行吾为发浩歌，鲲鹏击浪从兹始。
洞庭湘水涨连天，艨艟巨舰直东指。
无端散出一天愁，幸被东风吹万里。
丈夫何事足萦怀，要将宇宙看稊米。
沧海横流安足虑，世事纷纭从君理。
管却自家身与心，胸中日月常新美。
名世于今五百年，诸公碌碌皆余子。
平浪宫前友谊多，崇明对马衣带水。
东瀛濯剑有书还，我返自崖君去矣。

【题解】

这首诗最早披露于《党史研究资料》1979 年第 10 期刊载的罗章龙《回忆新民学会（由湖南到北京）》一文中，后收入 1986 年 9 月人民文学出版社出版的《毛泽东诗词选》。

七古：七言古体诗的简称。见上篇五古诗题解。

送纵宇一郎东行：纵宇一郎是罗章龙于 1915 年同作者初次通信时所用的化名，有以一人纵横于宇宙之意。1918 年 4 月，罗章龙将东去日本留学，日本位于中国以东，故称东行。罗章龙（1896—1995），湖南浏阳市人。1915 年在长沙第一联合中学读书时与毛泽东相识。1918 年 4 月与毛泽东、蔡和森、萧子昇等人创建新民学会。1920 年 10 月李大钊等创建北京共产主义小组，他是主要成员之一。在1923年6月中共三大、1927年4月至5月中共五大上，当选为中央委员。在中共第三届中央委员会上当选为五人中央局委员。在1925年1月中共四大、1928年6月至7月中共六大上，当选为候补中央委员。1931年1月，因组织“第二中央”进行分裂活动，被开除出党。后历任河南大学、西北联合大学、湖南大学等校教授。1980年后，曾任中国人民政治协商会议全国委员会委员，中国革命历史博物馆顾问等职。1995年2月3日在北京病逝。

1918年4月，罗章龙将东去日本留学，临行前，新民学会在长沙北门外的平浪宫聚餐，为罗章龙送行。同属新民学会会员的毛泽东用“二十八画生”的笔名写了这首诗送行。后因日本政府警察殴打中国爱国留学生，迫使爱国留学生回国，罗章龙因此没有去成日本。

这首诗描写送别好友去日本求学的情境，表达了作者与罗章龙之间的诚挚友谊，抒发了“视宇宙如稊米，展鹏羽而击浪”，要做出一番大事业的万丈豪情。诗中大量用典，意象壮美，格调高昂，笔力雄健，境界宏阔，已初步显示出作者诗词创作的豪放风格特征。

【笺注】

〔1〕衡岳：指南岳衡山，位于湖南中部衡山西面，山势雄伟，盘回数百里，为中国五大名山之一。衡山有72峰，主峰祝融峰海拔1290米。这里指衡山余脉长沙市西的岳麓山。云开衡岳：元代刘因《登镇州阳和门》：“北望云开岳，东行气犯星。”清代黄道让《重登岳麓》：“西南云气开衡岳，日夜江声下洞庭。”积阴：累积多日的阴寒之气。止：停，指阴天放晴。罗章龙《椿园载记》注云：“我东行前，连日阴雨，轮船起碇时，积阴转晴。‘云开衡岳’句，见唐代韩愈《岳庙》诗。”韩愈《岳庙》诗，即《谒衡岳庙遂宿岳寺题门楼》，是韩愈由湖南郴州往湖北江陵任所，途中游衡山所作。诗中有“我来正逢秋雨节，阴气晦昧无清风。潜心默祷若有应，岂非正直能感通？须臾静扫众峰出，仰见突兀撑青空”之句。罗章龙《椿园载记》说，韩愈的诗镌刻在南

岳的石板上，1917 年毛泽东游览南岳时曾见到过。毛泽东还寄给罗章龙一首游南岳的诗。

〔2〕天马、凤凰：均为古代传说中的灵异动物，历史上以它们的出现预示圣贤的降世。这里指岳麓山东南、湘江西岸的两座小山。南边的叫“天马山”，高 112.6 米，位于湘江西岸，与岳麓山脱脉而崛起一峰，有天马行空之势，故名。北边的叫“凤凰山”，高 88.7 米，因山形似凤凰而得名。春树：唐代杜甫《春日忆李白》：“渭北春天树，江东日暮云。何时一樽酒，重与细论文。”后遂以“暮云春树”为怀念友人之辞。这里既表达惜别之情，又言明相别时的季节。

〔3〕年少：语出西汉司马迁《史记·屈原贾生列传》：“廷尉乃言贾生年少，颇通诸子百家之书。”因此句以贾谊之才称许罗章龙（即纵宇一郎），固以年少称之。峥嵘：高峻的样子。常用来比喻人的才能、品格超越寻常。唐代杜荀鹤《送李镡游新安》：“邯郸李镡才峥嵘，酒狂诗逸难干名。”屈贾：屈原和贾谊。屈原（约公元前 340—前 278），名平，字原，战国时期楚国人。学识渊博，才华出众。初事怀王，为左徒、三闾大夫。在政治上，主张彰明法度，举贤授能，联齐抗秦。因遭反动贵族谗毁而去职。顷襄王时被放逐，长期流浪于沅、湘流域。楚都郢被秦军攻破后，他忧愤于无法挽救国家的危亡，无法实现自己的政治理想，乃投汨罗江而死。屈原是中国历史上第一位伟大的浪漫主义诗人，代表作有《离骚》、《九歌》、《九章》、《天问》等。贾谊（公元前 200—前 168），西汉洛阳（今河南洛阳）人。十八岁时，以能诵诗书、善文章为郡人所称誉，号为“洛阳才子”。年轻时就表现出杰出的才能，被汉文帝召为博士、太中大夫，参与朝政。后为奸臣们所嫉妒，被贬为长沙王太傅，33 岁时，郁郁而死。贾谊是历史上著名的政治家、文学家，有《贾谊集》。屈原和贾谊都极有才华，司马迁《史记》将他们合为一传，后人称之为“屈贾”。二人都擅长辞赋，又都遭谗，不受信用，还都与长沙地望有关。作者借“屈贾才”指代罗章龙等有才华的爱国青年。罗章龙在其《定王台晤二十八划生》诗中也有句云：“策喜长沙傅，骚怀楚屈平。风流期共赏，同证此时情。”

〔4〕奇气：灵异之气。宋代苏辙《上枢密韩太尉书》："故其文疏荡，颇有奇气。"钟此：汇聚于此。古人认为山川灵秀之气所聚集，便产生杰出之人才。因而有"钟灵毓秀"、"人杰地灵"的说法。钟：聚集。此：指湖南一带。以上两句是说，本地人杰地灵，历史上有过屈原、贾谊等英才。借以指代今日新民学会会员，当不负湘楚山川之奇秀，成为卓荦超群的人物。

〔5〕君：旧时对人的尊称，相当于"您"。这里指罗章龙。行：走。这里指罗章龙即将赴日本留学。吾：人称代词，相当于"我"或"我的"。这里是我。为：后面省略了宾语"君"或"此"。发浩歌：放声高歌，写作这首诗。发：唱。浩歌：即高歌。战国楚屈原《九歌·少司命》："望美人兮未来，临风恍兮浩歌。"唐代杜甫《自京赴奉先县咏怀五百字》："取笑同学翁，浩歌弥激烈。"

〔6〕鲲鹏击浪：表示有远大志向。这里喻指罗章龙东渡日本及其以后的远大前程。鲲鹏：古代神话传说中的大鱼和大鸟。《庄子·逍遥游》："北冥有鱼，其名为鲲。鲲之大，不知其几千里也。化而为鸟，其名为鹏。鹏之背，不知其几千里也。"这里指大鱼变成的大鹏鸟。从兹始：从此开始。兹：此。

〔7〕洞庭湘水涨连天：化用唐代刘长卿《自夏口至鹦鹉洲望岳阳寄阮中丞》"汉口夕阳斜渡鸟，洞庭秋水远连天"诗句。这句写景，烘托罗章龙东行的声势。洞庭：即洞庭湖。湘水：即湘江。涨：高涨。

〔8〕艨艟巨舰直东指：化用宋代朱熹《观书有感》其二"昨夜江边春水生，艨艟巨舰一毛轻"诗句。艨艟：船形狭长的快艇。东汉刘熙《释名·释船》："外狭而长曰蒙冲，以冲突敌船也。"蒙冲，也写作"艨艟"。这里指大轮船。巨舰：大船。直东指：即直指东，朝着正东方向一直驶向日本。以上两句设想罗章龙此行循湘江北上，由洞庭湖入长江，而后乘轮船沿江东下的行程。

〔9〕无端：无缘无故，没有来由。语出唐代李商隐《锦瑟》："锦瑟无端五十弦，一弦一柱思华年。"这里引申为没有必要。散出：散发出。一天：满天。语出元代张国宾《合汗衫》第一折："时遇冬初，纷纷扬扬，下着这一天

大雪。”据罗章龙回忆，当时他家经济困难，感到很苦恼。他不好向大家说，只个别向毛泽东吐露。毛泽东说，这不是你个人的事，有困难大家想办法。后来罗章龙筹集了一些钱，新民学会的成员又资助了一部分。

〔10〕幸：幸亏。唐代柳宗元《答韦中立论师道书》：“二年冬，幸大雪逾岭。”东风吹万里：（愁绪）被春风吹到万里之外，即（愁绪）被春风吹得无影无踪。东风：春风。这里喻指友人的关心鼓励和经费上的帮助。

〔11〕丈夫：古代汉语中指成年男子。足：值得。萦怀：牵挂在心上。宋代周邦彦《氐州第一》：“座上琴心，机中锦字，觉最萦怀抱。”这句是说男子汉大丈夫要胸怀宽广，有什么事值得牵挂在心呢？

〔12〕宇宙：指包括地球及一切天体的无限空间。宇：指无限空间。宙：指无限时间。稊米：稊是一种形似稗子的草，结籽像小米，故名稊米。这里形容很小。语出《庄子·秋水》：“计中国之在海内，不似稊米之在大仓乎？”宋代辛弃疾《哨遍·秋水观》：“何言泰山毫末，从来天地一稊米。”这里是说，要把宇宙之大看成像稊米一样小。

〔13〕沧海横流安足虑：晋代范宁《春秋谷梁传集解序》：“孔子睹沧海之横流，乃喟然而叹……”宋代陆游《秦皇酒翁下垂钓偶赋》：“沧海横流何日定，古人复起欲谁归。”沧海横流：语见南朝梁萧统《文选·袁宏〈三国名臣序赞〉》：“沧海横流，玉石同碎。”指大海之水四处奔流。这里比喻政治混乱、社会动荡不安宁。见毛泽东《满江红·和郭沫若同志》笺注。沧海：大海。横流：泛滥。

〔14〕世事纷纭从君理：唐代杜甫《荆南兵马使太常卿赵公大食刀歌》：“万岁持之护天子，得君乱丝与君理。”世事纷纭：世上的事情多而杂乱。南朝宋范晔《后汉书·冯衍传》：“讲圣哲之通论兮，心愊忆而纷纭。”从君理：任凭你领悟理解。

〔15〕管却自家身与心：此句似取自《礼记·大学》：“古之欲明明德于天下者，先治其国；欲治其国者，先齐其家；欲齐其家者，先修其身；欲修其身者，先正其心……”意思是说，要注意自己的身心修养。管却：管住，保持

住。引申为注意。却：语气助词，无实义。自家：自己。

〔16〕胸中日月常新美：化用宋代黄庭坚《答友求学书》：“古人之学问高明，胸中如日月。”胸中日月：比喻怀有远大的理想和高尚的情操。新美：清新美好。这句是说，要经常保持内心世界的清新美好。

〔17〕名世于今五百年：典出《孟子·公孙丑下》：“五百年必有王者兴，其间必有名世者……如欲平治天下，当今之世，舍我其谁也？”这句是说，在当今要做历史上五百年才出现一次的著名人物。名世：闻名于世。这里的名世为“名世者”之省。名世者：指辅助君王兴邦，平治国家的人物。这里指本时代有大作为、大影响的人物。于：到，至。今：如今。本诗中“名世”者指谁？有专家认为，指明太祖朱元璋。1953 年 2 月，毛泽东和陈毅等人谈话时说：“朱洪武是个放牛娃出身，人倒也不蠢，他有个谋士叫朱升，很有见识。朱洪武听了朱升的话：‘广积粮，高筑墙，不称王。’最后取得民心，得了天下。”① 毛泽东读明代冯梦龙编《智囊》时批注道：“自古能军无出李世民之右者，其次则朱元璋耳。”② 朱元璋 1368 年至 1398 年在位，当了 31 年皇帝。从朱元璋在世到作者写作本诗时，相隔 500 多年，“名世于今五百年”当指此而言。录以备考。

〔18〕诸公碌碌皆余子：即“诸公皆碌碌余子”。语出南朝宋范晔《后汉书·祢衡传》：“余子碌碌，莫足数也。”意思是说，其余的人都是平庸之辈。诸公：指当时的当权人物。碌碌：平庸的样子。南朝宋范晔《后汉书》卷八十《文苑传》载，祢衡年少有才辩，而尚气刚傲，常称曰：“大儿孔文举（孔融），小儿杨德祖（杨修）。余子碌碌，莫足数也。”余子：指其余的人。宋代刘克庄《沁园春·何处相逢》：“天下英雄，使君与操，余子谁堪共酒杯。”

〔19〕平浪宫：在长沙城北门外，是一座道教宫观，今已毁。当时是新民

① 王鹤滨《紫云轩的主人：我所接触的毛泽东》，中共中央党校出版社 2011 年版，第 88 页。

② 中共中央文献研究室编《毛泽东读文史古籍批语集》，中央文献出版社 1993 年版，第 66 页。

学会会员为罗章龙东行聚餐饯别处，附近有轮船停泊。

〔20〕崇明：指上海市崇明岛。在上海北面、长江入海口处。对马：指日本长崎县对马岛。衣带水：即一衣带宽的水。原指河道狭窄如一条衣带，后比喻一水之隔，相距很近。唐代李延寿撰《南史·陈后主纪》载，隋文帝说："我为百姓父母，岂可限一衣带水不拯之乎？"唐代唐彦谦《汉代》诗有"不因衣带水，谁觉路迢迢"之句。这里是说，中、日两国是近邻，路途不远。

〔21〕东瀛：本指东海，因日本在中国以东的大海中，故也用来指代日本。语出南朝齐王融《净行颂·回向佛道篇颂》"咄嗟失道尔回驾，沔彼流水趣东瀛"句。濯剑：磨剑，喻指罗章龙留学日本，有如淬砺剑锋，待时而用。唐代贾岛《侠客》："十年磨一剑，霜刃未曾试。今日把示君，谁有不平事？"近人程颂万《游岳麓诗》："寻碑遗北海，濯剑想江溟。"濯：洗，引申为磨。剑：当时有志青年常以剑自比。有书还：有书信寄回。这里是说，您到日本可要来信，免得大家挂念。

〔22〕我返自崖君去矣：典出《庄子·山木》："君其涉于江而浮于海，望之而不见其崖，愈往而不知其所穷。送君者皆自崖而反（'返'的古字），君自此远矣！"意思是说，我自岸边返回，而您已经渐渐远去了。表达送别时无限依恋之情。返自崖：指送客后返回。崖：涯，岸。

【译文】

云开日出，南岳衡山连日来的阴雨天气终于停止了，
天马、凤凰呈现在春天的树林里。
屈原、贾谊年少时就有不平凡的才能，
山川灵气曾经聚集在这里。
你即将前往日本留学，我要为你唱一曲高歌，
鲲鹏展翅击水从这里开始。
连接洞庭湖的湘江水涨起与天相接，
巨大的轮船破浪前进，一直驶向东方。

你无缘无故散发出的满天忧愁，
幸而被春风吹散到很远的地方。
大丈夫有什么事情萦怀于心不能放下，
我们要将宇宙看成一粒小小的米。
沧海横流又哪里值得忧虑，
世事纷繁复杂正等待你去料理。
要注意自己的身心健康，
内心就会如同日月一样光明磊落，清新美好。
五百年必有著名于世的人物出现，
那些衮衮诸公都是庸庸碌碌的无能之辈。
在平浪宫前，我们结下了深厚的友谊，
中国崇明岛与日本对马岛相隔只一衣带宽的水而已。
希望你到了日本洗涤磨炼剑锋（留学），要多有书信寄回来，
送你到崖岸边我要返回而你却要离开了。

虞美人

枕　上

一九二一年

堆来枕上愁何状，江海翻波浪。
夜长天色总难明，寂寞披衣起坐数寒星。

晓来百念都灰尽，剩有离人影。
一钩残月向西流，对此不抛眼泪也无由。

【题解】

这首词最早披露于 1983 年 5 月 22 日《解放军报》刊载的王瑾《从〈虞美

人〉到〈蝶恋花〉》一文中，后正式发表于1994年12月26日《人民日报》，总题为《毛泽东诗词二首》(另一首诗为《七律·洪都》)。

虞美人：词牌名。双调，56字或58字，上下片均为两仄韵转两平韵。始为唐教坊曲名。曾宣子夫人魏氏作《虞美人草行》有："三军散尽旌旗倒，玉帐佳人坐中老。香魂夜逐剑光飞，青血化为原上草。"沈括《梦溪笔谈》云："高邮桑宣舒，性知音，旧闻虞美人草，逢人作虞美人曲，枝叶皆动，他曲不然，试之果如所传。详其曲皆吴音，他日取琴试用，吴音制一曲，对草鼓之，枝叶皆动，因曰《虞美人操》。"《虞美人》在乐府中叫"行"，在植物中叫"草"，在琴曲中叫"操"。另有一说，虞美人由项羽《虞兮》之歌而得名。后世多有以《虞美人》为词调填词寄托自己对心中美人思念之情者。宋代王灼《碧鸡漫志》卷四："《脞说》称起于项羽'虞兮'之歌。予谓后世以此命名可也，曲起于当时，非也。"此调又名"一江春水"、"巫山十二峰"、"虞美人令"、"忆柳曲"等。

枕上：指抒写枕上缠绵悱恻之思的言情诗。一作构思于枕上辗转反侧之中的言情诗。1920年冬天，毛泽东与杨开慧在湖南长沙结为夫妻，结婚后不久，二人因革命工作而离别。这是一首作者思念其夫人杨开慧的相思词。

1921年春夏之间，毛泽东与易礼容、陈书农到洞庭湖区的岳阳、南县、常德、湘阴等地考察学校教育，同时兼做社会调查。这是毛泽东夫妇新婚燕尔不久的一次较长时间的离别。尚处在炽热爱恋之中的新婚夫妻一旦久别不逢，离愁别绪是可想而知的。大概是因为他俩经久不见或遇到其他曲折坎坷，使作者沉郁结愁写下了这首情意悱恻缠绵、愁似江海波浪翻滚的词。

词作抒写了作者深切思念新婚妻子杨开慧时夜不能眠的愁苦情状，在离情别绪的描述中表现了他们之间的热烈恋情。这首词继承我国宋代婉约派词风，具体形象，刻画传神，情景如在眼前，于一缕阳刚之气外，飘逸着柔情蜜意、缠绵悱恻、优美纯真的风韵。

【笺注】

〔1〕堆来枕上愁何状：化用宋代柳永《忆帝京》"薄衾小枕凉天气，乍觉

别离滋味”意境。又《御街行》:“和衣拥被不成眠，一枕万回千转。”堆：堆积，累积。元代马致远《马丹阳三度任风子》杂剧第三折：“堆金积玉成何济?”这里形容愁思之多、之浓。来：语助词，无实义。何状：什么样子。状：形状。

〔2〕江海翻波浪：化用宋代李清照《凤凰台上忆吹箫》:“香冷金猊，被翻红浪，起来慵自梳头。”这里比喻愁情满怀，辗转难眠。

〔3〕夜长天色总难明：化用宋代柳永《忆帝京》“辗转数更，起了还重睡，毕竟不成眠，一夜长如岁”意境。天色：借指时间（早晚）。明代冯梦龙《东周列国志》第三回：“掘突不敢穷追，入城与诸侯相见，恰好天色大明。”清代李渔《风筝误・嘱鹞》:“如今天色尚早，还有半日好放，且去尽尽余兴了来。”总：总是，一直。

〔4〕寂寞披衣起坐数寒星：这句词的意境脱胎于三国魏曹丕《燕歌行》:“耿耿伏枕不能眠，披衣出户步东西，仰看星月观云间。”寂寞：孤单冷清。披衣起坐：宋代柳永《祭天神》:“念平生，单栖踪迹，多感情怀，到此厌厌，向晓披衣坐。”数：屡次。西汉司马迁《史记・伍子胥列传》:“吾数谏王，王不用，吾今见吴之亡矣。”这句的“数”与上一句的“总”照应。

〔5〕晓来百念都灰尽：赵振《说败》有“及其偶败，则万念皆灰。畴昔之英气侠气，皆归无何有之乡”。元代王实甫《西厢记・长亭送别》:“晓来谁染霜林醉，总是离人泪。”晓来：天亮。晓：天亮。来：语助词，无实义。百念都灰尽：即万念俱灰，一切想法都化作了灰烬。极言失望。南朝梁何逊《相送》:“客心已百念，孤游重千里。”

〔6〕剩有：只有。离人：处于离别中的人。唐代张若虚《春江花月夜》:“可怜楼上月徘徊，应照离人妆镜台。”宋代朱淑真《中秋闻笛》:“谁家横笛弄轻清，唤起离人枕上情。”这里指杨开慧。影：不真切的形象或印象。

〔7〕一钩残月：拂晓时形状如钩的惨淡月亮。残月：清晨将要隐没的月亮。唐代白居易《客中月》:“晓随残月行，夕与新月宿。”宋代柳永《雨霖铃》:“今宵酒醒何处？杨柳岸、晓风残月。”宋代秦观《南歌子》:“天外一钩

残月带三星。”残：黯淡，不明亮。流：指月亮在空中移动。

〔8〕此：指上述凄凉景象。抛眼泪：流眼泪。无由：无从，意为不由自主，不能自制。由：从。

【译文】

我躺在枕上彻夜难眠，成堆的愁苦汹涌袭来，像是什么形状呢？
犹如江河大海里翻腾起的巨波大浪一样。
黑夜正长，总是觉得天色很难亮起来，
我无奈，只好起床披衣坐望天空，数算点点的寒星，祈盼黎明。

通宵达旦，尽管天亮时我的万般思念都已化成了灰烬，
脑海中却仍然只留下离别时情人的身影。
抬头望见一钩惨淡的月亮向西下沉，
面对此情此景，不自禁地抛洒下一行行泪珠！

西江月

秋收起义

一九二七年九月

军叫工农革命，旗号镰刀斧头。
匡庐一带不停留，要向潇湘直进。

地主重重压迫，农民个个同仇。
秋收时节暮云愁，霹雳一声暴动。

【题解】

这首词最早见于谢觉哉《关于红军的几首词和歌》一文（载 1956 年 8 月

版《中学生》杂志)。后正式发表于1986年9月人民文学出版社出版的《毛泽东诗词选》。

西江月：词牌名。见《西江月 · 井冈山》题解。

秋收起义：1927年9月9日起，中国共产党领导的发生于湘赣边界的秋收时节武装暴动。

1927年大革命失败，中国共产党"八七会议"决定发动农民在秋收季节举行武装起义。毛泽东在湖南东北部和江西西北部领导农民、工人和一部分北伐军成立了一支工农革命军。9月9日在浏阳一带举行武装起义，遭到敌人围击。10月，毛泽东率领起义部队到达井冈山区，成功地创立了中国第一个农村革命根据地。词的题目告诉读者，这首词记述的是湘赣边界的秋收暴动，起义队伍高擎革命红旗，向国民党反动派以及地主豪绅发起了猛烈的进攻。

词作记载了秋收起义的情况，揭示了秋收起义的根本原因和正义性，赞美和歌颂了秋收起义军不可阻挡的气势，抒发了作者豪气干云的伟大情怀。这首诗以赋为主，语言质朴，刚健有力，具有鲜明的史诗特点。

【笺注】

〔1〕军：这里指部队名称。全称为"中国工农革命军"，是土地革命战争初期，中国共产党创建和领导的第一支人民军队。1928年5月以后，根据中共中央的指示，全国各地的中国工农革命军陆续改称为"中国工农红军"。

〔2〕旗号：旗帜上的标志。宋代周密《志雅堂杂钞 · 图画碑帖》："侍卫亲军都指挥使党进请给旗号。"据胡为雄《诗国盟主毛泽东》一书说，1927年9月9日秋收暴动之前，何长工和师参谋兼一团团长钟文璋等三人奉命设计军旗。他们设计的样式和制好的军旗是：旗底为红色，象征着革命；旗中央有一五角星，内有镰刀斧头图案，分别代表中国共产党和工人农民；旗面左侧靠旗杆的一条白布上，竖写着"工农革命军第一军第一师"字样。整个军旗的含

义是，工农革命军第一军第一师是中国共产党领导的工农革命武装。镰刀斧头：当时中国工农革命军军旗上的图案。

〔3〕匡庐：即庐山。见《七律·登庐山》题解。南朝宋刘晔《后汉书·郡国志四·庐江郡》："浔阳南有九江，东合为大江。"刘昭注引南朝宋慧远《庐山记略》："有匡俗先生者，出殷周之际，隐遁潜居其下，受道于仙人而共岭，时谓所止为仙人之庐而命焉。"这里代指江西一带。

〔4〕潇湘：潇水和湘水。潇水是湘江的支流，位于湖南南部。源出蓝山县南九嶷山，北流到零陵县苹州入湘江，长336公里。水流清澈，滩多水急，自江华瑶族自治县码市以下可通航。湘水，即湘江。见《沁园春·长沙》"湘江北去"笺注。潇湘在这里代指湖南。《山海经·中山经》："帝之二女居之，是常游于江渊。澧沅之风潇湘之渊。"直进：挺进。直：径直。

〔5〕地主：这里指旧社会农村中占有土地而靠剥削农民为生的人。他们自己不劳动或只做一点附带的劳动，是旧社会统治阶级之一，其压迫剥削的直接对象是农民。地主是革命的对象。重重：层层，含有繁多、深重的意思。

〔6〕农民：这里主要指受地主压迫剥削的贫苦农民，他们是当时革命的主力军。同仇：同心合力地对付敌人。《诗经·秦风·无衣》："王于兴师，修我戈矛，与子同仇。"

〔7〕秋收时节：秋天收割庄稼的季节。这里指1927年9月上旬中国工农革命军起义时间。时节：季节。暮云愁：宋代欧阳修《珠帘卷》："珠帘卷，暮云愁，垂杨暗锁青楼。"清代沈清正《登汴城楼》："故井梧桐寒露落，废宫禾黍暮云愁。"这里喻指秋收起义时那种黑暗、凝重的氛围。暮云：傍晚的云。暮：日落之时，傍晚时分。愁：忧愁。喻指秋收时节地主逼租、催租，农民心理上有无限压抑，无限忧愁。

〔8〕霹雳：形容迅疾而响亮的雷鸣声。语出唐代杜甫《热》："雷霆空霹雳，云雨意虚无。"宋代辛弃疾《破阵子·为陈同甫赋壮词以寄之》："马作的卢飞快，弓如霹雳弦惊。"这里用来形容秋收起义猛烈爆发的巨大声

势。暴动：阶级或集团为了破坏当时政治制度、社会秩序而采取的集体武装行动。

【译文】

军队的名称叫“工农革命军”，
旗帜上的标志是镰刀和斧头。
在江西一带不停留，
要向湖南直接挺进。

地主阶级层层残酷压榨，欺凌农民，
农民个个同仇敌忾。
在秋天收割庄稼的季节，暮云愁闷的黄昏时刻，
犹如一声惊天动地的霹雳，农民武装起义了。

六言诗

给彭德怀同志

一九三五年十月

山高路远坑深，大军纵横驰奔。
谁敢横刀立马？唯我彭大将军！

【题解】

这首诗最早发表于1947年8月1日冀鲁豫军区政治部主办的《战友报》，总题为《毛主席的诗》(收录这首诗和《清平乐·六盘山》词)。后正式发表于1986年9月人民文学出版社出版的《毛泽东诗词选》。

六言诗：每句六个字的诗。偶句押韵，首句可押可不押。句数、平仄和对

仗都不像律诗那样严格。

给彭德怀同志：写这首诗赠送给彭德怀同志。彭德怀（1898—1974），湖南湘潭人。第一次国内革命战争时期，任国民革命军营长、团长。1928 年 4 月参加中国共产党。1928 年 7 月，领导平江起义，参加红军，任红五军军长。1930 年 6 月任红三军团总指挥。第五次反“围剿”之后，参加了二万五千里长征。1935 年 9 月，任中国工农红军陕甘支队司令员。同年 10 月下旬，指挥了红军长征途中的最后一仗，以出其不意的战术击溃了马鸿逵、马鸿宾的五个骑兵团的追击，确保了红军长征的胜利。中华人民共和国成立后，历任中共中央西北局第一书记、西北军政委员会主席、中共中央军委副主席、中央人民政府革命军事委员会副主席、中国人民志愿军司令员兼政委、国务院副总理兼国防部长等职。“文化大革命”中遭林彪、“四人帮”残酷迫害，1974 年 11 月 29 日在北京病逝。

中央红军长征越过六盘山后，奉蒋介石之令的宁夏军阀马鸿逵、马鸿宾的骑兵尾追上来，企图消灭中央红军。1935 年 10 月 19 日中央红军主力刚到达陕北保安的吴起镇（今陕西吴起县城），20 日马家的骑兵团就跟了上来。为了不把敌人带进陕北根据地，毛泽东、周恩来、彭德怀等决定给马家骑兵一个致命的打击。10 月 21 日由彭德怀指挥，在吴起镇附近的大峁梁打响了“切尾巴”的伏击战。这一仗，红军以少胜多，歼灭敌军 1 个骑兵团，击溃 3 个团，俘获敌人约 700 人，缴获战马近千匹，打胜了中央红军到达陕北后的第一仗，也是结束二万五千里长征的最后一仗，为红军陕北会师扫清了障碍。毛泽东得知这一胜利消息后，乘兴挥毫，写下了这首诗。

该诗热情赞颂了红军面对强大的敌人英勇杀敌的战斗风貌，并特别赞扬了这支部队的司令员彭德怀横刀立马的豪迈气概和所向披靡的大将形象，表达了毛泽东对彭德怀的倚重和深厚的战斗情谊。诗的一、二句是大背景，是衬托；三、四句是前景，犹如一尊巨型塑像，威武雄壮。全诗起承转合，一气呵成，气势磅礴。

【笺注】

〔1〕山高路远坑深：写陕北黄土高原丘陵地区吴起镇一带的地形地貌极其复杂的道路情况。这里土山连绵起伏，坑谷纵横错杂，高高低低，坑坑洼洼，走路往往需要翻土岭，过山谷，绕曲道，看似近而实远。这句在《彭德怀自述》一书中作“山高路险沟深”。

〔2〕大军：指敌人的骑兵，即马鸿逵、马鸿宾的骑兵。纵横：奔放而不受拘束的样子。形容敌军目中无人，横冲直撞。驰奔：即奔驰，跑得很快。宋代梅尧臣《和宋中道元夕》二首其二：“貂裘比比王侯孙，夜阑鞍马相驰奔。”元代虞集《次韵李侍读东平王哀诗》：“驰奔嗟薄日，沐浴止中途。”这里义同“纵横”。《彭德怀自述》中这句作“骑兵任你纵横”。一说“大军”指红军，这句形容红军用兵自如，行动神速。本书作者倾向于第一种解释。

〔3〕谁敢横刀立马：化用元代罗贯中《三国演义》第二十五回之“颜良横刀立马于门旗下，见宋宪马至，良大喝一声，纵马来迎”。意谓谁敢手持战刀骑着战马挡住对手去路。谁敢：有谁敢，哪个敢。横刀立马：指手持武器，纵马驰骋。横刀：横拿着刀。西晋陈寿撰《三国志·魏书·袁绍传》：“卓曰：‘刘氏种不足遗。’绍不应，横刀长揖而去。”立马：骑坐在马背上，勒着马一动也不动地站着。横刀立马，是一种英勇无畏迎战敌人的雄姿。这句在《彭德怀自述》书中作“谁敢横枪勒马”。

〔4〕唯：只有。南朝梁丘迟《与陈伯之书》：“唯北狄野心。”宋代沈括《梦溪笔谈·雁荡山》：“沙土尽去，唯巨石岿然挺立耳。”我：我们红军的。彭大将军：对彭德怀的敬称，爱称。

【译文】

陕甘黄土高原丘陵地土山很高，道路迂回深远，沟壑狭窄而深险，
气焰嚣张的敌人骑兵横冲直撞。
试问有谁敢横握战刀勒住战马在阵前迎敌？
只有我们英勇无敌的彭德怀大将军。

临江仙

给丁玲同志

一九三六年十二月

壁上红旗飘落照，西风漫卷孤城。
保安人物一时新。
洞中开宴会，招待出牢人。

纤笔一枝谁与似？三千毛瑟精兵。
阵图开向陇山东。
昨天文小姐，今日武将军。

【题解】

这首词最早发表于萧军创办并主编的1947年6月1日的《文化报》上，后正式发表于1986年9月人民文学出版社出版的《毛泽东诗词选》。

临江仙：词牌名。小令，双调，58字。或中调，双调，60字。平韵。原为唐教坊曲名。最初是咏水仙的，调见《花间集》，以后作一般词牌用。上、下片各五句，三平韵。常见的有三体，一是60字，如苏轼词；一是58字，上、下片第四句较苏轼词少一字，如李煜词；还有一体也是58字，上、下片起句较苏轼词少一字，如晏几道词。又名“庭院深深”、“雁后归”、“谢新恩”、“画屏春”等。

给丁玲同志：写这首词赠送给丁玲同志。丁玲（1904—1986）：原名蒋冰之，笔名丁玲，湖南临澧县人，著名女作家。1931年加入中国左翼作家联盟，1932年加入中国共产党，曾任中国左翼作家联盟党团书记，主编“左联”机关刊物《北斗》。1955年被定为“丁陈（企霞）反党集团”骨干成员。1957年又被划为“丁冯（雪峰）右派反党集团”首脑人物，被开除出党。1980年为她平反并恢复党籍。1986 年 3 月在北京逝世。她一生留下 300 万字的著作，其中《莎菲女士的日记》、《太阳照在桑干河上》两部小说最为著名。

1933 年 5 月，著名左翼作家丁玲被国民党特务绑架，在南京囚禁 3 年多。1936 年 9 月 18 日，在宋庆龄、蔡元培、鲁迅、柳亚子等的抗议和营救以及中共党组织的帮助下，她逃离南京，秘密经上海、北平、西安，于同年 11 月 10 日来到当时中共中央所在地陕北保安县，受到了毛泽东等领导同志和文化界、妇女界的热烈欢迎。中共中央宣传部隆重举行了欢迎宴会，中央领导人毛泽东、张闻天、周恩来等亲自出席。会后，毛泽东问丁玲打算做什么，她回答“当红军”。随后她就跟杨尚昆到了陇东前方总政治部工作。不久，毛泽东写了这首词以电文的形式传给她。因丁玲一直在前线，没有及时看到。1937 年初，丁玲回到延安时，毛泽东又当面手书了这首词送给她。

词中描写欢迎丁玲宴会上的热烈场面，高度赞扬了丁玲过去的创作成就，表达了对丁玲投身人民和民族解放洪流的赞许之情以及对广大革命文艺工作者的期望和鼓励。这首赠词用明快的笔调、通俗的口语写眼前景，面前人，身边事，当时情，出语亲切，情感真挚，感染力极强。

【笺注】

〔1〕壁上红旗飘落照：化用唐代杜甫《后出塞》五首其二“落日照大旗，马鸣风萧萧”诗句。壁上：城头。西汉司马迁《史记 · 项羽本纪》：“诸侯军救钜鹿下者十余壁，莫敢纵兵。及楚击秦，诸将皆从壁上观。”这里引申为城墙。壁：壁垒，古代军营的围墙。落照：落日的余晖，即指夕阳。南朝梁简文帝《和徐录事见内人作卧具》：“密房寒日晚，落照度窗边。”唐代卢纶《长安春望》：“川原缭绕浮云外，宫阙参差落照间。”这句意思是，城头红旗在夕阳中飘扬。

〔2〕西风：秋风。元代马致远《天净沙 · 秋思》：“枯藤老树昏鸦，小桥流水人家，古道西风瘦马。”漫卷：随意吹卷，指红旗被西风吹得随意舒卷。孤城：本指边远孤单的城镇，这里指保安县城，因其独立于陕西西北部众多的

村庄之中而如是说。当时中共中央机关及其办事机构驻守于此。唐代王之涣《凉州词》:“黄河远上白云间,一片孤城万仞山。”唐代王昌龄《从军行》其四:“青海长云暗雪山,孤城遥望玉门关。”其五:“大漠风尘日色昏,红旗半卷出辕门。”唐代杜甫《秋兴》八首其二:“夔府孤城落日斜,每依北斗望京华。”唐代高适《燕歌行》:“大漠穷秋塞草腓,孤城落日斗兵稀。”宋代范仲淹《渔家傲》:“四面边声连角起,千嶂里,长烟落日孤城闭。”

〔3〕保安:旧县名,位于陕西西北部,邻接甘肃。1936年7月至1937年1月,中共中央、中华苏维埃共和国中央政府曾驻于此。1936年为纪念与国民党军作战中光荣牺牲的红十八军军长刘志丹,改名“志丹县”。人物:指有一定声誉、在某一方面才能出众的人。南朝宋范晔《后汉书·许劭传》:“劭与靖俱有高名,好共论乡党人物。”这里指丁玲。一时:顿时。宋代朱熹《春日》:“胜日寻芳泗水滨,无边光景一时新。”新:增加了新人,壮大了新的力量。这句是说,当时全国投奔革命的进步人士多汇集于保安,现又增加了丁玲。

〔4〕洞中:指窑洞里。

〔5〕出牢人:指丁玲。在宴会上,丁玲被邀坐在首席,并作了即席讲话。

〔6〕纤笔:纤细的笔。这里指丁玲刻画入微的文笔。谁与似:谁与之相似,意即什么能与之相比。谁:疑问代词,何,什么。东汉许慎《说文解字》:“谁,何也。”

〔7〕三千毛瑟精兵:1922年8月24日,孙中山在《与报界的谈话》中说:“常言谓:一支笔胜于三千毛瑟枪。”毛瑟:德文Mauser的音译,枪支名。德国威廉·毛瑟、彼得·毛瑟兄弟所设计,毛瑟工厂所制造的步枪、手枪在当时很有名。这里是盛赞丁玲文笔的作用和威力。近人宁调元《集报出版祝词》:“微言未绝阳秋在,毛瑟千支撼可曾?”

〔8〕阵图:古代军队作战的阵列队形。唐代杜甫《八阵图》:“功盖三分国,名列八阵图。”这里借指作战部队。陇山:六盘山南段的别称,位于陕西陇县西北,延伸于陕、甘边境,南北走向,长约100公里,海拔2000米左右。

山势陡峭，是渭河平原与陕西高原的分界山脉。当时这里是陕北革命根据地的前方。这句是说，部队正向作战的战场陇山以东开进。

〔9〕昨天文小姐，今日武将军：《吕氏春秋·察微》有将“昨日”和“今日”对比的句子：“昨日之事，子为制；今日之事，我为制。”金代周昂《北行》二首其一有将“新战士”和“旧书生”对比的诗句：“竟夸新战士，谁识旧书生。”据王一心《领袖与女作家丁玲》一文说，丁玲到达保安后，有一次当毛泽东问她今后有什么打算时，丁玲说：“当红军。我要上前线去当红军。去打仗。”毛泽东回答说：“好，马上就可以去。正好还有与胡宗南的最后一仗，现在去还赶得上。”随后丁玲即打点行装，跟着前方总政治部领导杨尚昆等北上定边，参加广州暴动纪念大会。“西安事变”后，她又随彭德怀、任弼时领导的一方面军从定边南下，经甘肃前往三原前方司令部。这两句诗赞扬丁玲从上海亭子间到革命根据地，以一文弱女性而投身于艰苦的军旅战斗生活。

【译文】

城墙上的红旗在夕阳的照射下高高飘扬，
秋风随意地吹拂着边远孤单的县城。
保安才能出众的人物中又增加了一位。
中共中央宣传部在窑洞中召开盛大宴会，
欢迎宴请刚从国民党监狱逃离的女作家丁玲。

丁玲高超的生花之笔有什么能与之相比呢？
它的威力抵得上手持毛瑟枪的三千精兵。
你跟随部队开向作战的战场陇山以东。
昨天还是一个在上海亭子间从事笔耕的文弱小姐，
今天已成为一名能文能武的将军。

五　律
挽戴安澜将军
一九四三年三月

外侮需人御，将军赋采薇。
师称机械化，勇夺虎罴威。
浴血东瓜守，驱倭棠吉归。
沙场竟殒命，壮志也无违。

【题解】

这首诗最早发表于1943年戴安澜将军追悼会挽联挽诗登记册，后正式发表于1986年9月人民文学出版社出版的《毛泽东诗词选》。

五律：五言律诗的简称。律诗是旧体诗的一种格式，五律的特点是每首一般限于八句，每句字数一律限于五个字，偶句最后一个字押平声韵，首句最后一个字可押可不押，必须一韵到底，句内和句间要讲平仄、粘对，中间四句按常规要用对仗。律诗两句为一联，一、二句称首联，三、四句称颔联，五、六句称颈联，七、八句称尾联。

挽戴安澜将军：即悼念戴安澜将军。戴安澜（1904—1942），字衍功，号海鸥，安徽省无为县人。黄埔军校第三期毕业，参加过北伐战争。在国民党军中历任排长、连长、营长、副团长、团长、旅长、副师长等职。1939年1月升第二〇〇师师长，6月被授予少将军衔。1941年，日军出兵占领东南亚，驻守在缅甸的英军告急。1942年3月初，戴安澜率陆军第五军第二〇〇师开赴缅甸，协同英军抗击日军。先坚守缅甸南部重镇同古，与日军激战，歼敌5000余人。后攻克缅甸中部的棠吉，重创日军。同年5月18日，在率部向北转移途中遭日军伏击，受重伤。5月26日在缅甸茅邦地区壮烈牺牲。1942年12月，国民党政府追授其陆军中将军衔。中华人民共和国成立后，1956年9月，中央人民政府内务部追认戴安澜为革命烈士。

1941 年 12 月，日本帝国主义突然发动太平洋战争。次年 2 月，日本侵略军为了切断盟国援华抗战物资的重要运输线——滇缅公路，以泰国、越南为基地，向当时为英国殖民地的缅甸大举进攻。应英国政府的请求，国民党政府派遣了远征军共 3 个军约 10 万人赴缅，协同英军抗击日本侵略军。在这次远征作战中，戴安澜任远征军主力第五军第二〇〇师师长，率所部奋勇搏杀，后因撤退途中遭日军伏击，鏖战两昼夜，突围时为流弹所中，身负重伤，不幸于 5 月 26 日殉国。享年 38 岁。1943 年 4 月 1 日，在广西全州香山寺举行了追悼戴安澜大会。国、共两党领导人都送了奠挽品，远在延安的毛泽东特地作此挽诗遥奠英魂。

作者从当时抗日民族统一阵线的立场出发，高度赞扬了牺牲在抗日战场上的国民党将领戴安澜的英雄事迹，表达了以毛泽东为代表的中国共产党人以全民族利益为重，国共合作，团结抗日的良好愿望。这首挽诗采用赋体叙事，于平实中见峻拔，于哀婉中见豪壮，哀挽逝者，激励生者，庄重得体。

【笺注】

〔1〕外侮需人御：化用《诗经·小雅·棠棣》："兄弟阋于墙，外御其务。"郑玄注："务，侮也。兄弟虽内阋，而外御侮也。"外侮：外来的欺凌或侵犯。《左传·僖公二十四年》："其怀柔天下也，犹惧有外侮。"这里指日本帝国主义的侵略。御：抵抗，抵挡。

〔2〕赋：吟诵。《左传·文公十三年》："文子赋《采薇》之四章。"采薇：《诗经·小雅》篇名。《诗小序》说："《采薇》，遣戍役也。文王之时，西有昆夷之患，北有猃狁之难，以天子之命，命将率，遣戍役，以守卫中国，故歌《采薇》以遣之……"意思是说，出戍之时，采薇以食，而念归期之远。西周时，北方的猃狁常入侵周疆。猃狁，我国古代西北地区的一个民族，也称"荤鬻"，春秋时称"北狄"，战国、秦、汉时称"匈奴"。《采薇》是周宣王时戍守边疆的士兵所唱的歌，后世以"采薇"作调遣士卒守边的典故。这里的

“赋采薇”指戴安澜将军毅然从征，远赴国难。

〔3〕师：军队。唐代杜甫《蜀相》：“出师未捷身先死，长使英雄泪满襟。”宋代陆游《示儿》：“王师北定中原日，家祭无忘告乃翁。”

〔4〕夺：使……丧失。虎罴：借猛兽喻指凶恶的势力。见毛泽东《七律·冬云》笺注。这里指日本侵略军。战国《楚辞·招隐士》：“虎豹斗兮熊罴咆。”罴：一种棕色的熊。也叫马熊或人熊。这句是说，戴安澜将军所率将士勇武非凡，在他们面前，就连虎豹熊罴之类的猛兽也丧失了威风。

〔5〕浴血东瓜守：1942 年 3 月 8 日，第二○○师抵达缅甸南部重镇东瓜，从英军手中接防。3 月 19 日，第二○○师在城外与日军打了一场遭遇战，歼敌 300 多人。3 月 21 日至 22 日，日军出动 350 架飞机，摧毁了驻缅甸的英军空军，掌握了制空权。同时又以 4 倍于我的优势兵力，将东瓜合围。戴安澜将军率孤军浴血奋战，坚守 10 日，并重创日本侵略军，但全师 12000 多人已阵亡 1/3。浴血：形容战斗激烈，即流血奋战。东瓜守：即守东瓜。东瓜：即同古，是缅甸南部重镇。

〔6〕驱倭棠吉归：在友军受阻、后援不继的严峻形势下，戴安澜于 3 月 30 日放弃东瓜，率部杀出重围，退守缅甸中部的棠吉。因中英联军连战失利，最后远征军总司令部下令总退却，于是远征军撤离棠吉，夺路回国。驱倭：驱逐倭寇。倭：我国古代对日本的称呼。东汉班固《汉书·地理志下》：“乐浪海中有倭人，分为百余国。”后世一直沿用此说。这里指日本侵略军。棠吉：缅甸中部地名。归：回家，回国。

〔7〕沙场：战场。唐代祖咏《望蓟门》：“沙场烽火连胡月，海畔云山拥蓟城。”竟：到底，终于。殒命：丧命。《左传·成公十三年》：“天诱其衷，成王殒命。”南朝梁范晔《后汉书·邓寇传论》：“盖忠臣杀身以解君怒，孝子殒命以宁亲怨。”

〔8〕无违：没有背离。违：违背。《诗经·邶风·谷风》：“行道迟迟，中心有违。”毛传：“违，离也。”战国楚屈原《离骚》：“虽信美而无礼兮，来违弃而改求。”

【译文】

日本帝国主义侵略我国需要爱国志士奋起抵御，

戴安澜将军挺身而出，毅然率部远征缅甸。

他率领的精锐部队装备精良，堪称机械化，

将士们个个勇武，连虎罴一样凶恶残暴的敌人见之也闻风丧胆。

他率部浴血奋战，坚守东瓜重镇，

继而驱逐日寇，退守棠吉后夺路回国。

他竟然不幸牺牲在沙场上，

然而也总算实践了他杀敌报国的壮志。

五 律
张冠道中
一九四七年

朝雾弥琼宇，征马嘶北风。
露湿尘难染，霜笼鸦不惊。
戎衣犹铁甲，须眉等银冰。
踟蹰张冠道，恍若塞上行。

【题解】

这首诗最早发表于1996年中共中央文献研究室编《毛泽东诗词集》。

五律：五言律诗的简称。见《五律·挽戴安澜将军》题解。

张冠道中：行进在张冠道上。张冠：地名，当时转战中经过的一个地方。据考证，即陕西省子长县庄果坪，因作者系南方人，听不清北方话字音，而将“庄果”误作“张冠”。道中：即途中。

1946年6月，国民党蒋介石集团撕毁“双十协定”，向各解放区发动全面进攻受挫后，1947 年 3 月，改为“重点进攻”，集中 34 个旅 23 万人，分南、西、北三面向陕甘宁发起大规模进攻，妄图消灭我党中央和在延安的部队，或将我党我军驱逐到黄河以东，以解决西北问题。我西北野战军为掩护中央机关和群众转移，决定以一个旅一个团的兵力留在延安以南地区，以运动战的方式防御和阻击国民党军队。3 月 18 日，毛泽东率领中央机关和解放军总部撤离延安，然后在陕北等地转战，同国民党军队周旋，先后驻扎过青阳岔、王家湾、朱官寨、神泉堡、杨家沟等。4 月 12 日到达靖边县王家湾（今属安塞县），并在此停留了 56 天。这首诗大约写于到达靖边县王家湾之前，或写于王家湾。

诗中描绘了诗人在陕北张冠道上经历的一次艰苦行军的情况，勾画了一幅凛冽霜晨中的塞上行军图，表现了我军在强敌压境、转战陕北征途中的紧急情势和不畏艰险与敌周旋的英雄气概。诗写得凝滞、沉重、深邃，流露出防御作战阶段中敌情紧急、行军艰险而又乐观的精神。

【笺注】

〔1〕朝：早晨。弥：遍布，弥漫。琼宇：同“玉宇”，玉样洁朗的天空。宋代苏轼《水调歌头》：“我欲乘风归去，又恐琼楼玉宇，高处不胜寒。”

〔2〕征马嘶北风：取“马鸣风萧萧”意。唐代丁棱《塞下曲》：“烽举战军动，天寒征马嘶。”征马：战马。南朝梁江淹《征怨》诗：“何日边尘静，庭前征马还。”唐代李华《吊古战场文》：“鸷鸟休巢，征马踟蹰。”嘶北风：在怒号的北风中长鸣。嘶：马鸣叫。

〔3〕露湿：宋代张元幹《卜算子》：“风露湿行云，沙水迷归艇。”尘：尘土。染：沾染衣物。

〔4〕霜笼鸦不惊：句式似唐代王维《画》：“春去花还在，人来鸟不惊。”霜笼：寒霜笼罩。笼：作动词用，笼罩。唐代杜牧《泊秦淮》：“烟笼寒水月笼沙，夜泊秦淮近酒家。”鸦不惊：群鸦无声。

〔5〕戎衣：军衣。唐代杜审言《赠苏味道》：“边声乱羌笛，朔风卷戎

衣。”唐代杜甫《重经昭陵》：“风尘三尺剑，社稷一戎衣。”犹：如。铁甲：古代战士的护身衣，多用金属片制成。唐代高适《睢阳酬别畅大判官》：“兜鍪冲矢石，铁甲生风飙。”

〔6〕须眉：胡须和眉毛。东汉班固《汉书·张良传》：“四人者从太子，年皆八十有余，须眉皓白，衣冠甚伟。”等：像，如同。西汉刘安《淮南子·主术》：“有法者而不用，与无法等。”银：银白色。

〔7〕踟蹰：徘徊不进的样子。《诗经·邶风·静女》：“爱而不见，搔首踟蹰。”汉代李陵《与苏武诗》：“屏营衢路侧，执手野踟蹰。”唐代高适《送李少府贬峡中王少府贬长沙》：“圣代即今多雨露，暂时分手莫踟蹰。”唐代李华《吊古战场文》：“积雪没胫，坚冰在须。鸷鸟休巢，征马踟蹰。”这里有转战的意思。

〔8〕恍若：好像，仿佛。唐代韩愈《答李秀才书》：“元宾之面容，恍若相接。”塞上：边塞之上。唐代杜甫《秋兴八首》其一：“江间波浪兼天涌，塞上风云接地阴。”宋代曾巩《西湖》二首其二：“塞上马归终反覆，泰山鸥饱正飞扬。”这里指我国北方长城内外。塞：边界险要之处。

【译文】

早晨浓雾弥漫了洁白如玉的天空，
战马在怒号的北风中嘶鸣。
露水打湿的地上尘土不容易沾染衣物，
寒霜笼盖了山川，鸦雀寂然无声。
军衣被沾湿后冻结得像铁甲一样坚硬，
胡须、眉毛因水汽凝结而像银白色的冰碴儿。
部队迂回徘徊在张冠道上，
仿佛在边远险要的关塞上行军。

五 律
喜闻捷报
一九四七年九月

中秋步运河上，闻西北野战军收复蟠龙作。

秋风度河上，大野入苍穹。
佳令随人至，明月傍云生。
故里鸿音绝，妻儿信未通。
满宇频翘望，凯歌奏边城。

【题解】

这首诗最早发表于1996年中共中央文献研究室编《毛泽东诗词集》。

五律：五言律诗的简称。见《五律·挽戴安澜将军》题解。

喜闻捷报：1947年4月下旬，国民党胡宗南部误以为我军主力正向绥德附近集中，于4月26日以9个旅的兵力自蟠龙、永坪分两路向绥德急进，并以3个旅的兵力自榆林向米脂县、葭县（今改为佳县）方向策应，妄图南北夹击，在吴堡地区把我军主力消灭，或将我军主力驱逐到黄河以东。人民解放军在彭德怀、贺龙的指挥下，依靠陕北复杂的地形和良好的群众基础，以"蘑菇战术"同胡宗南部队进行周旋，声东击西，时进时退，把国民党军队弄得精疲力竭，然后我军选择有利时机，集中优势兵力将其消灭。

1947年9月中旬，人民解放军收复青化砭、蟠龙等重镇。中秋夜晚，毛泽东在河边散步，不禁思念起故里亲友和妻室儿女。正在这时，忽然传来我西北野战军收复蟠龙的捷报，毛泽东兴奋不已，写下了《五律·喜闻捷报》。

诗中抒发了捷报传来时的胜利豪情，表达了诗人对全国解放的无限期待。全诗不见一个"喜"字，但处处洋溢着发自内心的喜悦之情。一路写来，从容不迫，层层推进，意脉相承，环环相扣。

【笺注】

〔1〕运河：对“步运河上”如何理解，学术界有不同看法。运河，一说指陕北佳县、米脂县一带开凿的水渠。一说指佳县神泉堡东南的大河。

〔2〕蟠龙：古镇名，位于延安城东北35公里处，当年蒋介石对陕甘宁边区实行“重点进攻”时，曾把此地当作重要的物资补给基地。

〔3〕秋风度河上：语出宋代梅尧臣《送李祠部知滑州》：“秋风度河水，马足不生尘。”度：“渡”的古字，渡过。河上：这里指运河。

〔4〕大野入苍穹：化用北朝民歌《敕勒歌》“天似穹庐，笼盖四野。天苍苍，野茫茫”意境。大野：一望无际的原野。入：溶入。苍穹：苍天，茫茫的天空。唐代杜甫《冬狩行》：“禽兽已毙十七八，杀声落日回苍穹。”

〔5〕佳令：美好的时令，这里指1947年的农历八月十五中秋节。这年的中秋节是公历9月29日。《礼记·月令》：“（季冬之月）天子乃与公卿大夫共饬国典，论时令，以待来岁之宜。”随人：随顺人的心愿。唐代李白《下终南山过斛斯山人宿置酒》：“暮从碧山下，山月随人归。”至：到。

〔6〕明月傍云生：化用唐代李白《送友人入蜀》“山从人面起，云傍马头生”。傍：临近，靠近。西晋左思《蜀都赋》：“尔乃邑居隐赈，夹江傍山，栋宇相望，桑梓接连。”《乐府诗集·横吹曲辞·木兰诗》：“雄兔脚扑朔，雌兔眼迷离，双兔傍地走，安能辨我是雄雌？”生：升。

〔7〕故里：故乡，指毛泽东的故乡湖南韶山。鸿音：指音信。清代陈梦雷《寄长秋弟》：“新篇堪寄否？天外待鸿音。”鸿：即大雁，古代有雁足传书的说法。唐代张若虚《春江花月夜》：“鸿雁长飞光不度，鱼龙潜跃水成文。”绝：断绝。

〔8〕妻儿：指妻子江青，女儿李讷、李敏，儿子毛岸英、毛岸青。信未通：意谓挂念在心。颈联化用唐代杜甫《春望》“烽火连三月，家书抵万金”二句诗意。一说，也可理解为挂念解放区的全体军民。录以备考。

〔9〕满宇频翘望：即频翘望满宇。满宇：本指普天下，这里指代解放区老百姓。频：多次。翘望：抬头而望，形容盼望之殷切。后晋刘昫《旧唐书·陆贽传》："想闻德声，翘望圣泽。"

〔10〕凯歌：指1947年8月，人民解放军在陕北取得沙家店战役胜利，9月中旬，又取得收复青化砭、蟠龙等重镇的胜利。边城：指陕甘宁边区。

【译文】

秋风从河面上从容地吹过，
无边无际的原野融入天际，仿佛整个天地都笼罩在月色之中。
中秋佳节又伴随着人的脚步年复一年地来临了，
一轮皎洁的明月依傍着东边天际的云彩升了起来。
由于战争的原因，故乡的音讯已经隔绝，
妻子儿女的书信不能往来。
我一次又一次地仰望天空中的明月，期待着前线的佳音，
终于传来西北野战军收复边远城镇蟠龙的胜利消息。

浣溪沙

和柳亚子先生

一九五〇年十一月

颜斶齐王各命前，多年矛盾廓无边。
而今一扫纪新元。

最喜诗人高唱至，正和前线捷音联。
妙香山上战旗妍。

附：柳亚子原词

浣溪沙

一九五〇年十月

中央戏剧学院舞蹈团演出《和平鸽》舞剧，欧阳予倩编剧，戴爱莲女士导演兼饰主角，四夕至五夕，连续在怀仁堂奏技。再成短调，欣赏赞美之不尽矣！

白鸽连翩奋舞前。工农大众力无边。
推翻原子更金圆。

战贩集团仇美帝，和平堡垒拥苏联。
天安门上万红妍！

【题解】

这首词最早发表于1986年9月人民文学出版社出版的《毛泽东诗词选》，题为《浣溪沙·和柳（亚子）先生》。后又收入1996年9月中央文献出版社出版的《毛泽东诗词集》，题目改为《浣溪沙·和柳亚子先生》。

浣溪沙：词牌名。见《浣溪沙·和柳亚子先生》(长夜难明赤县天）题解。

和柳亚子先生：指和后面所附的柳亚子先生的《浣溪沙》词。柳亚子(1887—1958)：见《七律·和柳亚子先生》题解。

1950年10月4日、5日两晚，柳亚子在中南海怀仁堂观看舞剧《和平鸽》演出，欣赏赞美备至，复用前调及同部韵再填《浣溪沙》词一首，表达自己热爱和平、反对侵略的强烈愿望。11月，毛泽东读了柳亚子这首词，深为柳亚子的爱国热情和对时局爱憎分明的正义精神所感动。并由此联想到柳亚子多年来同蒋介石反革命行径作坚决斗争的“屹然独立”的骨气，恰又适逢中国人民志愿军在抗美援朝中于定州、积香山、新兴洞、妙香山等地击败以美国为首的侵朝敌军，取得第一次战役胜利的捷报传回中国。毛泽东兴奋无比，诗兴顿生，便挥毫填下了这首步柳亚子原韵的和词。

词中热情歌颂中华人民共和国的建立是开创了中国历史的新纪元，生动地展现了中国共产党和民主人士团结和睦的气氛，抒发了作者欢庆中国人民志愿军在朝鲜战场初战告捷的喜悦之情。这首词在自然平易的语言中表现出词人阔大的胸怀，境界宏深，主题重大，堪称大手笔。

【笺注】

〔1〕颜斶齐王各命前：典出《战国策·齐策四》：齐宣王召见颜斶时说："斶前！"颜斶也说："王前！"齐宣王不高兴，左右的人也说颜斶违反君臣之礼是不对的。颜斶说："夫斶前为慕势，王前为趋士，与使斶为慕势，不如使王为趋士。"齐宣王很生气地说："王者贵乎？士贵乎？"颜斶回答说："士贵耳，王者不贵。"颜斶：战国时齐国人，隐居不愿做官。传说他"晚食以当肉，安步以当车，无罪以当贵，清静贞正以自虞"。齐王：战国时齐国宣王。各命前：各自要求对方向前。各：各自。前：这里用作动词，向前，上前。这里以齐宣王喻指蒋介石，以颜斶喻指柳亚子。二人政见不同，柳亚子要蒋介石接受他的政治主张，蒋介石要柳亚子听从他的政治主张。另有一说：胡为雄认为，毛泽东在和词中借这个典故，主要是为了说明历史上的执政者无法处理好与自己属下士大夫阶层的关系，因为执政者往往倚势怠士，士则恃才傲主，这便造成"多年矛盾廓无边"的现象。接着的"而今一扫纪新元"句则表明，毛泽东认为自己能够并善于处理与诸如柳亚子这样的文人骚客的关系，自己会开创一个尊重人才的新时代。录以备考。

〔2〕多年矛盾：早在1926年，柳亚子先生任国民党中央监察委员时，就曾公开骂蒋介石是新军阀。此后，他始终反对蒋介石及国民党当局。毛泽东高度评价柳亚子坚持正义、不畏强权的斗争精神。1941年，柳亚子因谴责蒋介石制造反共的"皖南事变"，被国民党开除党籍。矛盾：指柳亚子主张革命而蒋介石主张反革命，政见不同，发生矛盾。廓：作动词用，扩大，扩展。《诗

经·大雅·皇矣》:“上帝耆之，憎其式廓。”毛传:“廓，大也。”无边：没有边际。唐代杜甫《登高》:“无边落木萧萧下，不尽长江滚滚来。”

〔3〕而今：如今。唐代张安石《苦别》:“向前不信别离苦，而今自到别离处。”一扫：一扫而空，一扫而光。承上面的“多年矛盾”而言。纪新元：比喻划时代的新事业的开始。意思是说，新中国诞生了，中国共产党领导无产阶级及广大人民群众推翻三座大山，人民当家做了主人，开创了人类历史的新纪元。纪元：我国自汉武帝建元元年（公元前140年）以后，历朝皇帝都立年号纪元，即以皇帝即位或中途改换年号的第一年为元年。现在世界上多数国家采用公元纪年，即以传说耶稣诞生年为元年。这里比喻新的历史阶段。纪：记载。元：指纪元，即历史上纪年的起算年代。

〔4〕诗人：指柳亚子。高唱：高妙的词作。西晋陆机《演连珠》之二三：“绝节高唱，非凡耳所悲；肆义芳讯，非庸听所善。”南朝梁沈约《〈梁武帝集〉序》:“兴绝节于高唱，振清辞于兰畹。”唐代韩愈《题合江亭寄刺史邹君》:“老郎来何暮，高唱久乃和。”这里指柳亚子原词《浣溪沙》。至：极，最。指柳亚子词作的高妙。

〔5〕正和：正好与。前线捷音：前方的捷报。指朝鲜前线传来的胜利喜讯。为抗美援朝，保家卫国，中国人民志愿军于1950年10月19日跨过鸭绿江，与朝鲜人民军并肩作战，抗击以美国为首的侵略军。自10月25日至11月8日，歼敌13000多人，将战线从鸭绿江推进到清川江以南，取得了第一次战役的胜利。捷音：捷报。元代罗贯中《三国演义》第七十回:“黄忠、严颜守住天荡山，捷音飞报成都。”明代冯梦龙《东周列国志》第三十八回:“既晋君克举大义，寡人当静听捷音。”这句是说，柳亚子的高唱和朝鲜前线胜利的捷报互相呼应，联袂而至。

〔6〕妙香山：山名，位于朝鲜西北部熙川南不远处，东北—西南走向，主峰海拔1909米，景色优美。战旗妍：中国人民志愿军的战旗鲜红艳丽，喻指战斗取得胜利。妍：美丽，美好。宋代林逋《山园小梅》:“众芳摇落独暄妍，占尽风情向小园。”

【附诗笺注】

〔1〕欧阳予倩（1889—1962）：湖南浏阳人。著名戏剧家兼演员，中国话剧的开拓者和戏剧运动倡导人之一。中华人民共和国成立后，历任中央戏剧学院院长、中国文学艺术界联合会副主席、中国戏剧家协会副主席及中国舞蹈工作者协会主席等职。著有话剧剧本 20 余部。

〔2〕戴爱莲：著名舞蹈表演艺术家。饰：扮演。

〔3〕四夕至五夕：指 1950 年 10 月 4 日晚和 5 日晚。据柳亚子《北平日记》记载，这两天晚上柳亚子曾接连在怀仁堂观看了《和平鸽》舞剧。

〔4〕怀仁堂：见《浣溪沙·和柳亚子先生》（长夜难明赤县天）附词笺注。奏技：表演技艺。

〔5〕再成短调：1950 年 10 月 3 日晚，柳亚子在怀仁堂观看各少数民族文工团歌舞演出，已作有一首《浣溪沙》（火树银花不夜天）词，故这里说再成短调。短调：篇幅短小的词作。

〔6〕白鸽连翩奋舞前：演员们扮演的一群鸽子在舞台上奋飞，联翩起舞。白鸽：指舞剧《和平鸽》。连翩：即“联翩”，鸟飞的样子，比喻连续不断。奋舞前：奋舞于前。奋舞：似鸟展翅而舞。指舞剧《和平鸽》中一些演员扮演群鸽在舞台上飞舞。奋：鸟类展翅。前：面前。

〔7〕工农大众力无边：工人农民团结起来力量就会大无边际。

〔8〕原子：这里是原子弹的省称。更：再，再加上。金圆：这里指美元。喻指美帝国主义以金钱统治世界的政策。这句是说，一定能打破美帝国主义的原子弹威胁和改变美元对世界的垄断。

〔9〕战贩集团仇美帝：“战贩集团”、“美帝”都是“仇”的宾语。即“仇战贩集团美帝”。主语“我们”省略了。战贩集团：第二次世界大战以后，以美国为首的帝国主义竭力煽动新的世界战争，故称之“战贩集团”，战贩：战争贩子。仇美帝：1950 年 9 月，美国纠集 15 国军队，打着联合国军的旗号对朝鲜发动军事进攻，向图们江、鸭绿江逼近，直接威胁我国东北境内安全。中国人民发起了仇视、鄙视、蔑视美帝国主义的宣传运动。这句意谓，我们仇恨

以美国为首的战贩集团发动新的侵略战争。

〔10〕和平堡垒拥苏联："和平堡垒"和"苏联"都是"拥"的宾语，即"拥和平堡垒苏联"。主语"我们"省略了。堡垒：军事防御用的坚固建筑物，比喻难以征服的领域。唐代柳宗元《柳州司马孟公志》："伐赵之役，坚立堡垒，誓死麾下。"拥：拥护。这句是说，坚决拥护以苏联为首的和平堡垒保卫世界和平。

〔11〕万红妍：万紫千红，十分美丽。万红：万朵红花。妍：美丽。明末清初李渔《闲情偶寄·种植部》："日高日上，日上日妍。"这里喻指新中国一片欣欣向荣的景象。这句犹言天安门上花团锦簇，胜利的红旗迎风招展。

【译文】

颜斶和齐王各自都要求对方向自己靠近，
许多年来他们两人的矛盾尖锐深远无边。
如今这些矛盾都一扫而光，开辟了人民当家做主的历史新纪元。

最令人欣喜的是诗人吟出了高妙的诗篇，
正好和中国人民志愿军在朝鲜战场上取得重大胜利的消息接踵而来，
朝鲜妙香山上高高飘扬的战斗红旗显得格外美丽鲜艳。

七 律
和周世钊同志
一九五五年十月

春江浩荡暂徘徊，又踏层峰望眼开。
风起绿洲吹浪去，雨从青野上山来。
尊前谈笑人依旧，域外鸡虫事可哀。
莫叹韶华容易逝，卅年仍到赫曦台。

附：周世钊原诗

七 律
从毛主席登岳麓山至云麓宫
一九五五年六月

滚滚江声走白沙，飘飘旗影卷红霞。
直登云麓三千丈，来看长沙百万家。
故国几年空兕虎，东风遍地绿桑麻。
南巡已见升平乐，何用书生颂物华。

【题解】

这首诗最早发表于1983年12月人民出版社出版的《毛泽东书信选集》一书收录的毛泽东《致周世钊（1955年10月4日）》的信中。后收入1986年9月人民文学出版社出版的《毛泽东诗词选》和1996年9月中央文献出版社出版的《毛泽东诗词集》。

七律：七言律诗的简称。见《七律·长征》题解。

和周世钊同志：即和周世钊同志的《七律·从毛主席登岳麓山至云麓宫》。周世钊与毛泽东相交时间长达63年，信件交往颇多，时有诗词唱和。

1955年6月，毛泽东去长沙视察，在少年同窗好友、湖南省教育厅副厅长周世钊和湖南省委负责人的陪同下，兴致勃勃地畅游湘江，重登岳麓山，游览云麓宫、岳麓书院赫曦台。后来周世钊有信寄毛泽东，且附有诗几首。10月4日，毛泽东给周世钊回信，并附了这首和诗。信中说："读大作各首甚有兴趣，奉和一律，尚祈指正。"

这首诗通过对与友人周世钊重游长沙岳麓山情景的回顾与追叙，描绘了岳麓山的壮美景色，抒发了十分思念旧友和故乡的深情，表现了诗人永葆青春，奋进不息，乐观豁达的宽阔胸怀。用白描手法，直赋其事，在自然平易的语言中表现出诗人阔大的胸怀。

【笺注】

〔1〕春江浩荡：每年端阳节前后，湘江的中下游照例要涨一次到几次大水，湖南人称之“端阳水”。1955年6月20日，毛泽东在湘江中游泳，正遇上这样的大水，故说春江浩荡。江：指湘江。见毛泽东《沁园春·长沙》“湘江北去”笺注。春江：唐代张若虚《春江花月夜》：“春江潮水连海平，海上明月共潮生。”这里指春天时节的湘江。浩荡：水势广阔浩大的样子。晋代潘岳《河阳县作》其二：“洪流何浩荡，修芒郁苕峣。”唐代杜甫《奉赠韦左丞丈二十二韵》：“白鸥波浩荡，万里谁能驯？”暂徘徊：指短时间的逗留。唐代骆宾王《同辛簿简仰酬恩玄上人林泉》四首其三：“林泉恣探历，风景暂徘徊。”作者把在长沙就读及从事革命工作的几年看作“暂徘徊”。

〔2〕踏：踏步，这里引申为登。层峰：重重叠叠的峰峦。峰：指湘江西岸的岳麓山峰。望眼开：放眼观览，视野为之开阔。望眼：远眺的眼睛。宋代岳飞《满江红》：“抬望眼，仰天长啸，壮怀激烈。”这句写游罢湘江又健步登上岳麓山云麓宫。

〔3〕风起绿洲吹浪去：化用战国楚宋玉《风赋》“夫风生于地，起于青苹之末”。绿洲：原指沙漠中有水、草的地方。这里指春天草树皆呈绿色的橘子洲。橘子洲，见毛泽东《沁园春·长沙》“橘子洲头”笺注。吹浪：唐代包佶有《对酒赠故人》“月送人无尽，风吹浪不回”诗句。风吹江水荡起波浪。浪：指湘江中的波浪。

〔4〕雨从青野上山来：据周世钊《难忘的一天》记载：当天下午二时，毛泽东、周世钊等在望湘亭午餐。饭后，下了一阵小雨。青野：绿色的原野。南朝宋孝武帝《巡幸旧宫颂》：“列装青野，动辂丹廷。”唐代李峤《茅》：“麏包青野外，鸱啸绮楹前。”这里指岳麓山下的田野。山：指岳麓山。

〔5〕尊前谈笑人依旧：化用唐代韦应物《淮上喜会梁州故人》：“欢笑情如旧，萧疏鬓已斑。”尊前：指酒席上。尊：通“樽”，古代一种酒器，这里

指酒杯。唐代马戴《赠友人边游回》："尊前语尽北风起，秋色萧条胡雁来。"宋代欧阳修《玉楼春》："尊前拟把归期说，未语春容先惨咽。"人依旧：指人的性格、友情等依旧如故。唐代白居易《长恨歌》："东望都门信马归，归来池苑皆依旧。"毛泽东年轻时曾与周世钊等宴谈，数十年后重新相聚，言谈甚欢。这里还有称赞周世钊"骏骨未凋"（毛泽东 1949 年 10 月 15 日致周世钊信中语）之意。

〔6〕域外：南朝梁简文帝《大爱敬寺刹下铭》："思所以功超域外，道迈寰中。"这里指境外、国外，可以引申为天下，世界上。鸡虫：谓鸡虫得失，常用来比喻事情细小，得失无关轻重。唐代杜甫《缚鸡行》："小奴缚鸡向市卖，鸡被缚急相喧争。家中厌鸡食虫蚁，不知鸡卖还遭烹。虫鸡于人何厚薄？吾叱奴人解其缚。鸡虫得失无了时，注目寒江倚山阁。"明代王嗣奭《杜臆》解析说："鸡得则虫失，虫得则鸡失，世间类此者甚多。故云'无了时'。"以后"鸡虫之争"便用来比喻人们各自为细微私利而勾心斗角，纷争不已。一说此句特指自 1953 年以来苏联国家领导层内部的权力斗争。录以备考。

〔7〕莫叹韶华容易逝，卅年仍到赫曦台：尾联两句化用刘禹锡《酬乐天咏老见示》"莫道桑榆晚，为霞尚满天"意境。莫叹韶华容易逝：化用宋代秦观《江城子》词："韶华不为少年留，恨悠悠，几时休？"莫：不要。叹：哀叹。韶华：美好的青春年华，指人的青年时代。韶：美好。逝：逝去，消逝。

〔8〕卅年：1925 年秋，毛泽东自韶山赴广州，途经长沙，曾游岳麓山一带，作有《沁园春·长沙》一词。至此次重游岳麓山，恰好过了 30 年。卅：三十。赫曦台：在湖南长沙岳麓山岳麓书院。朱熹曾称岳麓山顶为"赫曦"，后因而称山上的台为"赫曦台"。《乾隆长沙府志》卷一二《古迹》载：赫曦台，在岳麓山上。文公（宋代朱熹）《云谷山记》曰："予名岳麓山顶曰'赫曦'，张伯和父为大书台上。悬岩有古篆字数十，隐见不明。嘉靖戊子（明世宗嘉靖七年，即 1528 年）知府孙存建亭。"岳麓山顶的赫曦台早已圮废。清代乾隆五十五年（1790 年），岳麓书院山长罗典在岳麓书院内建前台。清代道光元年（1821 年），岳麓书院山长欧阳厚均为保存朱熹遗迹，将原"赫曦台"匾

额悬于岳麓书院前台，改前台名赫曦台。岳麓书院：在岳麓山东面山下。北宋开宝九年（公元976年），潭州太守朱洞创建，天禧二年（1018年）真宗赐以“岳麓书院”匾额，为宋代四大书院之一。南宋理学家张栻、朱熹在此讲学，从学者千余人。千年以来，书院历经兵火，屡废屡建，现存建筑为清代所建。赫曦：指太阳喷薄而出、光明盛大的样子。南朝梁江淹《为萧鸾拜太尉扬州牧表》：“名爵赫曦，僶俛优忝。”

【附诗笺注】

〔1〕岳麓山：在湖南长沙湘江西岸。古人将其列入南岳七十二峰之一。南朝刘宋时《南岳记》：“南岳周围八百里，回雁为首，岳麓为足。”总面积8平方公里，最高峰海拔297米。自西汉以来，历代都有遗迹可觅，以爱晚亭、岳麓书院、麓山寺、望湘亭、唐代李邕麓山寺碑、宋代刻禹王碑最为有名。云麓宫：在岳麓山的云麓峰顶上，系道教宫观。宫右有望湘亭，是纵览长沙风貌的观景点。清代黄道让撰有对联：“西南云气来衡岳，日夜江声下洞庭。”

〔2〕滚滚：水涌流的样子。唐代杜甫《登高》：“无边落木萧萧下，不尽长江滚滚来。”走：流过。这句是说，生机盎然的湘江浩浩荡荡，我曾在这里游泳，暂作流连。

〔3〕飘飘：飞扬的样子。汉代张衡《西京赋》：“度曲未终，云起雪飞。初若飘飘，后遂霏霏。”这句说，红旗迎风飘扬，辉映着满天的红霞。

〔4〕三千丈：极言其高，并非确数。唐代杜甫《古柏行》有“霜皮溜雨四十围，黛色参天二千尺”之句。这里是说，我一鼓作气登上那高耸的云麓山顶。

〔5〕来看长沙百万家：长沙的百万人家尽收眼底。

〔6〕故国：这里指故乡。空：作动词用，一扫而空。引申为绝迹。兕：古代兽名，似水牛，独角，青色。兕虎：兕与虎，泛指猛兽。《诗经·小雅·何草不黄》：“匪兕匪虎，率彼旷野。”这里比喻国民党反动派。这句是说，故乡新中国成立以来消灭了虎狼一样的坏人。

〔7〕桑麻：泛指农作物。东晋陶渊明《归园田居》其二："相见无杂言，但道桑麻长。"这句是说，东风浩荡，大地春回，到处都是绿油油的庄稼。

〔8〕南巡：到南方视察工作。巡：巡查，巡视。升平：指社会比较持久的安定局面。东汉班固《汉书·梅福传》："使孝武帝听用其计，升平可致。"这句意谓，您来到南方视察，已经看到一片欢乐升平的景象。

〔9〕书生：读书人。物华：美好的景物。唐代杜甫《曲江陪郑南史饮》："自知白发非春事，且尽芳樽恋物华。"这句是说，哪里还用得着我来歌颂这太平盛世呢！

【译文】

生机盎然的湘江浩浩荡荡，我曾在这里游泳，暂作流连，

如今我又登上了层层叠叠的岳麓山峰远望，眼界为之大开。

风从翠绿的橘子洲兴起，吹起湘江一层层波浪向远方滚去，

雨从碧绿的田野一直飞到岳麓山上来。

我们在酒席上举杯畅饮，谈笑风生，依旧如当年一样，

国际间的某些事件像鸡虫得失一样渺小，人们为这些小事勾心斗角是令人可悲的。

你不要叹息美好的青春年华容易流逝，

三十年后的今天，我们又健步登上了赫曦台。

五　律

看　山

一九五五年

三上北高峰，杭州一望空。
飞凤亭边树，桃花岭上风。

热来寻扇子，冷去对佳人。
一片飘飖下，欢迎有晚鹰。

【毛泽东自注自解】

“扇子”指扇子岭，“佳人”指美人峰。

【题解】

这首诗最初见之于生活·读书·新知三联书店 1986 年 9 月版载龚育之、逄先知等著《毛泽东的读书生活》，林克《忆毛泽东学英语》，无标题。《党的文献》1993 年第 6 期发表毛泽东四首旧体诗，这首诗题作《看山》，标明写作时间为“一九五五年”。

五律：即五言律诗的简称。见《五律·挽戴安澜将军》笺注。

看山：指看西湖附近的北高峰及其周围的群山。

杭州，是新中国成立后，毛泽东外出到过次数最多的地方。大约从 1953 年到“文化大革命”初期，几乎每年都去一次杭州，有时甚至两次，停留时间最长时达 7 个月。有统计资料说，新中国成立后，毛泽东去过浙江 40 多次，加起来住了 800 多天，被毛泽东称作第二故乡。1955 年是新中国即将完成对农业、手工业和资本主义工商业改造的一年，也是新中国由新民主主义向社会主义过渡的一年。这一年，毛泽东在杭州工作期间，工作之余经常到钱塘江游泳，并经常登临西湖附近名山，先后五次攀登北高峰。在第三次攀登北高峰时，毛泽东即兴口占了《五律·看山》。

这首诗通过登高览胜的描写，极有层次地表达了作者登上北高峰后赏景的愉悦心情。全诗寓情于景，语言晓畅，写得极有层次，极为风趣，表现出轻快飘逸的阴柔之美。

【笺注】

〔1〕三上：三次登上。北高峰：位于浙江省杭州西湖附近的灵隐寺后，

与南高峰相对峙，为西湖群山名山之一。北高峰海拔 314 米，山奇石秀，林泉幽美，有石磴数百级，盘旋 36 弯通山顶，为环湖第一高峰。在北高峰附近有飞凤亭、桃花岭、扇子岭、美人峰等名胜。

〔2〕杭州一望空：化用宋代秦观《蝶恋花》："九派江分从此去，烟浓一望空无际。"这里指尽收眼底，一览无余。一望：一眼望去。南朝梁王僧孺《落日登高》："凭高且一望，目极不能舍。"宋代孙光宪《浣溪沙》："蓼岸风多橘柚香，江边一望楚天长。"空：尽。

〔3〕飞凤亭：指北高峰东面、西湖北岸宝石山上的来凤亭。宝石山远望像一只飞凤，山顶上的保俶塔则像凤头上的冠毛，故名"来凤亭"。"宝石凤亭"为西湖 48 景之一。

〔4〕桃花岭：指北高峰东面、西湖西北角岳飞墓后的栖霞岭。古时岭上多桃树，春暖花开时节，如红霞栖止于此，故名。现在山中桃树已不多，然林木森森，甘泉清冽，岭前后左右有黄龙冈、紫云洞、栖霞洞等奇洞胜景。

〔5〕扇子：根据毛泽东自注，"扇子"指扇子岭，在北高峰附近，为杭州名胜之一。这里语意双关，意思是说，因扇子可以去热，热起来就想到扇子岭。

〔6〕佳人：即美人。根据毛泽东自注，"佳人"指美人峰，在北高峰南面，为杭州名胜之一。这里语意双关，意思是说，从美人富有热情，故想到消除冷气，就要找美人峰。宋代欧阳修《三桥诗》："何处偏宜望？清涟对女郎。""清涟"指颍州清涟阁，"女郎"指颍州女郎台。

〔7〕一片：鹰翱翔时，双翅平展不动，其状扁平如"片"。飘飖：同"飘摇"，飘荡、飞扬的样子。这里指鹰在空中飞翔的姿态。《战国策·楚策四》："奋其六翮而凌清风，飘摇乎高翔。"唐代杜甫《独立》："空外一鸷鸟，河间双白鸥。飘飖搏击便，容易往来游。"

〔8〕鹰：指灵鹫峰，即飞来峰。北高峰附近的名胜之一。

【译文】

我三次登上西湖边上的北高峰，

眺望杭州一览无余，尽收眼底。
飞凤亭旁边的树木郁郁葱葱，
桃花岭上春风拂面，桃花飘香。
天气热了，扇子岭给你送来凉爽的风，
天气冷了，美人峰能为你增加暖意。
展翅翱翔的雄鹰像一片叶子似的从空中飘落而下，
晚归时灵鹫峰迎面而来，仿佛在热情欢迎着我们。

七 绝

莫干山

一九五五年

翻身复进七人房，回首峰峦入莽苍。
四十八盘才走过，风驰又已到钱塘。

【题解】

这首诗最初见之于林克《忆毛泽东学英语》，无标题。《党的文献》1993年第6期发表毛泽东四首旧体诗，这首诗题作《莫干山》，署明写作时间为“一九五五年”。

七绝：七言绝句的简称。见《七绝·为女民兵题照》题解。

莫干山：位于浙江德清县西北部，为天目山的支脉。相传因春秋时吴王阖闾曾派剑工在此铸“莫邪”、“干将”二剑而得名。该山周长50余公里，主峰塔山海拔719米，山中多修竹、清泉，云雾出没，风景幽胜，盛夏凉爽如秋，为浙江避暑、休养胜地。

1955年，毛泽东在杭州工作和休养期间，经常在工作之余乘车攀登莫干山。

诗中描写汽车在曲折盘旋的归途中看到的莫干山景色，以及很快到达杭州的情形，表达了作者登山览胜后轻松愉悦的心情。这首“快”诗，颇得李白《早发白帝城》的意趣。即景抒情，情因景生，以景衬情，诗句轻快，空间转换也快，读之令人难忘。

【笺注】

〔1〕翻身：转身。复：再，又。七人房：指作者当时使用的卧车，可坐七人，故有此说。唐代杜甫《哀江头》：“翻身向天仰射云，一笑正坠双飞翼。”

〔2〕回首峰峦入莽苍：化用宋代苏轼《观湖二首》其一：“回首不知沙界小，飘衣犹觉色尘高。”回首：回头，这里有一瞬间的意思，表示车行之速。汉代司马相如《封禅文》：“昆虫闿怿，回首面内。”峰峦：指莫干山群峰。莽苍：雾气浓重的样子。唐代李白《下终南山过斛斯山人宿置酒》：“暮从碧山下，山月随人归。却顾所来径，苍苍横翠微。”毛泽东《菩萨蛮·黄鹤楼》有“烟雨莽苍苍”词句。

〔3〕四十八盘：指莫干山区曲折盘旋的盘山公路。走：这里指坐车行驶。

〔4〕风驰：像风一般地疾驰，形容迅疾。南朝宋颜延之《皇太子释奠会作诗》：“都庄云动，野馗风驰。”唐代王维《兵部起请露布文》：“万里风驰，六军电扫。”成语有“风驰电掣”。钱塘：旧县名，秦代置钱唐县，治所在今杭州西面灵隐山麓，隋代移至今杭州。唐代因县名与国名相犯，改为“钱塘县”。这里指杭州市。

【译文】

转过身来又进入了七座的小卧车，

回过头来再看时，莫干山峰峦已经融入苍茫的野色之中。

曲折盘旋四十八转的山区公路刚刚行驶过去，

风驰电掣般地又已经回到杭州（即钱塘）住所。

七 绝
五云山
一九五五年

五云山上五云飞，远接群峰近拂堤。
若问杭州何处好，此中听得野莺啼。

【题解】

这首诗最早发表于《党的文献》1993 年第 6 期，后收入 1996 年 9 月中央文献出版社出版的《毛泽东诗词集》。

七绝：七言绝句的简称。见《七绝·为女民兵题照》题解。

五云山：浙江杭州西湖群山中邻近钱塘江的一座山。相传因有五色彩云萦绕山顶经久不散而得名。五云：五种颜色的云彩。古人以为祥瑞之兆。

1955 年 10 月，毛泽东在杭州办公，忙里偷闲，登上五云山。在游赏中，他捕捉到了山色中的诗意，发现了湖光山色中蕴含的美，诗兴大发，吟成了这首七绝。

作者通过五云山彩云飘飞，山中野莺啼叫的迷人景象描写，抒发了轻逸、闲适的雅趣。全诗语言自然畅达，把登山时轻松自得的心情表达得酣畅淋漓。

【笺注】

〔1〕五云山上五云飞：化用唐代李颀《古意》“黄云陇底白云飞”句式。唐代李白《登金陵凤凰台》有“凤凰台上凤凰游”诗句。前人有诗曰：“石磴千盘倚碧天，五云辉映五峰巅。”五云山山腰有亭，近瞰钱江，回望西湖，亭上有联：“长堤划破全湖水，之字平分两浙山。”

〔2〕群峰：指西湖西面与南面的北高峰、南高峰、美人峰、月桂峰、白鹤峰等。拂：轻轻擦过。堤：指钱塘江的江堤。

〔3〕若问杭州何处好：化用唐代白居易《忆江南》三首其二："江南好，最忆是杭州"意境。毛泽东在这里先作一设问，下句再回答。若：倘若，假若。

〔4〕此中：即五云山中。野莺啼：野外的黄莺啼叫。唐代戎昱《移家别湖上亭》："黄莺住久浑相识，欲别频啼四五声。"宋代徐元杰《湖上》："花开江树乱莺啼，草长平湖白鹭飞。"杭州西湖有"柳浪闻莺"著名景点。

【译文】

五云山顶五色彩云萦绕飘飞，
远处与西湖周围群山连绵相接，近处与钱塘江大堤轻轻擦过。
倘若有人问杭州什么地方最美丽，
在这里听黄莺呖呖悦耳的鸣啼才是最令人惬意的事。

七　绝
观　潮
一九五七年九月

千里波涛滚滚来，雪花飞向钓鱼台。
人山纷赞阵容阔，铁马从容杀敌回。

【题解】

这首诗最早发表于《党的文献》1993 年第 6 期，后收入 1996 年 9 月中央文献出版社出版的《毛泽东诗词集》。

七绝：七言绝句的简称。见《七绝·为女民兵题照》题解。

观潮：即观赏浙江钱塘江口的涌潮。自古钱塘潮就是一大奇观。钱塘江在杭州之南，是浙江省的第一大江。钱塘江入海口呈喇叭形，江口阔大而江身狭窄，起潮时，海水从宽达100公里海口涌入，受两旁渐狭的江岸约束，形成涌潮。涌潮又受江口拦门沙坎的阻拦，波涛后推前阻，涨成壁立江面的一道水岭。潮头最高时达3至5米，潮差可达5至9米。奔腾澎湃，势无匹敌。宋代时，临安（今浙江杭州市）江干潮势最盛，后因地理变迁，海宁盐官镇东南一段的海塘成为近代观潮胜地。涌潮以每年农历八月十八的最为壮观。

1957年9月11日（农历八月十八），毛泽东曾特意从杭州乘车去海宁盐官镇七星庙海塘上，兴致勃勃地观看了钱塘涌潮胜景。观潮后毛泽东感叹不已，以如椽的大笔写下了《七绝·观潮》。

诗中描写了钱塘涌潮的浩大声势及观潮的盛况，抒发了作者内心奔涌激荡的豪情壮志。诗作比喻绘声绘色，新颖生动，景象壮阔，气势宏伟。

【笺注】

〔1〕波涛滚滚来：化用唐代刘禹锡《浪淘沙》“八月涛声吼地来，头高数丈触山回。须臾却入海门去，卷起沙堆似雪堆”意境。宋代苏轼《望海楼晚景》：“海上涛头一线来，楼前指顾雪成堆。”清代施闰章《钱塘观潮》诗有“声如千骑疾，气卷万里来”之描写。这里描写巨大的波涛汹涌而来。滚滚：急速地翻腾。唐代杜甫《登高》：“无边落木萧萧下，不尽长江滚滚来。”

〔2〕雪花：浪花。唐代李白《横江词》六首其四：“浙江八月何如此，涛似连山喷雪来。”宋代柳永《望海潮》：“怒涛卷霜雪，天堑无涯。”宋代苏轼《念奴娇·赤壁怀古》：“乱石穿空，惊涛拍岸，卷起千堆雪。”钓鱼台：即钓台，在钱塘江中段的富春江边。相传为东汉严光隐居垂钓之处。严光，字子陵，曾与汉光武帝刘秀一同游学。刘秀称帝后，严光隐姓埋名，归耕富春山，时而游钓江滨。后刘秀派人找到他，授以谏议大夫官职，严光拒绝之。后人为了纪念他，称其钓台为“严子陵钓台”，同时将附近一段急流命名为严陵濑。这里“雪花飞向钓鱼台”是一种夸张的说法。

〔3〕人山：形容聚集观潮的人很多，人山人海。纷赞：纷纷赞叹。阵容阔：指汹涌奔腾的江潮像千军万马般壮阔。

〔4〕铁马从容杀敌回：化用宋代陆游《十一月四日风雨大作》“夜阑卧听风吹雨，铁马冰河入梦来”诗句。唐代赵嘏《钱塘》：“一千里色中秋月，十万军声半夜潮。”这里是形容钱塘江潮涌来时，波涛汹涌，气势十分雄伟壮观。铁马：披有铁甲的战马，借喻雄师劲旅。宋代陆游《秋雨渐凉有怀兴元》：“忽闻雨掠蓬窗过，犹作当时铁马看。”从容：镇定，不慌张。《尚书·君陈》：“宽而有制，从容以和。”《庄子·秋水》：“鯈鱼出游从容，是鱼之乐也。”杀敌回：杀敌得胜回师。

【译文】

千里壮阔的波涛汹涌澎湃，滚滚翻腾涌来，
激起白雪似的浪花一直飞向富春江畔严子陵的钓鱼台。
人山人海般的观潮者纷纷惊叹涌潮的阵势无比阔大，
犹如勇猛的战士骑着身披铁甲的战马从容不迫地杀敌归来。

七　绝
刘　蕡
一九五八年

千载长天起大云，中唐俊伟有刘蕡。
孤鸿铩羽悲鸣镝，万马齐喑叫一声。

【题解】

这首诗中“千载长天起大云，中唐俊伟有刘蕡”两句最早见于中央文献出版社 1992 年 3 月版陈晋所著的《毛泽东与文艺传统》。后正式发表于 1996 年 9 月中央文献出版社出版的《毛泽东诗词集》。

七绝：七言绝句的简称。见《七绝·为女民兵题照》题解。

刘蕡（？—842）：字去华，唐代幽州昌平（今北京市昌平）人，唐敬宗宝历二年（826年）进士。博学善文，耿介嫉恶，“言及世务，慨然有澄清之志”。唐文宗大和二年（828年）策试贤良，对“黄门太横，将危宗社”，“威柄凌夷，藩臣跋扈”的形势深感不安与愤慨，劝皇帝除掉宦官。考官赞赏他的策论，但害怕得罪宦官，不敢授予官职。牛僧孺守镇襄阳，征召刘蕡为幕府从事，“待如师友”。后终因宦官诬陷，贬为柳州司户参军，客死浔阳。

毛泽东酷爱读史，是史家，一生阅读了大量的史书和古籍。毛泽东读史的兴趣主要在反映人物和事件的传和纪上，对历史人物和事件有许多独到的见解。读《旧唐书·刘蕡传》时，对刘蕡的策论很欣赏，旁批“起特奇”，还写了这首咏刘蕡的七绝。

这首咏史诗赞扬刘蕡主张正义、敢于向黑暗势力挑战的斗争精神，对其怀才不遇的坎坷遭遇寄予了深切的同情。比兴、衬托兼用，热情奔放，气势充沛，具有豪放飘逸的风格特征。

【笺注】

〔1〕载：年。长天：辽阔的天空。唐代王勃《滕王阁序》：“落霞与孤鹜齐飞，秋水共长天一色。”起大云：喻指刘蕡的对策可以使唐代再光明起来。大云：带有瑞气的云。这句是说，千年以前长空升起了一片大云。

〔2〕中唐：后世把唐代分为初唐、盛唐、中唐、晚唐四个时期。唐代宗大历年间（766—779年）至唐文宗太和年间（827—835年）被称为“中唐”。这一时期，社会危机不断发展，藩镇割据，宦官专权，朋党相争，外族入侵，中央政权日益削弱。有识之士均奋起欲改变这种国势日危的局面，刘蕡便是其中有代表性的一员。俊伟：俊杰伟人，卓越超群的人物。清代袁赋诚《睢阳尚书袁氏家谱》：“九世枢（袁可立子），所与游皆名士，往往赋啥，滋笔立就笔，不务雕琢而浑厚俊伟，直逼少陵。”

〔3〕孤鸿：孤单失群的大雁，这里喻指刘蕡。唐代李商隐《赠刘司户蕡》：“已断燕鸿初起势，更惊骚客后归魂。”铩羽：翅膀被摧残。唐代柳宗元

《酬娄秀才将之淮南见赠之什》："好音怜铩羽，濡沫慰穷鳞。" 这里比喻遭受打击和挫折。铩：摧残，伤害。鸣镝：古代一种射出去能发出声音的箭，也叫响箭。这里比喻刘蕡遭受宦官的中伤和打击。

〔4〕万马齐喑：宋代苏轼《三马图赞引》："振鬣长鸣，万马皆喑。" 意思是说，骏马振动颈上的鬣毛嘶叫时，其他的马都寂然无声。后用以比喻一种沉闷的局面。清代龚自珍《己亥杂诗》其二百二十："九州生气恃风雷，万马齐喑究可哀。" 喑：哑，不能说话。叫一声：这里指刘蕡不顾个人安危，大胆揭露抨击宦官，在暗无天日的时代发出震人心魄的呐喊，如骏马长鸣，名动一时。

【译文】

一千多年前的辽阔天空升起一片祥瑞的云彩，
中唐时期卓越超群的人物中有一位叫刘蕡。
就像孤单的鸿雁的羽毛被响箭摧落，
但他终是在那万马齐喑的时代打破了沉寂，大叫了一声。

七 律
读 报
一九五九年十一月

反苏昔忆闹群蛙，今日重看大反华。
恶煞腐心兴鼓吹，凶神张口吐烟霞。
神州岂止千重恶，赤县原藏万种邪。
遍找全球侵略者，仅余中国一孤家。

【题解】

这首诗的颔联和颈联较早见于陈晋《毛泽东与文艺传统》，前三联又见于吉林人民出版社 1993 年 10 月版陈晋所著的《毛泽东之魂》。全诗见于中央文献出版社 2003 年 12 月版，吴正裕主编，李捷、陈晋副主编《毛泽东诗词全编鉴赏》。

七律：七言律诗的简称。见《七律·长征》题解。

读报：即抒写读报后的感想。

自 1958 年以来，以美国为首的各种反动势力攻击我国的社会主义制度，世界范围内掀起了一场又一场“反华大合唱”。1958 年 8 月至 10 月，中国人民解放军对金门岛进行炮击，1959 年 3 月，我人民解放军平息西藏反动农奴主集团的武装叛乱，1959 年 8 月和 10 月，我国在中印边界两次武装冲突中维护了我国的领土主权，这一系列事件均遭到了以美国为首的西方国家和国际共产主义运动中以苏联为代表的修正主义集团的大肆攻击。“愤怒出诗人”。毛泽东在读报中有感而发，写下了这首读报诗。

诗中分析了当时帝国主义和各国反动派亡我之心不死，我国和国际共产主义运动面临的严峻局势，迎头痛击了帝国主义、修正主义和各国反动派的反华逆流。嬉笑怒骂，冷嘲热讽，皆成诗歌。比喻、对比、夸张等手法的运用，形成了这首诗诙谐幽默的风格。

【笺注】

〔1〕反苏昔忆闹群蛙：即“忆昔反苏群蛙闹”的倒装句。反苏：反对苏联。有两说：一种认为指 1917 年俄国十月革命后，各帝国主义国家和国内反革命武装勾结起来，反对社会主义苏联和新生的苏维埃政权。还有一种认为，指 1956 年苏共“二十大”以来，由于赫鲁晓夫集团推行机会主义路线大反斯大林，帝国主义和各国反动派在全世界掀起了一股反苏、反共、反人民的浪潮。两说虽都可通，但笔者以为前说较好。将 50 年前帝国主义和各国反动派反对世界上第一个社会主义国家苏联，与 50 年后帝国主义、各国反动派和当时所说的“修正主义”联合起来反对坚持马列主义原则、高举革命大旗的社会主义中国和中国共产党人，加以联想、对比，更加贴切自然。从 1956 年起，

在国际上，帝国主义和各国反动派掀起了一股反苏的浪潮。苏：指苏联。昔：从前。忆：回想。闹群蛙：群蛙喧闹鼓噪的样子。闹：吵嚷，鼓噪。宋代陆游《宿沱江弥勒院》："蛙吹喧孤枕，蚊雷动四廊。"

〔2〕今日重看大反华：即"重看今日大反华"的倒装句。今日：现在。重看：又看到，一次又一次看到。反华：即反对中国。1958 年，在国际上，帝国主义、修正主义和各国反动派曾掀起一次又一次的反华大合唱。

〔3〕恶煞：一种恶鬼。成语有"凶神恶煞"。恶：凶恶，凶狠。煞：凶神。腐心：形容痛恨之极。《战国策·燕策三》载樊於期曰："此臣日夜切齿拊心也。"拊心，即捶胸之意。西汉司马迁《史记·刺客列传》："樊於期偏袒扼腕而进曰：'此臣之日夜切齿腐心也，乃今得闻教！'"唐代司马贞《史记索隐》："'切齿'，齿相磨切也……'腐'，音辅，亦烂也，犹今人事不可忍云'腐烂'然，皆奋怒之意。"兴：发动。鼓吹：宣传，宣扬。这里指帝国主义、修正主义和各国反动派的反华叫嚣。

〔4〕凶神：义同"恶煞"。亦指帝国主义、修正主义和各国反动派。张口：张开嘴巴。吐烟霞：犹吞云吐雾。南朝沈约《郊居赋》："始餐霞而吐雾，终凌虚而倒景。"原指道家修炼养气，不食人间烟火。中国神怪小说中常描述许多妖魔鬼怪，口吐烟雾或霞光等以迷惑、杀伤对方。

〔5〕神州：中国的古名。西汉司马迁《史记·孟子荀卿列传》说，战国时代齐国人邹衍创立"大九州"学说，谓中国名曰"赤县神州"，赤县神州内有九州。"赤县神州"也简称"赤县"或"神州"。岂：哪里。止：仅，只。千重：千层，极言其多。重：层。南朝宋范晔《后汉书·马融传》："群师叠伍，伯校千重。"宋代陆游《长相思》其一："云千重，水千重，身在千重云水中，月明收钓筒。"恶：坏的行为。这句是反语，是以帝国主义、修正主义和各国反动派的口气说的。

〔6〕赤县：见《浣溪沙·和柳亚子先生》笺注。原：原来，本来。藏：隐蔽。万种：极言其多。邪：坏的东西。这句也是反语，是以帝国主义、修正主义和各国反动派的口气说的。

〔7〕全球：全世界。侵略者：这句是反语，是以帝国主义、修正主义和各国反动派攻击中国“好战”、“是侵略者”的口气说的。

〔8〕仅余：只剩。孤家：古代国君、诸侯自谦之称。《礼记·玉藻》：“凡自称，小国之君曰孤。”这句是反语，指中国共产党。表现手法与颈联相同，是用自嘲、幽默的方法，达到讽刺对方的目的。

【译文】

记得过去各帝国主义和国内反动势力勾结起来反对社会主义苏联，如群蛙鼓噪，喧嚣一时，

现在帝国主义、修正主义和各国反动派又掀起一股股反华逆流。

他们切齿痛恨中国而大肆叫嚣，

他们颠倒是非，大肆进行迷惑和欺骗人民的宣传。

中国的“坏行为”何止有千种，

中国本来就隐藏有万种邪恶的东西。

在全世界寻找侵略者，

只剩下中国孤独的一家。

七 律

读 报

一九五九年十二月

托洛茨基到远东，不和不战逞英雄。
列宁竟撇头颅后，叶督该拘大鹫峰。
敢向邻居试螳臂，只缘自己是狂蜂。
人人尽说西方好，独惜神州出蠢虫。

【题解】

这首诗较早见于湖北教育出版社1995年10月版徐涛所著《毛泽东诗词全编》，又见于吴正裕主编，李捷、陈晋副主编《毛泽东诗词全编鉴赏》。

七律：七言律诗的简称。见《七律·长征》题解。

读报：即抒写读报后的感想。

1959年9月15日至27日，赫鲁晓夫访问美国，9月底至10月初，来中国访问。在访华期间，他竟然向中国推销美国的“两个中国”计划，并在庆祝中华人民共和国成立十周年的宴会上，教训中国不要“用武力去试试资本主义制度的稳固性”。10月6日，赫鲁晓夫在苏联海参崴作了访华回国后第一次公开讲话。他在讲话中攻击以毛泽东为代表的中国共产党“向往战争，像一只公鸡一样准备打架，这是不明智的”。针对赫鲁晓夫的反华言论，毛泽东写下这首读报诗进行了有力回击。

这首诗严厉地批判了赫鲁晓夫修正主义集团背叛马克思列宁主义，大肆污蔑和攻击中国的反华言论，揭露了赫鲁晓夫修正主义集团在战争与和平问题上装腔作势、色厉内荏的丑恶嘴脸。语言诙谐幽默，在冷嘲热讽中表达鲜明的政治观点是这首诗的艺术特色。

【笺注】

〔1〕托洛茨基（1879—1940）：1897年18岁时，托洛茨基组织南俄工人联盟，1903年起与孟什维克合伙反对布尔什维克。1912年组织反党的八月联盟。1917年8月加入布尔什维克党，并担任党中央委员、政治局委员。“十月革命”时，任俄国社会民主工党（布尔什维克）中央政治局委员。“十月革命”后，先后任外交人民委员、陆海军人民委员、革命军事委员会主席等职。1918年反对列宁关于同德国签订“布列斯特和约”的主张，提出了“既不签订和约，也不进行战争”的口号。列宁逝世后，1926年组织“托洛茨基—吉诺维也夫反党联盟”。1927年11月被开除出党。1929年1月被驱逐出前苏联。1932年被开除国籍。1938年在巴黎组建“世界社会主义革命党”，又称“第

四国际”。1940 年 8 月被暗杀于墨西哥。这里借指当时所称的修正主义集团头子赫鲁晓夫。远东：是以欧洲为中心确定的，一般指中国东部、朝鲜、韩国、日本、菲律宾和苏联太平洋沿岸地区。这里指苏联的东部地区。

〔2〕不和不战：指赫鲁晓夫访华后回国，在海参崴发表讲演攻击中国像“公鸡好斗那样热衷于战争”，后来又在莫斯科的最高苏维埃会议上攻击中国在台湾海峡问题上是“不战不和的托洛茨基主义”。实际上，赫鲁晓夫集团在战争与和平问题上，既不肯支持各被压迫民族人民反对帝国主义、殖民主义的革命战争，唯恐得罪帝国主义，引起第三次世界大战，又不愿真心诚意地维护世界和平，而是利用自己手中所掌握的核武器与美帝国主义争夺世界霸权，他们才是真正的“不和不战”。这里是毛泽东将他们污蔑中国“不战不和”的这顶帽子还赠给赫鲁晓夫集团。逞英雄：强扮英雄。逞：炫耀，卖弄。

〔3〕列宁（1870—1924）：1870 年 4 月 22 日出生于俄国伏尔加河畔的辛比尔斯克，原名弗拉基米尔·伊里奇·乌里扬诺夫，列宁是他的笔名。1892 年筹建俄国马克思主义小组。1903 年形成以列宁为核心的布尔什维克党。1917 年领导俄国人民取得了十月社会主义革命的胜利。列宁是著名的马克思主义者、无产阶级革命家、政治家、思想家、理论家，苏联的缔造者。他继承和发展了马克思主义，形成了列宁主义理论。1924 年 1 月 21 日因病不幸逝世，终年 54 岁。这里指列宁和列宁主义的基本原则和立场。竟：完全，从头至尾。东汉曹操《善哉行》：“轻舟竟川。”撇头颅后：弃之脑后。撇：丢开，抛弃。头颅：脑袋。南朝宋范晔《后汉书·袁绍传》：“卿头颅方行万里，何席之为！”

〔4〕叶督：指清代两广总督叶名琛（1807—1859），字昆臣，湖北汉阳（今属湖北武汉市）人。1857 年，在第二次鸦片战争中，英法联军进攻广州时，叶名琛采取“不战不和不守，不死不降不走”的消极对策，结果被英军俘虏，押到印度加尔各答，1859 年吞石自杀。该：活该。拘：拘押。大鹫峰：指印度加尔各答的灵鹫山，以其山顶似鹫而得名，为佛说法之地。这里指代印度。

〔5〕敢：竟敢。邻居：指苏联的邻国中国。试：试验，尝试。螳臂：螳螂的前腿。《庄子·人间世》："汝不知夫螳螂乎？怒其臂以当（挡）车辙，不知其不胜任也。"成语"螳臂当车"出于此，以此比喻不自量力。

〔6〕只缘：只因为。唐代任华《杂言寄杜拾遗》："只缘汲黯好直言，遂使安仁却为掾。"宋代苏轼《题西林壁》："不识庐山真面目，只缘身在此山中。"自己：指代赫鲁晓夫。1958年7月31日至8月3日，赫鲁晓夫来中国访问。他企图在军事上控制中国，提出要在中国建立一个所谓"联合舰队"的潜艇基地和长波电台，遭到毛泽东的坚决抵制。狂蜂：蜂子常常成群地以毒刺蜇人，故称狂蜂。

〔7〕人人尽说西方好：句式仿唐代韦庄《菩萨蛮》五首其二："人人尽说江南好。"西方：见《七律·读报》(西海如今出圣人）笺注。

〔8〕独：只，唯有。西汉司马迁《史记·老子韩非列传》："子所言者，其人与骨皆已朽矣，独其言在耳。"惜：可惜。表示遗憾。神州：指中国。见《七律二首·送瘟神》笺注。蠹虫：咬器物的虫子。喻指愚蠢或愚笨的人。这句是嘲笑骂人的反语。

【译文】

托洛茨基式的人物赫鲁晓夫到了中国，

他既不支持反对帝国主义的革命战争，又不真心诚意地维护世界和平，还到处称自己是英雄。

列宁和列宁主义的基本原则被他抛到了脑后，

到头来一定落得像叶名琛总督活该被拘死在大鹫峰下的下场。

苏联修正主义集团竟然胆敢向邻居中国发起挑战和攻击，

是因为他们自己政治上丧失了理智，像发了狂的马蜂。

现代修正主义者都说西方帝国主义制度好，

只可惜中国尽出些不知道西方世界好的"糊涂虫"。

七 律
读 报
一九六〇年六月十三日

托洛茨基返故居，不和不战欲何如？
青空飘落能言鸟，黑海翻腾愤怒鱼。
爱丽舍宫唇发紫，戴维营里面施朱。
新闻岁岁寻常出，独有今年出得殊。

【毛泽东自注自解】

1961年1月4日上午，毛泽东在中南海颐年堂约见中国科学院文学研究所所长何其芳谈选编《不怕鬼的故事》一书。谈话结束时，毛泽东说起自己最近写的两首近体诗，他说：

“现在不能发表，将来是要发表的。这两首诗，都是批判修正主义的。”①

【题解】

这首诗较早见于刘济昆《毛泽东诗词全集》(香港昆仑制作公司1990年7月第1版)、陈晋《毛泽东与文艺传统》。

七律：七言律诗的简称。见《七律·长征》题解。

读报：即抒写读报后的感想。

1959年9月15日至27日，赫鲁晓夫访问美国，两国领导人就德国柏林、裁军、美苏关系等问题进行了一系列交谈。会后，赫鲁晓夫大肆宣扬所谓“戴维营精神”，鼓吹说苏、美两国首脑坐在一起，人类历史就进入了“新的转折点”。就在赫鲁晓夫热衷于与美帝国主义合作主宰世界之际，1960年5月

① 陈东林《毛泽东诗史》，中共中央党校出版社1997年3月版。

1 日，美国 U-2 型高空侦察飞机入侵苏联领空纵深达 2100 公里进行间谍活动，被苏联空军击落。飞行员跳伞后被俘，并对其侦探活动供认不讳。为此，赫鲁晓夫恼羞成怒，5 月 16 日上午在巴黎召开的美、英、法、苏四国首脑的第一次会面提出美国总统必须严办“U-2 事件”直接责任人，并保证今后不再继续类似的行动，否则他将退出这次最高级会议，并取消前一年发出的对艾森豪威尔回访苏联的邀请。艾森豪威尔拒绝了赫鲁晓夫这一要求，四国首脑巴黎会议就此宣告流产，艾森豪威尔回访苏联一事亦化为泡影。美、苏关系趋于紧张，展开了两个超级大国争夺世界霸权的斗争。毛泽东读到这些新闻后，写了这首嘲讽这些新闻事件的诗。

这首诗揭露赫鲁晓夫继承托洛茨基衣钵，鼓吹自欺欺人的“三和路线”的彻底破产，讽刺赫鲁晓夫在外交上所处的尴尬境地是自食其果，批判了赫鲁晓夫“不和不战”争夺世界霸权的外交方针。诗人纯熟自如地运用“起承转合”的诗体结构，发挥了一般政论文和时事述评所不能代替的作用。

【笺注】

〔1〕托洛茨基：参见《七律・读报》(托洛茨基到远东）笺注。返：归，回。故居：旧居，从前的住宅。这里指托洛茨基的故国苏联。这句写托洛茨基阴魂不散，又回到了苏联。喻指赫鲁晓夫继承了托洛茨基的衣钵。

〔2〕不和不战欲何如：1959 年 10 月，赫鲁晓夫访华后，回国途中在海参崴攻击中国像“公鸡好斗那样热衷于战争”。后来在莫斯科的最高苏维埃会议上又攻击中国在台湾海峡问题上是“不战不和的托洛茨基主义”。这里是引用赫鲁晓夫的话还赠给他。和：和平。战：战争。欲：要，想要。何如：如何，怎么样。《左传・襄公二十七年》：“子木问于赵孟曰：‘范武子之德何如？’”西汉司马迁《史记・项羽本纪》：“今日之事何如？”

〔3〕青空：指高空。战国《楚辞・远游》：“涉青云以泛滥兮，忽临睨夫旧乡。”飘落：飘摇坠落。能言鸟：会说话的鸟。东汉班固《汉书・武帝纪・元狩二年》：“南越献驯象、能言鸟。”唐代颜师古注：“即鹦鹉也，今陇西

及南海并有之。”这里戏指被俘供认其间谍活动的美国飞行员。

〔4〕黑海：欧洲东南部和小亚细亚之间的内海。北岸、东岸属苏联，西岸属罗马尼亚和保加利亚，南岸属土耳其。这里借指前苏联。翻腾：翻滚。这里形容情绪激动。愤怒鱼：借喻苏联黑海舰队。“U-2”高空侦察机事件发生后，引起苏联军队和人民的愤怒情绪，这里用舰队以概其余。

〔5〕爱丽舍宫：法国总统府。建于1718年，当时名“戴佛罗大厦”。1848年以前为法国王宫，从1873年起成为法国总统府。因而新闻报道常用爱丽舍宫作为法国总统的代称。这里指1960年5月16日召开的美、英、法、苏四国会议第一次会谈。唇发紫：艾森豪威尔回忆录《白宫岁月》第二十三章《没有开成的最高级会议》说，1960年5月16日上午在爱丽舍宫出席四国首脑会议第一次会谈时，赫鲁晓夫一副怒气冲冲、气急败坏的样子。当时戴高乐总统还没有正式宣布开会，赫鲁晓夫就脸红脖子粗地站起来大声要求给他发言权，他按预先准备好的稿子对美国的侵略行径进行了长时间的指责和辱骂。故嘲讽其“唇发紫”。

〔6〕戴维营：美国总统别墅。1959年9月25日至27日，当时美、苏两国首脑艾森豪威尔和赫鲁晓夫曾在此举行会谈。双方就德国问题、柏林问题、裁军问题、禁止核武器试验问题以及苏美关系等问题交换了意见，还就阻挠中国等国家掌握核武器达成了默契。会后，赫鲁晓夫宣扬所谓“戴维营精神”，鼓吹大国决定世界历史命运。面施朱：指女人脸上搽胭脂，以取悦于男人。这里暗讽赫鲁晓夫同艾森豪威尔会谈期间，向美帝国主义献媚取宠。面：脸。施朱：涂以红色。战国楚宋玉《登徒子好色赋》：“臣里之美者，莫若臣东家之子……着粉则太白，施朱则太赤。”宋代苏轼《红梅》其二：“也知造物含深意，故与施朱发妙姿。”施：涂，搽。朱：红色，胭脂。这里犹言涂脂抹粉。

〔7〕岁岁：年年，每年。唐代刘希夷《代悲白头翁》：“年年岁岁花相似，岁岁年年人不同。”寻常：平常。唐代刘禹锡《乌衣巷》：“旧时王谢堂前燕，飞入寻常百姓家。”出：出现。

〔8〕独有：只有，特有。西汉司马迁《史记·历书》：“是时，独有邹衍，

明于五德之传，而散消息之分，以显诸侯。”唐代张籍《贺周赞善闻子规》：“此处谁能听，遥知独有君。”独：只。今年：指 1960 年。殊：特别，不同。西汉贾谊《过秦论》：“始皇既没，余威震于殊俗。”以上两句诗与毛泽东政论文《评战犯求和》中“新闻年年皆有，今年特别不同”两句有异曲同工之妙。

【译文】

托洛茨基的阴魂又回到了苏联故乡，

赫鲁晓夫既不支持反对帝国主义的革命战争，又不真心诚意地维护世界和平，他到底想要干什么呢?

苏联在高空击落了入侵领空的美国侦察机，活捉了飞行员，

美帝国主义的入侵挑衅激起了苏联军队和人民的愤怒情绪。

在爱丽舍宫召开的美、英、法、苏四国首脑巴黎会议上，赫鲁晓夫气急败坏地声讨美国的侵略行径，

可是先前却在戴维营向美帝国主义献媚取宠。

新闻年年都出得平常，

只有今年的新闻出得特殊。

七 绝

屈 原

一九六一年秋

屈子当年赋楚骚，手中握有杀人刀。

艾萧太盛椒兰少，一跃冲向万里涛。

【题解】

这首诗最早见于陈晋《毛泽东与文艺传统》，后收入 1996 年 9 月中央文献

出版社出版的《毛泽东诗词集》。

七绝：七言绝句的简称。见《七绝·为女民兵题照》题解。

屈原（约公元前340—前278）：名平，字原，战国时期楚国人，伟大的爱国主义诗人，中国诗歌史上浪漫主义的奠基者。曾任楚左徒、三闾大夫等职。他学识渊博，在政治上倡议变法图强，主张彰明法度，举贤授能，得到楚怀王信任。后遭到守旧贵族子兰、靳尚的谗害，楚怀王疏远了他。楚顷襄王即位后，楚国政治更加黑暗，屈原被放逐到楚国南方的沅江、湘江之间。公元前278年，秦军攻破楚国郢都，屈原痛感楚国前途无望，自投汨罗江而逝。所作《离骚》、《九章》等诗篇陈述他的政治主张，揭露反动贵族昏庸腐朽，排斥贤能的种种罪行，表现了他对楚国国事的深切忧虑和为理想献身的精神。

屈原是毛泽东最为崇敬的一位诗人，以屈原作品为代表的《楚辞》是毛泽东终生喜爱阅读的书籍之一，尤其是《离骚》，毛泽东从青年到晚年不知读过多少遍。1958年1月13日凌晨，毛泽东给江青写的便条中说："我今晚又读了一遍《离骚》，有所领悟，心中喜悦。"1959年和1961年，他又两次读《楚辞》。这首诗写于作者1961年秋读《楚辞》之时。

诗作高度评价了屈原的远大政治抱负和作品中的"刀子"精神，歌颂了屈原为坚持真理而献身的伟大爱国主义精神。诗人用明白如话的诗句和形象化的比喻，较好地表达了深刻而丰富的思想内容。

【笺注】

〔1〕屈子：指屈原，见《七古·送纵宇一郎东行》"年少峥嵘屈贾才"笺注。屈子，是对屈原的尊称。唐代戴叔伦《过三闾庙》："沅湘流不尽，屈子怨何深。"当年：指战国时代。赋：写。楚骚：楚辞本来是楚地文学形式，汉成帝时刘向整理古籍，将屈原等人的作品汇编成集，定名"楚辞"。全书以屈原作品为主，收录《离骚》等篇，其余诸篇皆承袭屈赋形式。故"楚骚"可指《离骚》或泛指楚辞，这里指屈原所作《离骚》等作品。

〔2〕杀人刀：指屈原用以向奸佞小人作斗争的"笔"，也喻指屈原所作的

《离骚》等作品像利刃直指腐朽的贵族统治集团，具有强大的战斗作用。

〔3〕艾萧：即萧艾，指常说的艾蒿。这里比喻奸佞小人。战国楚屈原《离骚》：“何昔日之芳草兮，今直为此萧艾也?”洪兴祖《离骚》补注：“萧艾，贱草，以喻不肖。”太盛：指奸佞小人得宠，嚣张。椒兰：申椒和兰草，均为芳香植物，这里喻指贤德之士。《离骚》中还有“纫秋兰以为佩”、“杂申椒与菌桂兮”等诗句。

〔4〕跃：跳，跳起。万里涛：特指汨罗江水。战国楚屈原《九章·忆往昔》：“宁溘死而流亡兮，恐祸殃之有再。不毕辞而赴渊兮，惜壅君之不识!”

【译文】

屈原当年写楚辞《离骚》，

以手中的笔和奸佞作斗争，犹如手里握有锋利的杀人刀。

可惜奸佞小人太多，而贤德人士太少，

最后，他在悲愤与绝望中纵身一跃冲向万里波涛。

七绝二首

纪念鲁迅八十寿辰

一九六一年

其 一

博大胆识铁石坚，刀光剑影任翔旋。

龙华喋血不眠夜，犹制小诗赋管弦。

其 二

鉴湖越台名士乡，忧忡为国痛断肠。

剑南歌接秋风吟，一例氤氲入诗囊。

【题解】

这两首诗最早发表于1996年9月中央文献出版社出版的《毛泽东诗词集》。

七绝：七言绝句的简称。见《七绝·为女民兵题照》题解。

纪念鲁迅八十寿辰：用这两首七绝纪念鲁迅80岁生日。鲁迅（1881—1936）：浙江绍兴人，姓周，幼名樟寿，字豫山，后改为豫才。1898年起，改名树人。"鲁迅"是其在1918年发表白话小说《狂人日记》时开始使用的笔名。鲁迅是中国现代伟大的文学家、思想家和革命家。出身于破落的封建家庭，青年时代受进化论思想影响。1902年去日本留学，原学医，后从事文艺工作。五四运动中成为新文化运动的伟大旗手。后开始接触马列主义，成为共产主义者。鲁迅一生文学创作近400万字，翻译500多万字，古籍整理60多万字。代表作有小说集《呐喊》、《彷徨》，杂文集《坟》、《且介亭杂文》，散文集《朝花夕拾》，散文诗集《野草》等。2005年11月，人民文学出版社出版有《鲁迅全集》(共18卷)。

毛泽东对鲁迅极为推崇。1937年10月19日，毛泽东在《论鲁迅》一文中说，鲁迅有政治远见，"看得远，看得真"。鲁迅"在黑暗与暴力的进袭中，是一株独立支持的大树，不是向两边偏倒的小草"；鲁迅"一点也不畏惧敌人对于他的威胁利诱与残害，他一点不避锋芒，把钢刀一样的笔刺向他所憎恨的一切。他往往是站在战士的血迹中坚韧地反抗着呼啸着前进"。1961年9月，在鲁迅诞辰80周年之际，毛泽东深切缅怀这位伟大的文学家、思想家、革命家，挥笔写下了《七绝二首·纪念鲁迅八十寿辰》，从一个特殊的角度立意，论赞了革命家诗人鲁迅的人格魅力和不屈不挠的斗争精神。

第一首以20世纪30年代文化战线上"围剿"和反"围剿"这一充满刀光血影的尖锐斗争场景为背景，赞颂了鲁迅在黑暗的暴力面前不避风险、顽强抗争的战斗精神和伟大崇高的人品和诗品，寄寓了诗人对鲁迅的深深敬意。

第二首从精神文化渊源上发掘鲁迅与其家乡历史上的爱国诗人陆游、秋瑾等一脉相承的关系，揭示鲁迅伟大崇高的人品和诗品产生的地理环境和历史文化渊源，热情赞颂鲁迅忧国忧民的伟大精神。

这两首论赞诗虽为即兴之作，遣词造句随意挥写而出，却皆生动传神，情感炽热，寄寓深刻。

【笺注】

〔1〕博大胆识：胆量大，见识广。博大：广大。《管子·权修》："万乘之国，兵不可以无主；土地博大，野不可以无吏。"东晋袁宏《后汉纪·献帝纪》："孝章皇帝，至孝烝烝，仁恩博大。"胆识：胆力见识。明代冯梦龙《醒世恒言·卢太学诗酒傲王侯》："此非有十二分才智，十二分胆识，安能如此。"铁石坚：坚如铁石。这里喻指鲁迅斗志坚定。

〔2〕刀光剑影：形容激烈的厮杀、搏斗或杀气腾腾的气势。南朝梁吴筠《战城南》四首其四："剑光挥夜电，马汗昼夜泥。"任翔旋：比喻鲁迅的斗争艺术高超，与敌人巧妙周旋，游刃有余。翔旋：飞翔周旋。任：不拘束，任意。

〔3〕龙华喋血：1931 年 2 月 7 日深夜，国民党反动派在上海龙华秘密杀害包括"左联"五作家柔石、胡也频、李伟森、白莽、冯铿在内的 23 位革命青年。鲁迅在《为了忘却的记念》一文中说："在一个深夜里……我沉重地感到我失掉了很好的朋友，中国失掉了很好的青年，我在悲愤中沉静下去了，然而积习却从沉静中抬起头来，凑成了这样的几句：惯于长夜过春时，……月光如水照缁衣。"喋血：血流遍地。西汉司马迁《史记·淮阴侯列传》："新喋血阏与，今乃辅以张耳。"

〔4〕犹：仍然。制：创作。小诗：指《为了忘却的记念》一文中写的《七律·无题》："惯于长夜过春时，挈妇将雏鬓有丝。梦里依稀慈母泪，城头变幻大王旗。忍看朋辈成新鬼，怒向刀丛觅小诗。吟罢低眉无写处，月光如水照缁衣。"赋管弦：配上音乐歌唱，这里指吟诵诗歌。赋：吟诵。管弦：管乐器与弦乐器，泛指乐器。《淮南子·原道训》："夫建钟鼓，列管弦。"这里当动词用，指配上音乐。这句是虚写，并非实指。

〔5〕鉴湖：在浙江绍兴城西南两公里处。这一带出过许多名人，如唐代著名诗人贺知章、南宋杰出的爱国诗人陆游、清末革命党人秋瑾（1875—1907）女士等。越台：即越王台，在会稽（今浙江绍兴）境内，春秋时越王勾践为招贤纳士而筑。唐代李白《送友人寻越中山水》："东海横秦望，西陵绕越台。"名士乡：指古今名贤辈出的地方。名士：指以诗文著称的人物。

〔6〕忧忡为国痛断肠：即为国忧忡痛断肠。忧忡：即忧心忡忡，形容心中忧愁的样子。语本《诗经·召南·草虫》："未见君子，忧心忡忡。"断肠：比喻极度伤心。三国魏曹丕《燕歌行》："念君客游思断肠，慊慊思归恋故乡。"唐代李白《清平调》其二："一枝红艳露凝香，云雨巫山枉断肠。"唐代白居易《长恨歌》："行宫见月伤心色，夜雨闻铃肠断声。"

〔7〕剑南歌：指陆游诗集《剑南诗稿》中的爱国诗歌。剑南：南宋爱国诗人陆游自号"剑南"，他的诗集名《剑南诗稿》，收入陆游全部诗作9000多首，诗中充满了报国杀敌的英雄气概。秋风吟：指鉴湖女侠秋瑾的诗《秋风曲》和她在被清政府杀害前写作的绝命词"秋风秋雨愁煞人"以及鲁迅1934年作的《秋夜有感》和1935年写的《亥年残秋偶作》。《秋风曲》作于1905年秋瑾自日本回国后，全文如下："秋风起兮百草黄，秋风之性劲且刚。能使群花皆缩首，助他秋菊傲秋霜。秋菊枝枝本黄种，重楼叠瓣风云涌。秋月如镜照江明，一派清波敢摇动？昨夜风风雨雨秋，秋霜秋露尽含愁。青青有叶畏摇落，胡鸟悲鸣绕树头。自是秋来最萧瑟，汉塞唐关秋思发。塞外秋高马正肥，将军怒索黄金甲。金甲披来战胡狗，胡奴百万回头走。将军大笑呼汉儿，痛饮黄龙自由酒。"鲁迅《秋夜有感》全诗是："绮罗幕后送飞光，柏栗丛边作道场。望帝终教芳草变，迷阳聊饰大田荒。何来酪果供千佛，难得莲花似六郎。中夜鸡鸣风雨集，起然烟卷觉新凉。"《亥年残秋偶作》全诗是："曾惊秋肃临天下，敢遣春温上笔端。尘海苍茫沉百感，金风萧瑟走千官。老归大泽菰蒲尽，梦坠空云齿发寒。竦听荒鸡偏阒寂，起看星斗正阑干。"鲁迅的诗深为毛泽东所熟悉、欣赏和喜爱。1959年12月，毛泽东还曾联系当时国际形势，改鲁迅《亥年残秋偶作》诗，用来讽刺当时的苏联共产党中央领导人赫鲁晓夫

访美。吟：长声吟咏。接：连续，这里有“从……到……”之意。

〔8〕一例：一样。《公羊传·僖公元年》：“臣子一例也。”氤氲：形容云气或烟雾浓郁的样子。唐代张九龄《湖口望庐山瀑布泉》：“灵山多秀色，空水共氤氲。”这里比喻陆游、秋瑾与鲁迅的诗歌内容丰富、富于浓郁的爱国主义情感。入诗囊：放进装诗稿的锦囊。比喻流传不衰或载入诗的史册。诗囊：装诗稿的袋子。唐代李商隐《李长吉小传》说，李贺常“背一古破锦囊，遇有所得，即书投囊中”。

【译文】

其　一

鲁迅具有博大的胆量和识见，如同铁石一样坚硬，
在敌人的刀光剑影中任他飞翔周旋。
国民党反动派于龙华杀害革命青年的流血之夜通宵未眠，
他还制作小诗吟唱，以纪念革命烈士。

其　二

绍兴有鉴湖和越台，那里都是著名人士的故乡，
他们为国忧心忡忡极度悲伤。
从陆游的《剑南诗稿》到秋瑾的《秋风曲》，
同样诗味浓郁，浓郁的爱国热忱都写进了美好的诗章。

杂言诗

八连颂

一九六三年八月一日

好八连，天下传。

为什么？意志坚。
为人民，几十年。
拒腐蚀，永不沾。
因此叫，好八连。
解放军，要学习。
全军民，要自立。
不怕压，不怕迫。
不怕刀，不怕戟。
不怕鬼，不怕魅。
不怕帝，不怕贼。
奇儿女，如松柏。
上参天，傲霜雪。
纪律好，如坚壁。
军事好，如霹雳。
政治好，称第一。
思想好，能分析。
分析好，大有益。
益在哪？团结力。
军民团结如一人，
试看天下谁能敌？

【题解】

这首诗中“军民团结如一人，试看天下谁能敌？”两句最早发表于1967年5月12日《人民日报》社论《进一步加强军民团结》。全诗最早发表于中共中央文献研究室主办的内部刊物《文献和研究》1982年第5期。

杂言诗：一种句子长短相间的诗体。全诗句数不固定，每句字数也不拘，不讲平仄，押韵方式也较自由。这首诗除末两句是七言外，其余每句均为三言。

八连颂：即赞扬“八连”的诗。颂：文体的一种，以赞扬为目的的诗或文。

20世纪50年代末60年代初期，是我国社会主义建设特别是国民经济极其困难的时期，再加上东南沿海军事形势紧张，帝国主义的封锁和中苏关系的恶化，新中国的上空一时乌云密布。面对如此复杂严峻的国际局势和各种挑战，毛泽东是十分忧虑的。1963年2月，毛泽东主持召开中央工作会议，议题之一就是讨论农村社会主义教育问题。这次会议提出要在农村搞“四清”，在城市搞“五反”，在党内反对修正主义。同年3月5日，毛泽东发出“向雷锋同志学习”的号召。4月25日，国防部批准授予驻上海最繁华地段南京路的解放军某部八连“南京路上好八连”光荣称号，号召全军官兵学习“好八连”。毛泽东看到“好八连”的事迹后，受到很大鼓舞，在这年的“八一”建军节挥毫写下了《杂言诗·八连颂》。

诗中高度赞扬“好八连”身居繁华闹市，“拒腐蚀”、“永不沾”的革命意志和高尚品质，号召全军官兵和全国人民向“好八连”学习。“意志坚”是这首诗的诗眼。全诗语言通俗，音节铿锵，朗朗上口，颇具民歌情调。

【笺注】

〔1〕好八连：1949年5月，解放军某部八连进驻上海南京路。这个连队身居闹市14年，一尘不染，勤俭节约，克己奉公，热爱人民，助人为乐，保持和发扬了中国共产党和中国人民解放军全心全意为人民服务和艰苦奋斗的光荣传统，受到了人民群众的高度赞扬。1963年4月25日，国防部批准授予这个连队“南京路上好八连”的光荣称号。

〔2〕天下：指中国或世界。语出《庄子·徐无鬼》：“夫为天下者，亦奚以异乎牧马者哉?”这里指中国。传：传扬。

〔3〕拒：抵御，拒绝。《孟子·尽心下》：“往者不追，来者不拒。”腐蚀：指使人在坏的思想、行为、环境等因素影响下逐渐变质堕落。这里指资产阶级

及其他非无产阶级思想的侵蚀。

〔4〕不沾：这里指不沾染资产阶级及其他非无产阶级的思想作风。沾：因接触而附着上，沾染。

〔5〕自立：依靠自身的力量。《论语·雍也》：“己欲立而立人，己欲达而达人。”

〔6〕戟：古代一种兵器，合矛戈为一体，可以直刺和横击。战国《司马法·定爵》：“弓矢御，殳矛守，戈戟助。”明代吴承恩《西游记》第五回：“那壁厢旌旗飞彩，这壁厢戈戟生辉。”

〔7〕魅：古代传说中住在深山老林里的精怪。这里的“魅”与“鬼”，都是指当时所说的修正主义。

〔8〕贼：危害人民和国家的人，这里指各种反动势力。三国诸葛亮《出师表》：“愿陛下托臣以讨贼兴复之效。”以上八句意思是说，全国军民要不怕各方面的压力和各种武力威胁，不怕帝国主义、当时所说的现代修正主义、国内阶级敌人以及世界上的一切妖魔鬼怪。

〔9〕奇：不寻常的，杰出的。

〔10〕松柏：《论语·子罕》：“岁寒然后知松柏之后凋也。”文学作品中常以松柏象征坚强不屈的品格。

〔11〕参天：树木等高耸到天空。三国魏曹植《升天行》其一：“灵液飞素波，兰桂上参天。”唐代杜甫《古柏行》：“霜皮溜雨四十围，黛色参天二千尺。”这里指松柏高耸云天。

〔12〕傲霜雪：喻指不怕各种困难。霜雪：霜和雪。《庄子·马蹄》：“马，蹄可以践霜雪。”《大戴礼记·曾子天圆》：“阴气胜则凝为霜雪。”

〔13〕坚壁：坚固的营垒围墙。语出唐代许天正《和陈元光平潮寇》：“四野无坚壁，群生未化融。”壁：营垒的围墙。西汉司马迁《史记·项羽本纪》：“诸侯军救钜鹿下者十余壁。”

〔14〕如霹雳：形容军事上的迅猛和威力。唐代王维《老将行》：“汉兵奋迅如霹雳，虏骑奔腾畏蒺藜。”霹雳：拟声词，形容巨大的雷鸣声。唐代杜甫

《热》三首其一："雷霆空霹雳，云雨竟虚无。"

〔15〕分析：指运用马克思主义立场、方法和观点分析问题，解决问题。

〔16〕益：好处。宋代欧阳修撰《新五代史·伶官传序》："满招损，谦得益。"

〔17〕试看：请看，试着看看。唐代韩愈《盆池》其五："且待夜深明月去，试看涵泳几多星。"敌：抵挡。元代罗贯中《三国演义》第九十五回："（司马懿）乃魏之名将，恐汝不能敌之。"成语有"寡不敌众"。

【译文】

南京路上好八连，动人的事迹到处传颂。

为什么被称颂？因为他们意志坚强。

八连战士为人民服务，几十年如一日。

抵御各种错误思想的腐蚀，永远不沾染各种坏思想、坏习俗。

因此被誉为"南京路上好八连"。

全体解放军，都要学习他们的好榜样。

全国的军民，都要学会自立。

不怕来自各方的压力。

不怕来自国外的武装威胁。

不怕魔鬼，不怕妖魅。

不怕帝国主义，不怕国内外的各种反动势力。

八连战士是不同寻常的中华好儿女，如同松柏一样高洁。

如同松柏一样高出天际，傲视霜雪。

纪律严明，如同坚不可摧的壁垒。

军事出色，如同雷霆一样迅捷威猛。

政治觉悟高，称得上第一。

思想好，是因为能够正确地分析问题。

问题分析得好，很有好处。

好处在哪里？在于增强了团结的力量。
军队和人民紧密团结如同一家人，
试试看世界上谁能抵挡得住？

念奴娇
井冈山
一九六五年五月

参天万木，千百里，飞上南天奇岳。
故地重来何所见，多了楼台亭阁。
五井碑前，黄洋界上，车子飞如跃。
江山如画，古代曾云海绿。

弹指三十八年，人间变了，似天渊翻覆。
犹记当时烽火里，九死一生如昨。
独有豪情，天际悬明月，风雷磅礴。
一声鸡唱，万怪烟消云落。

【题解】

这首词最早发表于 1986 年 9 月人民文学出版社出版的《毛泽东诗词选》。

念奴娇：词牌名。见《念奴娇·昆仑》题解。

井冈山：见《西江月·井冈山》题解。

1927 年 10 月，毛泽东率领秋收起义的工农革命军开进井冈山，创建了中国第一个农村革命根据地，开辟了以农村包围城市，最后夺取全国政权的革命道路。1949 年 10 月 1 日，中华人民共和国成立。1965 年毛泽东视察大江南北，于 5 月 21 日从湖南长沙乘车，途经韶山、安源、三湾、宁冈和直达茅坪的公路上井冈山。22日到达茅坪，毛泽东凝视着当年的谢氏慎公祠和附近的八角楼旧址，他曾在这里当选第一任湘赣边区特委书记，撰写了《中国的红色政权为什么能够存在?》的重要文献。汽车沿着高入云端的盘山公路缓缓行驶，沿途的美丽景色给诗人留下了深刻的印象。过了黄洋界，毛泽东径直来到当年的革命根据地茨坪，在这里住了7天。其间，他广泛地了解了井冈山地区水利、公路建设和人民生活等情况，分别会见了老红军、烈士家属、机关干部和各界群众，同他们进行了亲切交谈。在交谈中，毛泽东深情地说："我离开井冈山已经38年了，这次旧地重游，回忆起38年前的这段历史，心情总是非常激动的。为了创建这块根据地，不少革命先烈牺牲了自己的生命。我早就想回井冈山，一别就是38年啊！我的心情和你们一样高兴、激动。没有过去井冈山的艰苦奋斗，就不可能有今天了。"5月的井冈山，万木参天，杂花生树，美丽如画。毛泽东抚今追昔，展望未来，感慨万千，诗情涌动，连赋《念奴娇·井冈山》和《水调歌头·重上井冈山》两首词，可见其激情之高，感受之深，诗兴之浓。5月29日，毛泽东告别井冈山。

这首词描写阔别38年后重上井冈山时见到的"天渊翻覆"的变化，回顾了自创建井冈山革命根据地以来中国共产党和中国人民历尽艰险，九死一生的奋斗历程，满怀豪情地表达了夺取社会主义建设新胜利的坚定信心。写景抒情，情真景切，情景交融，意境高远，是本词的主要特点。

【笺注】

〔1〕参天万木：形容井冈山林木郁郁葱葱，树密林深。参天：挺拔向上，直插云天。唐代杜甫《古柏行》："霜皮溜雨四十围，黛色参天二千尺。"唐代王维《送梓州李使君》："万壑树参天，千山响杜鹃。"

〔2〕千百里：井冈山跨江西西部宁冈、永新、遂川三县及湖南东部酃县交界地区，方圆550里。千百：极言其多。西晋左思《吴都赋》："缔交翩翩，傧客弈弈，出蹑珠履，动以千百。"

〔3〕飞上南天奇岳：即"奇岳飞上南天"。南天：南方天空，这里指南

方。唐代房玄龄等撰《晋书·天文志上》:“南天气至,故蒸热也。”唐代李白《陪族叔刑部侍郎晔及中书贾舍人至游洞庭》五首其一:“洞庭西望楚江分,水尽南天不见云。”奇岳:奇伟高大的山,这里指井冈山。

〔4〕故地重来:即重来故地。再次来到曾经生活过的地方。《战国策·齐策六》:“王收而与之百万之众,使收三晋之故地。”何所见:见到些什么。三国魏阮籍《咏怀八十二首》其一:“徘徊将何见,忧思独伤心。”

〔5〕多了:增添了。楼台亭阁:指各种供休息、游赏的建筑物。宋代周辉《清波别志》中卷:“翠微寺本翠微宫,楼阁亭台数十重。”明代袁可立《甲子仲夏登署中楼观海市》:“宫殿楼台,杂出其中。”这里指井冈山陆续新建的现代化宾馆,修复保存的许多革命旧居和旧址。

〔6〕五井碑:明清以来立有纪修路为德的五井碑,在“文化大革命”中已毁。五井:井冈山以茨坪为中心,有大井、小井、上井、中井、下井,合称“五井”。一说指新中国成立后修建在小井的纪念红军医院殉难烈士的墓碑,上有毛泽东的题词。

〔7〕黄洋界:见《西江月·井冈山》“黄洋界”笺注。

〔8〕车子飞如跃:汽车像飞一样行驶。飞:形容速度快。一说指当时兴修梯田、改造山地使用的手推小车像飞一样穿梭奔驰。跃:跳跃。录以备考。

〔9〕江山如画:语出宋代苏轼《念奴娇·赤壁怀古》:“江山如画,一时多少豪杰。”又《念奴娇·中秋》:“江山如画,望中烟树历历。”宋代柳永《双声子》:“江山如画,云涛烟浪,翻输范蠡扁舟。”江山:江河和山岭,这里指井冈山地区的景物。

〔10〕古代曾云海绿:即“曾云古代海绿”。这句是写井冈山的历史变迁。曾云:曾经说。云:说。海绿:即绿海,为了押韵而倒置。

〔11〕弹指:唐代王维《六祖能禅师碑铭》:“饭食讫而敷坐,沐浴毕而更衣,弹指不留,水流灯焰,全身永谢,薪尽火灭。”宋代释法云编《翻译名义集·时分》:“《僧祇》云:二十念为一瞬,二十瞬名一弹指。”本为佛教用语,指勾指弹一下的工夫,形容时间短暂。三十八年:从毛泽东 1927 年 10 月率领

秋收起义部队第一次上井冈山建立中国第一个农村革命根据地算起，到这次重上井冈山，前后相隔 38 年。

〔12〕人间变了：指社会制度发生了根本的变化，推翻了旧社会，建立了新中国。人间：人世间，人类生存的社会。这里指中国的社会制度。

〔13〕似天渊翻覆：宋代宇文虚中《念奴娇》有“干戈浩荡，事随天地翻覆”之句。似：像。天渊翻覆：即天地翻覆，指变化极大。天渊：语出《诗经·大雅·旱麓》“鸢飞戾天，鱼跃于渊”，指高天和深渊。宋代陆游《读书示子遹》：“望古虽天渊，视俗亦冰炭。”这里指相隔极远，差别极大。渊：深潭。

〔14〕犹记：还记得。犹：还，尚且。烽火：原指古代边境在高台上燃烧柴草或狼粪，以此传报敌人入侵的信号，后来泛指战火，战争。这里指当年的游击战争和反“围剿”战争等。宋代辛弃疾《永遇乐·京口北固亭怀古》：“四十三年，望中犹记，烽火扬州路。”

〔15〕九死一生如昨：语出战国楚屈原《离骚》“亦余心之所善兮，虽九死其犹未悔”之句。南朝梁萧统《文选》五臣注之唐刘良注：“虽九死无一生，未足悔恨。”元代王仲文《救孝子》杂剧第一折：“您哥哥剑洞枪林快厮杀，九死一生不当个耍。”后用来指历尽艰险，死里逃生，或用以形容身处极其危险的境地。如昨：事情就像发生在昨天。

〔16〕独有：唯有，只有。西汉司马迁《史记·历书》：“是时，独有邹衍，明于五德之传，而散消息之分，以显诸侯。”唐代张籍《贺周赞善闻子规》：“此处谁能听，遥知独有君。”豪情：豪迈的感情，豪情壮志。这里指革命的豪情壮志。南朝梁沈约《郊居赋》：“并豪情之所侈，非俭志之所娱。”

〔17〕天际悬明月：这里是说心志高远、光明，如同悬挂在天边的明月。天际：天边。悬：悬挂。唐代杜甫《后出塞》五首其二：“中天悬明月，令严夜寂寥。”

〔18〕风雷磅礴：喻指革命运动气势雄壮如同疾风迅雷。风雷：狂风和暴雷。这里喻指豪情壮志具有风吼雷鸣的浩大气势。磅礴：气势盛大。唐代沈佺期《辛丑岁十月上幸长安时扈从出西岳作》：“磅礴压洪源，巍峨壮清昊。”这

里借喻宏伟盛大气冲霄汉的豪情壮志。

〔19〕一声鸡唱：即鸡唱一声。化用唐代李贺《致酒行》“我有迷魂招不得，雄鸡一声天下白”诗句。雄鸡报晓，喻指革命斗争取得胜利。参见《浣溪沙·和柳亚子先生》“一唱雄鸡天下白”笺注。

〔20〕万怪：指各种各样的妖魔鬼怪。这里喻指各种反动势力。见《浣溪沙·和柳亚子先生》“百年魔怪舞翩跹”笺注。烟消云落：即烟消云散，喻指各色各样的妖魔鬼怪立即销声匿迹。

【译文】

无数挺拔向上直插云天的大树，
绵延千百里，
我好像飞跃一样上了南天雄奇高大的山峰。
重新来到曾经战斗、生活过的地方见到了什么呢？
看到新建了许多楼台亭阁。
在五井碑前，
在黄洋界上，
汽车飞跃行驶。
江山像图画一样美丽，
有人曾说这里古代是绿色的海洋。

一弹指的瞬间就过去了三十八年，
人世间发生了巨大的变化，
好似天翻地覆。
还记得当年在战争的烽火中，
经历的生死艰险回忆起来就像发生在昨天。
唯有一腔豪情壮志，
如同远在天边悬挂的明月，
又如同风吼雷鸣那样气势磅礴。

雄鸡一声鸣唱，革命胜利了，
形形色色的妖魔鬼怪如同云烟消失了。

七 律
洪 都
一九六五年十二月

到得洪都又一年，祖生击楫至今传。
闻鸡久听南天雨，立马曾挥北地鞭。
鬓雪飞来成废料，彩云长在有新天。
年年后浪推前浪，江草江花处处鲜。

【题解】

这首诗最早见于1994年12月26日《人民日报》刊载的《毛泽东诗词二首》，后收入1996年9月中央文献出版社出版的《毛泽东诗词集》。

七律：七言律诗的简称。见《七律·长征》题解。

洪都：旧南昌府的别称，即今江西南昌。隋、唐、宋三代置洪州，都以南昌为治所，唐初曾在洪州设大都督府，又为东南都会，故称“洪都”。唐代王勃《滕王阁序》：“豫章故郡，洪都新府。”1362年明太祖朱元璋在这里置洪都府，次年改为南昌府。这里指南昌市。

1965年12月初，毛泽东离开北京到杭州。不久又去上海主持中共中央政治局常委会议，在这次会议上，中央书记处书记、中央军委参谋长罗瑞卿大将受到批判。12月24日，毛泽东去南昌，下榻赣江边上的一座宾馆。大约住此期间吟成了这首诗。几天后又返回杭州，在那里讲了姚文元批《海瑞罢官》的文章还没有“打中要害”之类的话。1965年是毛泽东晚年政治生活中极为重要的一年。这一年创作的《念奴娇·井冈山》《水调歌头·重上井冈山》和这首并非吟咏洪都之事的《七律·洪都》，都是针对当时国内时局的，《念奴娇·鸟儿问答》一般被认为是针对国际共产主义运动中以赫鲁晓夫为首的现代修正主义者的，其实也是针对当时国内时局的，这四首诗词可以看作发动“文化大革命”的前奏和信号弹。

这首诗抒发了诗人“老骥伏枥，志在千里”，仍要干一番惊天动地的大事的豪情壮志，展望了新中国欣欣向荣、蒸蒸日上的美好前程，表达了对革命事业接继者的殷切期待和热情鼓励。巧用历史典故，彰显了本诗豪壮雄健、沉郁顿挫的风格。

【笺注】

〔1〕到得：到了。宋代杨万里《辛亥元日送张德茂自建康移帅江陵》：“到得我来恰君去，正当腊后与春前。”又一年：毛泽东 1964 年曾到过南昌，因此说这次到南昌是“又一年”。宋代陆游《秋夜将晓出篱门迎凉有感》：“遗民泪尽胡尘里，南望王师又一年。”

〔2〕祖生：指东晋名将祖逖。祖逖（266—321），字士稚，晋代范阳郡遒县（今河北涞水县北）人。少孤，轻财好侠，慷慨有节操，博览古今书籍，留有闻鸡起舞的佳话。西晋末，匈奴族刘渊在黄河流域建立汉国。中原大乱，祖逖率领亲党数百家南移，投靠镇守建业（今江苏南京）的晋元帝。公元 313 年，祖逖要求率兵北伐，被任为奋威将军、豫州刺史，率部曲（古代豪门大族豢养的军队）五百余家渡江北上。后由于东晋内部纠纷迭起，对他不加支持，终于忧愤病死。生：旧时对有才学的人和读书人的通称。击楫：击打船桨。唐代房玄龄、褚遂良等撰《晋书·祖逖传》载：祖逖率师渡江北伐，中流击楫，立誓说，如果不能平定中原而再渡江者，有如大江！表现了祖逖发誓要恢复河山的慷慨壮志和豪迈气概。明代王世贞《鸣凤记》：“击楫中流志莫移，恢土宇复整华夷。”

〔3〕闻鸡：即闻鸡起舞典故的略语。典出唐代房玄龄、褚遂良等撰《晋书·祖逖传》，东晋祖逖与刘琨年轻时俱为司州主簿，二人十分要好，都有大

志，立志报效国家。他们常共被同寝，半夜听到鸡叫就起床舞剑，练习武艺。这里比喻有志之士及时发奋。元代张昱《看剑亭为曹将军赋》诗："闻鸡起舞非今日，对酒闲看忆往年。"久听南天雨：南宋蒋捷《虞美人·听雨》："少年听雨歌楼上，红烛昏罗帐。壮年听雨客舟中，江阔云低，断雁叫西风。而今听雨僧庐下，鬓已星星也。悲欢离合总无情，一任阶前，点滴到天明。"宋代陆游《临安春雨初霁》："小楼一夜听春雨，深巷明朝卖杏花。"又《十一月四日风雨大作》："夜阑卧听风吹雨，铁马冰河入梦来。"南天：指中国南方。1934年10月之前，作者曾长期生活、战斗在祖国南方，经历了种种革命斗争的暴风骤雨。

〔4〕立马曾挥北地鞭：即"北地立马曾挥鞭"。毛泽东《浪淘沙·北戴河》有"东临碣石有遗篇，魏武扬鞭"句，这里暗用曹操北征乌桓，路过碣石山曾写下的《步出夏门行·观沧海》著名诗篇，表达了诗人的豪情壮志。立马：驻马。义同《六言诗·给彭德怀同志》中的"横刀立马"。北地：指中国北方。1935年以后，毛泽东到了中国北方。在抗日战争中，他领导八路军、新四军和广大人民赶走了日本侵略者。在解放战争中，他"运筹于帷幄之中，决胜于千里之外"，摧毁了蒋家王朝，建立了新中国。鞭：古代一种兵器，有竹节鞭、三棱鞭等。这里的"挥鞭"是指挥百万雄兵作战的形象描写。古诗文中也有将"听鸡"与"骑马"对举的。白居易《寄殷协律》："几度听鸡歌白日，亦曾骑马咏红裙。"颔联两句互文见义，即闻鸡、立马、听雨、挥鞭于祖国南北大地。

〔5〕鬓雪：形容鬓发斑白如雪。唐代白居易《别行简》："漠漠病眼花，星星愁鬓雪。"宋代李昴英《贺新郎》："老行要寻松竹伴，雅爱山翁鬓雪。"废料：不能用的材料，即废物。这里指脱落的头发。一说指人到老年的幽默说法。意谓年老无用。录以备考。

〔6〕彩云：彩色的云朵。比喻美丽的祖国或美好的共产主义理想。唐代李白《宫中行乐词》："只恐歌舞散，化作彩云飞。"新天：新世界，新面貌。毛泽东《七律·到韶山》："为有牺牲多壮志，敢教日月换新天。"

〔7〕年年后浪推前浪：有如长江波浪后浪推前浪。这里寓有新陈代谢，一代胜过一代的意思。宋代僧人文珦《过苕溪》诗：“只看后浪催前浪，当悟新人换旧人。”俗谚有“长江后浪推前浪，世上新人换旧人”。

〔8〕江草江花处处鲜：唐代杜甫《哀江头》：“人生有情泪沾臆，江水江花岂终极。”唐代白居易《忆江南》：“日出江花红胜火，春来江水绿如蓝，能不忆江南？”元代赵孟頫《题杜陵浣花图》：“江草江花诗千首，老尽平生用世心。”

【译文】

去年来过南昌，如今再到这里，又过去一年了，

东晋名将祖逖率部渡江北上，中流击楫，发誓收复中原的事迹和精神至今流传。

在南方从事艰苦卓绝的革命斗争，我经历过无数人生的风雨，

在北方，我也曾立马挥鞭，艰苦转战。

如今双鬓如飞来白雪，人已衰老，

但只要远大理想和革命精神长存不变，不愁中国没有光辉灿烂的前途。

社会发展像江河的流水一样，总是后浪推前浪不断前进，

祖国大地花草盛开，到处充满生机和活力，是一派欣欣向荣的景象。

七 律

有所思

一九六六年六月

正是神都有事时，又来南国踏芳枝。
青松怒向苍天发，败叶纷随碧水驰。
一阵风雷惊世界，满街红绿走旌旗。
凭阑静听潇潇雨，故国人民有所思。

【题解】

这首诗中“青松怒向苍天发”、“凭阑静听潇潇雨”两句最早见于陈晋《毛泽东与文艺传统》。全诗较早见于春风文艺出版社 1994 年 6 月第 1 版董学文所著《毛泽东和中国文学》。

七律：七言律诗的简称。见《七律·长征》题解。

有所思：本为汉乐府旧题《鼓吹曲辞·铙歌》，以首句“有所思”作诗题。多写女子与情人决绝时的悲思。这里借用旧题作诗，与汉乐府完全不同，意思是有所思考或思虑。

1966 年，面对当时的国际国内形势，毛泽东以自己的思考和威望在忧患与搏击的复杂心境中发动了一场史无前例、震惊中外的“文化大革命”。毛泽东把发动“文化大革命”看作自己一生所做的两件大事之一（另一件是把蒋介石赶到了一群海岛上和把日本侵略者赶出中国）。1966 年 6 月 2 日，《人民日报》发表评论员文章《欢呼北大的一张大字报》。顷刻之间，北京和全国各大中学校大字报贴满校园，并开始涌向街头，游行队伍川流不息。一场“文化大革命”的暴风骤雨席卷全国。6 月 17 日毛泽东来到韶山，在韶山滴水洞别墅住了 11 天。在这里，他每天看快速送达的各种文件，闹中取静，思考“文化大革命”的问题。18 日夜，滴水洞下了一场大雨。第二天，毛泽东走出房间，眺望雨后的山景，只见茂密的青松在雨后更显得生机勃勃，由北向南的一注流水，漂浮着山林的落叶。一场风雨后的景象触发了毛泽东作诗的灵感，吟成了这首诗。

诗中直接描写“文化大革命”初期的热烈情景，表达了诗人对这场运动的兴奋与期待，同时也透露出诗人对这场运动如何向前发展没有十足的信心，以及深沉、悲壮的忧患心绪。热烈的事件与静听深思的情境互相衬托，形成了本诗含蓄深沉的风格。

【笺注】

〔1〕神都：古代指京城。唐代杜甫《赠李八秘书别三十韵》：“玄溯巡天

步，神都忆帝车。”这里指首都北京。有事时：发动“文化大革命”的时候。1966年5月16日，中共中央发出了《中国共产党中央委员会通知》。6月16日，《人民日报》发表社论，号召“必须采取彻底革命的办法，必须把一切牛鬼蛇神统统揪出来，把他们斗臭、斗垮、斗倒”。从此，一场声势浩大的“文化大革命”运动遍及全中国。

〔2〕南国：中国南方的泛称。战国楚屈原《九章·橘颂》：“受命不迁，生南国兮。”王逸注：“南国，谓江南也。”三国魏曹植《杂诗》其五：“南国有佳人，容华若桃李。”作者写这首诗的前后，正在南方巡视。5月15日到6月15日在杭州，17日途经长沙到韶山滴水洞。住了11天，28日赴武汉。踏芳枝：是毛泽东巡视南方各省的形象说法，同时交代了巡视的时间。踏：这里有游赏的意思。芳枝：芳香的花枝或树枝。

〔3〕怒：气势很盛，不可遏止。唐代杜甫《茅屋为秋风所破歌》：“八月秋高风怒号。”苍天：青天，天空。《诗经·王风·黍离》：“悠悠苍天，此何人哉！”西汉司马迁《史记·龟策列传》：“今龟周流天下，还复其所，上至苍天，下薄泥涂。”发：指。诗句中“青松”喻指积极参加“文化大革命”运动的“革命者”，即愤怒群起的批判者。一说喻指作者自己。录以备考。

〔4〕败叶：干枯凋落的叶子。清代田兰芳《明河南参政袁公墓志铭》：“（袁可立子袁枢）群力竞奋，积尸齐墉。贼如败叶，纷披随风。”驰：本义是快跑，这里引申为漂流。诗句中“败叶”喻指“文化大革命”革命的对象，即众多的被批判者。

〔5〕风雷：狂风暴雷。这里借喻当时正在开展的“文化大革命”运动。惊：震惊，惊动。

〔6〕红：指“文化大革命”的积极参加者即造反派举着的红旗、红卫兵所戴的红袖章和墙壁上所写的红色标语等。绿：指穿着草绿色军装的红卫兵。走旌旗：指积极参加“文化大革命”的人民群众挥舞着各种组织的旗子上街游行之事。旌旗：旗子的通称，这里指游行队伍或造反派手里举着的各种组织的旗子。

〔7〕凭阑：同“凭栏”，倚靠栏杆。南唐李煜《浪淘沙》：“独自莫凭栏，无限江山。”凭：倚靠。静听：静静地倾听、观察事件发展的动向。潇潇雨：骤急的雨声。这里借喻“文化大革命”初起时的浩大声势。这句化用宋代岳飞《满江红》“怒发冲冠，凭阑处，潇潇雨歇”句。

〔8〕故国人民有所思：化用唐代杜甫《秋兴》八首其四“鱼龙寂寞秋江冷，故国平居有所思”诗句。故国：旧国，这里指祖国。南唐李煜《虞美人》（春花秋月何时了）词：“小楼昨夜又东风，故国不堪回首月明中。”有所思：有一定的思考或深思。清代袁枚《春日偶吟》：“拢袖观棋有所思，分明楚汉两军持。”

【译文】

正当首都北京发生重大事件的时候，
我又来到祖国南方巡视（追赏芳香的枝叶）。
青松的枝干长势极为强盛，向上奋发，直指天空，
衰败凋落的叶子纷纷随着绿水漂流而去。
刚刚掀起的一阵革命风暴雷霆，震惊了整个世界，
满街到处都是身穿绿色军装、举着各种组织旗号和标语的队伍在游行。
我倚靠在栏杆上静静地倾听潇潇的雨声，关注这一事件的发展状况，
祖国人民对这一事件正沉浸在深入复杂的思考之中。

七 律

读《封建论》呈郭老

一九七三年八月五日

劝君少骂秦始皇，焚坑事业要商量。
祖龙魂死秦犹在，孔学名高实秕糠。

百代都行秦政法，十批不是好文章。

熟读唐人封建论，莫从子厚返文王。

【题解】

这首诗较早见于河南人民出版社 1988 年 12 月版王年一所著的《大动乱年代》，又见于中央文献出版社 1992 年 3 月第 1 版陈晋所著的《毛泽东与文艺传统》。

七律：七言律诗的简称。见《七律·长征》题解。

《封建论》：唐代政治家、思想家、文学家柳宗元的史论文章。封建：即封建制，指我国夏、商、周奴隶社会实行的“封国土、建诸侯”的贵族领土制度，亦称“分封制”。在这种制度下，中国被分割成许多诸侯国家，这些诸侯国家名义上从属于中央王朝，实际上却由世袭贵族统治，各自为政，形成各自的独立王国。秦始皇统一中国后，用郡县制取代了分封制，将天下分为 36 郡，郡下设县，郡县长官由中央政府任免。《封建论》推崇秦始皇所实行的郡县制，加强中央集权，认为由周朝的分封制改为秦朝的郡县制是社会的一大进步。呈：恭敬地送上。郭老：对郭沫若的尊称。

1973 年 7 月 4 日，毛泽东召见王洪文、张春桥时特地说：“郭老在《十批判书》里头自称是人本主义，即人民本位主义，孔夫子也是人本主义，跟他一样。郭老不仅是尊孔，而且还反法。尊孔反法，国民党也是一样啊！林彪也是啊！我赞成郭老的历史分期，奴隶制以春秋战国之间为界，但是不能大骂秦始皇。早几十年中国的国文教科书就说秦始皇不错了，车同轨，书同文，统一度量衡。”陈晋在《毛泽东之魂》中说：1973 年“8 月 5 日，毛泽东给江青念了自己刚写就的《读〈封建论〉呈郭老》一诗”。接着又说：“历代政治家有成就的，在封建社会前期有建树的，都是法家。这些人主张法治，犯了法就杀头，主张厚今薄古。儒家满口仁义道德，一肚子男盗女娼，都是主张厚古薄今的。”9 月 23 日，毛泽东会见埃及副总统莎菲时又说道：“秦始皇是中国封建社会的第一个有名的皇帝，我也是秦始皇，林彪骂我是秦始皇，中国历来分两派，一派讲秦始皇好，一派讲秦始皇坏。我赞成秦始皇，不赞成孔夫子。因为秦始皇是第一个统一中国，统一文字，修筑宽广的道路，不搞国中有国，而用集权制，由中央政府派人去各地方，几年一换，不用世袭制度。”儒家和法家是中国封建社会政治思想和治国实践的两大派别。几千年来的政治家、思想家对儒法问题总要做出扬此抑彼的选择，尤其是对孔子和秦始皇这两个重要历史人物或褒或贬的不同评价。毛泽东的基本立场和观点是扬法抑儒，褒秦始皇而贬孔子。郭沫若的《十批判书》扬儒抑法，毛泽东曾多次说过不同意郭沫若的观点。这首诗是毛泽东晚年在错误地发动“文化大革命”的时代背景下，于 1973 年读柳宗元《封建论》后有感而作。

诗中批评了郭沫若崇儒反法的观点，劝说其要正确认识和对待秦始皇这样一位有重大功绩和深远影响的历史人物。诗作既严肃爽直地提出批评意见，又满腔热情，推心置腹地平等相商，情理交融，令人折服。

【笺注】

〔1〕君：对人的尊称。这里指郭沫若。秦始皇（公元前 259—前 210）：即嬴政。战国时期秦国国君，秦庄襄王之子，秦王朝的建立者。公元前 246 年到前 210 年在位，即位时年仅 13 岁，朝政由吕不韦和太后宠幸的宦官嫪毐把持。公元前 238 年亲政后，镇压嫪毐叛乱。次年，免吕不韦相职，任用李斯为相，并派王翦等大将继续进行统一天下的战争。从公元前 230 年灭韩开始，到前 221 年灭齐，10 年之间，消灭割据称雄的六国，建立了中国历史上第一个统一的中央集权的封建国家。秦分全国为 36 郡，郡下设县。确定最高统治者的称号为“皇帝”，国家一切重大事务由皇帝决定，中央和地方重要官吏直接由皇帝任免。统一法律、度量衡、货币和文字，拆毁战国时各国边境地区的边防工事，并修建驰道、直道等，以畅通全国的陆路交通。同时派兵北击匈奴贵族，筑长城，南定百越，设置闽中、南海、桂林、象郡。为了加强统治，销毁民间兵器，焚烧过去各国的史书和民间所藏的儒家经典及诸子书籍，坑杀以古非今的方士和儒生 460 多人。实行专制主义，严刑苛法，租税劳役繁重，加之

连年用兵，广大人民痛苦不堪，他死后不久就爆发了大规模的农民起义。

〔2〕焚坑事业：指秦始皇焚书坑儒的事件。秦始皇三十四年（公元前213年），博士淳于越反对中央集权的郡县制，要求根据古制，分封子弟。丞相李斯加以驳斥，主张禁止儒生以古非今，以私学诽谤朝政。秦始皇采纳李斯建议，下令焚烧除《秦记》以外的列国史记，对不属于博士官的私藏《诗》、《书》等亦限期焚毁。有敢谈论《诗》、《书》的处死，以古非今的灭族。禁止私学，欲学法令的以吏为师。次年，卢生、侯生等方士、儒生攻击秦始皇。秦始皇派御史查究，将460多名方士和儒生坑死在咸阳。史称“焚书坑儒”。商量：这里是商榷的意思。

〔3〕祖龙：指秦始皇。西汉司马迁《史记·秦始皇本纪》：“三十六年秋，使者从关东夜过华阴平舒道，有人持璧遮使者曰：‘为吾遗滈池君。’因言曰：‘今年祖龙死。’”意思是说，秦始皇三十六年（公元前221年）秋，秦王朝的使者夜经华阴（今陕西华阴），有山鬼拦路说：“今年祖龙死。”南朝宋裴骃《史记集解》引汉代苏林曰：“祖，始也。龙，人君象。谓始皇也。”唐代章碣《焚书坑》诗：“竹帛烟销帝业虚，关河空锁祖龙居。”魂：灵魂。这里指生命。秦：指秦始皇推行的中央集权制度。犹：仍然，仍旧。

〔4〕孔学：指孔子创立的儒家学说。儒家的学说以“仁”为核心，以“礼”为手段，“祖述尧舜，宪章文武”，在政治态度上是保守的，有利于权势者维护其旧有秩序的统治。名高：名声高，名气大。实：实际。秕糠：比喻没有价值的东西。秕：籽实不饱满的谷子。糠：稻、麦、谷子等脱下来的皮或壳。

〔5〕百代都行秦政法：语出唐代柳宗元《封建论》“秦制之得，亦以明矣。继汉而帝者，虽百代可知也”。1965年6月13日，毛泽东会见越共中央总书记胡志明时说：“几千年来，形式上是孔夫子，实际上是按秦始皇办事。”① 百代：犹言很多代，代代相袭。行：实行，推行。秦政法：秦始皇统

① 陈晋《毛泽东之魂》，中央文献出版社1997年9月第1版，第271页。

治天下的一套政治制度。

〔6〕十批：指郭沫若于1943年至1945年撰写的研究先秦诸子思想的学术专著《十批判书》，收入有关中国古代先秦诸子批判的文章共10篇，故名。其主要观点是尊儒抑法。当时对于反对蒋介石国民党政府的反动独裁统治，争取人民民主，曾起过积极作用。不是好文章：指郭沫若在该书中所持的尊孔反法思想。

〔7〕熟读：这里指要仔细、周详地阅读和研究。唐人：指唐代杰出的政治家、思想家、文学家柳宗元。封建论：指柳宗元所著《封建论》。该文对封建制（即分封制）与郡邑制（即郡县制）进行比较，提出郡县制代替封建制是历史一大变革，表达了反对复古、泥古与倒退的政治观和历史观。

〔8〕莫：不要。子厚：即柳宗元（773—819），字子厚，河东解（今山西运城解州镇）人。返：返回，倒退。文王：即周文王，生卒年不详。商末周族领袖。姬姓，名昌，商纣时为西伯，亦称伯昌。晚年自号“文王”。曾被商纣囚禁于羑里（今河南汤阴县北部）。统治期间，推行较完备的封建制（即分封制）。在位50年，宣扬以礼治国，以德服人，为后世儒家所推崇。孔子创立的儒家学说与周文王的政治制度同出一辙，与秦始皇中央集权的法治则大相径庭。

【译文】

我奉劝您少骂秦始皇，

为加强中央集权和统一思想而焚书坑儒的事件还有待研讨商量。

秦始皇虽已经死了，但秦王朝推行中央集权的政治制度仍然沿用着，

孔子创立的儒家学说尽管名气很大，实际上却如同毫无价值的秕子和谷糠。

两千多年来的历代封建统治者都推行秦始皇中央集权的政治制度，

《十批判书》尊崇儒学反对法家的政治主张显然不是好文章。

请仔细周详地研读一下唐代柳宗元阐发加强中央集权，反对藩镇割据的

《封建论》，

切不要再从柳宗元的反对分封制倒退到周文王的实行分封制。

七 绝
贾 谊

贾生才调世无伦，哭泣情怀吊屈文。

梁王堕马寻常事，何用哀伤付一生。

【题解】

这首诗中“梁王堕马寻常事，何用哀伤付一生”两句最早见于张贻玖《毛泽东读史》。全诗发表于1996年9月中央文献出版社出版的《毛泽东诗词集》。

七绝：七言绝句的简称。见《七绝·为女民兵题照》题解。

贾谊（公元前200—前168）：雒阳（今河南洛阳东）人，西汉初期政论家、辞赋家，世称贾生。18岁时，以能诵读诗书、善文章为郡人所称道。20余岁时即被汉文帝征召为博士，不久又超迁为太中大夫，好议国家大事。因他陆续向汉文帝提出政治改革建议，遭到守旧权臣的嫉妒和排斥。汉文帝迫于压力，疏远了贾谊，将他贬为长沙王太傅。后又被汉文帝召回长安，拜为汉文帝小儿子梁怀王刘胜太傅。过了几年，梁怀王堕马而死，贾谊自责没有尽到做太傅的责任，忧郁自伤，一年以后，离开人世。代表作有《过秦论》、《论积贮疏》、《治安策》、《吊屈原赋》、《鹏鸟赋》等。

从青年时代起，毛泽东就十分推崇屈原、贾谊，在《七古·送纵宇一郎东行》中并称屈原、贾谊为“年少峥嵘屈贾才”，认为他们是长沙山川奇气所产生的著名历史人物。毛泽东尤其赞赏屈原、贾谊的非凡才能和政治理想，也特别同情和惋惜他们壮志难酬的不幸遭遇，因此在自己的诗词中给予他们特殊的地位。这首诗没有标明年代，大概作于20世纪60年代初期毛泽东潜心读史的时候。

诗中高度赞扬了贾谊无与伦比的杰出才华，对贾谊没有慎重对待生死，一味自责、哀伤而过早地去世表示了无限的痛惜之情。语言明白流畅，化用前人诗句，洒脱自如，韵味深长，是这首诗的特点。

【笺注】

〔1〕贾生才调世无伦：化用唐代李商隐《贾生》“宣室求贤访逐臣，贾生才调更无伦。可怜夜半虚前席，不问苍生问鬼神”。贾生：即贾谊。见《七古·送纵宇一郎东行》“年少峥嵘屈贾才”笺注。才调：人的才气和风调。唐代李商隐《读任彦升碑》：“任昉当年有美名，可怜才调最纵横。”世：指当时西汉时代。无伦：无与伦比，没有人比得上。汉代扬雄《法言·五百》：“爱迪生贵无敌，富无伦。”李轨注：“伦，匹。”宋代欧阳修《答许发运见寄》：“琼花芍药两无伦，偶不题诗便怨人。”

〔2〕哭泣：轻声地哭。这里指十分悲伤。情怀：犹言心境，心情。唐代杜甫《北征》：“老夫情怀恶，呕泄卧数日。”吊屈文：贾谊被贬为长沙王太傅后，渡湘江时有感于屈原忠而见疏，作《吊屈原赋》，“追伤之，因以自喻”。西汉司马迁《史记·屈原贾生列传》：“及渡湘水，为赋以吊屈原。”

〔3〕堕：落，坠落。西汉司马迁《史记·屈原贾生列传》：“居数年，怀王骑，堕马死，无后。”寻常：平常。唐代刘禹锡《乌衣巷》：“旧时王谢堂前燕，飞入寻常百姓家。”

〔4〕何用：何必，不用。南朝宋范晔《后汉书·孔融传》：“文举舍我死，吾何用生为?”唐代王泠然《题河边枯柳》：“今日摧残何用道！数里曾无一株好。”哀伤付一生：因哀伤而付出了自己的生命。西汉司马迁《史记·屈原贾生列传》：“贾谊自伤为傅无状，哭泣岁余，亦死。”作者非常赞赏贾谊的才华，为贾谊的早逝感到深深的惋惜，并认为他因哀悼梁王而死颇不值得。

【译文】

贾谊的才能西汉时期没有人能与其相提并论，

他以哭泣悲伤的心情写下了《吊屈原赋》。
梁王刘胜骑马摔死本是一件寻常的事，
哪里用得着哀伤地付出自己宝贵的生命。

七 律
咏贾谊

少年倜傥廊庙才，壮志未酬事堪哀。
胸罗文章兵百万，胆照华国树千台。
雄英无计倾圣主，高节终竟受疑猜。
千古同惜长沙傅，空白汨罗步尘埃。

【题解】

这首诗最早发表于1996年9月中央文献出版社出版的《毛泽东诗词集》。

七律：七言律诗的简称。见《七律·长征》题解。

咏贾谊：即用诗歌赞颂贾谊。咏：用诗词来赞颂或叙述。贾谊：见《七绝·贾谊》题解。

贾谊是作者高度评价和推崇的历史人物之一。作者对贾谊33岁时为梁王刘胜堕马自伤郁郁而死，深表惋惜。因此为贾谊赋诗两首，一赞再咏。这首诗没有标明写作年代，与《七绝·贾谊》为姊妹篇，大概都是作于20世纪60年代初期毛泽东潜心读史的时候。

诗中赞赏贾谊的杰出才华，对贾谊因过度哀伤而英年早逝表达了无限的惋惜之情，寄寓了作者在20世纪“大跃进”年代思贤若渴，希望大胆提拔和重用人才的思想。这首即兴之作，以简练的笔墨叙写复杂的史实，却能做到形象生动，观点鲜明。

【笺注】

〔1〕少年倜傥廊庙才：据史书记载，贾谊18岁时已能诵读诗书，善文章，为郡人所称道。20余岁时任博士，一年内超迁为太中大夫。少年：即年少，指年轻。倜傥：才华卓异，洒脱不拘。西晋陈寿《三国志・魏书・王粲传》：“（阮籍）才藻艳逸，而倜傥放荡。”五代王定保《唐摭言・散序进士》：“其负倜傥之才，变通之术。”廊庙才：指才能和才气均可胜任朝廷要职的栋梁之材。廊庙：即庙堂，指朝廷。《国语・越语下》：“夫谋之廊庙，失之中原，其可乎？”南朝宋范晔《后汉书・孟尝传》：“廊庙之宝，弃之沟渠。”

〔2〕壮志未酬：指贾谊修正律令、改订历法、改革政治等一系列的政治抱负没能实现。唐代李频《春日思归》：“壮志未酬三尺剑，故乡空隔万重山。”壮志：宏伟的志向，宏图大志。未酬：愿望未能实现。酬：实现。事：指“壮志未酬”而英年早逝。堪哀：可哀，使人悲哀。南唐李煜《浪淘沙》：“往事只堪哀，对景难排。”哀：悲伤，伤心。

〔3〕胸罗文章：指贾谊胸有锦绣文章。他的政论和史论《过秦论》、《论积贮疏》、《治安策》等，提出了一系列治国策略和改革制度的主张，表现出一代杰出政治家的远见卓识和超常的才能。罗：罗列，包括。兵百万：比喻贾谊的治国策略有如统军韬略，能指挥百万军队。

〔4〕胆照：即肝胆相照的略语，比喻赤诚相见。照：光耀。宋代文天祥《过零丁洋》：“人生自古谁无死，留取丹心照汗青。”华国：即华夏。这里指西汉王朝。树千台：设置千台。指建立诸多的诸侯国。台：古代官署名。汉代设立“三台”，即尚书为中台，御史为宪台，谒者为外台。贾谊的《治安策》提出：“欲天下之治安，莫若众建诸侯而少其力。”要“众建诸侯”则势必将设置“千台”。贾谊的用意在于用分封更多的诸侯国的办法，来分散和削弱当时各大诸侯国的实权和势力，最后达到加强中央集权的目的。

〔5〕雄英：雄俊英杰之人，即出类拔萃的人才。三国魏曹植《大司马曹休诔》：“年没弱冠，志在雄英。高揖名师，发言有章。”这里指贾谊。计：计谋，计策。倾圣主：使汉文帝折服贾谊的主张。倾：倾倒，使……折服。圣主：圣

明的君主，古代称颂帝王的惯用语。这里指汉文帝刘恒，带有讽刺意味。

〔6〕高节：高风亮节的缩语，指高尚的品德、节操。战国《庄子·让王》："高节戾行，独乐其志。" 终竟：终归，最终。唐代杜甫《遣兴》其二："岂无济时策，终竟畏罗罟。" 宋代陆游《即事》："知我向来唯断简，会心终竟在孤篷。" 疑猜：怀疑猜测。清代曹雪芹《红楼梦》第二十八回："宝玉听他提出'金玉'二字来，不觉心里疑猜。"

〔7〕千古同惜长沙傅：化用唐代刘长卿《自夏口至鹦鹉洲望岳阳寄阮中丞》"贾谊上书忧汉室，长沙谪去古今怜" 诗句。千古：久远的时代。宋代辛弃疾《南乡子·登京口北固亭有怀》："千古兴亡多少事，悠悠，不尽长江滚滚流。" 同惜：都同情惋惜。长沙傅：被贬为长沙王太傅的贾谊。傅：太傅，辅导太子的官。

〔8〕空白汨罗：贾谊在《吊屈原赋》中对屈原投江殉国颇不以为然，提出"所贵圣之神德兮，远浊世而自藏"。空白：徒然说。空：徒然。白：告白，陈述。汨罗：即汨罗江，位于湖南东北部，这里指屈原自沉汨罗江之事。步尘埃：即步后尘。贾谊虽未投江而死，但因梁王堕马之死忧伤而死，加之他与屈原的政治命运相同，都是怀才不遇，遭谗被贬，壮志未酬，因此说步了屈原的后尘。

【译文】

贾谊年轻时就卓越豪迈，是胜任朝廷要职的栋梁之材，
可是他宏图大志还没有实现就英年早逝，真令人惋惜悲哀。
他胸中的锦绣文章胜似雄兵百万，
赤诚肝胆光耀汉代，让朝廷建立众多的诸侯国以分散削弱诸侯的力量。
雄俊英杰的贾谊却再也没有计谋使皇帝信任依靠他，
他的高风亮节最终还是遭到汉文帝的猜疑。
两千多年来，人们无不为贬成长沙王太傅的贾谊同情惋惜，
徒然地追吊评说屈原投汨罗江而死，而自己却步了屈原的后尘。

下篇
附　录

本附录收入诗词（包括残篇、残句、联句、改诗、仿诗、韵语等）33首，系毛泽东逝世后，陆续在各种正式出版物上发表的。这部分诗词，特别是毛泽东青少年时代和晚年的一些作品，对于读者了解诗人毛泽东诗词创作从学习期、成长期，直至成熟期，晚年又进入衰退期的发展过程具有一定参考价值。

一　原创（17首）

杂言诗
迎　春
一九〇一年

狮子眼鼓鼓，擦菜子煮豆腐。
酒放热气烧，肉放烂些煮。

【题解】

这首诗最早披露于《楚风》1984年第4期，后被陈晋《毛泽东与文艺传统》一书转引。

杂言诗：一种句子长短相间的诗体。见《杂言诗·八连颂》题解。

迎春：题目，为本书作者所加。

1901年春节，8岁的毛泽东像往年一样，跟母亲一同到外婆家拜年。在阵阵锣鼓、鞭炮声中，耍狮子的队伍来到村里。毛泽东兴高采烈地跟随大人去看耍狮。按照当地习俗，狮子要到谁的身边，谁就要说几句吉利话以讨个口彩。那些吉利话通常都是整齐押韵而富有诗意的顺口溜。当狮子活蹦乱跳地耍到毛泽东身边时，小小年纪的他灵机一动，便脱口而出，唱出了这首诗。这是迄今为止我们能够见到的毛泽东最早的口头创作。童年的毛泽东很聪明，记性好，学唱快，正是湖南农村中活生生的现实生活的陶冶，“润物细无声”地开启了毛泽东童年时期的诗境性灵。

这首诗从一个儿童的视角，生动地描写了狮子的可爱形象和春节到来时农村烧酒煮肉的热闹气氛，表达了毛泽东幼年时代欢快的心情。诗中朴素的语言散发着浓厚的乡土气息。

【笺注】

〔1〕狮子：这里指一种流行于民间闹春的舞狮子表演。狮子的双眼常做成鼓鼓的形状，寓意神圣、威严，民间多用之以驱邪、纳吉、迎新。我国不少地区都有舞狮子迎新春的习俗。

〔2〕擦菜子：是当地自制的一种腌菜，“擦菜子煮豆腐”是湖南人十分喜欢吃的一道菜。有的书中将“擦菜子”写成“茶菜子”应属错误，至少是不懂湖南人的民间俚语。擦菜子煮豆腐：易孟醇、易维《诗人毛泽东》作“擦菜煮豆腐”。

〔3〕酒放热气烧：河南人民出版社1993年11月版高珊珊所编《毛泽东的传说》作“酒放热点烧”。人民出版社2003年11月第1版易孟醇、易维所著《诗人毛泽东》作“酒放热些烧”。

五言诗

井　赞

一九〇六年秋

天井四四方，周围是高墙。
清清见卵石，小鱼囿中央。
只喝井里水，永远养不长。

【题解】

这首诗较早见于湖南人民出版社1980年2月第1版李锐所著《毛泽东的早期革命活动》，中国青年出版社1980年7月第1版萧三所著《毛泽东同志的青少年时代和初期革命活动》。

五言诗：中国古代诗体的一种。每句五字，包括五古、五律、五绝、五言排律。《诗经》、《楚辞》和秦汉其他歌谣中已有五言句式，整首是五言的诗体东汉时才出现，唐代以来有五言律体。这首诗首句押韵，不拘平仄，格律比较自由。属于五言古体诗，习惯上把五言古体诗和七言古体诗统称为"古风"。

井赞：咏赞天井。

1906年秋，毛泽东到韶山井湾里私塾读书，老师是他的堂兄毛宇居。一次，毛宇居外出，临行前规定学生要在屋里背书，不准走出私塾。先生刚走，毛泽东就背着书包爬到屋后山上去了。他一边背书，一边摘毛栗子，书背熟了，毛栗子也摘了一书包。回到私塾，他给每个同学送上几颗毛栗子，也孝敬先生一份。毛宇居却不领情，责问道："谁叫你到处乱跑？"毛泽东回答说："闷在屋里头昏脑涨，死背硬读也是空的。"毛宇居听了十分恼怒。毛泽东又说："那你叫我背书好了。"毛宇居知道背书难不倒这个学生，心生一计，来到院中央，指着天井说："我要你赞井！"毛泽东沿着天井转了两圈，借题发挥，以物喻人，便吟成了这首诗。张仲举《毛泽东诗词全集译注》题目作《井中鱼》。

这首诗说出了一个深刻的道理：封闭式的私塾教育，把学生整天关在院墙之内读死书是培养不出人才的。诗作语言通俗，朗朗上口，易记易诵。

【笺注】

〔1〕天井：宅院中房子与房子，或房子与围墙所围成的露天空地，形状似井，故名。元末明初施耐庵《水浒传》第一〇一回："一日在家闲坐，此时已是五月下旬，天气炎热，王庆掇条板凳，放在天井中乘凉。"

〔2〕周围：围绕着中心的部分。

〔3〕清清：指水清。卵石：卵形、圆形或椭圆形的石块，铺于井底以防止泥土上泛，保持井水澄清。

〔4〕囿：拘泥，局限。《庄子·徐无鬼》：“皆囿于物者也。”成语有“囿于成见”。中央：中间，中心的地方。这里指小鱼局限在井中活动。

〔5〕养不长：指只能生存，不会长大。长：指长大。南朝梁代丘迟《与陈伯之书》：“暮春三月，江南草长，杂花生树，群莺乱飞。”

五言诗

咏指甲花

一九〇七年夏

百花皆竞春，指甲独静眠。
春季叶始生，炎夏花正鲜。
叶小枝又弱，种类多且妍。
万草被日出，惟婢傲火天。
渊明爱逸菊，敦颐好青莲。
我独爱指甲，取其志更坚。

【题解】

这首诗最早见于西苑出版社1993年9月第1版高菊村、龙剑宇、陈高举、刘建国、蒲苇所著《毛泽东故土家族探秘》。

五言诗：每句五个字的诗。见《五言诗·井赞》题解。

咏：吟咏。指甲花：学名“凤仙花”，凤仙花科，一年生草本植物。夏季开花，花两三朵同生叶腋，不整齐，萼有一距，呈角状，向下弯曲，花色不一。果实椭圆形，以弹力裂开，裂片旋卷。品种较多，可供观赏，花与种子均可入药，花捣碎可染指甲，故名“指甲花”。

1907年夏的一天，14岁的毛泽东到外婆家附近的保安寺游玩，他看到寺院四周盛开的色彩斑斓的凤仙花，并联想起古人各得其趣的咏花诗文，触景生情，吟得此诗。

这首诗以浅近、明快的语言咏花言志，描写了指甲花的生长特性和笑傲炎夏的坚强性格，寄托了少年毛泽东坚韧非凡的志趣和充满激情的精神境界。

【笺注】

〔1〕皆：都。竞春：在春天竞放。竞：东汉许慎《说文解字》："竞，逐也。"西汉刘安《淮南子·俶真》："相与优游，竞畅于宇宙之间。"

〔2〕妍：美丽。西晋陆机《文赋》："妍蚩好恶，可得而言。"宋代林逋《小园山梅》："众芳摇落独暄妍，占尽风情向小园。"

〔3〕被：通"披"，穿戴。这里指沐浴着朝阳。日出：太阳升起。

〔4〕惟：只有。婢：女仆，或古代女子的谦称。这里喻指指甲花，因指甲花"叶小枝又弱"，对百花而言处于从属地位。

〔5〕渊明爱逸菊：陶渊明诗中经常以菊为描写对象，《饮酒》其五"采菊东篱下，悠然见南山"，即为其名句。北宋周敦颐《爱莲说》中也讲："晋陶渊明独爱菊。"又说："菊，花之隐逸者也。"菊花在许多花草枯萎之时独吐幽芳，如同隐逸之士不愿与统治者同流合污，隐居避世。渊明：即陶渊明。见《七律·登庐山》笺注。

〔6〕敦颐好青莲：周敦颐著有《爱莲说》一文，文中说："予独爱莲之出淤泥而不染，濯清涟而不妖，中通外直，不蔓不枝，香远益清，亭亭净植，可远观而不可亵玩焉。"又说："莲，花之君子者也。"敦颐：即周敦颐（1017—1073），北宋哲学家，字茂叔，号濂溪，道州营道（今湖南道县）人，曾官大理寺丞、国子博士。因筑室庐山莲花峰下的小溪上，取营道故居濂溪以名之，后人遂称"濂溪先生"。他提出的太极、理、气、性、命等学说，成为明代理学的基本范畴，因而他本人成为理学的创始人之一。著有《太极图说》、《通书》等，后人汇编为《周子全书》。

五言排律

湘江漫游联句

一九一四年

晚霭峰间起，
归人江上行。
云流千里远，（以上萧　瑜）
人对一帆轻。
落日荒林暗，（以上毛泽东）
寒钟古寺生。
深林归倦鸟，（以上萧　瑜）
高阁倚佳人。（毛泽东）

【题解】

这首诗见于昆仑出版社 1989 年 6 月第 1 版，萧瑜著，陈重、张雯、金翊、梁燕编译的《我和毛泽东的一段曲折经历》（该书原名《毛泽东和我曾是“乞丐”》）。原诗无标题。

五言排律，每句五个字的排律。排律：是律诗的一种，因就律诗的定格加以铺排延长而得名。每首至少十句五韵，有多至百韵者。

湘江：见《沁园春 · 长沙》笺注。联句：旧时作诗方式之一。两人或多人按一定的韵和句式，赋诗一句或数句，联缀成一首完整的诗。联句传始于汉武帝君臣联句的《柏梁诗》（疑为后人伪托）。初无定式，有一人一句一韵，两句一韵乃至两句以上者，依次而下。后来可用一人出上句，续者须对成一联，再出上句，轮流相继。旧时多见于文人的游览、宴饮及朋友间应酬。

1913 年春，毛泽东考入湖南省立第四师范学校预科班。1914 年 2 月，省立第四师范学校并入湖南省立第一师范学校，1918 年 6 月毕业。在读书期间，毛泽东刻苦自励，学养俱优，以极大的热情关心国家大事，研究各种社会思潮，努力探索救国救民的道路。毛泽东常与萧瑜（字子昇）等同学于黄昏时到湘江边散步，谈诗论文，吟诗联句。萧瑜（1894—1976）：字子昇，又名旭东，湖南湘乡人，萧三的二哥。1910年在湘乡县东山高等小学堂读书时与毛泽东相识。1911年考入湖南省立第一师范学校，再度与毛泽东同学。1915年秋毕业后，到长沙修业楚怡学校任教。1919年赴法国勤工俭学，是民国初年湖南青年参加赴法勤工俭学的主要策划者之一。1924年回国，任国民党北平市党务指导委员、《民报》总编辑、中法大学教授、国立北京大学委员兼农学院院长、华北大学校长及国民政府农矿部次长、国立历史博物馆馆长等职。新中国成立后，随国民党政府去台湾地区，后来又到法国、瑞士。1953年定居南美乌拉圭，从事教育工作。毛泽东不忘旧情，曾多次捎信给他，欢迎他回国，被他拒绝。1976年病逝于乌拉圭。

1914年的一天傍晚，毛泽东与萧瑜来到江边，看到湘江两岸秀丽的风光，不禁诗情澎湃，两人吟成《五言排律·湘江漫游联句》。萧瑜现在只能回忆起以上八句，后面的诗句，已记不起来，毛泽东也没有留下关于这首诗的文字。

现存的这一部分联句，描写湘江边的晚霭、流云、落日、寒钟、古寺、深林、高阁等景物，创造了一种幽深高远的意境。层次分明，古朴典雅，意境高远。

【笺注】

〔1〕晚霭：傍晚时的云气。唐代裴迪《春日与王右丞过新昌里访吕逸人不遇》："芙蓉曲沼春流满，薜荔成帷晚霭多。"霭：云气。

〔2〕归人：回家的人。唐代刘长卿《逢雪宿芙蓉山主人》："柴门闻犬吠，风雪夜归人。"唐代王建《送丘为下第归江东》："五湖三亩宅，万里一归人。"江上行：指乘船而行。

〔3〕云流：指云在天空中不停地随风飘动。

〔4〕人：作者自指。帆：指船。唐代李白《黄鹤楼送孟浩然之广陵》："孤帆远影碧空尽，唯见长江天际流。"轻：轻便。指船在江中行驶非常轻捷。

〔5〕荒林：人迹罕至的树林。

〔6〕寒钟：寒天的钟声。唐代刘得仁《秋晚与友人游青龙寺》："暮鸟投

羸林，寒钟送夕阳。”唐代方干《登龙瑞观北岩》：“促韵寒钟催落照，斜行白鸟入遥空。”古寺：古庙。生：发生。这里指敲钟发出声音。

〔7〕深林归倦鸟：即倦鸟归深林。东晋陶渊明《归去来兮辞》：“云无心以出岫，鸟倦飞而知返。”宋代陈造《三月初晚晴寄高缙之》三首其三：“森木倦鸟归，遥空征鸿度。”深林：茂密的树林。

〔8〕高阁倚佳人：即佳人倚高阁。这里指少妇倚楼盼望远行的丈夫归来。高阁：犹言高楼。唐代王勃《滕王阁诗》：“滕王高阁临江渚，佩玉鸣鸾罢歌舞。”阁：旧时女子的住房。佳人：美人。汉代司马相如《长门赋》：“夫何一佳人兮，步逍遥以自虞。”宋代苏轼《虢国夫人夜游图》：“佳人自鞚玉花骢，翩如惊燕踏飞龙。”

五 律

初登云麓宫联句

一九一五年冬

共泛朱张渡，层冰涨橘汀。
鸟啼枫径寂，木落翠微冥。
攀险呼俦侣，盘空识健翎。
赫曦联韵在，千载德犹馨。

【题解】

这首诗见于岳麓书社 1987 年 6 月第 1 版罗章龙所著《椿园诗草》。

五律：五言律诗的简称。见《五律·挽戴安澜将军》题解。

初登云麓宫：罗章龙在诗前小序中说：“一九一五年岁杪，雪后与润之共泛湘江，经朱张渡游岳麓，遂登云麓宫。”罗章龙（1896—1995）：见《七古·送纵宇一郎东行》题解。云麓宫：见《七律·和周世钊同志》附诗笺注。

联句：旧时作诗方式之一。见《五言排律·湘江漫游联句》题解。

罗章龙在《亢斋汗漫游诗话》一文中说："文虎（罗章龙的字）与润之（毛泽东的字）自定王台会晤后，时相过从，每当黄昏，二人辄会于天心阁旧垒城堞间散步，星期日则相约作郊游，每次晤面多检讨所思所学，析疑问难，往复未知所穷。一次，润之忽来见访，约作麓山游，二人清晨八时启行出南门，冒寒从朱张渡过湘江。朱张渡是由朱晦庵（朱熹）与张南轩（张栻）得名的，二人均宋代学者与诗人，在长沙讲学，为当时湖南青年所熟知。因此，我们在朱张渡口茶亭停留下来，讨论他们二人在湖南留下的思想影响。当时我们留下一首泛朱张渡的诗。""由朱张渡到自卑亭稍作休息，二人互议，同意分南北两路登山，即彼此各由凤凰山及天马山，登云麓宫，相约以先到为胜。议定，各鼓勇前进。时大雪封山，朔风遒劲，层冰嵯峨，禽鸟息鸣，人踪不见。山风过处，玉树冰枝，铿锵有声，寒气侵人肌肤，草履积雪泥盈寸。重厚难行，约经二小时许，行抵北海碑亭。文虎从树隙见润之尚在印心石屋小径上彳亍而行，攀登颇难，最后二人奋勇直上，登云麓宫最高处。傍晚下山过赫曦台时会合，我们共同写了这首诗。"

诗中写到了登山、下山的经过，真切地描写了朱张渡和岳麓山的美丽景色，反映出毛泽东及其学友青年时代蓬勃向上的精神风貌。

【笺注】

〔1〕共泛：一起乘船游玩。泛：漂浮。这里指泛舟，即乘船游玩。《诗经·邶风·柏舟》："泛彼柏舟，亦泛其流。"朱张渡：渡口名。为南宋朱熹与张栻共渡湘江处，故名。在长沙市南郊。

〔2〕层冰：一层又一层的冰，意思是说，天气很冷，冰结得很厚。涨：充满，布满。橘汀：即橘子洲。见《沁园春·长沙》笺注。汀：洲，水边的平地。

〔3〕鸟啼枫径寂：南朝梁代王籍《入若邪溪》："蝉噪林逾静，鸟鸣山更幽。"枫径：枫林中的小路。寂：寂静。

〔4〕木落：树叶凋零。宋代刘敞《秋晴西楼》：“木落山觉瘦，雨晴天似高。”元代周权《湘中》：“天寒楚云净，木落湘山幽。”翠微：清淡青葱的山色。见《七律·答友人》笺注。冥：昏暗。这句有的版本作“木落鹤泉滢”。

〔5〕攀险：指登山。呼：呼唤。俦侣：伴侣。三国魏嵇康《兄秀才公穆入军赠诗十九首》其一：“徘徊恋俦侣，慷慨高山陂。”唐代白居易《效陶潜体诗十六首》其二：“村深绝宾客，窗晦无俦侣。”

〔6〕盘空识健翎：即识盘空健翎。这句既是写登云麓宫所见，又是以此自喻。盘空：在空中盘旋飞翔。健翎：矫健的鸟，指鹰之类的鸟。翎：鸟类翅膀上或尾巴上长而硬的羽毛，这里用以指代鸟。

〔7〕赫曦：赫曦台，在长沙岳麓山上。岳麓书院门首，有朱熹、张栻赋诗勒石。参见《七律·和周世钊同志》笺注。联韵在：指宋代朱熹与张栻作的登岳麓山赫曦台联句至今犹存。联韵：即联句。

〔8〕千载：千年。德犹馨：品德和名誉很好。唐代刘禹锡《陋室铭》：“唯吾德馨。”德：德业。指朱熹、张栻两位学者、诗人的道德文章。馨：散布很远的香气。

七 绝

呈刘翰林联句

一九一七年夏

翻山渡水之名郡，（毛泽东）
竹杖草履谒学尊。
途见白云如晶海，（以上萧 瑜）
沾衣晨露浸饿身。（毛泽东）

【题解】

这首诗见于昆仑出版社 1989 年 6 月第 1 版萧瑜所著《我和毛泽东的一段曲折经历》。

七绝：七言绝句的简称。见《七绝·为女民兵题照》题解。

呈：恭敬地送上。送东西给人的敬辞。翰林：唐代以后历朝所设的一种官职，有的担任皇帝的文学侍从，有的为朝廷撰拟文书，有的编修国史、记录皇帝的言行等。联句：旧时作诗方式之一。见《五言排律·湘江漫游联句》题解。

毛泽东在湖南第一师范读书期间，十分重视对社会实际的了解和认识。他常对同学们说，不仅要读“有字之书”，还要读“无字之书”。毛泽东曾利用暑假数次“游学”。1917 年 7 月中旬至 8 月 16 日，毛泽东邀集在长沙楚怡小学教书的老同学萧瑜和准备回安化老家度暑假的同学萧蔚然，从长沙动身，徒步经历了长沙、宁乡、安化、益阳、沅江等五个县。到沅江后遇洞庭湖涨水，道路被淹，便乘船返回长沙，历时一个月，行程 900 余里。他们进行了广泛的社会调查，接触了各方面人士，了解风土人情，获得许多新鲜知识。

毛泽东一行渡过湘江之后，走了一天山路，来到一个村庄。这时，他们已一天没有吃东西，脚底打满了水泡，饥肠辘辘，也没有钱买东西吃。毛泽东和同学们打听到山坡上住着一位姓刘的绅士，清朝时曾做过翰林，后来告老还乡。他对诗文很有造诣，家中生活也富裕。毛泽东和同学们决定去拜访他。萧瑜说：“润之，刘先生就是我们今天的主人了。……我想最好的办法是写一首诗送给他。用象征的语言表达我们拜访他的目的。”毛泽东等十分赞同，他们便作了这首诗。萧瑜又说：“诗中第三句的‘白云’暗示刘氏能摆脱俗事纠缠，在山中别墅过隐居生活。‘翻山渡水’和‘浸饿身’的含义是一目了然的。”最后由萧瑜把诗写下来，并签上他们的真名，装在写着“刘翰林亲启”的信封里，通过门房送到刘翰林手中。70 多岁的刘翰林读了他们的诗，非常高兴，在书房里热情接待了他们，连声称赞他们的诗写得好，书法也不错。刘翰林不仅为他们安排了便饭，临行时还送给他们一个装着 40 枚铜板的红纸包，为他们解脱了困境。

【笺注】

〔1〕之：往，到。西汉司马迁《史记·陈涉世家》："尝与人佣耕，辍耕之垄上。"名郡：有名的城邑。这里指刘翰林所在的宁乡县。郡：我国古代行政区划名。

〔2〕竹杖草履：手拄竹杖穿着草鞋。宋代苏轼《定风波》词："竹杖芒鞋轻似马，谁怕？"这里形容贫苦学生的样子。竹杖：竹子制作的手杖。草履：草鞋。谒：拜见地位或辈分比较高的人。明代宋濂《送东阳马生序》："生以乡人子谒余。"学尊：学术界的尊长。这里是对刘翰林的尊称。

〔3〕白云如晶海：指山上洁白的云飘拂在如水晶般海洋似的广阔天空中。这里是赞誉刘翰林隐居在高山云海，操行高洁脱俗。晶海：水晶般的海洋。这里形容白云纯洁无边。

〔4〕沾衣晨露浸饿身：即晨露沾衣浸饿身，早晨的露水浸湿了衣服和饥饿的身躯。这里写他们求学的辛苦，含有向刘翰林求助的意思。

五言诗

玉潭即景联句

一九一七年夏

云封狮固楼，桥锁玉潭舟。

【题解】

这首诗见于萧瑜著，陈重、张雯、金翊、梁燕编译《我和毛泽东的一段曲折经历》。

五言诗：每句五个字的诗。见《五言诗·井赞》题解。

玉潭：即玉潭河，在湖南宁乡县城郊。即景：眼前景物。后来称以眼前景物为题材的诗为即景诗。联句：旧时作诗方式之一。见《五言排律 · 湘江漫游联句》题解。

1917 年暑假期间，毛泽东和同学萧瑜二人徒步游历途中经过了宁乡县，宁乡县城郊有一条较宽的名为玉潭的河。河上横跨着一座精巧的小桥。桥附近聚集着许多小船。站在河边远远望去，能看见一座小山岗，那就是狮固山，山坡上种满了松树。毛泽东和萧瑜坐在河岸上，观赏着玉潭河和周围美丽的景色。不禁诗兴涌起，共同写了一首小诗。当时对其中“云封狮固楼，桥锁玉潭舟”两句最为得意，所以萧瑜一直牢记在脑海中。

【笺注】

〔1〕云封：指云气遮蔽。陕西终南山弥陀寺对联云：“古洞无灯凭月照，山门不锁待云封。”狮固：即狮固山，是宁乡县城东北的一座小山。

〔2〕桥锁玉潭舟：这句是说，玉潭河中许多船只停泊在桥边，像是被桥锁住一样。锁：用锁锁住。唐代杜甫《秋雨叹》三首其三：“长安布衣谁比数，反锁衡门守环堵。”桥：指宁乡县城郊玉潭河上的一座小桥。

七　律

游学即景

一九一七年夏

骤雨东风过远湾，滂然遥接石龙关。
□□□□□□□，□□□□□□□。
野渡苍松横古木，断桥流水动连环。
客行此去遵何路，坐眺长亭意转闲。

【题解】

这首诗最早见于中国青年出版社1980年7月第1版萧三著《毛泽东同志的青少年时代和初期革命活动》。颔联缺失。

七律：七言律诗的简称。见《七律·长征》题解。

游学：一种传统的学习教育方式。这里指远游异地，从师求学。即景：见《五言诗·玉潭即景联句》题解。

1917年夏，毛泽东与同学萧瑜步行游历了湖南五个县。游到安化县城梅城，拜访了安化县劝学所长夏默庵。夏先生写了一副对联的上联："绿杨枝头鸟声声，春到也，春去也。"放在桌子上，想试试他们的学问根基。毛泽东随即书写了下联："清水池中蛙句句，为公乎，为私乎。"他们还游览了梅城的孔圣庙、北宝塔等名胜古迹，观看了祭孔用的"铜壶滴漏"等。在这次游学途中，毛泽东触景生情，写下了这首诗。

诗中通过所游景观的描写，表达了游学途中遇雨的艰辛和雨后的喜悦。全诗风格酷似唐音，对仗工稳，韵律和谐，意境高远，是毛泽东早期诗作中至今所见到的唯一的一首七律。

【笺注】

〔1〕骤雨：急雨。宋代秦观《满庭芳·咏茶》："晓色云开，春随人意，骤雨才过还晴。"骤：迅速，急行。过：指骤雨、东风扫过。远湾：远处的港湾。

〔2〕滂然：滂沱，下大雨的样子。宋代陈俊卿《蒋山谢雨》："更祈三日滂然泽，大作丰年遍海涯。"遥接：指大雨一直往远处连接到。遥：远。石龙关：毛泽东和萧瑜等同学1917年游学经过的湖南某地名，具体不详。

〔3〕野渡苍松横古木：即野渡横苍松古木。意思是说，野外的渡口旁，古老的青松枝柯横斜地生长着。野渡：野外河流的渡口。唐代韦应物《滁州西涧》："春潮带雨晚来急，野渡无人舟自横。"苍松：青松。苍：青。横：指苍松横斜地生长着。古木：即苍松。

〔4〕断桥：被洪水冲断的桥。动：指河水流动。连环：指水大流急，又

遇到断桥的阻拦，流水湍急，波纹圈圈相连，呈连环状。

〔5〕客行：旅行在外的人，这里指作者自己和行人。去：前往。南朝陈徐陵《玉台新咏·古诗为焦仲卿妻作》："阿母谓阿女，汝可去应之。"遵：循，沿着。《诗经·豳风·七月》："遵彼微行，爰求柔桑。"何路：哪一条路。

〔6〕坐眺长亭意转闲：意思是说，起先不知走哪条路，心情有些着急，后因看到大路上的长亭，而心情变得悠闲、舒适起来。坐眺：因为远看。唐代王维《桃源行》："坐看红树不知远，行近青溪忽值人。"坐：因为。眺：远视，远望。长亭：古代道路上设有长亭、短亭，供行人休息，一般是十里一长亭，五里一短亭。唐代无名氏《菩萨蛮》："何处是归程，长亭更短亭。"宋代柳永《雨霖铃》："寒蝉凄切，对长亭晚，骤雨初歇。"意：心情，心境。闲：安静，闲适。

四言诗

题安化北宝塔壁

一九一七年夏

浉水拖蓝，紫云反照。
铜钟滴水，梅岭寒泉。

【题解】

这首诗见于萧三《毛泽东同志的青少年时代和初期革命活动》和萧瑜著，陈重、张雯、金翊、梁燕编译《我和毛泽东的一段曲折经历》。

四言诗：每句四个字的诗。见《四言诗·祭母文》题解。

题安化北宝塔：在安化县北宝塔塔壁上题诗。北宝塔是湖南安化县城北部的一处胜景，建于明清时代，高七层，雄踞山头，巍然壮观。

1917年夏，毛泽东利用暑假偕同好友萧瑜从长沙游学至安化县城。他们游览了梅城的孔圣庙、北宝塔等名胜古迹。游览北宝塔时，在塔的第七层墙壁上，毛泽东用毛笔写下了这首四言诗。现在这首诗已被刻在塔壁上。

“洢水”、“紫云”、“铜钟”、“梅岭”为安化四景。作者以视觉描写“洢水拖蓝”、“紫云反照”之景，以听觉描写“铜壶滴漏”之声，以触觉、嗅觉描写“梅岭寒泉”清凉爽口，将四种各自独立的景观融汇成一幅有声有色、有动有静的艺术画面，可谓神来之笔，妙笔生花。

【笺注】

〔1〕洢水拖蓝：汉代扬雄《解嘲》有“纡青拖紫，朱丹其毂”之句。唐代房玄龄等撰《晋书·儒林传序》有“纡青拖紫”之句。洢水：环绕安化县城，为安化四景之一。拖：下垂。蓝：植物名，这里指浅蓝色，即碧绿色。唐代白居易《忆江南》词：“日出江花红胜火，春来江水绿如蓝，能不忆江南？”

〔2〕紫云：指紫云山，为安化四景之一。反照：也作“返照”。光线反射。反：“返”的古字。唐代王维《鹿柴》：“返景入深林，复照青苔上。”

〔3〕铜钟滴水：即铜壶滴漏，古代一种计时的器具。唐代温庭筠《鸡鸣埭歌》：“铜壶漏断梦初觉，宝马尘高人未知。”清代俗曲《白雪遗音·马头调·好梦儿》：“静听得铜壶滴漏，夜月微残。”

〔4〕梅岭：指安化县城附近的梅子岭，安化县城就叫“梅城”。寒：清凉。梅子岭的泉水清凉，故称“寒泉”。泉：梅子岭下的泉水。

七 古

自信人生

一九一七年

自信人生二百年，会当水击三千里。

【题解】

这两句诗见于吉林人民出版社1992年5月第1版李准、丁振海主编《毛泽东思想全书》。

七古：七言古体诗的简称。见《七古·送纵宇一郎东行》题解。

自信人生：以首句开头的四字为题。

在湖南省立第一师范学校求学期间，毛泽东十分注重体育锻炼，经常和同学们一起到湘江去游泳。毛泽东在《沁园春·长沙》自注中说："击水：游泳。那时初学，盛夏水涨，几死者数。一群人终于坚持，直到隆冬，犹在江中。当时有一篇诗，都忘记了，只记得两句，'自信人生二百年，会当水击三千里'。"

1966年7月8日，毛泽东在致江青的信中说："晋朝人阮籍反对刘邦，他从洛阳走到成皋，叹道：世无英雄，遂使竖子成名。鲁迅也曾对于他的杂文说过同样的话。我跟鲁迅的心是相通的。我喜欢他那样坦率。他说，解剖自己，往往严于解剖别人。在跌了几跤之后，我亦往往如此。可是同志们往往不信。我是自信而又有些不自信，我少年时曾说过：自信人生二百年，会当水击三千里。可见神气十足了。但又不很自信，总觉得山中无老虎，猴子称大王，我就变成这样的大王了。但也不是折中主义，在我身上有些虎气，是为主，也有些猴气，是为次。我曾举了后汉人李固写给黄琼信中的几句话：峣峣者易折，皎皎者易污。阳春白雪，和者必寡。盛名之下，其实难副。这后两句，正是指我。我曾在政治局常委会上读过这几句。人贵有自知之明。"南朝宋范晔《后汉书·黄琼传》中记载李固写信给黄琼说："常闻语曰：'峣峣者易折，皎皎者易污。《阳春》之曲，和者必寡，盛名之下，其实难副。'"

这两句诗暗用《庄子·逍遥游》中鲲鹏"水击三千里"的典故，借写游泳以言志，表达了青年毛泽东搏风击浪，力主沉浮、改造中国与世界的豪情壮志和远大革命理想。

【笺注】

〔1〕自信：自己相信自己。人生二百年：据蒋维乔《废止朝食论》说，

人可以活两百岁。蒋维乔（1873—1958），江苏武进人，字竹庄，号因是子。早年留学日本，回国后为商务印书馆编写教科书。1902 年参加中国教育会。1912 年参加南京临时政府教育部的筹组工作，1921 年任江苏省教育厅长。1924 年任东南大学校长。后创办上海诚明文学院。建国前移居香港。1951 年回家乡，任武进文献社副社长、江苏省人民政府委员。后任上海文史馆副馆长。研究文学、历史、哲学，尤精气功养生之学。著有《因是子静坐法》、《中国近三百年哲学史》。

〔2〕会当：定当。唐代杜甫《望岳》："会当凌绝顶，一览众山小。"水击三千里：出自《庄子·逍遥游》："北冥有鱼，其名为鲲。鲲之大，不知其几千里也，化而为鸟，其名为鹏。""《齐谐》者，志怪者也。《谐》之言曰：'鹏之徙于南冥也，水击三千里，抟扶摇而上者九万里，去以六月息者也。'"这里比喻远大的革命志向。详见《念奴娇·鸟儿问答》笺注。水击：即击水，拍打着水。这里指游泳。击：拍打。

四言诗

给罗章龙赠言

一九一八年四月

若金发砺，若陶在钧。
进德修业，光辉日新。

【题解】

这首诗最早见于《党史研究资料》1979 年第 10 期罗章龙《回忆新民学会（由湖南到北京）》一文。

四言诗：每句四个字的诗。见《四言诗·祭母文》题解。

罗章龙：见《七古·送纵宇一郎东行》题解。赠言：临别时送给对方的忠告或鼓励的话。

1918年4月，新民学会决定派罗章龙去日本留学。临行前，新民学会在长沙北门外平浪宫为其饯行。当时毛泽东用“二十八画生”的笔名作了一首《七古·送纵宇一郎东行》给罗章龙，同时还手书了上面这首诗作为临别赠言，勉励罗章龙砥砺革命意志，进德修业，陶钧自己，以图日有所新。

【笺注】

〔1〕若金发砺：典出《尚书·商书》：“若金，用汝作砺。”若金：像金属。发：交付。砺：磨刀石。这里引申为砥砺，磨炼。

〔2〕若陶在钧：比喻造就人才。陶：用黏土烧制的器物。《吕氏春秋·月令》：“（仲冬之月）陶器必良，火齐必得。”钧：制作陶器所用的转轮。《淮南子·原道》：“钧旋毂转，周而复帀。”

〔3〕进德修业：《周易·乾》：“君子进德修业。”东晋葛洪《抱朴子·勖学》：“进德修业，温故知新。”进德：加强道德修养。《周易·乾》：“忠信，所以进德也。”西晋潘岳《闲居赋·序》：“是以资忠履信以进德，修辞立诚以居业。”修业：钻研学习，研究。东晋葛洪《抱朴子·崇教》：“若使素士，则昼躬耕以糊口，夜薪火以修业。”

〔4〕光辉：光明，光芒。《孟子·尽心下》：“充实之谓美，充实而有光辉之谓大。”宋代朱淑真《中秋夜不见月》：“何当拨去闲云雾，放出光辉万里清。”日新：语出《礼记·大学》：“苟日新，日日新，又日新。”这里指每天都有新的变化，形容进步快。

七　绝

过魏都联句

一九一八年八月十八日

横槊赋诗意气扬，（罗章龙）

自明本志好文章。
萧条异代西田墓，（以上毛泽东）
铜雀荒沦落夕阳。（罗章龙）

【题解】

这首联句见于《毛泽东思想研究》1994 年第 4 期沈世昌、沈长胜《毛泽东凭吊魏都史考与浅析》。

七绝：七言绝句的简称。见《七绝 · 为女民兵题照》题解。

魏都：三国时魏国都城，在今河南许昌附近。联句：旧时作诗方式之一。见《五言排律 · 湘江漫游联句》题解。

为了组织爱国进步青年赴法国勤工俭学，1918 年 8 月 15 日，毛泽东偕萧瑜、李维汉以及因故未能赴日的罗章龙等 24 名青年，离开长沙去北京。在乘火车北上时，因遇大雨，铁路被洪水冲断，只好在许昌车站滞留。18 日，毛泽东同罗章龙等同去距车站约 15 公里（罗回忆约为一二十里）的许昌老城。老城是三国时魏国的都城。他们在魏都废墟徘徊了好久，并“作诗纪行”。可惜年久失传，今天已见不到他们各自的诗作。现在流传的只有毛泽东与罗章龙写下的《七绝 · 过魏都联句》。

1952 年 11 月上旬，毛泽东到南方视察工作，在许昌至驻马店的列车上，他对时任中共河南省许昌地委书记的纪登奎说：“许昌我早就来过。那是建党的前两三年时，我和湖南一些青年去北京，到这里因铁路坏了，临时停下，住在车站附近一个小旅店里。曾上城墙上转了一圈儿，记得许昌有很多荷花，开得很好。”

1977 年，韶山毛泽东同志纪念馆工作人员访问罗章龙。罗章龙回忆道：“毛主席和我们到（许昌）附近农村去考察了大约半天时间。毛主席对大家说，你们在这里等等，我们三人（指毛泽东、陈绍林、罗章龙）到许昌老城去看看。老城离许昌一二十里，是三国时的魏都。曹操是毛主席心目中最喜欢的，认为最有才能的人，诗文俱佳。魏都还有一些遗迹，我们在那里徘徊很久，并作了几首诗……”

诗的前两句赞赏曹操的功业与文章，后两句抒发对历史的感慨，西田的曹操墓萧条冷落，昔日曹操所建盛极一时的铜雀台，如今在夕阳的残照下，荒凉凄冷，其中的意味颇耐人深思。

【笺注】

〔1〕横槊赋诗：行军途中于马上横戈吟诗。五代后晋《旧唐书·文苑传下·杜甫》：“（元稹道：）建安以后天下文人遭逢兵战，曹氏父子鞍马间为文，往往横槊赋诗，故其遒壮抑扬冤哀悲离之作尤极于古。”宋代苏轼《前赤壁赋》：“酾酒临江，横槊赋诗，固一世之雄也。”

〔2〕自明本志：即《让县自明本志令》，是曹操撰写的一篇带有自传性质的重要文章。公元210年，曹操完成统一北方大业后，政权逐渐巩固，继而想统一全国。但是孙权、刘备两大军事势力仍然是他的巨大威胁。他们除在军事上联盟抗曹外，在政治上则抨击曹操。在这种政治形势下，曹操发布了这篇令文，借退还皇帝加封三县之名，表明他的本志，反击了朝野谤议。

〔3〕萧条异代西田墓：唐代杜甫《咏怀古迹》五首其二曰：“摇落深知宋玉悲，风流儒雅亦吾师。怅望千秋一洒泪，萧条异代不同时。江山故宅空文藻，云雨荒台岂梦思。最是楚宫俱明灭，舟人指点到今疑。”异代：后代，不同时代。

〔4〕铜雀：即铜雀台，位于河北临漳县境内，距县城18公里。三国时期，曹操击败袁绍后营建邺都时建台，因殿屋楼顶置大铜雀，展翅若飞，故名。曹操曾有遗命，死后葬于邺之西岗（西田）。南朝陈代张正见《铜雀台》诗有“凄凉铜雀晚，摇落墓田通”之句。

四言诗

祭母文

一九一九年十月八日

呜呼吾母，遽然而死。
寿五十三，生有七子。
七子余三，即东民覃。
其他不育，二女二男。
育吾兄弟，艰辛备历。
摧折作磨，因此遘疾。
中间万万，皆伤心史。
不忍卒书，待徐温吐。
今则欲言，只有两端：
一则盛德，一则恨偏。
吾母高风，首推博爱。
远近亲疏，一皆覆载。
恺恻慈祥，感动庶汇。
爱力所及，原本真诚。
不作诳言，不存欺心。
整饬成性，一丝不诡。
手泽所经，皆有条理。
头脑精密，劈理分情。
事无遗算，物无遁形。
洁净之风，传遍戚里。
不染一尘，身心表里。
五德荦荦，乃其大端。

合其人格，如在上焉。
恨偏所在，三纲之末。
有志未伸，有求不获。
精神痛苦，以此为卓。
天乎人欤？倾地一角。
次则儿辈，育之成行。
如果未熟，介在青黄。
病时揽手，酸心结肠。
但呼儿辈，各务为良。
又次所怀，好亲至爱。
或属素恩，或多劳瘁。
大小亲疏，均待报赍。
总兹所述，盛德所辉。
必秉悃忱，则效不违。
致于所恨，必补遗缺。
念兹在兹，此心不越。
养育深恩，春晖朝霭。
报之何时？精禽大海。
呜呼吾母！母终未死。
躯壳虽隳，灵则万古。
有生一日，皆报恩时。
有生一日，皆伴亲时。
今也言长，时则苦短。
惟挈大端，置其粗浅。
此时家奠，尽此一觞。
后有言陈，与日俱长。
尚飨！

【题解】

张贻玖《毛泽东和诗》(春秋出版社 1987 年 10 月版) 较早引用了其中部分诗句。1989 年 8 月湖南省韶山管理局立《毛泽东祭母文》碑。[1]

四言诗：古代诗歌的一种形式，每句四个字的诗。偶句押韵，首句可押可不押。句数、平仄和押韵都不像律诗那样严格。祭母文：即祭奠母亲的韵文。毛泽东的母亲文七妹（1867—1919），斯诺著《红星照耀中国》(又名《西行漫记》) 写为“文其美”，1867 年 2 月 12 日生于湖南省湘乡县四都唐家圫一个农民家庭，家境小康。毛泽东母亲在同族姐妹中排行第七，家里人喊她七妹。唐家圫与韶山冲隔一座云盘山，相距十多华里。1880 年文七妹到毛家时只有 13 岁，1885 年，18 岁时同毛泽东的父亲毛顺生（1870—1920）结婚。婚后生了两个儿子，均夭亡。1893 年 12 月 26 日，生下第三个儿子毛泽东。不久，又生了四子泽民，五子泽覃；还生了两个女儿，但都早殇。后来收养了一个女儿毛泽建。文七妹中等身材，长得清秀、端庄，圆脸盘、宽前额，有一双聪慧的眼睛。一生贤惠聪明，勤劳俭朴，性情温厚，待人宽容恭让，为乡亲邻里所赞誉。祭：祭奠，为死去的人举行仪式，表示追念。祭文：祭祀或祭奠时对神佛或死者诵读的文章，这里指祭奠时对死者诵读的文章。内容一般是对死者的一生给予评说并表示哀悼之情。

文氏去世后，毛泽东悲痛欲绝，以泪和墨，写下了这首感人肺腑的《祭母文》和两副挽联。挽联一：“疾革尚呼儿，无限关怀，万端遗恨皆须补；长生新学佛，不能住世，一掬慈容何处寻。”挽联二：“春风南岸留晖远，秋雨韶山洒泪多。”我国古代祭文，有散文体的，如唐代韩愈的《祭十二郎文》，宋代欧阳修的《祭石曼卿文》；有诗体的，如东晋陶渊明的《祭从弟敬远文》。毛泽东这篇《祭母文》是诗体祭文。名为文，实是诗。

诗中追述了母亲一生勤劳、善良的高尚美德以及“恨偏”，抒发了作者对母亲的热爱、怀念、报答和无限哀痛的深切感情。诗作叙述与抒情配合，层层

---

① 影印件见文热心《毛泽东与故乡》，警官教育出版社，1991 年 1 月版。

推进，庄重，雅正，感情深挚，格调崇高，闻之使人动容洒泪，读之令人荡气回肠。

【笺注】

〔1〕呜呼：感叹词。旧时祭文中常用此表示悲叹或悲悼，相当于现代汉语中的“唉”、“哎呀”等叹词。《尚书·五子之歌》：“呜呼曷归？予怀之悲。”吾：第一人称代词，我。这里表示“我们的”。

〔2〕遽然：突然。宋代苏洵《几策·审势》：“如风雨雷电，遽然而至，截然而下。”遽：匆忙，急。

〔3〕寿：寿命，享年，生存的年限。战国楚屈原《涉江》：“登昆仑兮食玉英，与天地兮比寿，与日月兮争光。”

〔4〕子：本指儿女。《列子·汤问》：“汝心之固，固不可彻，曾不若孀妻弱子。”这里指儿子。

〔5〕余：剩下。唐代崔颢《黄鹤楼》：“昔人已乘黄鹤去，此地空余黄鹤楼。”

〔6〕即东民覃：就是毛泽东、毛泽民、毛泽覃。即：就是。毛泽民（1896—1943），毛泽东的大弟。又名泽铭，字咏莲、润莲。1921 年春参加革命。1922 年加入中国共产党。1923 年至 1924 年在安源煤矿从事工人运动，任矿工合作社总经理。1925 年调上海任中共中央出版发行部经理。1931 年 7 月到闽粤赣革命根据地，任军区经理部部长。1934 年 10 月参加长征。到达陕北后，任中央工农民主政府国民经济部部长等职。抗战时期任新疆省政府财政厅代理厅长、民政厅厅长。1943 年 9 月 27 日被新疆军阀盛世才杀害于迪化（今乌鲁木齐）。毛泽覃（1905—1935），毛泽东的小弟。字咏菊、润菊。1921 年加入中国社会主义青年团，1923 年加入中国共产党，任中国社会主义青年团长沙地委书记处书记。1927 年参加南昌起义，失败后被派往井冈山与毛泽东联络。1928 年率部队与朱德、陈毅取得联系，促成两军会师。1929 年参加赣西南革命根据地的开辟工作，任中共赣西南特委委员、东固区委书记、江西永

（丰）吉（安）泰（和）中心县委书记、中国工农红军第五军政治部主任、红军独立第五师师长和政委。1932 年后，任中共苏区中央局秘书长、中共福建省委书记、闽粤赣军区司令员。1934 年红军主力长征后，留在中央革命根据地坚持斗争。1935 年 4 月 25 日，在江西瑞金与敌军作战时牺牲。

〔7〕不育：即不能养活。育：这里是养活的意思。《诗经·大雅·生民》："载生载育，时维后稷。"

〔8〕育吾：抚育我们。育：抚育。吾：这里是我们的意思。

〔9〕艰辛：艰苦。备历：无不经历。备：表示应有尽有。《荀子·劝学》："而神明自得，圣心备焉。"历：经历，经过。

〔10〕摧折作磨：指抚育子女，操持家务，损害了身体健康。摧折：摧残折磨。西汉司马迁《史记·袁盎晁错列传》："陛下素骄淮南王，弗稍禁，以至此，今又暴摧折之。"作磨：劳作磨炼。

〔11〕遘疾：染上疾病。唐代姚思廉撰《梁书·张稷传》："稷所生母遘疾历时。"明代归有光《抚州府学训导唐君墓志铭》："母方遘危疾。"遘：造成，遭遇。东汉王粲《七哀诗》："西京乱无象，豺虎方遘患。"疾：病。

〔12〕中间：指"育吾兄弟"等期间。万万：极言其多。指毛泽东母亲抚育子女、操持家务等无数的事情。

〔13〕皆：都，全部。《战国策·齐策一》："燕、赵、韩、魏闻之，皆朝于齐。"伤心：由于遭受不幸或不如意的事而心里痛苦。

〔14〕不忍：心里忍受不了，不忍心。卒书：全部写出来。卒：终了，完毕。《诗经·豳风·七月》："无衣无褐，何以足岁？"

〔15〕待：等待。徐：慢慢地。温吐：和缓地讲述。温：温习。这里引申为回忆或回想。吐：说出来。

〔16〕今：现在。则：连词。表示两方面前后相承。欲言：要说的。明代冯梦龙《醒世恒言》第八卷："事在两难，欲言而止。"欲：要。言：说。

〔17〕两端：两个方面。《荀子·正论》："是有两端矣：有义荣者，有义辱者，……是荣辱之两端也。"端：东西的头，引申为事物的一个方面。

〔18〕一则：一方面。盛德：高尚的品德。西汉司马迁《史记·老子韩非列传》："良贾深藏若虚，君子盛德，容貌若愚。"德：德行。盛：大，多。

〔19〕恨偏：即偏恨，特别遗憾的事。恨：遗憾。偏：偏斜，不平。

〔20〕高风：高尚的品格，操行。西晋夏侯湛《东方朔画赞序》："睹先生之邑县，想先生之高风。"风：作风，品格。

〔21〕首：第一。推：推崇。博爱：对人们普遍的爱。唐代韩愈《原道》："博爱之谓仁，行而宜之之谓义，由是而之焉之谓道，足乎己，无待于外之谓德。"博：多，丰富。

〔22〕远近：指亲缘关系的远近。亲疏：指交情的密切与否。

〔23〕一皆：全都。覆载：古人认为天圆地方，天像穹庐覆盖大地，地像大车承载万物。《庄子·德充符》："夫天无不覆，地无不载。"《礼记·中庸》："天之所覆，地之所载。"这里有庇护、关怀爱护的意思。

〔24〕恺恻：和乐诚恳。清代黄六鸿《福惠全书·刑名·问拟》："古人制律之心，原存恺恻。"恺：快乐，和乐。恻：恻隐，诚恳。慈祥：仁慈安详。

〔25〕庶汇：众人。唐代李商隐《为安平公谢除兖海观察使表》："伏惟陛下钧陶庶汇，亭毒万方。"庶：古代指老百姓。汇：本义为众水汇合，这里引申为众多。

〔26〕爱力：爱的力量。所及：所能够达到之处。

〔27〕原本：原来，本来。

〔28〕诳言：谎话，欺骗人的话。清代吴敏树《黄特轩传》："当贼初起，常以诳言鼓动一世之贫民。"诳：欺骗，迷惑。司马迁《史记·高祖本纪》："将军纪信乃乘王驾，诈为汉王，诳楚，楚皆呼万岁。"

〔29〕欺心：欺骗人的心。明代李贽《与马伯时书》："我此一等与世上人真不同，没有一点欺心罪过。"

〔30〕整饬：严正。北宋宋祁、欧阳修等撰《新唐书·吕堙传》："少力于学，志行整饬。"这里指严肃和正直。性：性格，天性。

〔31〕一丝：极言其少。诡：欺诈，虚伪，引申为违反。《吕氏春秋·淫

辞》:“言行相诡，不祥莫大焉。”这里指没有一点违反。

〔32〕手泽：手汗所沾润。《礼记·玉藻》:“父没而不能读父之书，手泽存焉尔。”唐代孔颖达疏:“谓其书有父平生所持手之润泽存在焉，故不忍读也。”这里指母亲经手操办之事。所经：经手操办的事。

〔33〕有条理：有条不紊。条理：南朝梁萧子显撰《南齐书·徐伯珍传》:“吴郡顾欢擿出《尚书》滞义，伯珍训答甚有条理，儒者宗之。”

〔34〕精密：思维精细严密。汉代王符《潜夫论·相列》:“非聪明慧智，用心精密，孰能以中。”

〔35〕劈理：剖析事理。劈：分析。分情：区分情况。

〔36〕事无遗算：化用晋代陆机《辨亡论》“谋无遗算，举不失策”句式。遗算：失算，失误。遗：遗漏。

〔37〕物无遁形：语出晋代陆机《汉高祖功臣颂》“鬼无隐谋，物无遁形”。遁形：隐身，这里引申为看不清。

〔38〕洁净：清白纯洁。风：风范。西汉司马迁《报任安书》:“亦尝侧闻长者之遗风矣。”

〔39〕戚里：亲戚邻里。戚：亲戚。里：邻里。清代蒲松龄《聊斋志异·婴宁》:“必逮妇女质公堂，我儿何颜见戚里?”

〔40〕不染一尘：即一尘不染。原为佛家语，指佛教徒修行达到很高的境界，不沾染任何世俗的嗜欲，心底十分洁净。后来也用于形容非常纯净，丝毫不受周围环境、坏风气的影响。宋代张耒《腊初小雪后圃梅开》诗:“一尘不染香到骨，姑射仙人风露身。”尘：佛家称外界的色、声、香、味、触、法为“六尘”。

〔41〕表里：内外。《左传·僖公二十八年》:“子犯曰:‘战也。战而捷，必得诸侯。若其不捷，表里山河，必无害也。’”

〔42〕五德：儒家以温、良、恭、俭、让为人修身的五种美好品德。一说“仁义礼智信”为五德。荦荦：明显的样子。西汉司马迁《史记·天官书》:“此其荦荦大者，若至委屈小变，不可胜道。”

〔43〕乃：是。其：代词。指毛泽东的母亲。大端：指做人的大节。《礼记·礼运》：“故礼仪也者，人之大端也。”

〔44〕合：汇总。其：指毛泽东的母亲。人格：人的道德品质。梁启超《新民说》第五节：“忠孝二德，人格最要之件也。”

〔45〕如在上焉：《礼记·中庸》载孔子语：“鬼神之为德，其盛矣乎！视之而弗见，听之而弗闻，体物而不可遗，使天下之人，齐明盛服，以承祭祀，洋洋乎如在其上，如在其左右。”这里是说，母亲的亡灵如在家中祭堂上方一般，也就是说，母亲是神明的化身。焉：代词。相当于现代汉语中的“这些”或“那些”。

〔46〕恨偏所在：这里是说，母亲的憾恨在于自己身为女性和妻子。

〔47〕三纲之末：典出东汉班固等《白虎通·三纲六纪》：“三纲者，何谓也？君臣、父子、夫妇也。”即妇女处在三纲之末的地位，受到沉重的压制。三纲：封建社会中三种主要道德关系，即“君为臣纲，父为子纲，夫为妻纲”。“三纲”理论最早由汉代董仲舒提出，后经封建统治者倡导并成为系统化的封建礼教。纲：鱼网上的总绳，这里比喻居于主要或支配的地位。以上两句是说，母亲的憾恨在于自己身为女性和妻子，处在三纲之末的地位，受到封建礼教对妇女的沉重压迫。

〔48〕伸：舒展，施展。《广雅》：“伸，展也。”这句是说，有志向却未能展扬。

〔49〕获：获得，实现。西汉桓宽《盐铁论·诛秦》：“初虽劳苦，卒获其庆。”这句是说，有希求却得不到满足。

〔50〕此：代指“三纲之末”。卓：突出，这里引申为严重。这句是说，母亲的精神痛苦，以这个最为突出。

〔51〕天乎人欤：这里指毛泽东母亲之死。乎、欤：叹词，表示反诘语气。相当于现代汉语中的“呢”。意思是究竟是天命呢，还是人事的原因呢？这里指毛泽东母亲的死。

〔52〕倾：倾塌。《神异经·中荒经》：“天柱折，地维缺，天倾西北，地陷

东南。”唐代李白《梦游天姥吟留别》：“天台四万八千丈，对此欲倒东南倾。”一角：一块。这句是说，母亲的死犹如大地塌陷了一角。

〔53〕次：其次，指毛泽东母亲的第二桩憾恨。则：就是。儿辈：指自己兄弟三人。

〔54〕之：代指儿辈。成行：成人的形象说法。唐代杜甫《赠卫八处士》：“昔别君未婚，儿女忽成行。”这里引申指抚育成人。

〔55〕如果未熟：比喻作者兄弟三人尚未全部成年。当时作者26岁，毛泽民23岁，毛泽覃14岁，都不到而立之年。

〔56〕介在：处在二者之间。青、黄：指农作物将要成熟而尚未成熟的时候。黄：借喻成熟。

〔57〕揽手：拉住（我们的）手。指母亲病中自知将不久于人世，拉着亲人的手。

〔58〕酸心：即心酸，心里悲痛。结肠：肠子扭成结，形容极度悲痛。

〔59〕但：只，只管。清代曹雪芹《红楼梦》第四回：“此系私室，但坐不妨。”这句是说，母亲病重时记挂着儿子，只是呼唤儿子的名字。

〔60〕各：各自，每个人。务：必须。《孟子·告子下》：“君子之事君也，务引其君以当道。”为良：做好人，行好事。这句是说，母亲吩咐他们各人务必做好人、行好事。

〔61〕又次：又其次。指母亲的第三桩挂念的事情。所怀：心中所系念的。汉代扬雄《剧秦美新》：“所怀不章，长恨黄泉。”

〔62〕好亲：亲近的亲戚。至爱：最好的亲友。至：最，极。《荀子·政论》：“罪至重而刑至轻，庸人不知恶也。”

〔63〕或：有的。无定代词。西汉司马迁《报任安书》：“人固有一死，或重于泰山，或轻于鸿毛。”属：属于。素恩：一向有恩（于我们家）。素：一向，平素。

〔64〕多：多次。劳瘁：《诗经·小雅·蓼莪》：“哀哀父母，生我劳瘁。”指家境艰难，劳累困顿。瘁：劳累。另有一说，意谓有的曾为毛家辛劳，帮助

过毛家。

〔65〕大小：年龄大的和年龄小的。亲疏：亲近的和疏远的。《礼记·曲礼上》："夫礼者，所以定亲疏，决嫌疑，别同异，明是非也。"

〔66〕均：都。待：有待，有待于。报赍：报答。赍：把钱物送给别人。《战国策·西周策》："何不以地赍周？"南朝宋范晔《后汉书·左慈传》："曹操出近郊，士大夫从者百余人，慈乃为赍酒一升，脯一斤。"①

〔67〕总：总括，汇集。兹：此。所述：上面所说的。

〔68〕所辉：照耀辉映的。这句是说，无不为母亲的崇高的德性所照耀。

〔69〕必秉悃忱：化用《明史·张芹传赞》："张芹等怀抱悃忱，激昂论事。"这里是说，我们一定要本着真诚。另有一说，一定要继承母亲诚恳待人的品德。必：一定。秉：秉承，继承。悃忱：真心诚意。忱：情意。

〔70〕则：法则，准则。效：效法。《诗经·小雅·鹿鸣》："视民不恌，君子是则是效。"不违：不违背。

〔71〕致于：即至于。所恨：指上述母亲所憾恨的事。

〔72〕补：弥补。遗缺：遗漏下的空缺。指母亲所遗憾的想做而没有做到的事。

〔73〕念兹在兹：语出《尚书·虞书·大禹谟》："帝念哉！念兹在兹，释兹在兹。"本义是说，念爱此人在此功劳。后来多用以指念念不忘于某一件事。念：怀念。兹：此，这个。

〔74〕此心不越：此心不变。越：逾越，改变。

〔75〕养育：抚养培育。

〔76〕春晖：春天的阳光。常用以比喻母爱。唐代孟郊《游子吟》："谁言

① 毛泽东祭母文有两种文本，《毛泽东早期文稿》据文运昌手抄件作"均待报赉（lài）"，《毛泽东祭母文》碑刻作"均待报赍"。赉：赏赐；给予；赠送。赍：持；带；送。"赉"、"赍"义相通。从押韵角度看，"赉"与前面的"爱"同属去声十一队，可押韵；"赍"属上平声八齐，与前面的"瘁"（属去声四寘），后面的"辉"、"违"（均属上平声五微）可押韵。"赉"和"赍"都可以表示赠送、给予钱物的意思。既可以是报答，也可以是接济的意思。

寸草心，报得三春晖。”后用以比喻母爱的温暖。朝霭：早晨的云气。霭：雾，云气。

〔77〕报之何时：什么时候才能报答得了？之：代词，指母亲。

〔78〕精禽：即精卫，神话中的鸟名。相传炎帝的女儿女娃瑶姬游东海淹死，化为精卫鸟，常衔西山的木石去填东海。东晋陶渊明《读山海经》其十：“精卫衔微木，将以填沧海。”后人常用“精卫填海”比喻人们按既定的目标作坚忍不拔的奋斗。大海：东海。这句比喻报答母亲的深恩无终无了，无止无境。

〔79〕呜呼：唐代柳宗元《捕蛇者说》：“呜呼！孰知赋敛之毒有甚是蛇者乎？”

〔80〕终：终究，终归。

〔81〕躯壳：人的身体。宋代孔武仲《松上老藤》：“蛇蟠筋脉壮，龙死躯壳在。”隳：毁坏。

〔82〕灵：灵魂，精神。万古：永存。

〔83〕有生：活着，生存。

〔84〕皆：都。《战国策·齐策一》：“燕、赵、韩、魏闻之，皆朝于齐。”报恩：报答母恩。

〔85〕伴亲：陪伴母亲。

〔86〕也：句中语气词，表示停顿。《论语·先进》：“柴也愚，参也鲁。”言长：要说的话很多。

〔87〕时：时间。则：连词。却。苦短：恨时间短。东汉曹操《短歌行》：“对酒当歌，人生几何？譬如朝露，去日苦多。”这句是说，无奈诵读祭文的时间太短暂了。

〔88〕惟：仅，只。挈：提，举出。大端：（事情的）主要方面，要点。

〔89〕置：弃置，放弃。三国魏曹丕《杂诗》：“弃置勿复陈，客子常畏人。”其：其中的。粗浅：浅显。这里指细微琐碎的事。

〔90〕家奠：家祭，指为母亲举行家庭祭奠。

〔91〕尽：饮尽，喝干。此：这。觞：古代一种酒器，这里泛指酒杯。

〔92〕后：日后。言陈：要说的话。言：话。陈：说。这句是说，往后还有许多话要向母亲倾诉。

〔93〕日：太阳。这里泛指日月。俱：都，同样。这句是说，往后的日子有多长，想要跟母亲说的话就有多长。

〔94〕尚飨：旧时祭文常用的结束语，意即希望死者来享用祭品。《仪礼·士虞礼》："卒辞曰：哀子某，来日某，陟祔尔于尔皇祖某甫。尚飨！"尚：表示劝勉的语气词。飨：泛指请人享受。

五言诗

大沽观海联句

一九一九年冬

苍山辞祖国，弱水望邻封。

【题解】

这两句诗见于《湘江文艺》1980年第2期罗章龙《亢斋汗漫游诗话（三）》。

五言诗：每句五个字的诗。见《五言诗·井赞》题解。

大沽：即大沽口，今称"塘沽"，天津市的海港。观海：看海。联句：旧时作诗方式之一。见《五言排律·湘江漫游联句》题解。

罗章龙《亢斋汗漫游诗话（三）》说：1919年冬季，湖南诸人"送同学首次出国赴法，顺便去大沽口观海。一行人到达海边时，在海滨一小饭馆聚餐"。"登轮前诸人分韵赋诗，作临别赠言。润之、赞周、文虎等各即席成诗，诗联有'苍山辞祖国，弱水望邻封'之句，颇有沉雄傲睨之思。"

据张东甲著《毛泽东观海》中说，1979年7月25日上午，为了了解罗章龙和毛泽东年轻时来大沽口观海的情况，他专程来北京前三门罗章龙的家。罗章龙向他介绍了当时的情景。“1919 年 3 月，我和毛泽东同送赴法勤工俭学的留学生去上海。由北京出发，乘火车路过天津时下了车。有人提议到塘沽看看大海结不结冰，一呼百应，大家都赞成……我们十几个青年人步行来到大沽口。时河口结冰，春寒风冷，我们特地选了背风朝阳的地方围坐在一起，讨论祖国的未来，个人的理想。有人提议以海为题，每人作诗一首。我们十几个人都即兴作了诗。我还记得毛泽东诗中头两句是：‘苍山辞祖国，弱水望邻封。’”

这两句诗平仄合律，对仗工整，颇有豪放之气。

【笺注】

〔1〕苍山辞祖国：即辞祖国苍山。指赴法勤工俭学的留学生辞别祖国的河山。苍山：青山。苍：青。辞：告别。

〔2〕弱水望邻封：即“望弱水邻封”。指站在海滨眺望大海彼岸的邻国。弱水：有二说。一说古代水名。《尚书·禹贡》：雍州“弱水既西”，“导弱水至于合黎，余波入于流沙”。另一说，为旧时小说戏曲中的水名。旧题汉代东方朔《海内十洲记·凤麟洲》记载：“凤麟洲在西海之中央，地方一千五百里，洲四面有弱水绕之，鸿毛不浮，不可越也。”元代李好古《张生煮海》：“小生曾闻这仙境有弱水三千丈，可怎生去的?”这里指辽阔的大海。望：向远处看。邻封：邻国。封：疆界。“弱水望邻封”，陈晋《文人毛泽东》作“溺水投邻村”。

赋体诗

赠杨虎城将军

一九三五年十二月五日

抗日反蒋，势无偏废。

建义旗于国中，申天讨于禹域。
驱除强寇，四万万具有同心，
诛戮神奸，千百年同兹快举。
鄙人等卫国有心，剑履俱奋，
行程二万，所为何来，
既达三秦，愿求同志。
倘得阁下一军，联镳并进，
则河山有幸，气势更雄，
减少后顾之忧，增加前军之力。……
重关百二，谁云秦塞无人；
故国三千，惨矣燕云在望。
亡国奴之境遇，人所不甘；
阶下囚之前途，避之为上。
冰霜遍地，勉致片言，
风雨同舟，望闻明教。

【题解】

这篇赋体诗见于陈晋《毛泽东之魂》。

赋体诗：一种散文化的诗歌，也称散文诗，这种诗体不讲究平仄、押韵，写实和叙事的程度较高。

杨虎城（1893—1949）：陕西蒲城人，参加过辛亥革命和护国战争。1924 年加入中国国民党。1927 年任国民革命军联军第十路军总司令。1930 年任第十七路军军长、陕西省主席和西安绥靖公署主任。1935 年华北事变后，中华民族存亡面临新的严重危机。以张学良为首的东北军和以杨虎城为首的第十七路军，接受中国共产党抗日民族统一战线政策，要求蒋介石停止内战，联共抗日。蒋介石不仅拒绝张、杨的要求，反而亲临西安逼张、杨进攻红军。张、杨在苦谏、“哭谏”无效后，遂于 1936 年 12 月 12 日清晨，毅然采取军事行动，在临潼华清池扣留了蒋介石，这就是震惊中外的“西安事变”。最后，蒋介石接受了停止内战，一致抗日主张。“西安事变”后，杨虎城被蒋介石逼令辞职“出洋考察”，回国后即被蒋囚禁，1949 年 9 月重庆解放前夕惨遭杀害。

1935 年 12 月 5 日，毛泽东致信杨虎城将军，信中写了这首赋体诗。

这首赋体诗立场鲜明，情真意切，语言畅达，朗朗上口。

【笺注】

〔1〕蒋：即蒋介石（1887—1975）。见《清平乐 · 蒋桂战争》题解。

〔2〕势：情势，形势。西汉司马迁《史记 · 廉颇蔺相如列传》：“今两虎共斗，其势不俱生。”偏废：重视某一方面，忽视或废弃另一方面。宋代胡仔《苕溪渔隐丛话前集 · 山谷下》：“读《庄子》，令人意宽思大，敢作；读《左传》，便使人入法度，不敢容易。二书不可偏废也。”

〔3〕建：树立，竖起。《诗经 · 小雅 · 出车》：“设此旐矣，建彼旄矣。”义旗：为正义而战的旗帜。《周书 · 贺拔岳传》：“若首举义旗，伐叛匡主，何往而不克，何向而不摧！”

〔4〕天讨：上天的惩治。《尚书 · 皋陶谟》：“天讨有罪，五刑五用哉。”禹城：地名，位于山东西北部德州境内，是大禹治水之域，故名。

〔5〕诛戮：诛杀，杀死。《周礼 · 秋官 · 讶士》：“居馆，则帅其属而为之蹕，诛戮暴客者。”西晋陈寿《三国志 · 吴书 · 陆逊传》：“如复诛戮，益失民望。”神奸：奸诈狡猾的人。明代屠隆《彩毫记 · 禄山谋逆》：“裂土控燕韩，部落连蕃汉，包藏逆节伏神奸，一举神州乱。”这里指蒋介石。

〔6〕鄙人：对自己的谦称，没有贬义。西汉司马迁《史记 · 张释之冯唐列传》：“唐谢曰：‘鄙人不知忌讳。’”

〔7〕剑履俱奋：犹言打仗行军都奋力向前。

〔8〕行程二万：行走路程二万里，指二万五千里长征。二万：这里举其整数。

〔9〕既达三秦：已经到了陕西。三秦：秦朝灭亡后，项羽将秦国的发源

地陕西关中和陕北一分为三，故名。现在将陕西的陕南、陕北、关中并称“三秦”。

〔10〕愿：希望。同志：有共同奋斗目标的人。这里指共同抗日反蒋的人。

〔11〕倘：假使，如果。清代侯方域《壮悔堂文集》：“倘三年犹不得，即犹不归尔。”

〔12〕联镳：联合两军。镳：马嚼子两端露出嘴外的部分。这里指军队。

〔13〕重关：重要的关塞。百二：一百二十，这里比喻多。唐代虞世南《从军行》其一：“马冻重关冷，轮摧九折危。”康有为《过虎门》：“粤海重关二虎尊，万龙轰斗事何存？”

〔14〕云：说。秦塞：秦代所建的关塞，多在陕西境内。唐代李白《蜀道难》：“蚕丛及鱼凫，开国何茫然，尔来四万八千岁，不与秦塞通人烟。”塞：山川险要的地方。这里泛指陕西一带。

〔15〕燕云：燕指幽州，云指云州，见宋代欧阳修撰《新五代史·晋高祖纪》。后以“燕云”泛指华北地区。

〔16〕亡国奴：指祖国已经灭亡或部分国土被侵占，受侵略者奴役的人。亡国：被灭亡的国家和地区。奴：奴隶，被奴役的人。古代战争中胜利者往往将擒获战俘和掳掠的人口作为奴隶。境遇：境况和遭遇。

〔17〕人所不甘：人人都不会甘心。甘：心甘情愿。

〔18〕阶下囚：台阶下被捆缚的囚犯，泛指在押的囚犯或俘虏。元末明初罗贯中《三国演义》第十九回：“（吕）布告玄德曰：‘公为坐上客，布为阶下囚，何不发一言而相宽乎？’”

〔19〕上：上策。《孙子·谋攻》：“全军为上，破军次之。”

〔20〕勉：共勉。片言：简短的文字。西晋陆机《文赋》：“立片言而居要，乃一篇之警策。”元代武汉臣《老生儿》第四折：“一杯寿酒庆生辰，则我这满怀愁，片言难尽。”

〔21〕望：期望，期盼。《孟子·梁惠王上》：“王如知此，则无望民之多于

邻国也。”西汉司马迁《史记·项羽本纪》:“日夜望将军至，岂敢反乎?”闻：听，听到。明教：敬词，明白地指教。

四言诗

祭黄陵文

一九三七年三月

中华民国二十六年四月五日，苏维埃政府主席毛泽东、人民抗日红军总司令朱德，敬派代表林祖涵，以鲜花时果之仪致祭于中华民族始祖轩辕黄帝之陵。而致词曰：

赫赫始祖，吾华肇造。
胄衍祀绵，岳峨河浩。
聪明睿智，光被遐荒。
建此伟业，雄立东方。
世变沧桑，中更蹉跌。
越数千年，强邻蔑德。
琉台不守，三韩为墟。
辽海燕冀，汉奸何多!
以地事敌，敌欲岂足?
人执笞绳，我为奴辱。
懿维我祖，命世之英。
涿鹿奋战，区宇以宁。
岂其苗裔，不武如斯:
泱泱大国，让其沦胥?
东等不才，剑屦俱奋。
万里崎岖，为国效命。

频年苦斗，备历险夷。
匈奴未灭，何以家为？
各党各界，团结坚固。
不论军民，不分贫富。
民族阵线，救国良方，
四万万众，坚决抵抗。
民主共和，改革内政。
亿兆一心，战则必胜。
还我河山，卫我国权。
此物此志，永矢勿谖。
经武整军，昭告列祖。
实鉴临之，皇天后土。
尚飨！

【题解】

这首诗最早发表于 1937 年 4 月 6 日延安《新中华报》，标题是《苏维埃代表林伯渠参加民族扫墓祀典》。1992 年 7 月号《诗刊》再次发表这首诗，略去了诗前小序。

四言诗：每句四个字的诗。见《四言诗・祭母文》题解。

祭黄陵文：祭祀黄帝陵墓的韵文。这是一篇祭祀黄帝时诵读的文字，属韵文，每句四字，故列入四言诗。祭：祭祀，旧俗备供品向神佛或祖先致祭行礼，表示崇敬并求保佑。这里是表示崇敬之意。黄帝：传说中的中国上古时代中原各族的首领，被后世尊为中华民族始祖，本姓公孙，因曾居轩辕之丘，号“轩辕氏”，后居姬水，改姓姬。建国于有熊，也称“有熊氏”。先居于陕西北部，后沿洛水南下，定居于河北涿鹿。相传炎帝与蚩尤战，为蚩尤所败，求助于黄帝，黄帝与蚩尤大战于涿鹿，击杀蚩尤。后炎、黄两族又发生冲突，双方激战于坂泉（今河北怀来县），炎帝败服黄帝。两部落结成联盟，黄帝被拥戴为部落联盟首领，号称“天子”，代神农氏掌管天下，因有“土德”，故号黄帝。炎、黄于是被后世尊为中华民族始祖。一生率部开发中原，相传，这时发明了养蚕、医学、舟车、文字、律吕、算数等。黄陵：轩辕黄帝的陵墓。在今陕西省黄陵城北约 1 公里的桥山上，史书称“桥陵”。陵高 3.6 米，周长 48 米，周围有古柏数万株。传说黄帝升天后，人们将他的衣冠葬在这里。陵前有台，传为汉武帝所筑的祈仙台，黄帝庙中正殿有灵位和画像，上挂“人文始祖”匾额。现还残存北宋以来的碑石 50 多块，刻有汉族及满、蒙古等少数民族的祭文。

这首祭诗 1937 年 4 月 6 日发表时正值日本军国主义者与中国人民的矛盾上升为主要矛盾的时候。一致抗日是全中国人民的愿望。1936 年的“西安事变”，在中国共产党的努力下，促成了和平解决，迫使国民党停止内战，并逐渐形成了抗日民族统一战线。

诗中表达了誓死以武力抵抗日本侵略者的主题，号召各党各界乃至全国人民团结一致，赶走日本侵略者。开篇八句，笔力雄浑，气势高远，把黄帝的肇造写得显赫盛大。全诗风格古朴、庄重、典雅、高昂，具有激人奋起、鼓舞胜利信心的力量。

【笺注】

〔1〕中华民国：简称民国。1911 年武昌起义后，各省纷纷响应。1912 年 1 月 1 日，宣布独立的各省在南京建立了资产阶级政权，称“中华民国”。选举孙中山为临时大总统，并组成临时政府。2 月 12 日，宣统帝退位。孙中山将临时大总统的职位让给袁世凯。3 月 10 日，袁世凯在北京就职。自民国十六年（1927 年）以来，中华民国由以蒋介石为首的国民党政府统治。中华民国二十六年四月五日：即 1937 年 4 月 5 日。这一天是清明节，我国人民自古以来就有清明节扫墓祭祖的风俗。中国共产党和中国国民党均派代表到黄帝陵致祭。中国国民党以其中央执行委员会的名义致祭，其祭文云：“维中华民国二十六年民族扫墓之期，中国国民党中央执行委员会追怀先民功烈，欲使来者

知所绍述，以焕发我民族之精神，特派委员张继、顾祝同，驰抵陵寝，代表致祭于我开国始祖轩辕黄帝之陵前曰：粤稽遐古，世属洪荒；天造草昧，民乏典章。维我黄帝，受命于天；开国建极，临治黎元。始作制度，规矩百工；诸侯仰化，咸与宾从。置历纪时，造字纪事；宫室衣裳，文物大备。丑虏蚩尤，梗化作乱；爰诛不庭，华夷永判。仰维功业，广庇万方；佑启后昆，恢廓发扬。追承绩猷，群情罔懈；保我族类，先灵攸赖。怀思春露，祀典告成；陈斯俎豆，来格来歆！尚飨！”①

〔2〕苏维埃政府：即中华苏维埃共和国临时中央工农民主政府，是第二次国内革命战争时期中国共产党在中央革命根据地领导建立的中央政权。1931年11月在江西瑞金由第一次全国工农兵代表大会宣布成立，毛泽东当选为主席。毛泽东、周恩来、朱德等63人当选为中央执行委员。人民抗日红军，即中国工农红军，因当时中国共产党主张建立全国抗日民族统一战线，故临时改用这一称号。

〔3〕朱德（1886—1976）：字玉阶，四川仪陇县人。早年加入同盟会，参加了辛亥革命。1915年在云南参加反对袁世凯称帝的起义。俄国十月革命后，逐渐接受马列主义，随后去德国留学。1922年加入中国共产党，因从事革命活动，被德国政府逮捕并驱逐出境。1925年到苏联学习军事，次年回国。1927年参加并领导南昌起义。1928年初率南昌起义余部举行湘南起义，同年4月率起义军上井冈山，与毛泽东的部队会师，任红四军军长。1930年起，历任红一军团军团长、红一方面军总司令、红军总司令、中华苏维埃军事委员会主席，参加领导了中央革命根据地的反“围剿”战争。1934年10月参加长征，1937年抗日战争爆发后，任八路军总司令。解放战争时期，任人民解放军总司令。建国后，历任中央人民政府副主席、中共中央军委副主席、中华人民共和国副主席、国防委员会副主席、全国人大常委会委员长、中共中央副主席等职。1955年被授予元帅军衔。1976年7月6日在北京因病去世。林祖涵

① 载1937年4月5日《大公报》。

（1885—1960）：即林伯渠，湖南临澧县人。1904 年留学日本。1905 年加入中国同盟会。1921 年加入中国共产党，帮助孙中山确定联俄、联共、扶助农工的三大政策和改组国民党。北伐战争时期，在北伐军第六军中主持政治工作。1927 年参加南昌起义。1928 年赴苏联学习，1932 年回国。1933 年到中央革命根据地任中央工农民主政府国民经济部部长和财政部部长。参加了长征。1937 年任陕甘宁边区政府主席。中共六届六中全会起当选为中央委员，中共七大起当选为中央政治局委员。建国后，任中央人民政府秘书长。1954 年当选为全国人大常委会副委员长。1960 年病逝于北京。

〔4〕以：用。仪：馈赠给某人或单位的钱或物。明代冯梦龙纂辑《古今小说》：“且出此间，备些祭仪。”致祭：献祭。始祖：最初的祖先。

〔5〕赫赫：盛大，显耀的样子。《国语·楚语上》：“赫赫楚国，而君临之。”始祖：指有世系可考的最初的远祖。《仪礼·丧服·传》：“禽兽知母而不知父。野人曰：‘父母何算焉！’都邑之士则知尊祢矣，大地及学士则知尊祖矣。诸侯及其大祖，天子及其始祖之所自出。尊者尊统上，卑者尊统下。”郑玄注：“大祖，始封之君，始祖者，感神灵而生若稷、契也。”这里指黄帝。

〔6〕吾华：我们中华民族。吾：第一人称代词，我。肇造：开始创造。肇：开始。《尚书·周书·康诰》：“用肇造我区夏，越我一二邦以修。”

〔7〕胄衍：指黄帝的子孙后代生殖繁衍不断。胄：古代称帝王或贵族的子孙。这里指黄帝的子孙。衍：繁衍，繁殖。东汉杜笃《论都赋》：“国富人衍。”祀绵：对黄帝的祭祀累世不绝。祀：祭祀。绵：绵延，绵延不绝。

〔8〕岳：五岳，即东岳泰山、南岳衡山、西岳华山、北岳恒山、中岳嵩山。这里泛指山岳。峨：高大。河：黄河。这里泛指江河。浩：浩瀚，水势广大的样子。

〔9〕聪明睿知：语出《礼记·中庸》：“唯天下之圣，为能聪明睿知。”睿知：英明有远见。唐代韩愈《贺徐州张仆射白兔书》：“事之纤悉，不可图验。非睿智博通，孰克究明？”宋代秦观《代贺太皇太后受册表》：“恭以太皇太后

陛下钟睿知之资，御休明之运。”睿：看得深远。知：“智”的古字。通达，知晓。

〔10〕光被遐荒：化用《尚书·尧典》：“光被四表，格于上下。”光：通“广”，广泛。被：通“披”，覆盖，笼罩，这里引申为照耀。遐荒：遥远而偏僻、荒凉的地方。遐：远。荒：偏僻。

〔11〕建：建树，建立。《礼记·王制》：“州建百里之国三十。”《周礼·天官序》：“官惟王建国。”伟业：伟大的功业。清代王闿运《李仁元传》：“盖闻审时者立伟业，懦事者受奇困。”这里指缔造了中华民族。

〔12〕雄立：雄伟地树立。东方：指地球的东部。

〔13〕世变：人世间的变化。唐代白居易《唐淮南节度使李公家庙碑铭序》：“朝当晏驾，时移世变，遂出掾高要，佐浔阳。”世：世间，社会上。沧桑：成语“沧海桑田”的略语，即沧海（大海）变为桑田，比喻世事变迁巨大。晋代葛洪《神仙传·麻姑》：“麻姑自说云，接侍以来，已见东海三为桑田。”

〔14〕中：中间，其间。更：变更，经历。蹉跌：失足跌倒，比喻失误或挫折。东汉班固《汉书·朱博传》：“功曹后常战栗，不敢蹉跌。”

〔15〕越：经过。

〔16〕强邻：强大起来的邻国，这里指日本帝国主义。蔑德：无视于道德，这里指不讲道义。蔑：无。

〔17〕琉台：指中国领土琉球群岛及台湾澎湖列岛。琉球本属清朝版图，光绪五年（1879年），日本发兵占领该地区。台湾本属清朝版图，光绪二十五年（1899年）被日本侵占。不守：失守，被日本侵略者侵占。

〔18〕三韩：指朝鲜。旧时称新罗、高句骊、百济为三韩，故以三韩代指朝鲜。一说汉时，朝鲜南部分为马韩（西）、辰韩（东）、弁韩（南），合称“三韩”。录以备考。唐代杜甫《奉赠太常张卿均二十韵》：“方丈三韩外，昆仑万国西。”为墟：变为废墟。指朝鲜的许多村庄、城镇在日本侵略者的炮火中都倒塌荒废了。琉台不守，三韩为墟：清代光绪二十年（1894年），朝鲜东

学党起义，日本内阁决定出兵侵略朝鲜。朝鲜政府致书清政府，要求派兵援助。清政府即遣直隶提督率军入朝。日本侵朝后，劫持朝鲜国王，组织傀儡政府。日舰击沉击伤清军运兵船，中日甲午战争爆发。年内清军在朝鲜、黄海与日军激战，陆、海战皆失利。日本占领朝鲜，并侵入中国东北边境。光绪二十一年（1895年）清北洋水师全军覆没，清政府与日本签订了屈辱的《马关条约》，将台湾割让给日本，甲午战争结束。

〔19〕辽海：指我国东北地区。因其境内有辽河，东南濒临渤海。燕冀：即河北地区。唐代李贺《南园十三首》其六："不见年年辽海上，文章何处哭秋风？"燕：旧时河北省的别称。冀：河北省的简称。

〔20〕汉奸：原指汉族的败类。现泛指中华民族中投靠外国、出卖国家和民族利益的败类。何多：何其之多，如此之多。1931年日本帝国主义侵占中国东北后，次年3月在吉林长春扶植成立了以溥仪为执政者的伪满洲国汉奸傀儡政权。1934年3月称"满洲帝国"，"执政"改称"皇帝"。1935年6月，国民党察哈尔省政府代理主席秦德纯与日本沈阳特务机关长土肥原达成了"秦土协定"。7月，国民党在华北的代表何应钦与日本华北驻屯军司令官梅津美治郎达成"何梅协定"。12月，国民党政府指派宋哲元等成立"冀察政务委员会"，以适应日本侵略者"华北政权特殊化"的需要。

〔21〕以：用。地：国土。事敌：替敌人工作。成语有"腼颜事敌"。敌：指日本帝国主义。

〔22〕欲：欲望，贪欲。岂足：哪能满足。唐代房玄龄等撰《晋书·向秀传》："以为巢许狷介之士，未达尧心，岂足多慕。"这里是说，敌人的侵略野心哪里能够满足！

〔23〕人：这里指敌人，即日本侵略者。执：拿，手持。笞绳：刑具和绳子。笞：古代一种刑具，这里指武器。

〔24〕我：指我们的同胞。为：被。奴辱：受奴役受欺凌。奴：奴役。辱：侮辱。

〔25〕懿：通"噫"，古代汉语叹词，表示悲痛或叹息。《诗经·大雅·瞻

仰》："懿厥哲妇，为枭为鸱。"维：语气助词，无实在意义。我祖：我们的始祖，指轩辕黄帝。

〔26〕命世：名世，闻名于世。东汉班固《汉书·楚元王传赞》："圣人不出，其间必有命世者焉。"之：结构助词，相当于现代汉语的"的"。英：英雄，杰出的人物。

〔27〕涿鹿奋战：相传黄帝与蚩尤在涿鹿进行大决战，蚩尤全军覆没，为黄帝击毙。《山海经·大荒北经》说，蚩尤伐黄帝，请风伯雨师，纵大风雨，黄帝则请天女"魃"（旱神）止雨，遂杀蚩尤。《史记·五帝本纪》唐代张守节《正义》引《龙鱼河图》说，蚩尤兄弟八十一人，兽身人语，铜头铁额，食沙石，造刀、戟、大弩，威震天下，诛杀无辜，不仁不慈。天遣玄女下凡，授黄帝兵信神符，制伏了蚩尤。晋代虞喜《志林》说，黄帝与蚩尤战于涿鹿之野，蚩尤布大雾三日，军人皆迷惑不知方向。黄帝令臣子风后仿北斗星做指南车，遂擒蚩尤。涿鹿：古代山名，在今河北涿鹿县东南。

〔28〕区宇以宁：典出汉代张衡《东京赋》"区宇乂宁，思和求中"。区宇：区域，疆域，海内。唐代元稹《贺诛吴元济表》："威动区宇，道光祖宗。"宋代陈亮《重建紫霄观记》："本朝混一区宇，是观因以不废。"以：因此。宁：平安，安宁。

〔29〕岂：副词，表示反问，难道。其：他的，即黄帝的。苗裔：子孙后代。战国楚屈原《离骚》："帝高阳之苗裔兮，朕皇考曰伯庸。"西汉司马迁《史记·项羽本纪》："又闻项羽亦重瞳子，羽岂其苗裔邪？"

〔30〕不武：不勇武。犹言懦弱无能。语出《左传·襄公二年》："君师不武，执事不敬，罪莫大焉。"如斯：如此，像这样。斯：此，这样。

〔31〕泱泱：气魄宏大的样子。《韩非子·外储说右上》："美哉！泱泱乎，堂堂乎。"大国：这里指中国。

〔32〕让其沦胥：竟然因小小的日本侵略而沦陷。其：代指日本侵略者。沦胥：沦丧，衰败。《诗经·小雅·雨无正》："若此无罪，沦胥以铺。"

〔33〕东等：毛泽东等人。东：毛泽东自称。不才：没有才能，这里是自

谦之词。《左传·成公三年》："臣实不才，又谁敢怨？"

〔34〕剑屦俱奋：犹言打仗行军都奋力向前。典出《左传·宣公十四年》，春秋时楚庄王使申舟去齐国聘问，申舟路过宋国，被宋人所杀。"楚子闻之，投袂而起，屦及于窒皇，剑及于寝门之外，车及于蒲胥之市。"意思是说，庄王闻讯大怒，急欲出兵报仇，不等穿屦佩剑便挥袖往宫外奔走，奉鞋的侍从在寝门边才追上他，奉剑的侍从在寝门外才追上他，驾车的侍从在蒲胥之市才追上他。这里是说，精神振作，斗志旺盛。剑：中国古代一种随身佩带的兵器，泛指武器。这里名词动用，指打仗。屦：鞋子。这里用作动词，指行军走路。俱：全，都。

〔35〕崎岖：唐代元结《宿无为观》："九疑山深几千里，峰谷崎岖人不到。"这句是说，红军二万五千里长征，长途跋涉，道路艰难曲折。

〔36〕效命：奋不顾身地献出自己的生命。西晋陈寿撰《三国志·魏书·陈思王植传》："窃不自量，志在效命，庶立毛发之功，以报所受之恩。"

〔37〕频年：连年，许多年。南朝宋范晔《后汉书·李固传》："明将军体履忠孝，忧存社稷，而频年之间，国祚三绝。"宋代苏轼《永兴军秋试举人策问》："是以频年遣使，冠盖相望于道。"苦斗：艰苦斗争。

〔38〕备历：历尽。备：全，尽。历：经过。险夷：艰难与顺利。唐代司空图《太尉琅琊王公河中生祠碑》："何以祝之，祝公之福，险夷不渝，保是宠禄。"宋代苏轼《父池赠太师追封温国公》："躬蹈险夷之节，庶几颜闵之行。"这里是偏义复词，偏指险。险：险阻。夷：平坦。

〔39〕匈奴未灭：典出西汉司马迁《史记·卫将军骠骑列传》记载，霍去病攻匈奴有大功，汉武帝给他建了华丽的房屋，让他去看，他回答说："匈奴未灭，无以为家也。"这里是说，日本帝国主义不消灭，哪里顾得上家？匈奴：我国古代北方少数民族之一，这里借指日本侵略者。

〔40〕何以家为：即"以何为家"。化用《诗经·召南·行露》"谁谓雀无角？何以穿我屋"句式。意即我们用什么来安身立命。表示一心救国，将个人的小家置之度外。何以：文言句式，意思是以何，即用什么。明代高启

《卧东馆简诸友生》："何以度兹运？相勗蹈其常。"

〔41〕民族阵线：建立全国抗日民族统一战线。

〔42〕良方：好的药方。比喻好的办法。唐代柳宗元《与李建书》："所欲者补气丰血，强筋骨，辅心力，有与此宜者，更致数物，忽得良方偕至，益善。"

〔43〕四万万众：这里指全国人民。四万万：非确数，概指当时全国的人口。众：这里指人口。

〔44〕民主共和：1935年12月，中共中央政治局会议通过《关于目前政治形势与党的任务决议》和毛泽东《论反对日本帝国主义的策略》的报告，提出了"人民共和国"的口号。后来，中国共产党根据情况的发展，采取了迫蒋抗日的政策，1936年8月致国民党的信中，改用了"民主共和国"的口号。

〔45〕改革内政：1937年2月10日，中共中央致电国民党五届三中全会，提出五项要求：(一)停止一切内战，集中国力，一致对外。(二)保障言论、集会、结社之自由，解放一切政治犯。(三)召集各党各派各界各军的代表会议，集中全国人才，共同救国。(四)迅速完成对日抗战之一切准备工作。(五)改善人民的生活。

〔46〕亿兆一心：化用《尚书·泰誓中》："受有亿兆夷人，离心离德。"反其意而用之，犹言广大人民团结一心。《左传·昭公二十年》："虽有善祝，岂能胜亿兆人之诅。"杜预注："万万曰亿，万亿曰兆。"亿：万万。兆：古代指一万亿。

〔47〕还：归还。河山：江河与山岭。犹言国土、领土。西汉司马迁《史记·赵世家》："燕秦谋王之河山，闲三百里而通矣。"

〔48〕卫：捍卫。国权：国家主权。

〔49〕物：事情，事物。《诗经·大雅·烝民》："天生烝民，有物有则。"毛传："物，事也。"志：决心，志向。西汉司马迁《史记·陈涉世家》："燕雀安知鸿鹄之志哉！"

〔50〕永矢勿谖：语出《诗经·卫风·考槃》："独寐寤言，永矢弗谖。"犹言永志不忘。矢：通"誓"，发誓。勿：不。谖：忘记。

〔51〕经武整军：语出《左传·宣公十二年》："子姑整军而经武乎？"唐代房玄龄、褚遂良等撰《晋书·文帝纪》："潜谋独断，整军经武。"武：武备。

〔52〕昭告列祖：语出《左传·成公十三年》："昭告昊天上帝、秦三公、楚三王。"唐代赵璘《因话录》卷一："（郭子仪）谨遣上都进奏院官傅涛，敢昭告于贞懿皇后行宫。"这里是说，明白地告知各位祖先。列祖：各位祖先。列：各。

〔53〕实：语气词，含有希望或请求的意思。鉴临：从高处向下察看。泛指审察，监视。唐代韩愈《论佛骨表》："佛如有灵，能作祸祟，凡有殃咎，宜加臣身。上天鉴临，臣不怨悔。"宋代刘过《六州歌头·题岳鄂王庙》："臣有罪，陛下圣，可鉴临。"之：此。

〔54〕皇天后土：语出《左传·僖公十五年》："君履后土而戴皇天，皇天后土，实闻君之言。"西晋李密《陈情表》："皇天后土，实所共鉴。"皇天：指天。后土：指地。这里是说，我们决心整军备战，抗日救国，昭告于黄帝等列祖列宗，有天地明察，可以作证。

〔55〕尚飨：旧时祭文常用的结束语，表示希望死者来享用祭品的意思。《仪礼·士虞礼》："卒辞曰：哀子某，来日某，隮祔尔于尔皇祖某甫。尚飨！"汉代郑玄注："尚，庶几也。"

七　律

读　报

一九五九年十二月

西海如今出圣人，涂脂抹粉上豪门。

一辆汽车几间屋，三头黄犊半盘银。

举世劳民同主子，万年宇宙绝纷争。

列宁火焰成灰烬，人类从此入大同。

【题解】

这首诗最早见于中央文献出版社 1999 年 5 月版吴冷西所著《十年论战：1956—1966 中苏关系回忆录（上）》。

七律：七言律诗的简称。见《七律 · 长征》题解。

读报：即抒写读报后的随兴偶感。

1959 年 9 月 15 日苏共中央总书记赫鲁晓夫访问美国，与艾森豪威尔总统进行了会谈。之后，赫鲁晓夫鼓吹这次会谈“开辟了人类历史的新纪元”，“没有战争的时代开始了”，1960 年要成为“没有武器，没有军队，没有战争的世界”的一年，是“历史的转折点”。9 月底 10 月初，赫鲁晓夫来华访问，通报其美国之行的“成功”。访问会谈中，在一些国际问题上赫鲁晓夫与中共中央的分歧颇大。回国后，10 月 31 日赫鲁晓夫在最高苏维埃会议上讲演时，含沙射影地攻击中国共产党搞“冒险主义”，是“不战不和的托洛茨基主义”。在其他公开场合，赫鲁晓夫对中国的“百花齐放，百家争鸣”方针及“大跃进”、人民公社化运动，明确提出怀疑和指责。毛泽东纵观全局，向全党和全国人民提出了一项重大的战略任务：反对修正主义，防止修正主义。1959 年 11 月和 12 月，毛泽东在他多次住过的杭州刘家庄别墅连续三次召开专门讨论国际局势的座谈会，以统一全党的思想。

这首诗鞭挞了赫鲁晓夫修正主义集团背叛列宁主义的基本原则，放弃革命原则和正义斗争以求取得世界的丑恶嘴脸。揶揄奚落，嬉笑怒骂，正话反说，讽刺幽默，是这首政治讽刺诗的突出特点。

【笺注】

〔1〕西海：西方之海及其濒临地。《礼记 · 祭义》：“夫孝，置之而塞乎天地，溥之而横乎四海，施诸后世而无朝夕，推而放诸东海而准，推而放诸西海

而准，推而放诸南海而准，推而放诸北海而准。”这里指前苏联，因前苏联位于我国西部，故称。圣人：中国传统文化中本指知行完备、至善之人。明代黄道周《节寰袁公传》：“智者不能谋，勇者不能断，慈者不能卫，义者不能决，赖圣人特起而后天下晏然。”这里是反语，喻指赫鲁晓夫。赫鲁晓夫（1894—1971），1953 年当选苏共中央第一书记。1958 年兼任苏联部长会议主席。1956 年他主持召开苏共“二十大”，从根本上否定斯大林。1961 年在苏共第二十二次代表大会上鼓吹“全民国家”、“全民党”，提出到 1980 年基本建成共产主义的目标。1964 年 10 月苏共中央全会“鉴于赫鲁晓夫犯有主观主义和唯意志论错误”，被解除苏共中央第一书记职务。同月又被解除苏联部长会议主席职务。

〔2〕涂脂抹粉：化妆打扮。明代凌濛初《二刻拍案惊奇·赵县君乔送黄柑》：“其涂脂抹粉，惯卖风情，挑逗那富家郎君。”豪门：钱多势大的人家。唐代司空图《成均讽》：“则必三雍八佾，休僭滥于豪门。”这里指美国。

〔3〕一辆汽车几间屋，三头黄犊半盘银：1959 年 10 月，赫鲁晓夫来中国参加中华人民共和国 10 周年大庆，在中苏两党正式会谈时，赫鲁晓夫称他访美时，“所到之处受到热烈的欢迎，一位农场主还送给他三头良种牛，有位资本家还送给他半盘古银币”。他还说：“美国差不多每个家庭都有汽车，一家都有几间房子，住得很好，吃得也很好，生活水平很高。”吴冷西著《十年论战：1956—1966 中苏关系回忆录》一书中说：“1957 年莫斯科会议之后……赫鲁晓夫认为中国对他是一个威胁。开始他想控制中国，没有得逞，以后就想依靠美国来解决世界问题，不惜牺牲中国的利益。”该书还说：“赫鲁晓夫把和平共处作为路线，他相信苏联跟美国、社会主义跟帝国主义可以永久和平相处下去。”

〔4〕举世：全世界。举：全。劳民：慰勉人民。《周易·井》：“木上有水井，君子以劳民劝相。”唐代孔颖达疏：“劳谓劳赉；相，犹助也。井之为义，汲养而不穷，君子以劳来之恩勤恤民隐，劝助百姓使有成功，此则养而不穷也。”

〔5〕宇宙：这里指全世界。绝：断，消除。纷争：纠纷，争执。南朝梁沈约撰《宋书·律历志中》："历数难明，前代通儒多共纷争。"这句是较为幽默的反语。

〔6〕列宁火焰：这里指列宁主义的基本原则和立场。成：化为。灰烬：物体燃烧后剩下的东西。唐代李商隐《无题》："春蚕到死丝方尽，蜡炬成灰泪始干。"这里喻指赫鲁晓夫抛弃列宁主义的基本原则和立场。

〔7〕大同：一种理想社会。这里是正话反说。《礼记·礼运》："大道之行也，天下为公……是谓大同。"

二　改诗、仿诗（5 首）

清代文学家姚鼐说：“近人每云作诗不可摹拟，此似高而实欺人之言也。学诗文不摹拟，何由得入？须专摹拟一家，已得似后，再易一家。如是数番之后，自能熔铸古人，自成一体。若初学未能逼似，先求脱化，必全无成就。譬如学字而不临帖可乎？”（《惜抱先生尺牍》卷八《与伯昂从侄孙》）对前人所作诗的诗句加以改造，从而表现出新的意境，新的立意和新的主题，就是改诗。仿拟前人诗句，重新创造出新句新意，就是仿诗。改诗、仿诗也称为“点化”。这是一种汲取前人艺术成就的方式，对诗词创作者具有一定的借鉴作用。有的改诗、仿诗还在诗题上标明“改”、“仿”、“拟”或“效”等字样。

仿诗有仿句、仿意和仿句仿意兼而有之三种。所谓仿句，是指模仿前人的句式，而内容不相同。有时在仿前人句式的基础上，字数略有增减。所谓仿意，指照前人诗文的语意，另造新句，新句与原句在意义或意境上有相同相近之处。仿句仿意兼而有之的，与原诗句则十分近似。

七　绝

改诗呈父亲

一九一〇年秋

孩儿立志出乡关，学不成名誓不还。

埋骨何须桑梓地，人生无处不青山。

附：月性原诗

七 绝

将东游题壁

孩儿立志出乡关，学若无成不复还。
埋骨何期坟墓地，人间到处有青山。

【题解】

这首诗最早见于《湖南师院学报》1981年第1期刘仁荣《毛泽东从民主主义者到马克思主义者的转变》一文。

七绝：七言绝句的简称。见《七绝·为女民兵题照》题解。

改诗呈父亲：一题《改月性〈题壁〉诗留父亲》。月性（1817—1856）：日本江户时代（1603—1867年）末期（19世纪）名僧，在周防妙元寺出家，曾因忧国而云游四方，广交名士。擅诗，著有《清狂吟稿》。《将东游题壁》是月性27岁离开故乡时所作，他在诗中抒发了发愤图强的壮志和四海为家的胸怀。这首诗对日本后世影响很大，传到中国后，影响也较大。

1910年秋，16岁的毛泽东考入离家50里的湘乡县立高等小学堂读书。这是他第一次离开家乡。临行前，他改抄了这首诗夹在父亲毛顺生的账簿里，这账簿是他父亲每天必看的。毛顺生看了这首诗后，告诉其妻娘家文家人，这事就传开了。毛顺生去世后，此诗一直由毛泽东表兄文运昌珍藏着。中华人民共和国成立初期，收集革命文物时，文家人把这首诗交了出来。毛顺生（1870—1920），湖南湘潭人，名贻昌，字顺生，号良弼。在贻字辈中排行第一。15岁时，由父母包办与湘乡县唐家坨文芝仪之女文其美（文七妹）结婚。16岁时，替父亲毛恩普偿清欠款后曾外出当兵。17岁时，开始理家。精明能干，勤劳、节俭、善于经营。终生务农，兼做贩运谷物、生猪生意。1920 年 1 月 23 日，因患急性伤寒病去世。

这首改诗表达了毛泽东当时离乡外出读书，志在四方的远大抱负。

【笺注】

〔1〕立志：下定决心，立定志愿。乡关：指故乡。唐代姚思廉撰《梁书·元帝纪》载徐陵《劝进表》："瞻望乡关，诚均休戚。"

〔2〕誓：发誓。西晋陈寿《三国志·吴书·吴主传》："古建大事，必先盟誓。"还：返回。唐代李白《蜀道难》："问君西游何时还？畏途巉岩不可攀。"

〔3〕埋骨：埋葬尸骨。唐代白居易《题故元少尹集后》："龙门原上土，埋骨不埋名。"何须：何用。用反问的语气表示不需要。桑梓：桑树与梓树。《诗经·小雅·小弁》："惟桑与梓，必恭敬止。"意思是家乡的桑树和梓树是父母种的，要对它表示敬意。汉代以来常用以借指故乡。西汉张衡《南都赋》："永世克孝，怀桑梓焉；真人南巡，睹旧里焉。"

〔4〕无处不青山：用双重否定表示肯定，即到处都有秀丽的河山，可以作为安息的地方。青山：借代秀丽的山水或风景优美的地方。宋代苏轼《狱中寄子由二首》："是处青山可埋骨，他年夜雨独伤神。"宋代陆游《醉中出西门偶书》："青山是处可埋骨，白发向人羞折腰。"

【附诗笺注】

〔1〕将东游题壁：将要离开家乡东游，在壁上题诗以明志。题壁：在壁上题诗。

〔2〕若：如果。

〔3〕何期：何必期望。

七 绝
改《咏蛙》
一九一〇年秋

独坐池塘如虎踞，绿杨树下养精神。
春来我不先开口，哪个虫儿敢作声？

附：郑正鹄原诗

七 绝
咏 蛙

小小青蛙似虎形，河边大树好遮阴。
明春我不先开口，哪个虫儿敢作声？

【题解】

这首诗最早见于1987年7月17日《羊城晚报》徐秋良《毛泽东〈咏蛙〉诗》一文。又见于陈晋《毛泽东与文艺传统》。

七绝：七言绝句的简称。见《七绝·为女民兵题照》题解。

《咏蛙》：作者郑正鹄，清末英山（今湖北英山县）名士，生卒年不详。据说其个子不高，五短身材，其貌不扬。他初任甘肃天水县令时，当地官绅瞧不起他。为了奚落挖苦他，他们特地请画工画了一幅《青蛙图》（画面为河边柳荫下蹲着一只张口的青蛙），以此嘲笑郑正鹄的五短身材像青蛙，并派人送给郑题词。郑正鹄颇有文才，又通达人情世故，深知官绅们是在奚落嘲笑他。他略一凝神，在大庭广众之前挥毫题写了上面这首诗。官绅们看了诗后，不仅刮目相看，而且从此对郑正鹄敬畏三分。

1910年秋，毛泽东离开故乡韶山冲，到湘乡县立高等小学堂就读。其间，曾以《言志》、《救国图存论》等作文抒发自己救国救民的远大抱负，受到校长和老师们的称赞。1936年，毛泽东在陕北保安（今志丹）县县城同美国记者埃德加·斯诺谈话时，回忆这一段读书生活时说："这是我第一次到离家五十里以外的地方去。那时我十六岁。""我以前从没有见过这么多孩子聚在一起。他们大多数是地主子弟，穿着讲究；很少农民供得起子弟上这样的学堂。我的穿着比别人都寒酸。我只有一套像样的短衫裤。学生是不穿大褂的，只有教员才穿，而洋服只有'洋鬼子'才穿。我平常总是穿一身破旧的衫裤，许多阔学生因此看不起我。可是在他们当中我也有朋友，特别有两个是我的好同志。其中一个①现在是作家，住在苏联。""人家不喜欢我也因为我不是湘乡人。在这个学堂，是不是湘乡本地人是非常重要的。……我精神上感到很压抑。"②有感于这种环境，这种精神压抑，少年英发的毛泽东改写了郑正鹄的《咏蛙》诗，借以言志并回敬那些地主、富家的纨绔子弟。

毛泽东以青蛙自喻，描绘了青蛙威武轩昂的形象，无情地嘲讽和蔑视那些徒有其表、胸无大志而傲气凌人的富家子弟，表现出少年毛泽东的自尊、自强和自信。

【笺注】

〔1〕独坐：南朝刘宋范晔《后汉书·单超传》："左回天，具独坐。"其注："独坐，犹言骄贵无偶也。"这里有雄踞一方的意思。独：单独。如虎踞：像老虎似的蹲在那里。唐代王绩《游北山赋》："石当阶而虎踞，泉映牖而龙吟。"踞：蹲，坐。

〔2〕养精神：养精蓄锐，以逸待劳，伺机捕获猎物。

〔3〕春来：春天。唐代白居易《忆江南》："日出江花红胜火，春来江水绿如蓝。"这里指逢遇良机之时。这句是说，待到逢遇良机之时，如果我不先

① "其中一个"，指萧三。——作者注

② 见斯诺《西行漫记》，第112-113页。

开口召唤。来：助词，无实义。

〔4〕哪个虫儿：喻指那些看不起自己的地主、富户的纨绔子弟。敢：胆敢。作声：开口，发声。这里喻指虫儿叫唤。这句是说，看你们哪个小爬虫敢大胆开口。“哪个虫儿敢作声”，陈晋《毛泽东与文艺传统》作“哪个虫儿敢做声”。

四言诗
戏改江淹《别赋》句
一九三九年七月九日

春草碧色，春水绿波。
送君延安，怏如之何！

【题解】

这首诗见于《瞭望》1991年第38期陈晋《毛泽东谈文说史·不废婉约》，又见于陈晋《毛泽东与文艺传统》。

四言诗：每句四个字的诗。见《四言诗·祭母文》笺注。

江淹（444—505）：字文通。济阳考城（今河南兰考东）人，曾于南朝宋、齐、梁三代做官，梁代时官至金紫光禄大夫。早年以文学著名，晚年所作诗文不如前期，故有“江郎才尽”之说。诗歌多拟古之作。赋以《别赋》、《恨赋》著名。后人辑有《江文通集》。赋：文学体裁的一种，盛行于汉魏六朝，是散文和韵文的综合体，通常用来写景叙事，也有用于抒情说理的。《别赋》开头即以“黯然销魂者，唯别而已矣”为基调，接着以“故别虽一绪，事乃万族”铺陈各种别离之情状，最后以“别方不定，别理千名”归结全文。在以悲为美的艺术境界中，概括出人类别离的共有感情，具有十分强烈的艺术感染力。毛泽东晚年曾多次读过这篇赋。

1939 年 7 月 9 日，毛泽东在延安陕北公学向开赴华北抗日前线的同学作题为《三个法宝》的讲演时说，送给同学们三个法宝：第一个法宝是统一战线，第二个法宝是游击战争，第三个法宝是革命中心的团结。又说："南朝梁代的文学家江淹，作了很多好文章，有篇叫《别赋》，里面有很好的话，但是是伤感流泪的话。最为人们所熟记的有：'春草碧色，春水绿波。送君南浦，伤如之何！'多么伤心流泪！文笔很好。我们今天不需要这样写，改一下，作为'春草碧色，春水绿波。送君延安，快如之何'！"

毛泽东的改句去掉了古代文人低沉的离愁别绪，转为快乐地送别同学们从后方到前方去工作。

【笺注】

〔1〕碧：青绿色。唐代李白《望天门山》："天门中断楚江开，碧水东流至此回。"

〔2〕春水：春天池塘里的水。南唐冯延巳《谒金门》有"风乍起，吹皱一池春水"之句。绿波：荡漾起碧绿的波纹。宋代晏殊《清平乐·红笺小字》："人面不知何处，绿波依旧东流。"

〔3〕送君延安：在延安送别奔赴抗日前线或赴全国各地从事革命工作的同志。君：你，您。延安：地名，位于陕北南部，为当时中共中央所在地。

〔4〕快如之何：快活得怎么样？犹言快活极了。快：快活，舒畅。如之何：如何，怎么样。之：语助词，无实义。

七　绝

仿陆放翁《示儿》诗

一九五八年十二月二十一日

人类今娴上太空，但悲不见五洲同。

愚公尽扫饕蚊日，公祭无忘告马翁。

【毛泽东自注自解】

1958年12月21日，毛泽东在文物出版社1958年9月刻印的大字本《毛主席诗词十九首》上批注道：

我的几首歪词，发表以后，注家蜂起，全是好心。一部分说对了，一部分说得不对，我有说明的责任。一九五八年十二月，在广州，见文物出版社一九五八年九月刊本，天头甚宽，因而写了下面一些字，谢注家，兼谢读者。鲁迅一九二七年在广州，修改他的《古小说钩沉》，然后说道："于时云海沉沉，星月澄碧，饕蚊遥叹，予在广州。"从那时到今天，三十一年了，大陆上的饕蚊灭得差不多了，当然，革命尚未全成，同志仍需努力。港台一带，饕蚊尚多，西方世界，饕蚊成阵。安得起全世界各民族千百万愚公，用他们自己的移山办法，把蚊阵一扫而空，岂不伟哉！试仿陆放翁曰：人类今娴上太空，但悲不见五洲同。愚公尽扫饕蚊日，公祭无忘告马翁。

中共中央文献研究室编《毛泽东诗词集》编者按：这是毛泽东凭记忆写的。鲁迅1927年在广州编校《唐宋传奇集》，作《序例》，文末题记说："时大夜弥天，璧月澄照，饕蚊遥叹，余在广州。"

附：陆游原诗

七　绝

示　儿

死去元知万事空，但悲不见九州同。
王师北定中原日，家祭无忘告乃翁。

【题解】

这首诗见于中国工人出版社 1992 年 5 月第 1 版张贻玖《毛泽东评点、圈阅的中国古典诗词》一书。后收入 1996 年 9 月中央文献出版社出版的《毛泽东诗词集》附录《在〈毛主席诗词十九首〉上的批语》一文中。

七绝：七言绝句的简称。见《七绝·为女民兵题照》题解。

仿陆放翁《示儿》诗：这是一首模仿和体诗。所谓模仿和体，就是既模仿原诗体又和原诗韵。这首诗的诗体（七绝）和韵脚（空、同、翁）与陆放翁的《示儿》诗完全相同。陆放翁：即陆游。见《卜算子·咏梅》题解。《七绝·示儿》是陆游的临终绝笔，表达了陆游至死不渝的爱国主义豪情。

面对人类自然科学和社会制度变革发展的不平衡局面，毛泽东深感革命尚未成功，顿生"尽扫饕蚊"的英雄豪气。诗人通过自然科学的迅速发展而引起对人类社会尚未实现世界大同理想的感慨，抒发了要在全世界消灭帝国主义和一切反动派、将革命进行到底的顽强斗志和坚信共产主义事业必定胜利的革命乐观主义精神。

这首诗直抒胸臆，激情奔放，在遗憾和沉郁中透出了作者洒脱旷达的心境，极富感染力。

【笺注】

〔1〕人类今娴上太空：人类今天已经能够熟练地飞上太空。20 世纪初，活塞式飞机试飞成功，20 世纪 20 年代开始广泛使用。20 世纪 40 年代中期，喷气式飞机正式使用。1957 年 10 月 4 日，苏联成功地发射了世界上第一颗人造地球卫星（即"人造卫星一号"）。11 月 3 日，又发射了第二颗人造地球卫星（即"人造卫星二号"），卫星还带着一只活狗进入外层空间。1958 年 2 月 1 日，美国也成功地发射了一颗人造地球卫星（即"探险者一号"）。因此作者说"人类今娴上太空"。今：如今，现在。娴：熟练，娴熟。《战国策·燕策二》："闲于兵甲，习于战攻。"闲："娴"的古字。太空：极高的天空。唐代司空图《诗品·雄浑》："具备万物，横绝太空。""人类今娴上太空"，《建国以来

毛泽东文稿》作“人类今闲上太空”。

〔2〕但悲不见五洲同：只可悲的是没有实现世界大同的共产主义社会制度。但：只，只是。悲：哀痛，伤心。南朝梁萧统《文选·古诗十九首·西北有高楼》：“上有弦歌声，音响一何悲。”五洲：这里借指全世界。见《满江红·和郭沫若同志》笺注。同：天下大同。原指儒家宣扬的理想社会。《礼记·礼运》：“大道之行也，天下为公……是谓大同。”这里指建立一个没有阶级、没有剥削、没有压迫、人人自由平等的共产主义社会。

〔3〕愚公尽扫饕蚊日：当革命人民消灭帝国主义和一切反动派实现世界大同的时候。愚公：《列子·汤问》上说：古代有位老人叫“北山愚公”，年近九十，屋前太行、王屋二山挡住了出路，决心把山挖平。另一位老人“河曲智叟”讥笑他愚蠢。愚公回答说：我死了有儿子，儿子死了又有孙子，子子孙孙是没有穷尽的。而山不会增高，为什么挖不平呢？上帝为之感动，派了两个神仙夸蛾氏二子把两座山背走了。比喻做事只要有毅力，不怕困难，就一定能够成功。这里的愚公喻指全世界革命人民。尽：全部，都。扫：用扫帚去除尘土，引申为清除，消灭。汉代张衡《东京赋》：“扫项军于垓下。”饕蚊：贪嗜人血的大蚊子。这里借指帝国主义和各国反动派。饕：饕餮，传说中一种凶恶贪食的野兽。这里指贪（财食），贪得无厌。东汉班固《汉书·礼乐志》：“贪饕险诐。”颜师古注：“贪甚曰饕。”日：时候。

〔4〕公祭无忘告马翁：公祭时不要忘记告诉科学共产主义的始祖马克思。公祭：公共团体或社会人士举行祭奠，向死者表示哀悼。无：不要。马翁：指马克思（1818—1883）。马克思，全名卡尔·亨利希·马克思，1818年5月5日出生于德国特利尔城。世界无产阶级的伟大导师，马克思主义的创始人，科学共产主义学说的创立者。主要著作有《资本论》、《共产党宣言》等。翁：对年长者的尊称。

【附诗笺注】

〔1〕示儿：给儿子看。示：给人看。《老子》第三十六章：“鱼不可脱于

渊，国之利器，不可以示人。”《庄子·应帝王》：“尝试与来，以予示人。”这首诗作于宋宁宗嘉定二年（1210年）十二月，是陆游临终前的绝笔，表达了他强烈的愿望：祖国必将统一，生前虽然已看不到这一天了，但是死后也要知道这一天。当时陆游已85岁。

〔2〕死去元知万事空：我本来就知道人死后万事万物都是一场空。元：始。《公羊传·隐公元年》：“元年者何？君之始年也。”一说指原来，本来。宋代苏轼《浣溪沙·徐门石潭谢雨道上作》：“使君元是此中人。”

〔3〕但悲不见九州同：最可悲的是没有亲眼看到国家的统一。九州：传说中的我国上古时代的行政区划，具体说法不一。《尚书·禹贡》以冀、兖、青、徐、扬、荆、豫、梁、雍为九州。秦代吕不韦《吕氏春秋·有始览》有幽州而无梁州，《周礼·职方》有幽、并而无徐、梁，《尔雅·释地》有幽、营而无青、梁。后来泛指中国。同：指国家统一。公元1127年，金攻灭北宋，中国南北分裂，北方被金人占领，南方由南宋统治。

〔4〕王师北定中原日：等到朝廷的军队北进收复中原的那一天。王师：指宋王朝的军队。北定：北伐平定收复北方失地。中原：指黄河中下游地区。《宋史·李纲传》：“自古中兴之主，起于西北则足以据中原而有东南。”北宋都城东京（今河南开封）在中原地区。故这里指代被金人占领的中国北方。

〔5〕家祭无忘告乃翁：在祭祀祖先时千万不要忘记把这胜利的消息告诉你们的老父亲。家祭：家中祭祀祖先。旧俗每逢清明、寒食等节令，家家备贡品向祖先致祭行礼，表示崇敬并祈求保佑。无：不要。乃：古汉语代词，你的，你们的。翁：父亲。这里指诗人自己。

七　律
改鲁迅诗
一九五九年十二月

曾警秋肃临天下，竟遣春温上舌端。
尘海苍茫沉百感，金风萧瑟走高官。
喜攀飞翼通身暖，苦坠空云半截寒。
悚听自吹皆圣绩，起看敌焰正阑干。

附：鲁迅原诗

七　律
亥年残秋偶作
一九三五年十二月五日

曾惊秋肃临天下，敢遣春温上笔端。
尘海苍茫沉百感，金风萧瑟走千官。
老归大泽菰蒲尽，梦坠空云齿发寒。
竦听荒鸡偏阒寂，起看星斗正阑干。

【题解】

这首诗中“老归大泽菰蒲尽，梦坠空云齿发寒”两句较早见于陈晋《毛泽东与文艺传统》。全诗见于徐涛《毛泽东诗词全编》。吴正裕主编，李捷、陈晋副主编《毛泽东诗词全编鉴赏》收入“附录”。

七律：七言律诗的简称。见《七律·长征》题解。

鲁迅诗：指鲁迅1935年12月作的《亥年残秋偶作》一诗，也是鲁迅逝世前写的最后一首旧体诗。诗中抒发了其忧国忧民的情怀。

20 世纪 50 年代中后期，中苏两党在国际共产主义运动中发生了重大的原则分歧。1956 年 2 月在苏共“二十大”上，赫鲁晓夫大肆鼓吹“和平过渡”，“和平竞赛”，与西方国家“和平共处”的外交政策，并把自己的意志强加给社会主义阵营的其他国家，谋求实现苏美合作主宰世界。1959 年 9 月赫鲁晓夫访美，向艾森豪威尔总统乞求和平，激起了毛泽东对“三和路线”的义愤。同年 12 月，毛泽东借用鲁迅诗作的一些意境和词句，改写成这首政治讽刺诗。

诗中揭露和批判了赫鲁晓夫摇唇鼓舌，献媚美帝国主义而企求世界“和平”的言行，号召全世界革命人民要充分认识当时所说的赫鲁晓夫修正主义集团的本质，丢掉幻想，准备斗争。笔锋犀利，语含幽默，在嬉笑怒骂中讽刺赫鲁晓夫背叛马克思主义的丑恶嘴脸。

【笺注】

〔1〕曾警秋肃临天下：曾经告诫过人们，帝国主义推行“冷战”政策将给世界带来灾难。曾：曾经。警：戒备，使人注意情况严重。这里兼有两重意义。秋肃：秋天草木凋零的肃杀、萧条景象。东汉班固《汉书·礼乐志》：“秋气肃杀。”这里喻指黑暗的统治。临天下：犹言降临人间。临：降临。天下：指中国。“曾警秋肃临天下”，徐涛《毛泽东诗词全编》作“曾惊秋肃临天下”。

〔2〕竟遣春温上舌端：（赫鲁晓夫）竟然鼓吹苏美首脑会晤引起国际关系转暖。竟：竟然。遣：令，使。唐代李白《劳劳亭》：“春风知别苦，不遣柳条青。”这里引申为驱使。春温：春天的明媚温熙。西汉司马迁《史记·田敬仲完世家》：“夫大弦浊以春温者，君也；小弦廉折以清者，相也。”宋代苏轼《送鲁元翰少卿知卫州》：“时于冰雪中，笑语作春温。”上：这里是流露的意思。舌端：指言语。

〔3〕尘海苍茫沉百感：世界和平的局势迷茫，隐伏着无数难以言表的感慨。尘海：尘世如海，指人世间。清代张问陶《庚申岁暮书怀》：“尘海只愁多

聚散，劳生何暇计穷通？”苍茫：旷远迷茫的样子。沉百感：许多感慨郁积心中而又无法表达。沉：隐伏，沉没。百感：各种各样的感慨。南朝梁江淹《别赋》：“是以行子肠断，百感凄恻。”宋代梅尧臣《新霜感》：“一念百感生，欲问天苍苍。”

〔4〕金风萧瑟走高官：在秋风瑟瑟的时节，赫鲁晓夫奔走访问美国。金风：秋风。我国古代以阴阳五行（金、木、水、火、土）解释季节的变化。秋天属金，故秋风称“金风”。南朝梁萧纲《夷则七月启》：“金风晓振，偏伤征客之心。”萧瑟：拟声词，秋风吹动草木发出的声响。战国楚宋玉《九辩》：“悲哉秋之为气也，萧瑟兮草木摇落而变衰。”走高官：“高官走”的倒装。这里指赫鲁晓夫奔走访问美国。赫鲁晓夫（1894—1971），曾担任苏共中央第一书记、苏联部长会议主席。1964 年 10 月 16 日苏共中央全会“鉴于赫鲁晓夫犯有主观主义和唯意志论错误”解除其职务。走：奔走。高官：大官，职位显赫的官。

〔5〕喜攀飞翼通身暖：欣欣然地乘坐专机通身感到无比温暖。喜攀飞翼：指赫鲁晓夫乘坐专机访问美国。攀：抓住别的东西向上爬。这里指乘坐。飞翼：飞鸟。这里指飞机。通身：全身。

〔6〕苦坠空云半截寒：可是未来的命运必然是苦于坠在云间，半身冰凉。坠：坠落。空云：空中云端。这里指高空。半截：一件事物的一半，半段。宋代朱熹《朱子语类》卷十九：“圣人说话，开口见心，必不只说半截，藏着半截。”这里指一半身体。

〔7〕悚听自吹皆圣绩：听来令人毛骨悚然的自吹自擂成了苏联的神圣业绩。悚听：耸人听闻的缩略语。成语有“危言耸听”。悚：害怕；恐惧。自吹：自我吹嘘。成语有“自吹自擂”。圣绩：神圣的战绩。“悚听自吹皆圣绩”，徐涛《毛泽东诗词全编（第二版）》作“惊听自吹皆圣绩”。

〔8〕起看敌焰正阑干：我起身看见帝国主义扩军备战和鼓吹“冷战”的气焰正十分嚣张。敌焰：敌人的气焰。这里指帝国主义扩充军备和鼓吹“冷战”的气焰。阑干：横斜的样子。唐代白居易《琵琶行》：“夜深忽梦少年事，

梦啼妆泪红阑干。”这里引申为放肆，嚣张。

【附诗笺注】

〔1〕这首诗是应许寿裳索书而作的。许寿裳在《我所认识的鲁迅·〈鲁迅旧体诗集〉跋》中说：这首诗“哀民生之憔悴，忧心事之浩茫，感慨百端，俯视一切，栖身天地，苦斗益坚，于悲凉孤寂中，寓熹微之希望焉”。亥年：指农历乙亥年，即公元1935年。残秋：秋尽冬初时节，约为公历10月。当时，日本加紧侵略中国，民族危机日益加深。1935年6月27日，国民党政府指派察哈尔省代主席秦德纯与日军代表土肥原贤二签订丧权辱国的《秦土协定》。7月6日，国民党政府军事委员会北平军分会代理委员长何应钦与日本天津驻屯军司令官梅津美治郎签订了丧权辱国的《何梅协定》。这年秋，河北、北平、天津等地的国民党政府及驻军陆续撤出华北，官员纷纷南逃。偶作：偶有所感而作。

〔2〕曾惊秋肃临天下：我惊心于深秋的肃杀天气。惊：惊心。秋肃：借喻蒋介石对日本侵略军实行不抵抗政策，国家民族将遭受亡国灭种的大灾难。

〔3〕敢遣春温上笔端：哪里敢将春天的温暖形诸笔端。春温：借喻编造虚假景象，粉饰黑暗，歌颂升平。上笔端：犹言“流露于笔下”。

〔4〕尘海苍茫沉百感：面对苍茫无边的人世，只觉得百感交集，心情无限沉重。尘海：尘世如海，喻指茫茫尘世。明代袁宗道《曹元和邀饮灵慧寺同诸公赋》：“骤马出尘海，入门闻午钟。”清代曹寅《引镜谢客》：“烟波情亦淡，尘海路常纡。”苍茫：旷远迷茫的样子。

〔5〕金风萧瑟走千官：在萧瑟的秋风之中，只见国民党的文武官员大批南逃。走千官：指1935年秋，国民党政府面对日寇侵占华北进行妥协、让步，大批官员从华北南逃，将大好河山拱手相让。走：跑。这里指逃跑。千官：众多的大小官员。

〔6〕老归大泽菰蒲尽：年老回到水乡食宿两空。老归大泽：年老回到水乡泽国。归：回归。大泽：广大的湖沼多水地带，借指国民党统治区。泽：聚

水洼地。《韩非子·五蠹》："泽居苦水者，买庸（雇人）而决窦（开水道排水）。"菰：多年生草本植物，生长于浅水池沼，开紫红色小花，夏生新芽，名茭白，可做菜，秋结实，名菰米，穷苦人以之代米充饥。蒲：水草，可编席。"菰蒲"借指水泽边地，即归宿处。

〔7〕梦坠空云齿发寒：仿佛梦见自己坠入空云之中，感到周身寒冷。空云：天空云中。齿发寒：牙齿与头发发寒，形容饥寒交迫，冷得浑身打战。

〔8〕竦听荒鸡偏阒寂：我夜不能寐，企盼听到鸡叫以便闻鸡起舞，却偏偏一片沉寂。竦听：倾耳静听。竦：恭敬、惊奇的样子。荒鸡：夜里不按时啼鸣的鸡。清代周亮工《书影》卷四："古以三鼓前鸡鸣为荒鸡。"唐代房玄龄、褚遂良等撰《晋书·祖逖传》："逖与司空刘琨共被同寝，中夜闻荒鸡，蹴刘琨曰：'此非恶声也。'因起舞。"后据此称有志之士及时奋起，练习武艺，报效国家为"闻鸡起舞"。宋代陆游《夜归偶怀故人孤景略》："刘琨死后无奇士，独听荒鸡泪满衣。"偏：偏偏地。阒寂：寂静无声。唐代韩偓《曲江夜思》："林塘阒寂偏宜夜，烟火稀疏便似村。"

〔9〕起看星斗正阑干：起来遥望北斗星正横斜天际，天快要亮了。星斗：有两说。一说指北斗七星。另一说，泛指天上的星斗。阑干：横斜的样子。也有两说。一说为北斗横斜，指天快亮了。宋代郭茂倩编《乐府诗集·善哉行》："月落参横，北斗阑干。"唐代李贺《河南府试十二月乐词·七月》："晓风何拂拂，北斗光阑干。"另一说为纵横的样子，指满天星斗纵横，正是夜未央时。

三　韵语（11首）

韵语，即押韵的语言，包括诗、词、歌词、歌诀等。这里特指除格律诗词以外，一种格律宽松，四句以上，不拘平仄，偶句押大致相同或相近韵的诗歌样式。从句式看，有三言、四言、五言、六言、七言、杂言韵语等。也有人称之“顺口溜”或“打油诗”。

四言韵语

题《明耻篇》

一九一五年五月

五月七日，民国奇耻。
何以报仇？在我学子！

【题解】

这首韵语最早见于1977年5月7日《文汇报》杨开智《粪土当年万户侯——毛主席青年时期革命实践的片断》一文。

四言韵语：每句四个字的韵语。

题《明耻篇》：即在《明耻篇》这本书的封面上题诗。

1915年1月，日本帝国主义命令日本驻华公使日置益当面向中华民国总统袁世凯提出签订旨在灭亡中国的“二十一条”秘密条约。当时，袁世凯正阴谋称帝，急欲取得日本帝国主义的支持，就派外交部长陆徵祥、次长曹汝霖与日本代表秘密进行谈判。5月7日，日本提出最后通牒，限袁世凯政府于两天内做出答复。5月9日，袁世凯除对条款第五号的一部分声明“容日后协商”外，公然承诺日本的无理要求。日本帝国主义的侵略行径和袁世凯政府的卖国罪行，激起了中国人民大规模地反日爱国运动的浪潮。为揭露日本侵略中国、灭亡朝鲜，法国灭亡越南以及袁世凯卖国的罪行，并陈述救国的方法，教育、激励学生勿忘国耻，湖南省立第一师范学校的教习石广权（字润山）辑录日本帝国主义者祸害我中华的大量事实，以及朝鲜、越南亡国后的悲惨状况，集资刊印了《明耻篇》。全书辑录了七篇文章和一个附件。文章有：《救国刍言》、《中日交涉之前后状况》、《已签字之中日新约及交换照会》、《请看日本前此计灭朝鲜之榜样》、《日本祸我中国数十年来之回顾》、《高丽亡国后归并日本之惨酷情形》、《越南亡国惨状略述》。附件为：《中日贸易出入额之比较》。卷首有教习石广权写的《感言》。毛泽东阅读此书后，无比激愤，在封面上题写了这首四言韵语，并在书后写了跋语：“此文为第一师范教习石润山先生作。先生名广权，宝庆人。当中日交涉解决之顷，举校愤激，先生尤痛慨，至辍寝忘食。同学等爰集资刊印此篇，先生则为序其端而编次之，云云。《救国刍言》亦先生作。”6月25日，寄了一本给友人湘生，信中说：“又《明耻篇》一本，本校辑发，于中日交涉，颇得其概。阅之终篇，亦可得新知于万一也。”

这首韵语首句以月、日入诗，因为这一天是日本欲灭亡中国的最后通牒发出时间。第二句写作者认为“五月七日”这一天是“民国奇耻”。第三句明确提出一定要维护国家的主权，报仇雪耻。第四句，作者提出要挑起报仇的重任“在我学子”。整首韵语表达了对帝国主义和卖国贼极大的愤慨以及“雪耻救国，舍我其谁”的责任感。这是作者在当时所处的时代环境和政治背景下的思想认识。1935年12月27日，作者在《论反对日本帝国主义的策略》一文中是这样认识的：“组织千千万万的民众，调动浩浩荡荡的革命军，是今天的革命向反革命进攻的需要。”

直抒胸臆是这首韵语最突出的特点。

【笺注】

〔1〕五月七日：指1915年5月7日。这天下午3时日本向袁世凯政府提出签订“二十一条”的最后通牒，限袁世凯政府两天内即9日下午6时前做出答复。袁世凯对日本的无理要求声明，除第五号一部分“容日后协商”外，其余全部允诺。因此，中国人民将“五月七日”作为国耻纪念日。

〔2〕民国：中华民国的简称。1911年武昌起义后，各省纷纷响应。1912年1月1日，宣布独立的各省在南京建立了资产阶级政权，称“中华民国”，选举孙中山为临时大总统，并组成临时政府。2月12日，清宣统帝退位。孙中山将临时大总统的职位让给袁世凯。3月10日，袁世凯在北京就职。毛泽东写这首诗时，民国是由袁世凯的北洋军阀政府执政的。奇耻：异常的耻辱，极大的耻辱。

〔3〕何以：即以何，用什么。《诗经·召南·行露》：“谁谓雀无角？何以穿我屋。”明代高启《卧东馆简诸友生》：“何以度兹运？相勗蹈其常。”报仇：指洗雪国耻。

〔4〕我：这里指我们。学子：学生。现代汉语有“莘莘学子”一词。

杂言韵语

红军纪律歌

一九二八年四月

上门板，捆铺草，
房子扫干净
说话要和气，

买卖公平，

损坏东西要赔偿借人东西要还清。

【题解】

这首杂言韵语较早见于上海人民出版社 1992 年 7 月第 1 版叶永烈《历史选择了毛泽东》。后见于中央文献出版社 2013 年 12 月第 2 版中共中央文献研究室编《毛泽东年谱（1893—1949）》上卷。文字有出入。

杂言韵语：每句字数不同的韵语。

红军：中国工农红军的简称。见《七律・长征》笺注。歌：这里指韵语，歌词。

叶永烈《历史选择了毛泽东》一书说：毛泽东十分注意军队的纪律，在上井冈山时拟出“三大纪律”。1928 年年初，毛泽东又补充了“六项注意”。为了便于记忆，开始教唱《红军纪律歌》。这首韵语就是最初的歌词。

三大纪律是：第一，一切行动听指挥；第二，不拿工人农民一点东西；第三，打土豪要归公。

六项注意是：一、上门板，二、捆稻草，三、说话和气，四、买卖公平，五、借东西要还，六、损坏东西要赔。

1929 年初，中国工农红军第四军离开井冈山向赣南、闽西进军。在开辟新根据地过程中，毛泽东根据当地群众的风俗习惯，把“六项注意”改为“八项注意”。新增的两条是：洗澡避女人；大便挖厕所。以后又改为：缸满院净；挖卫生坑（厕所）。

1929 年以后，红军战斗更加频繁，俘虏也大量增加，“八项注意”又增加了两条：优待俘虏；进出要做宣传工作。后来改定的“三大纪律”，内容也更为丰富概括。如“打土豪要归公”改为“一切缴获要归公”；“不拿工人农民一点东西”改为“不拿群众一针一线”。之后“三大纪律”、“八项注意”又有过多次修改。

后来，著名音乐家郑律成给“三大纪律”、“八项注意”谱上了节奏明快、威武雄壮、优美上口的曲子，成为中国人民解放军的军歌，一直流传至今。

【笺注】

〔1〕门板：房屋比较简陋的木板门，可以取下来做别的用处。这里是要求红军在农民家借宿时，晚上卸下门板睡觉，早晨离开时必须把门板再装上。

〔2〕捆铺草：这里是要求红军在农民家借宿时，晚上把柴草铺在地上睡觉，早晨离开时必须把柴草重新捆起来。

〔3〕买卖：偏义复词，这里偏指买。

四言韵语

红军第四军司令部布告

一九二九年一月

红军宗旨，民权革命。
赣西一军，声威远震。
此番计划，分兵前进。
官佐兵伕，服从命令。
平买平卖，事实为证。
乱烧乱杀，在所必禁。
全国各地，压迫太甚。
工人农人，十分苦痛。
土豪劣绅，横行乡镇。
重息重租，人人怨愤。
白军士兵，饥寒交并。
小资产者，税捐极重。
洋货越多，国货受困。

帝国主义，哪个不恨？
国民匪党，完全反动。
口是心非，不能过硬。
蒋桂冯阎，同床异梦。
冲突已起，军阀倒运。
饭可充饥，药能医病。
共党主张，极为公正。
地主田地，农民收种。
债不要还，租不要送。
增加工钱，老板担任。
八时工作，恰好相称。
军队待遇，亟须改订。
发给田地，士兵有份。
敌方官兵，准其投顺。
以前行为，可以不问。
累进税法，最为适用。
苛税苛捐，扫除干净。
城市商人，积铢累寸。
只要服从，余皆不论。
对待外人，必须严峻。
工厂银行，没收归并。
外资外债，概不承认。
外兵外舰，不准入境。
打倒列强，人人高兴。
打倒军阀，除恶务尽。
统一中华，举国称庆。
满蒙回藏，章程自定。

国民政府，一群恶棍。
合力铲除，肃清乱政。
全国工农，风发雷奋。
夺取政权，为期日近。
革命成功，尽在民众。
布告四方，大家起劲。

【题解】

这首韵语见之于《文物》1961 年第 7 期。后又见于人民出版社 1993 年 12 月第 1 版《毛泽东文集》（第一卷）和军事科学出版社、中央文献出版社 1993 年 12 月第 1 版《毛泽东军事文集》（第一卷）。

四言韵语：每句四个字的韵语。

红军：中国工农红军的简称。见《七律·长征》笺注。布告：一种发布需要人们知道或遵守的事项时使用的公文。

1929 年 1 月 1 日，国民党军湘赣两省“会剿”军总指挥部在江西萍乡组成。由湖南省国民党“清乡”督办鲁涤平任总指挥，第十九师师长何健任代总指挥，江西省国民党第十二师师长金汉鼎任副总指挥，纠集湘赣两省 6 个旅约 3 万人的兵力，分五路对井冈山革命根据地发动第三次“会剿”。为了打破国民党反动派对井冈山革命根据地的“会剿”及其经济封锁，1 月 4 日至 7 日，毛泽东在井冈山宁冈县柏露村主持召开中共红四军前委、湘赣边界特委和团特委、红四军和红五军军委以及边界各县县委联席会议（即柏露会议）。会议决定：彭德怀、滕代远的第三十团和袁文才、王佐的第三十二团留守井冈山。毛泽东、朱德率领红四军主力第二十八团、第三十一团及军委直属队出击赣南，以打破敌人的“会剿”和经济封锁，开辟新的革命根据地。1 月 14 日，毛泽东、朱德率领红四军主力第二十八团、第三十一团和军部特务营、独立营共 3600 余人，从井冈山茨坪、小行洲出发，经遂川县的大汾、左安向赣南进军。在进军途中，红四军司令部发布了由毛泽东起草的这首韵语体布告。

现在所见有一石印件，题为《红军第四军司令部布告》，布告后署明："军长 朱德 党代表 毛泽东 公历一千九百二十九年一月 日。"布告左边有毛泽东的亲笔批注："这是红军一九二九年一月从井冈山下山向赣南闽西途中的布告。"石印布告，竖写，每四个字后均为一句号。

【笺注】

〔1〕宗旨：奋斗的主要目的和意图。

〔2〕民权革命：平民享有政治权利的革命。民权：即民权主义，是孙中山创立的三民主义的组成部分，是中国资产阶级民主革命时期关于政权问题的纲领。民权主义起初只是主张推翻清朝封建专制制度，建立一个欧美式的资产阶级共和国。后来在俄国十月革命的影响和中国共产党的帮助下，孙中山对民权主义作了新的解释。1924 年中国国民党第一次全国代表大会宣言中，称民权为一般平民所共有，非少数人所得而私。一切自由和权利只给予真正反对帝国主义的个人及团体，凡效忠于帝国主义和军阀者均不得享有。中国共产党在新民主主义革命阶段的纲领与孙中山的新三民主义有许多共同之处，故这里沿用了孙中山关于民权的提法。

〔3〕赣西一军：江西西部的一支军队。赣西：江西的西部地区。赣：江西省的简称。因赣江纵贯省境内而得名。一军：一支军队。这里指红军第四军。

〔4〕声威远震：声势、威名使远方也为之震动。唐代权德舆《贺破土蕃表》有"天威远震"之句。声威：声势威名。

〔5〕此：这。番：次。《列子·汤问》："迭为三番，六万岁一交焉。"

〔6〕官佐兵伕：泛指红四军全体干部和战士。官：旧指担任国家或政府职务的人员。这里指红军第四军中的干部。佐：副职。兵：战士。伕：同"夫"。旧称从事体力劳动或被役使的人，这里指军队中从事后勤工作的一般人员。

〔7〕平买平卖：偏义复词，这里指"平买"，即军队购买商品按市场价付

款。平：公平。

〔8〕在所必禁：属于必须禁止的事情。在：属于。所必禁：必须禁止的事情。

〔9〕压迫太甚：军阀、地主、资本家对人民的压迫太厉害。甚：很，极。

〔10〕土豪劣绅：本地作恶多端的地主和乡绅。土：本地的。豪：豪富，这里指旧社会农村中有钱有势的地主和恶霸。劣绅：恶劣的绅士。绅：指绅士。绅士是旧时地方上有势力、有功名的人，一般为地主或退职官僚。

〔11〕横行乡镇：横行霸道于乡间集镇。横行：不行正道，倚仗暴力做坏事。清代曹雪芹《红楼梦》第九回："一任薛蟠横行霸道，他不但不去管约，反'助纣为虐'讨好儿。"

〔12〕重息重租：沉重的高利贷和高额的地租。息：利息。租：地租。东汉班固《汉书·文帝纪》："其赐天下民今年田租之半。"唐代杜甫《兵车行》："县官急索租，租税从何出？"

〔13〕人人怨愤：人民个个怨恨愤慨。怨愤：怨恨，愤恨。东汉班固《汉书·地理志下》："父兄被诛，子弟怨愤。"唐代杜甫《秋日荆南述怀三十韵》："琴《乌》曲怨愤，庭鹤舞摧颓。"

〔14〕白军士兵：国民党军队的士兵。白军：与红军相对，指反动军队，这里指国民党军队。白：与红相对，象征反动。

〔15〕饥寒交并：饥饿和寒冷一齐降临到贫苦人民头上。交并：同时，一齐。法国欧仁·鲍狄埃《国际歌》："起来，饥寒交迫的奴隶，起来，全世界受苦的人。"并：一齐，两种情况同时发生。

〔16〕小资产者：小资产阶级。指占有一定生产资料和少量财产，主要依靠自己劳动为生，一般不剥削别人的人。当时包括中农、手工业者、小商人、自由职业者等。

〔17〕税捐极重：承担的苛捐杂税极其繁重。税捐：即捐税，苛捐杂税。这里指反动统治下的各种捐助、捐献和繁重的税收。极重：极其繁重。

〔18〕洋货越多：市场上外国商品过多。洋货：旧时称外国生产的商品。

洋：旧时称外国为洋。

〔19〕国货受困：本国生产的商品就卖不出去。国货：指中国生产的商品。受困：受到困扰，卖不出去。

〔20〕帝国主义：侵略中国的各帝国主义国家。帝国主义的特征一般表现为以垄断代替自由竞争，形成金融寡头的统治。

〔21〕国民匪党：国民党是强盗一类的政党。匪：强盗，抢劫财物的坏人。这里指国民党反动派。

〔22〕完全反动：地地道道的反动派。反动：指思想上或行动上维护旧制度、反对革命的行为、人或阶级。

〔23〕口是心非：嘴里说的是一套，心里想的又是一套。东晋葛洪《抱朴子·微旨》："若乃憎善好杀，口是心非……凡有一事，辄是一罪。"

〔24〕蒋桂冯阎：蒋介石、李宗仁、冯玉祥、阎锡山等军阀派系。蒋：指蒋介石（1887—1975），见《清平乐·蒋桂战争》题解。桂：广西的简称，这里指广西军阀李宗仁（1891—1969），见《清平乐·蒋桂战争》题解。冯：指冯玉祥（1882—1948），原籍安徽巢县（今巢湖市），生于直隶青县（今属河北）兴集镇。1902 年投武卫右军，历任哨长、营长、团长、旅长、镇守使等职。1924 年发动北京政变，推翻直系军阀政府，驱逐清帝溥仪出宫。将所部改编为国民军，任总司令兼第一军军长。1935 年 4 月被授予陆军一级上将。1948 年 1 月，中国国民党革命委员会在香港成立，当选为常务委员和政治委员会主席。7 月应中共中央邀请，参加中国人民政治协商会议筹备工作。阎：指阎锡山（1883—1960），山西五台（今山西定襄县）人。1903 年入日本陆军士官学校学习，1909 年毕业回国。1911 年武昌起义后被推举为山西都督。北洋政府期间支持袁世凯。1917 年，兼任山西省省长。1927 年任国民革命军北方总司令。在山西"清党"反共，次年任第三集团军总司令。抗日战争时期采取"抗日和日、联共反共、拥蒋拒蒋"的两面政策。1949 年 4 月人民解放军攻占太原后逃离山西。后赴台湾。他们是国民党军阀四大派系的首脑人物。

〔25〕同床异梦：同做一件事，却各有各的打算。宋代陈亮《与朱元晦秘

书书》："同床各做梦，周公且不能学得，何必一一论到孔明哉?" 异：不同。

〔26〕冲突已起：激烈的争斗已经发生。冲突：矛盾表面化，激烈的争斗。

〔27〕军阀倒运：各路军阀交了坏运。军阀：旧时拥有军队、割据一方、自成派系的军人或军人集团。倒运：倒霉，交了不好的运。

〔28〕饭可充饥：共产党的政治主张可以让人民有饭吃。

〔29〕药能医病：共产党的政治主张能够疗救人民的疾苦。

〔30〕共党主张：共产党的政治主张。共党：即共产党。

〔31〕地主田地：地主占有的田地。地主：占有土地，自己不劳动或只有附带的劳动，主要靠出租土地为生的人。

〔32〕农民收种：没收过来分给无地或少地的农民耕种。

〔33〕债不要还：农民欠地主的旧债不要再还。

〔34〕租不要送：农民不再向地主交租。租：土地的所有者向使用者收取的钱或实物。

〔35〕增加工钱：工人的工资要增加。工钱：工资。

〔36〕老板担任：雇工的人要把这项开支负担。老板：指雇工者。担任：担负，承当。

〔37〕八时工作：实行每天八小时工作制。八时：8个小时。

〔38〕恰好相称：正好所得的工资和工作量相适合。称：适合。

〔39〕亟须改订：急迫地必须要修改制订。亟：急迫地。须：必须要。改订：修改制订。

〔40〕准其投顺：允许他们投诚归顺。其：代词，指"敌方官兵"。投顺：投降，归顺。元末明初罗贯中《三国演义》第二回："硕所领禁军，尽皆投顺。"

〔41〕可以不问：可以不予追究。问：审讯，追究。成语有"唯你是问"。

〔42〕累进税法：实行按比例递增等级税率。即按课税的收入或财产的价值多少规定按比例递增的等级税率。累进：以某一个数为基数，按几何级数

（如2、4、8、16）或算术级数（如2%、2. 5%、3%）递增。

〔43〕最为适用：实行累进税法，改变不合理的社会现象，有利于贫苦人民。累进税法，随着纳税人收入的增加或财产的增加，税率随之递增。

〔44〕苛税苛捐：国民党政府名目繁多的捐献和税额过高的税收。苛：苛刻，繁细。《论语·为政》："苛政猛于虎也。"

〔45〕积铢累寸：一铢一寸地积累起来。铢：古代衡制的重量单位，现在一市两约合二十四铢。这里指城市商人经营赚钱，积累财富不容易。宋代苏轼《裙靴铭》："寒女之丝，铢积寸累。"累：积聚。

〔46〕只要服从：只要按共产党和红军的经济政策经营纳税。

〔47〕余皆不论：其他的情况都不加干涉。余：其他的情况、事情。皆：都。论：讨论，这里是干涉、过问的意思。

〔48〕对待外人：对于外国帝国主义侵略者。外人：指外国帝国主义侵略者。

〔49〕必须严峻：一定要严厉。严峻：严厉。西汉司马迁《史记·酷吏列传》："禹酷急，至晚节，事益多，吏务为严峻，而禹治加缓，而名为平。"

〔50〕工厂银行：帝国主义者在中国剥削压迫中国人民开办的工厂和银行。

〔51〕没收归并：要没收合并归公。没收：指把违反禁令或规定的东西收归公有。归并：合并（归公）。

〔52〕外资外债：帝国主义者剥削中国人民而导致中国欠下他们的资金和债务。

〔53〕外兵外舰：帝国主义国家的军队和军舰。

〔54〕打倒列强：打败入侵中国的各帝国主义侵略者。列强：指侵略中国的各帝国主义国家。列：各。

〔55〕打倒军阀：打败割据一方的反动军队。军阀：指当时拥有武装部队、割据一方、自成体系的反动军人或军人集团。

〔56〕除恶务尽：清除邪恶势力必须干净、彻底，这里指扫除凶恶的各军

阀势力务必做到干净、彻底。务：必须，务必。《尚书·周书·泰誓下》："树德务滋，除恶务本。"本：根。

〔57〕统一中华：消灭各军阀势力统一全中国。中华：古代对华夏族、汉族的称谓。古代华夏族多建都于黄河南北，以其在四方之中，因称之为"中华"，也称"中国"。

〔58〕举国称庆：全国人民为之称赞、庆贺。举国：全国。《荀子·荣辱》："义之所在，不倾于权，不顾其利，举国而与之，不为改视。"举：全。

〔59〕满蒙回藏：满族、蒙古族、回族、藏族等少数民族，这里泛指我国各少数民族。

〔60〕章程自定：各种规章法规由他们自己制定，这里指各少数民族实行民族自治制度。章程：法规的一种，这里泛指各种规章制度。

〔61〕国民政府：即中华民国政府。自 1925 年 7 月 1 日成立至 1948 年 5 月 20 日改组为总统府，经历了广州、武汉、北平、沦陷前的南京国民政府、陪都重庆和抗战胜利后的还都南京国民政府等几个时期。这里指沦陷前的南京国民政府。

〔62〕一群恶棍：一群凶恶无赖欺压百姓的坏人。恶棍：品行恶劣的坏人，这里指南京国民党中央政府中凶恶的反动官僚。

〔63〕合力铲除：全国人民同心合力推翻国民党政府的反动统治。合力：一齐出力。铲除：连根除去，消灭干净。

〔64〕肃清乱政：彻底清除混乱的政治。肃清：彻底清除。宋代曾巩《襄州到任表》："臣昨治济南，最为烦剧，野有群行之盗，里多武断之豪，驯致肃清，始熄凶残之害。"乱政：混乱的政治。清代梅曾亮《书〈后汉书〉后》："权出于民，而左道乱政之祸烈。"

〔65〕风发雷奋：全国工农奋起革命，如暴风骤起，雷霆轰鸣。风发：像暴风骤起。《诗经·桧风·匪风》："匪风发兮，匪车揭兮。"北齐魏收撰《魏书·中山王英传》："即如黄石公所谓战如风发，攻如河决。"雷奋：雷霆轰鸣。语本《周易·豫》："雷出地奋。"唐代李峤《扈从还洛呈侍从群官》："雷奋六合

开，天行万乘出。”宋代梁周翰《五凤楼赋》：“成天下之大务，若雷奋而风驱。”

〔66〕为期日近：时间一天比一天接近。为期：从时间、期限长短上看。

〔67〕尽在民众：完全取决于全国人民，意为全靠人民群众。尽：都，全部。在：在于，决定于。

〔68〕布告四方：宣布公告于全国各地。布告：公开宣示，使人人皆知。西汉司马迁《史记·吕太后本纪》：“刘氏所立九王，吕氏所立三王，皆大臣之议，事已布告诸侯，诸侯皆以为宜。”《元史·武宗纪》：“诏整饬台纲，布告中外。”布：宣布，宣告。四方：即东西南北，泛指全国各地。

〔69〕大家起劲：全国人民要鼓起革命干劲。

六言韵语

苏维埃政府布告

一九三一年十二月十九日

军阀豪绅地主，到处压迫穷人。
利用国民政府，要捐要税不停。
地主白占土地，厂主垄断资本。
……
大家要免痛苦，只有参加革命。
……
穷人一致奋起，组织工农红军。
豪绅地主土地，一律分给农民。
免除苛捐杂税，都是有吃有剩。
工人每日工作，只做八个时辰。
……
商人服从法令，生意由你经营。

……

各地工农群众，赶快参加革命。

……

建立工农政府，快把地主田分。

工人组织工会，快同厂主斗争。

大家一致努力，完成中国革命。

【题解】

这首韵语见于人民出版社、中央文献出版社 1993 年 12 月第 1 版中共中央文献研究室编《毛泽东年谱（1893—1949）》。

六言韵语：每句六个字的韵语。

苏维埃政府："苏维埃"一词是俄文"Cobet"的汉语音译，意即"代表会议"或"会议"。苏维埃制度是苏联的政治基础，是俄国劳动人民在革命斗争过程中创造出来的政权组织形式。中国革命早期模仿苏联的模式，建立了"苏维埃"政权。1931 年 11 月 27 日，毛泽东当选中华苏维埃共和国临时中央人民政府人民委员会主席。从此，毛泽东被人们称为"毛主席"。布告：见《四言韵语 · 红军第四军 司令部布告》题解。

1931 年下半年，毛泽东受到了以王明为首的"左"倾教条主义的严厉批评，被指责为"狭隘的经验论"、"富农路线"和"极严重的一贯右倾机会主义"等，但他强把不愉快压在心底，极有创造性地进行了新政权苏维埃政府的组建，并领导政府开展了一系列的工作。12 月 19 日，发布了由他起草的这份《苏维埃政府布告》。

【笺注】

〔1〕军阀、豪绅、地主：见《四言韵语 · 红军第四军司令部布告》笺注。

〔2〕国民政府：见《四言韵语 · 红军第四军司令部布告》笺注。

〔3〕垄断：原指站在市集的高地上操纵贸易。《孟子 · 公孙丑下》："必求

垄断而登之，以左右望而罔市利。”后来泛指把持和独占，特指少数资本主义大企业联合起来独占生产和市场，以攫取高额利润。

〔4〕苛捐杂税：指反动统治下苛刻繁重的捐税。郭沫若《天地玄黄·拙劣的犯罪》：“在整个经济危机下，在严重的苛捐杂税下，……成本增高了，购买力减低了，发行网破坏了。”

〔5〕时辰：旧时计算时间的单位。把一昼夜平分为十二段，每段叫一个时辰。每个时辰合现在的两个小时。清代孔尚任《桃花扇·媚座》：“昼短夜长，差了三个时辰了。”这里指一个小时。

〔6〕工农政府：指为工人、农民当家做主的苏维埃政府。

四言韵语

赠高桂滋

一九三六年春

嘤其鸣矣，求其友声。
暴虎入门，懦夫奋臂。

【题解】

这首韵语最早见于人民出版社1983年12月第1版《毛泽东书信选集》。武汉出版社1994年10月第1版，胡忆肖、胡兴武、畅清编著《毛泽东诗词白话全译》，题为《四言诗·懦夫奋臂》。

四言韵语：每句四个字的韵语。

高桂滋（1891—1959），字培五，陕西定边人。陆军中将。1911年加入同盟会。1913年毕业于陕西讲武堂。曾任国民革命军营长、团长、师长等。参加过长城抗战，毛泽东称赞其“抗日之役，光荣历史国人同佩”。毛泽东写这封信时，高桂滋任国民党第三十二军副军长兼第八十四师师长。他的军队是被国民党政府派往陕西对付共产党的。当时全国已处于抗日高潮中，高桂滋接受了共产党的抗日主张。之后，毛泽东又专门写信向他说明实施抗日主张的具体事项。

1936年春，毛泽东以“中国抗日红军西北革命军事委员会主席”的名义，与副主席周恩来、彭德怀联名，写信给当时国民党军队第三十二军副军长兼八十四师师长高桂滋，“告以亡国灭种之祸，陈以联合救国之谋”，希望他们以民族大义为重，认清形势，分清敌友。信中最后说：“附上敝党中央之政治局决议及文告多种，借供参考。嘤其鸣矣，求其友声，暴虎入门，懦夫奋臂，谁谓秦无人而曰甘受亡国奴之辱乎？寇深情急，竭意进言，惟阁下熟思而审图之。”

毛泽东希望高桂滋的部队认清形势，以民族大义为重，与红军共同抗日。大敌当前，只有团结一致共同抗敌，才能拯救中华民族的危亡。用典精准，言简意深，庄重典雅。

【笺注】

〔1〕嘤其鸣矣，求其友声：语出《诗经·小雅·伐木》。意谓鸟儿在嘤嘤地鸣叫，寻求同伴的应和声。嘤：形容鸟鸣声。友：同伴。后以“嘤其鸣矣”比喻朋友同声相应，同气相求。毛泽东《斯大林是中国人民的朋友》中说：“‘嘤其鸣矣，求其友声’，我们正是处在这种时候。”

〔2〕暴虎：本指空手和老虎搏斗。《诗经·郑风·大叔于田》：“袒裼暴虎，献于公所。”毛传：“暴虎，空手以搏也。”陈奂传疏：“暴、搏、捕，一语之转。”东汉班固《汉书·匡衡传》：“郑伯好勇，而国人暴虎。”宋代欧阳修等撰《新唐书·钟传传》：“（传）戒诸子曰：‘士处世尚智与谋，勿效吾暴虎也。’”这里指凶暴的老虎，喻指日本帝国主义者。入门：进门。

〔3〕懦夫：软弱无能的人。《孟子·万章下》：“故闻伯夷之风者，顽夫廉，懦夫有立志。”唐代李白《陈情赠友人》：“懦夫感达节，壮士激青衿。”奋臂：振臂而起。常指举大事。汉代贾谊《过秦论》：“是以陈涉不用汤武之贤，不借公侯之尊，奋臂于大泽，而天下响应者，其民危也。”西晋陆机《汉高祖功臣

颂》："奋臂云兴，腾迹虎噬。"这里是说，日本帝国主义者入侵中国，即便懦夫，也会奋起抗争的。

四言韵语

题《中国妇女》之出版

一九三九年五月

妇女解放，突起异军。

两万万众，奋发为雄。

男女并驾，如日方东。

以此制敌，何敌不倾。

到之之法，艰苦斗争。

世无难事，有志竟成。

有妇人焉，如旱望云。

此编之作，伫看风行。

【题解】

这首韵语最早见于1939年6月1日延安出版的《中国妇女》杂志创刊号，又见于春秋出版社1989年10月第1版《中国妇女运动史》。

四言韵语：每句四个字的韵语。

题：写，这里指题诗或题词。《中国妇女》，中共中央及中央妇委为指导全国妇女运动而创办的刊物。1939年6月1日创刊，1941年3月停刊，共出22期。

1939年，抗日战争已进行了两年，正处于相持阶段。为了把广大劳动妇女动员起来，组织起来，调动起来，号召广大妇女积极投身于抗日战争的伟大事业，投身于革命，投身于生产建设，创刊号出版时，毛泽东题写了这首四言韵语。

这首韵语以极大的热情鼓励全中国劳动妇女奋发努力，积极投身于中国妇女的自我解放运动及抗日救国运动，表达了全民抗战的战略思想。旨趣宏远，意蕴深刻，语言晓畅，通俗易懂，声韵和谐，具有民歌风味是本韵语的艺术特点。

【笺注】

〔1〕妇女解放：中国妇女获得解放。解放：解除束缚，获得平等、自由和发展。

〔2〕突起异军：即异军突起。意谓如同突然涌现出的另一支生力军。西汉司马迁《史记·项羽本纪》："异军苍头特起。"这里指中国妇女解放运动蓬勃兴起。异军：与众不同的军队。

〔3〕两万万众：全中国有2亿多妇女。当时认为全国人口约有4亿，女性约占一半，所以说两万万。众：大众。

〔4〕奋发为雄：精神振奋，情绪高涨，成为众多的英雄。奋发：精神振作，情绪高涨。《旧唐书·忠义传下·颜杲卿》："愤群凶而慷慨，临大节而奋发。"清代顾炎武《与人书十三》："诚得此论而用之，未必无一二才杰之士自兹而奋发也。"为雄：成为英雄人物。雄：事物当中特出的。宋代司马光《资治通鉴》："刘备，天下枭雄。"这里指杰出的人。

〔5〕男女并驾：男女同心协力，并驾齐驱。并驾：即并驾齐驱，齐头并进。南朝梁何逊《送韦司马别》："归衢并驾奔，别馆空筵卷。"南朝梁刘勰《文心雕龙·附会》："并驾齐驱，而一毂统辐。"

〔6〕如日方东：就像太阳刚刚从东方升起。《诗经·小雅·天保》有"如月之恒，如日之升"之句。方：方才。东：用作动词，在东方升起。这里比喻正兴旺发展。

〔7〕以此制敌：用这股力量来打击敌人。以：用。此：指全国男女同胞团结起来，齐心协力。制：制止，降伏。东汉班固《汉书·赵广汉传》："广汉

虽坐法诛，为京兆尹廉明，威制豪强。”汉代贾谊《过秦论》：“……廉颇、赵奢之伦制其兵。”敌：指日本侵略者。

〔8〕何敌不倾：有什么样的敌人不能打败呢？何敌：什么样的敌人。不倾：不被打倒。《管子·度地》：“圣人之处国者，必于不倾之地。”倾：倒，倾覆。

〔9〕到之之法：即达到制胜敌人的目的的方法。到：达到。之：前一个“之”是代词，这个。指制胜敌人。后一个“之”是结构助词，相当于现代汉语的“的”。法：方法。

〔10〕世无难事：世界上没有做不成功的事。明代吴承恩《西游记》第二回：“世上无难事，只怕有心人。”

〔11〕有志竟成：有志气的人最终一定能够取得成功。南朝宋范晔《后汉书·耿弇传》载光武帝刘秀谓弇曰：“有志者事竟成也！”竟：终于，到底。

〔12〕有妇人焉：即妇女们。妇人：成年女子的通称，多指已婚者。《周易·恒》：“妇人吉，夫子凶。”《墨子·非攻下》：“农夫不暇稼穑，妇人不暇纺绩织纴。”焉：文言虚词，用于句末表示停顿，同“也”。这句是说，有许多妇女盼望着翻身解放。

〔13〕如旱望云：（她们）像久旱盼望下雨的云彩。《孟子·滕文公下》：“民之望之，若大旱之望雨也。”这句是说，广大妇女们渴望读到专门为她们而办的革命刊物，就像久遇干旱渴望下雨一样急切。

〔14〕此编之作：《中国妇女》的创办出版正满足了她们的愿望。此编：这本刊物，即《中国妇女》杂志。之：的。作：创办出版。

〔15〕伫看风行：全国妇女即将看到它在全国普遍流行。伫看：行将看到。元末明初施耐庵《水浒传》第八十二回：“一封恩诏出明光，伫看梁山尽束装。”伫：伫立，站着等候。风行：盛行，普遍流行。指《中国妇女》一创刊，就会受到广大读者的欢迎，风行全国。南朝宋范晔《后汉书·臧官传》：“震扬威灵，风行电照。”

五言韵语
军队向前进
一九四八年十一月十一日

军队向前进，生产长一寸。
加强纪律性，革命无不胜。

【题解】

这首韵语据人民出版社、中央文献出版社1993年12月第1版《毛泽东年谱》说，最早见于1948年11月11日，毛泽东致林彪、罗荣桓、刘亚楼、谭政并告东北局及各中央局、各分局、各前委负责同志电。后又见于《中国青年》杂志1948年12月创刊号。

五言韵语：每句五个字的韵语。

军队向前进：以韵语的首句为标题。

1948年5月3日，毛泽东在河北阜平县城南庄召开的中央书记处会议上，提出了全党全军的三项任务："军队向前进，生产长一寸，加强纪律性。"9月8日至13日，中共中央在河北平山县西柏坡村召开政治局会议，毛泽东在《中共中央政治局会议上的报告》中指出："我们的战略方针是打倒国民党，战略任务是军队向前进，生产长一寸，加强纪律性，由游击战争过渡到正规战争，建军五百万，歼敌正规军五百个旅，五年左右根本上打倒国民党。"会议强调，为夺取全国的胜利，必须加强全党的统一领导。"要求我党用最大的努力克服这些无纪律状态和无政府状态，克服地方主义和游击主义，将一切可能和必须集中的权力集中于中央和中央代表机关手里。"11月11日，中共中央将《毛泽东关于再有一年左右的时间可根本上打倒国民党的指示》电告各中央局、各野战军前委，明确提出："我们的口号是'军队向前进，生产长一寸，加强纪律性，革命无不胜'。"

12月，毛泽东这首韵语的手书在《中国青年》杂志创刊号上发表。

【笺注】

〔1〕军队向前进：军队要发展壮大。

〔2〕生产长一寸：首先生产要大发展。《毛泽东文集》第五卷《在中共中央政治局会议上的报告和结论》中，毛泽东曾说："军队向前进，就要生产长一寸，不这样就没有饭吃。"长一寸：是发展生产的形象化说法。

〔3〕加强纪律性：必须加强全党的集中统一领导。《毛泽东文集》第五卷《在中共中央政治局会议上的报告和结论》中，毛泽东指出："现在无纪律和无政府状态，在党内已达到了令人不能容忍的程度。……中央同志要以全力来做这件事，要在战争的第三年内，在全党全军克服无政府、无纪律状态。"

〔4〕革命无不胜：做到了以上三条，革命便没有不胜利的。这是以上述三句为前提得出的结论。作者用双重否定的句式，语气比一般的肯定句语气更强、更加肯定。无不胜：用否定之否定表示肯定，即必定胜利。

四言韵语

大权独揽

一九五三年一月

大权独揽，小权分散。
党委决定，各方去办。
办也有决，不离原则。
工作检查，党委有责。

【题解】

这首韵语见于中央文献出版社1992年8月第1版《建国以来毛泽东文稿

（第七册）》所载《工作方法六十条（草案）》。

四言韵语：每句四个字的韵语。

大权独揽：用韵语的首句做标题。

1958 年 1 月，在中共中央南宁会议上，毛泽东集中中央和地方许多领导人的意见，起草了《工作方法六十条（草案）》，其中说：“（二十八）在省、地、县三级或者在省、地、县、乡四级的干部会议上，讨论一次党的领导原则问题。讨论一下这些原则是否正确：‘大权独揽，小权分散。党委决定，各方去办。办也有决，不离原则。工作检查，党委有责。’这几句话里，关于党委的责任，是说大事由它首先做出决定，并且在执行过程中加以检查。‘大权独揽’是一句成语，习惯上往往指的是个人独断。我们借用这句话，指的却是主要权力应当集中于中央和地方党委的集体，用以反对分散主义。难道大权可以分揽吗？这八句歌诀，产生于一九五三年，就是为了反对那时的分散主义而想出来的。所谓‘各方去办’，不是说由党员径直去办，而是一定要经过党员在国家机关中、在企业中、在合作社中、在人民团体中、在文化教育机关中，同非党员接触、商量、研究，对不妥当的部分加以修改，然后大家通过，方才去办。第三句话里所说的‘原则’，指的是：党是无产阶级的最高组织形式，民主集中制，集体领导和个人作用的集中统一（党委和第一书记的统一），中央和上级的决策。”当时提出这种工作方法，是为了反对分散主义倾向，但是忽视了权力过分集中的倾向。后来在实践中出现了党委包办政府工作，党政不分和以党代政的现象。这是需要加以防止和纠正的。

【笺注】

〔1〕揽：把握，把持。清代曹雪芹《红楼梦》第四十八回：“内有一个张德辉，自幼在薛蟠当铺内揽总，家内也有了二三千金的过活。”

〔2〕分散：分别由各个职能部门把握。唐代李延寿《南史·孝义传下·卫敬瑜妻王氏》：“墓前柏树忽成连理，一年许还复分散。”

〔3〕党委决定：党委集体研究决定。

〔4〕各方：各个职能部门。方：方面。办：执行。

〔5〕办：办理工作。决：做决定，决断。《列子·汤问》："孔子不能决也。"汉代刘向《列女传》："吾计已决矣。"

〔6〕离：脱离，违背。《商君书·画策》："失法离令，若死我死。"《左传·隐公四年》："阻兵无众，安忍无亲，众叛亲离，难以济矣。"

四言韵语

手里有粮

一九五九年七月五日上午六时

手里有粮，心里不慌。
脚踏实地，喜气洋洋。

【题解】

这首韵语见于农业出版社1983年4月第1版《马克思恩格斯列宁斯大林毛泽东关于农业若干问题的部分论述》刊载的毛泽东《关于粮食问题的指示》（1957年7月5日）；后又见于武汉出版社1995年12月第1版何联华《毛泽东诗词新探》。收入中央文献出版社1993年1月第1版《建国以来毛泽东文稿》第八册，题为《粮食问题》，注明"根据手稿刊印"。

四言韵语：每句四个字的韵语。

手中有粮：用韵语的首句做标题。

1959年7月5日上午6时，毛泽东在《粮食问题》一文中写道："好好地精细地安排过日子。是否按照一九五七年的实际产量安排过日子呢？一九五七年的日子不是过得不错吗？这样做，农民的粮食储备就可以增得较多了。"紧接着，毛泽东抄录了这首韵语。声韵和谐，读来朗朗上口。

【笺注】

〔1〕有粮：储藏有粮食。“手里有粮”，一作“手中有粮”。

〔2〕心里不慌：心里就踏实不慌张。慌：慌乱。清代曹雪芹《红楼梦》第八十五回：“这时候我看着也是吓的慌手慌脚的了。”

〔3〕脚踏实地：形容做事踏实认真，不浮躁。宋代邵伯温《闻见前录》卷十八：“公尝问康节曰：‘某何如人？’曰：‘君实脚踏实地人也。’”

〔4〕喜气洋洋：脸上显露出欢欢喜喜、高高兴兴的神情。喜气：欢喜的神色或气氛。唐代刘长卿《送贾侍御克复后入京》：“温颜风霜霁，喜气烟尘收。”宋代苏轼《赵郎中往莒县逾月而归复以一壶遗之仍用元韵》：“门前人闹马嘶急，一家喜气如春酿。”洋洋：形容高高兴兴的样子。宋代范仲淹《岳阳楼记》：“登斯楼也，则有心旷神怡，宠辱皆忘，把酒临风，其喜洋洋者矣。”

四言韵语

题农村公共食堂

一九六〇年三月

加强领导，全民食堂，
猪菜丰富，计划用粮，
指标到户，粮食到堂，
以人定量，凭票吃粮，
节余归已，按月算账，
明明白白，账单上墙，
生产生活，两样都强，
人心振奋，……

【题解】

这首韵语见于中央文献出版社1996年1月第1版中共中央文献研究室编《建国以来毛泽东文稿》第九册《在黑龙江省农村公共食堂情况汇报上写的几句话（1960年3月）》。

四言韵语：每句四个字的韵语。

题：题词。农村公共食堂：1958年夏季，全国农村基本实现人民公社化以后，中央提出了办好公共食堂的指示，指出这是实现组织军事化、行动战斗化和生活集体化一项十分重要的工作，不久还要向城市发展。“人民公社兴办公共食堂，社员吃饭不要钱”成为当时农民生活中的一件大事。“放开肚皮吃饭，鼓足干劲生产”，一时间成为传遍大江南北的口号。标题为本书作者所拟。

这首韵语写在中共黑龙江省委农村工作部1960年3月5日关于农村公共食堂情况的电话汇报记录上，原编者对原文作了删节。

【笺注】

〔1〕全民食堂：全国人民吃公共食堂。食堂：公共食堂的简称。1958年夏季开始，全国农村先后掀起了大办公共食堂的热潮。至年末，全国有4.2亿人口在公共食堂吃饭，占农村总人口的78.8%。1959年起，由于严重自然灾害，农业遭灾歉收，粮食形势日趋紧张，公共食堂虽然采用“瓜菜代、二稀一干”等方法来节约用粮，但粮食仍然入不敷出，农民普遍反映吃不饱。随着食堂供应的恶化，农民的态度开始转变，部分农民甚至要求退出食堂。1959年5月，中央提出“积极办好，自愿参加”的方针和“口粮应该分配到户”等原则。1961年3月至6月间，各地开始解散公共食堂。1962年5、6月间，中共中央召开农村工作会议，纠正以行政命令大办公共食堂的“左”倾错误。1962年9月27日，中共中央八届十中全会正式通过《农村人民公社工作条例（修正草案）》，将关于“农村公共食堂”的条文删去。“人民公社兴办公共食堂，社员吃饭不要钱”的做法正式退出历史舞台。

〔2〕猪菜：猪肉和蔬菜。1958 年 10 月 25 日《人民日报》社论《办好公共食堂》一文指出：“人民公社的蔬菜、生猪、家禽、蛋品等生产，可以分为两部分：一是公共食堂生产部分，主要是自己食用；一是专业队（场）生产部分，主要是完成国家收购任务，在完成国家收购任务以后，剩余的再用以改善伙食。”“在可能的条件下，尽量做到：饭要粗细搭配、有干有稀；菜要多种多样，有菜有汤。公共食堂除供应基本菜以外，还应根据当地的生活习惯，尽量免费供给酱油、醋、酱、葱、蒜、辣椒等调味品。食堂内还可以增设小卖部，每天准备几种质量较好的荤菜或素菜，由社员自己出钱购买。公共食堂要注意改善伙食。一般地说，应当争取每月吃两三次肉；每逢节日举行会餐。”

〔3〕指标：农民上缴公粮的任务。

〔4〕堂：指公共食堂。

〔5〕以人定量：按人口确定粮食数量。以：按照。

〔6〕凭票吃粮：凭粮票吃饭。票：当时发行的粮票。

〔7〕节余归己：结余的口粮归自己所有。

〔8〕强：好。

五言韵语

读《十批判书》

一九七三年春

郭老从韩退，不及柳宗元。
名曰共产党，崇拜孔二先。

【题解】

这首韵语见于河南人民出版社 1988 年 12 月第 1 版王年一《大动乱的年

代》；又见于中央文献出版社1992年3月第1版陈晋《毛泽东与文艺传统》。

五言韵语：每句五个字的韵语。

十批判书：见《七律·读〈封建论〉呈郭老》笺注。

陈晋《毛泽东之魂》说：1973年5月，江青在毛泽东住处，看到桌子上放着郭沫若的《十批判书》大字本。毛泽东给了江青一本，并说“我的目的是为了批判用的”，顺便又念了这首韵语。该书还说，“文化大革命”开始以后，在谈话中，毛泽东多次把郭沫若的《十批判书》说作尊孔反法的学术代表著作，并明确表示不同意该书的观点。

1968年10月31日，在扩大的八届十二中全会闭幕会上的讲话中，毛泽东说：“拥护孔夫子的，我们在座的有郭老，范老也是基本上有点崇孔咯，因为你那个书上有孔夫子的像哪。冯友兰就是拥护孔夫子的咯。我这个人比较有点偏向，就不那么高兴孔夫子。看了说孔夫子是代表奴隶主、旧贵族，我偏向这一方面，而不赞成孔夫子是代表那个时候新兴地主阶级。因此，我跟郭老在这一点上不那么对。你那个《十批判书》尊儒反法，在这一点上我也不那么赞成。但是，在范老的书上，对于法家是给了地位的，就是申不害、韩非这一派，还有商鞅、李斯、荀卿传下来的。这些古董我也不劝同志们回去研究这一套啊。”

1973年7月4日，毛泽东召见王洪文、张春桥时，又特地谈起：“郭老在《十批判书》里头自称是人本主义，即人民本位主义，孔夫子也是人本主义，跟他一样。郭老不仅是尊孔，而且还反法。尊孔反法，国民党也是一样啊！林彪也是啊！我赞成郭老的历史分期，奴隶制以春秋战国之间为界，但是不能大骂秦始皇。早几十年中国的国文教科书，就说秦始皇不错了，车同轨，书同文，统一度量衡。”

1973年7月17日，会见美籍华裔科学家杨振宁博士时，毛泽东又说：“有人骂我，说我是秦始皇。秦始皇焚书坑儒，坑的是一派，只有四百多人，他推崇法家。郭老对历史分期的看法是对的，但是他的《十批判书》是错误，是崇儒反法。法家是前进的嘛！我们的社会要发展、要前进。……秦始皇是统一中国的第一个人。坑儒也只不过坑了四百六十人。”

这首韵语是毛泽东在晚年错误地发动“文化大革命”的时代背景下写的。对于这首韵语的评价和分析，当以1981年6月27日党的十一届六中全会通过的《关于建国以来党的若干历史问题的决议》为依据。为便于了解毛泽东诗词的全貌，附录于此，供读者参考。

【笺注】

〔1〕郭老：即郭沫若。见《七律・和郭沫若同志》题解。韩：指韩愈。见《七律・读〈封建论〉呈郭老》笺注。退：倒退，即由中央集权制倒退到诸侯分封制。“郭老从韩退”，王年一《大动乱的年代》作“郭老从柳退”。

〔2〕不及柳宗元：柳宗元在《封建论》一文中，反对春秋以前的奴隶主贵族分封制，认为秦始皇推行郡县制是顺应历史潮流的。毛泽东认为郭老尊孔、否定秦始皇的观点，还比不上柳宗元在《封建论》中的看法。其实，这是一个学术问题，对孔子和秦始皇的评价都要一分为二，作历史的具体的分析，绝对肯定和绝对否定都是错误的。毛泽东晚年发动“文化大革命”、“评法批儒”，是一大失误，因而这里对郭沫若的批评也是不正确的。不及：不如，比不上。柳宗元：见《七律・读〈封建论〉呈郭老》笺注。

〔3〕名：名称。曰：叫作。《尚书・洪范》：“五行：一曰水，二曰火，三曰木，四曰金，五曰土。”共产党：这里指共产党员。

〔4〕崇拜：尊敬，敬佩。孔二先：即孔二先生，对孔子的谑称。这里因字数、韵律关系，略去“生”字。孔子，见《水调歌头・游泳》笺注。

四　毛泽东诗词书法大事年表

1893 年 1 岁

12 月 26 日，诞生在湖南省湘潭县韶山冲一个农民家庭。

1901 年 8 岁

春，作《杂言诗·迎春》。

1902 年 9 岁

1902 年至 1910 年，先后在家乡韶山六所私塾读书，接受中国传统的启蒙教育。

1906 年 13 岁

作《五言诗·井赞》。

1907 年 14 岁

作《五言诗·咏指甲花》。

1910 年 17 岁

秋，入湖南湘乡县立东山高等小学堂读书。作《七绝·改诗呈父亲》、《七绝·改〈咏蛙〉》。

1911 年 18 岁

春，到长沙入湘乡驻省中学读书。

10 月，响应辛亥革命，投笔从戎，在湖南新军当列兵。

1912 年 19 岁

春，退出新军，考入湖南全省高等中学校。因爱好文学引起国文教师对他的关注。

秋，退学自修，每天到湖南省立图书馆去读书。

1913 年 20 岁

春，入湖南省立第四师范学校预科读书。

10 月至 12 月，整理求学笔记，冠名《讲堂录》。其中有诗文理论和书法的内容："文以理胜，诗以情胜"；"有感而后有情，有情而后著之于诗，始美且雅"；"性情识见俱到，可以言诗矣"；"文贵颠倒簸弄，故曰做；字宜振笔直书，故曰写"。

1914 年 21 岁

秋，编入湖南省立第一师范学校本科第八班。受杨昌济等进步教师的影响，成为《新青年》的热心读者，崇拜陈独秀、胡适。

同年，作《五言排律 · 湘江漫游联句》。

1915 年 22 岁

5 月 23 日，作《五古 · 挽易昌陶》和挽联，悼念一师同学易昌陶。作《四言韵语 · 题〈明耻篇〉》。

6 月 25 日，致信湘生，信中谈到"盖文学为百学之原"，抄录了《五古 · 挽易昌陶》。

冬，作《五律 · 初登云麓宫联句》。

1917 年 24 岁

6 月，湖南一师开展德智体优秀的"人物互选"活动，毛泽东在"敦品"、"自治"、"文学"、"言语"、"才具"、"胆识"六项中得票总数排名第一，其中"敦品"、"言语"单项票数也排名第一。

夏，作《七绝 · 呈刘翰林联句》、《五言诗 · 玉潭即景联句》、《七律 · 游学即景》、《四言诗 · 题安化北宝塔壁》等。

同年，作《七古 · 自信人生》。

1918 年 25 岁

4 月，同萧子昇、何叔衡、蔡和森等发起成立新民学会。作《七古 · 送纵宇一郎东行》、《四言诗·给罗章龙赠言》。

6月，在湖南省立第一师范学校毕业。

8月，为组织"湖南赴法勤工俭学运动"第一次到北京。在北京期间，担任北京大学图书馆管理员，得到李大钊等人帮助，开始接受俄国十月革命的思想影响。

8月18日，作《七绝·过魏都联句》。

1919年26岁

5月，响应五四运动，发起成立湖南学生联合会，领导湖南学生反帝爱国运动。

7月14日，主编的湖南学生联合会会刊《湘江评论》在长沙创刊。

7月至8月，连续撰写并发表《创刊宣言》、《民众的大联合》等40余篇文章。

10月5日，母亲文氏病逝，闻讯从长沙赶回韶山。

10月8日，作《四言诗·祭母文》和挽母联两副，悼念母亲。

冬，作《五言诗·大沽观海联句》。

1920年27岁

5月至6月，在上海会见陈独秀，同他讨论读过的马克思主义书籍等问题。

11月25日，致信罗章龙，提出新民学会"要变为主义的结合才好。主义譬如一面旗子，旗子立起了，大家才有所指望，才知所趋赴"。

冬，与杨开慧结婚。

1921年28岁

春夏间，作《虞美人·枕上》。

7月23日至8月初，与何叔衡作为长沙共产主义小组的代表出席在上海召开的中国共产党第一次全国代表大会。

1922年29岁

5月，中共湘区执行委员会成立，任书记。

1923 年 30 岁

4 月，离开长沙到达上海，在中共中央机关工作。

12 月，作《贺新郎·别友》。

1924 年 31 岁

1 月，在广州出席中国国民党第一次全国代表大会，被选为候补中央执行委员。

2 月，到上海，任国民党上海执行部委员、组织部秘书等职。

1925 年 32 岁

10 月，任国民党中央宣传部代理部长。

12 月 1 日，发表《中国社会各阶级的分析》一文。

12 月 5 日，主编的国民党中央宣传部刊物《政治周报》创刊。

秋，作《沁园春·长沙》。

1926 年 33 岁

3 月 18 日，在广州国民党政治讲习班纪念巴黎公社 55 周年集会上发表讲演，题为《纪念巴黎公社的重要意义》。

5 月至 9 月，主办国民党第六届农民运动讲习所，任所长。

1927 年 34 岁

3 月，发表《湖南农民运动考察报告》一文。

春，作《菩萨蛮·黄鹤楼》。

9 月 9 日，发动和领导的湘赣边界秋收起义爆发。

同月，作《西江月·秋收起义》。

10 月，开始创建井冈山革命根据地。

1928 年 35 岁

4 月，率部在江西宁冈县砻市同朱德、陈毅率领的南昌起义军余部和湘南起义军会师。作《杂言韵语·红军纪律歌》。

5 月，担任两支部队合编而成的工农革命军（后改称“中国工农红军”）第四军党代表、军委书记。

秋，作《西江月·井冈山》。

1929 年 36 岁

1 月，同朱德、陈毅率红四军主力向赣南、闽西进军。至 1930 年，赣南、闽西两块革命根据地初步形成。

同月，作《四言韵语·红军第四军司令部布告》。

10 月，作《采桑子·重阳》。

秋，作《清平乐·蒋桂战争》。

1930 年 37 岁

1 月，写《星星之火，可以燎原》一文，阐述关于农村包围城市、武装夺取政权的中国革命道路的理论。作《如梦令·元旦》。

2 月，作《减字木兰花·广昌路上》。

7 月，作《蝶恋花·从汀州向长沙》。

1931 年 38 岁

春，同朱德等指挥红一方面军粉碎国民党第一次大“围剿”。作《渔家傲·反第一次大“围剿”》。

夏，同朱德等指挥红一方面军粉碎国民党第二次大“围剿”。作《渔家傲·反第二次大“围剿”》。

12 月 19 日，作《六言韵语·苏维埃政府布告》。

1932 年 39 岁

4 月 15 日，发表《对日战争宣言》一文。

6 月，同朱德指挥红一、红五军团从闽西回师赣南。

1933 年 40 岁

夏，作《菩萨蛮·大柏地》。

10 月，写《怎样分析农村阶级》一文，成为划分农村阶级成分的标准。

1934 年 41 岁

1 月，在中共六届五中全会上被选为政治局委员；继续当选为中华苏维埃共和国中央执行委员会主席。

夏，作《清平乐·会昌》。

1935 年 42 岁

1 月 15 日至 17 日，出席在贵州遵义召开的中共中央政治局扩大会议，被增选为中央政治局常委。会议结束了王明“左”倾冒险主义在中共中央的统治，实际确立了以毛泽东为代表的新的中央领导。

2 月，作《忆秦娥·娄山关》。

3 月至 5 月，同周恩来等红一方面军四渡赤水，巧渡金沙江，飞夺泸定桥，取得战略转移中具有决定意义的胜利。

10 月 19 日，率领中国工农红军陕甘支队到达陕西保安吴起镇，长征胜利结束。

同月，作《七律·长征》、《念奴娇·昆仑》、《清平乐·六盘山》、《六言诗·给彭德怀同志》等。

1934 年至 1935 年，作《十六字令三首》。

1936 年 43 岁

2 月，同彭德怀率领红一方面军主力渡黄河东征。作《沁园春·雪》。

10 月，书赠斯诺《七律·长征》。

12 月，出席在陕北瓦窑堡召开的中共中央政治局会议。会议确定了建立抗日民族统一战线的策略。写《中国革命战争的战略问题》一文。作《临江仙·给丁玲同志》。

1937 年 44 岁

1 月 13 日，同中共中央和中央军委进驻延安。

3 月，作《四言诗·祭黄陵文》。

4 月初，署名“上海丁丑编译社”的《外国记者西北印象记》在北平秘密出版。该书首次刊出了毛泽东《七律·长征》。

4 月 6 日，延安《新中华报》发表《四言诗·祭黄陵文》。

4 月至 7 月，在抗日军政大学讲授辩证法唯物论，其中的两节后来整理成《实践论》和《矛盾论》两篇文章。

7月23日，发表《反对日本进攻的方针、办法和前途》，提出坚决抗战，反对妥协退让的方针、政策。

10月19日，在延安陕北公学鲁迅周年纪念大会上发表《论鲁迅》演讲。

同年，书赠丁玲《临江仙·给丁玲同志》。

1938年45岁

4月10日，出席延安鲁迅艺术学院成立典礼并讲话，指出："统一战线同时是艺术的指导方针。"

11月28日，书赠李公朴夫妇《清平乐·六盘山》。

1939年46岁

1月，致信延安鲁迅艺术学院以文学系为主组成的业余诗歌组织"路社"，指出："无论文艺的任何部门，包括诗歌在内，我觉都应是适合大众需要的才是好的。"

4月下旬，写《五四运动》一文。

5月4日，在延安青年纪念五四运动20周年大会上作《青年运动的方向》讲演。

同月，作《四言韵语·题〈中国妇女〉之出版》。

7月9日，作《四言诗·戏改江淹〈别赋〉句》。

1940年47岁

1月，发表《新民主主义论》一文，系统论述新民主主义革命的理论和纲领。

1941年48岁

5月19日，在延安干部大会上作《改造我们的学习》报告。

12月5日，《奔流新集之二·横眉》发表毛泽东《清平乐·六盘山》。

1942年49岁

2月1日，在中共中央党校开学典礼上作《整顿党的作风》的报告。

2月8日，在中共中央宣传部召集的干部会议上作《反对党八股》的讲话。

5月，在延安文艺工作者座谈会上发表讲话并作结论。

1943年50岁

3月20日，在中共中央政治局会议上被推定为中央政治局主席和中央书记处主席。

3月，作《五律·挽戴安澜将军》。

1944年51岁

1月9日，致中央党校杨绍萱、齐燕铭信。指出："历史是人民创造的。"

11月21日，致信郭沫若，称赞其"史论、史剧有大益于中国人民"。

1945年52岁

6月19日，在中共七届一中全会上当选为中央委员会主席。

8月28日，赴重庆同蒋介石进行和平谈判。

9月22日，给诗人徐迟题词："诗言志"。

10月7日，应柳亚子"索句"之请，将《沁园春·雪》书赠给他。后又应柳亚子之请，在柳亚子的纪念册上再次书写这首词。

11月14日，重庆《新民报晚刊》第二版《西方夜谭》副刊上以《毛词·沁园春》为题发表毛泽东的《雪》词，轰动整个山城。

11月28日，重庆《大公报》转载《毛词·沁园春》。

1946年53岁

8月6日，会见美国记者斯特朗，提出"一切反动派都是纸老虎"的著名论断。

11月18日，在为中共中央起草的党内指示中，第一次使用"人民解放战争"的名称。

1947年54岁

3月18日，率中共中央机关和人民解放军总部撤离延安，开始历时一年的陕北转战。

4月，作《五律·张冠道中》。

6月1日，《文化报》首次发表毛泽东《临江仙·给丁玲同志》。

8月1日,《战友报》首次发表毛泽东《六言诗·给彭德怀同志》。

9月，作《五律·喜闻捷报》。

10月，起草《中国人民解放军宣言》，提出“打倒蒋介石，解放全中国”的口号。

1948年55岁

4月1日，在山西省兴县蔡家崖晋绥干部会议上发表重要讲话，阐明党的新民主主义革命总路线和土地改革总路线。

7月,《知识》杂志首次发表毛泽东《西江月·井冈山》。

11月11日，作《五言韵语·军队向前进》。

12月30日，为新华社撰写1949年新年献词《将革命进行到底》。

1949年56岁

4月23日，人民解放军占领南京。

同月作《七律·人民解放军占领南京》。

4月29日，作《七律·和柳亚子先生》并书赠给他。

8月，萧三的《毛泽东同志的青少年时代》首次发表毛泽东《沁园春·长沙》。

9月21日至30日，中国人民政治协商会议第一届全体会议召开，致开幕词。当选为中央人民政府主席。

9月23日，给《人民文学》创刊号题词:“希望有更多好作品出世。”

10月1日，中华人民共和国成立，主持开国大典。

1950年57岁

2月,《毛泽东同志的青少年时代》首次发表毛泽东书赠柳亚子的第一幅《沁园春·雪》手书。

10月4日，作《浣溪沙·和柳亚子先生》(长夜难明赤县天）并书赠柳亚子。

11月，作《浣溪沙·和柳亚子先生》(颜斶齐王各命前）并书赠柳亚子。

1951年58岁

1月8日,《文汇报》首次发表毛泽东书赠柳亚子的第二幅《沁园春·雪》

手书。

1月23日,《文汇报》首次发表毛泽东《浣溪沙·和柳亚子先生》(长夜难明赤县天)。

4月3日，中国戏曲研究院成立，为该院题名并题词:“百花齐放，推陈出新。”

5月20日，写《应当重视电影〈武训传〉的讨论》一文，以《人民日报》社论的形式发表。

10月12日,《毛泽东选集》第一卷出版。

1952年59岁

4月10日,《毛泽东选集》第二卷出版。

1953年60岁

4月10日,《毛泽东选集》第三卷出版。

1954年61岁

夏，作《浪淘沙·北戴河》。

10月16日，给中共中央政治局及有关同志写《关于红楼梦研究问题的信》。

1955年62岁

10月4日，致信周世钊，信中抄录了《七律·和周世钊同志》。

同年，作《五律·看山》、《七绝·莫干山》、《七绝·五云山》等。

1956年63岁

4月28日，在中共中央政治局扩大会议上提出“百花齐放，百家争鸣”的文艺方针。

6月，作《水调歌头·游泳》。

8月3日,《中学生》1956年第8期首次发表毛泽东《西江月·秋收起义》和《如梦令·元旦》。

8月24日，在中南海怀仁堂与部分音乐工作者谈话。在谈到古为今用、洋为中用、推陈出新的原则时，指出:“社会主义的内容，民族的形式。”

12 月 4 日，致信黄炎培，信中抄录了《浪淘沙 · 北戴河》和《水调歌头 · 游泳》。

12 月 5 日，致信周世钊，信中抄录了《水调歌头 · 游泳》。

1957 年 64 岁

1 月 25 日，《诗刊》创刊，创刊号发表了 1 月 12 日毛泽东致《诗刊》主编臧克家和编辑部的一封信和毛泽东的《旧体诗词十八首》。

5 月 11 日，致信李淑一，信中抄录了《蝶恋花 · 答李淑一》。

9 月，作《七绝 · 观潮》。

1958 年 65 岁

1 月 1 日，《蝶恋花 · 答李淑一》在湖南师范学院院刊《湖南师院》首次发表。

3 月 22 日，在成都会议上的讲话中指出：中国诗的出路：第一条是民歌，第二条是古典，在这个基础上产生出新诗来。“形式是民族的形式，内容应该是浪漫主义与现实主义的对立统一。”

7 月 1 日，作《七律二首 · 送瘟神》。

10 月 3 日，《人民日报》发表《七律二首 · 送瘟神》。

12 月 21 日，对自己所作的诗词作批注，并作《七绝 · 仿陆放翁〈示儿〉诗》。

12 月，人民文学出版社出版《毛泽东论文学和艺术》。

同年，作《七绝 · 刘蕡》。

1959 年 66 岁

6 月 27 日，作《七律 · 到韶山》。

7 月 1 日，作《七律 · 登庐山》。

7 月 5 日，作《四言韵语 · 手里有粮》。

9 月 1 日，《七律 · 到韶山》、《七律 · 登庐山》在《诗刊》发表，并致《诗刊》一封信。

9 月 27 日，为傅抱石、关山月《沁园春 · 雪》诗意画题词：“江山如此多娇。”

11月，作《七律·读报》(反苏忆昔闹群蛙)。

12月，作《七律·改鲁迅诗》、《七律·读报》(西海如今出圣人)、《七律·读报》(托洛茨基到远东) 等。

1960年67岁

3月，作《四言韵语·题农村公共食堂》。

6月13日，作《七律·读报》(托洛茨基返故居)。

9月30日，《毛泽东选集》第四卷出版。

12月，作《七绝·为女民兵题照》。

1961年68岁

春，书赠张仙朋《虞美人·枕上》、《贺新郎·别友》。

9月1日，为毛岸青、邵华书《蝶恋花·答李淑一》。

9月8日，“应宁夏同志嘱书”《清平乐·六盘山》。

9月9日，作《七绝·为李进同志题所摄庐山仙人洞照》。

9月25日，书赠英国蒙哥马利元帅《水调歌头·游泳》。

秋，作《七绝·屈原》、《七绝二首·纪念鲁迅八十寿辰》。

11月17日，作《七律·和郭沫若同志》。

12月，作《卜算子·咏梅》。

同年，作《七律·答友人》、《七绝·贾谊》、《七律·咏贾谊》等。

1962年69岁

4月20日，书赠李银桥夫妇《七律·长征》。

4月27日，《人民文学》1962年5月号发表毛泽东《词六首》，序中说：“这六首词，是一九二九至一九三一年在马背上哼成的。”

12月26日，作《七律·冬云》。

1963年70岁

1月9日，作《满江红·和郭沫若同志》并立即书赠周恩来等。

2月5日，书赠江青《满江红·和郭沫若同志》。

8月1日，作《杂言诗·八连颂》。

12月上旬，邀请朱德、邓小平、彭真、郭沫若、周扬、何其芳、臧克家、袁水拍、田家英等20余人，座谈《毛主席诗词》编辑出版工作。

同月，人民文学出版社出版《毛主席诗词》。作《七律·吊罗荣桓同志》。

1964年71岁

春，作《贺新郎·读史》。

1965年72岁

5月22日至29日，重上井冈山。

同月作《念奴娇·井冈山》、《水调歌头·重上井冈山》。

7月21日，致信陈毅，信中指出："诗要用形象思维……将来趋势，很可能从民歌中吸引养料和形式，发展成为一套吸引广大读者的新体诗歌。"

秋，作《念奴娇·鸟儿问答》。

12月，作《七律·洪都》。

1966年73岁

5月16日，中共中央政治局扩大会议通过毛泽东主持制定的《中国共产党中央委员会通知》。

6月，作《七律·有所思》。

7月，书赠郭沫若《西江月·井冈山》（现在所见该词的唯一手书）。

9月24日，书赠吴旭君《七绝·为女民兵题照》。

同月，上海东方红书画社出版《毛主席诗词手稿十首》。

10月1日至1968年5月1日，邮电部发行《毛主席诗词邮票》（共13枚。其中1枚为毛泽东写作照片，其余为诗词手书）。

1967年74岁

5月12日，《人民日报》首次披露《杂言诗·八连颂》诗句。

1971年78岁

9月，上海东方红书画社出版《毛主席诗词手稿十五首》。

1973年80岁

春，作《五言韵语·读〈十批判书〉》。

8 月 5 日，作《七律 · 读〈封建论〉呈郭老》。

12 月，文物出版社出版《毛主席诗词墨迹》，收录毛泽东诗词手书 15 首 15 件。

1976 年 83 岁

1 月，在复刊后的《诗刊》1976 年第 1 期发表《水调歌头 · 重上井冈山》、《念奴娇 · 鸟儿问答》。

9 月 9 日，于北京逝世。

五　旧体诗词知识

（一）旧体诗知识

我国是一个诗的国度，诗歌历史悠久，源远流长。先秦时代便产生了我国最早的诗集——《诗经》和《楚辞》。汉魏六朝又出现了五言诗、七言诗和乐府。南朝齐梁时代诗体又有了新的发展，一些诗人开始注意把声律运用到诗歌创作中。到了初唐，诗歌逐步形成了比较严格、固定的格式，出现了按照诗律进行创作的格律诗。在诗歌发展史上，通常把唐代以前的诗歌和唐代不讲究格律的诗歌称作古体诗，简称古诗；把唐代及以后按照格律创作的诗称作格律诗或近体诗，也称作今体诗，简称律诗。无论是古体诗还是近体诗，我们今天统称之旧体诗，以区别于现代的新诗。

1. 古体诗

除了唐代以前的诗歌和唐代不讲究格律的诗歌称作古体诗外，唐代以后按照古体诗格式创作的诗歌也称作古体诗。古体诗分为四言诗、五言诗（也叫五古）、六言诗、七言诗（也叫七古）、杂言诗等。“言”就是字的意思。杂言诗是长句和短句杂用在一起，主要是三字句、五字句、七字句，偶尔有四字句、六字句以及七字以上的句子。毛泽东诗词中有《四言诗·祭母文》、《五古·挽易昌陶》、《六言诗·给彭德怀同志》、《七古·送纵宇一郎东行》、《杂言诗·八连颂》等。自唐代形成格律诗以后，人们常将时人效法古体诗写的作品称为“古风”；将形式比较自由的律诗和绝句，称为古风式的律诗、古风式的绝句。毛泽东诗词中《五律·喜闻捷报》、《七律·咏贾谊》、《七绝二首·纪念鲁迅八十寿辰》等属于古风式律诗或绝句。

古体诗和近体诗的主要区别主要表现在字数、句数、平仄、对仗、押韵等几个方面。

2. 近体诗

近体诗又分律诗和绝句两种形式。律诗八句，绝句四句。每句七言的叫七律或七绝，每句五言的叫五律或五绝。也偶有六律、六绝。律诗还有每首十句以上的，叫作排律或长律。

近体诗在平仄、对仗、押韵等方面都有一定的要求。

(1) 平仄

近体诗讲平仄，合乎平仄的近体诗朗读起来，字的声调有变化，并且得到恰当的搭配和呼应，容易产生抑扬顿挫的节奏和悦耳的音乐效果。在汉语里，每个字都有一个声调，读起来高低、长短、升降各不相同。例如现代汉语中的“妈”、“麻”、“马”、“骂”四个字，声母、韵母都相同，但声调不一样。“妈”读起来调子高而平，称之高平调或阴平；“麻”读起来调子由低向上升，称之中升调或阳平；“马”读起来调子先降后升，称之降升调或上(shǎng)声；“骂”读起来调子由高向下猛降，称之全降调或去声。古代汉语中还有入声，读起来急促短暂，例如，毛泽东《七绝·为女民兵题照》中“飒”、“尺”、“不”古代都属入声。全国各地的不少方言中现在仍保留这种声调，可以用来帮助我们辨认入声字，但是朗读时应该用普通话，不能用入声。

古代声调分平、上、去、入四种，平声（普通话已分化为阴平和阳平）

为一大类，上、去、入为一大类，叫仄声。平声大约是比较长的音，仄声是比较短促的音，声调有升有降，读音有长有短，因此形成了平仄的对立。在近体诗中，就是利用平仄的交替和对应，造成优美的节奏，吟诵起来抑扬顿挫，铿锵动听。

近体诗的平仄应用，有一定的格式，还以《七绝·为女民兵题照》为例（符号“—”表示平声，“|”表示仄声，“㊀”表示平声可仄；“①”表示仄声可平）：

飒爽英姿五尺枪，曙光初照演兵场。

①| ——| | —　㊀—①| | ——

中华儿女多奇志，不爱红装爱武装。

㊀—①| ——|　①| ——| | —

这里，除了㊀、①表示这个地方可用平声字也可用仄声字外，其他地方，则一定要按这个要求用字。一般每句的第一、三、五字自由一些，第二、四、六字严格一些。按照这种格式，可以看出平仄是较有规律的上下、前后相互交替和对应使用的。仍以这首诗为例：

仄仄-平平-仄仄-平　仄平-平仄-仄平-平

平平-平仄-平平-仄　仄仄-平平-仄仄-平

这样朗读起来声调有起伏，很容易形成节奏感。诗人熟练利用语言中声调的特点，自然形成对于平仄声调使用的习惯。如有些民歌作者尽管不一定研究过平仄，但其作品读起来却平仄交替，抑扬顿挫，很顺口，只不过没有像近体诗那样固定的格式罢了。

（2）对仗

近体诗的对仗，跟我们常见的对联相同，即字数相等，词性相同，结构相似，平仄相反，意义相对，不过对联字数不限。近体诗中间两联必须对仗，第三句要和第四句对，第五句要和第六句对。例如，毛泽东《七律·冬云》第三句“高天滚滚寒流急”和第四句“大地微微暖气吹”对仗；第五句“独有英雄驱虎豹”和第六句“更无豪杰怕熊罴”对仗。“高天”对“大地”（“高”对“大”，“天”对“地”。“高”、“大”，形容词，“天”、“地”，名词。“高天”、“大地”，偏正结构的名词性词组），平平对仄仄。“滚滚”对“微微”（“滚滚”、“微微”，形容词），仄仄对平平。“寒流”对“暖气”（“寒”对“暖”，“流”对“气”。“寒”、“暖”，形容词。“流”、“气”，名词。“寒流”、“暖气”偏正结构的名词性词组），平平对仄仄。“独”对“更”（“独”、“更”，副词），仄对仄（因为均是首字，平仄可自由）。“有”对“无”（“有”、“无”，动词），仄对平。“英雄”对“豪杰”（“英雄”、“豪杰”，联合结构的名词），平平对平仄，豪，平声，这一种句式第三字可仄可平。“驱”对“怕”（“驱”、“怕”，动词），平对仄，“虎豹”对“熊罴”（“虎豹”、“熊罴”，联合结构的名词性词组），仄仄对平平。《七律·长征》中第三句“五岭逶迤腾细浪”和第四句“乌蒙磅礴走泥丸”对仗；第五句“金沙水拍云崖暖”和第六句“大渡桥横铁索寒”对仗。“五岭”对“乌蒙”，仄仄对平平，“逶迤”对“磅礴”，平平对平仄，“腾细浪”对“走泥丸”（“腾”对“走”，“细浪”对“泥丸”），平仄仄对仄平平（“磅”是平声，这里可平可仄。“礴”是入声，仄声）。对仗可以是相类的事物或概念相对（如“五岭”对“乌蒙”），也可以是相反的事物或概念相对（如“暖”对“寒”）。总之，实词对实词，虚词对虚词，平声对仄声，仄声对平声。绝句则可对可不对，一般不用对仗。

对仗，根据对得是否工整而分为工对和宽对。根据内容可以分为正对、反对、流水对。正对是并列的事物相对，例如，毛泽东《七律·冬云》颈联“独有英雄驱虎豹，更无豪杰怕熊罴”。反对是相反的事物互相映衬，例如，毛泽东《七律·和郭沫若同志》颔联“僧是愚氓犹可训，妖为鬼蜮必成灾”。流水对是说，相对的两句之间是一个意思连贯下来，也就是出句和对句不是两句话，而是一句话。例如，毛泽东《七律·和郭沫若同志》颈联“金猴奋起千钧棒，玉宇澄清万里埃”、《七律·人民解放军占领南京》颈联“宜将剩勇追穷寇，不可沽名学霸王”等，就综合运用了流水对和工对。

对仗中还有两种特殊的类型。一种是借对，借对是说一个词有两个以上的意思，诗中用的是甲义，但是同时借用它的乙义或丙义来与另一个词相对。例如，毛泽东《七律·洪都》颈联“鬓雪飞来成废料，彩云长在有新天”。“雪”是借“白色”之义。

另一种是错综对，这种对仗的特点是两相对仗的词语的位置，并不要求互相对称。例如，毛泽东《七律·吊罗荣桓同志》颈联就运用了错综对：

斥鹦每闻欺大鸟，昆鸡长笑老鹰非。

出句第六七字“大鸟”与对句第五六字“老鹰”是表示飞禽的名词相对仗，但它们的位置并不对称；同时，出句第五字“欺”与对句第七字“非”相对仗，位置也不对称。

对仗的形式很多，采用什么形式，要服从内容的需要，根据具体情况来决定。对仗如果运用得好，可以使诗歌形成一种起伏、跌宕的声势，有波澜，多变化，能更有力地表达思想内容。

（3）押韵

诗要顺口，必须押韵。近体诗在押韵上有固定的格式：

①律诗每首四韵或者五韵，绝句每首两韵或三韵。偶句必须押韵，第一句可押可不押，其余的奇句一律不押。例如，《七绝·为女民兵题照》：

飒爽英姿五尺枪，曙光初照演兵场。

中华儿女多奇志，不爱红装爱武装。

第一、二、四句末尾的字“枪”（qiāng）、“场”（chǎng）、“装”

（zhuāng），它们的韵母相同或相近，ang 韵腹和韵尾都相同，因此读起来顺口、和谐，这就是押韵。

②在一首诗里，必须一韵到底，不能换别的韵。

③通常押平声韵，如上例中的“枪”、“场”、“装”，都是平声韵。

语音随着社会的发展而不断变化，按古代诗韵写的诗，用普通话或者方言去读，可能会觉得不押韵。例如毛泽东《七律·和郭沫若同志》：

一从大地起风雷，便有精生白骨堆。
僧是愚氓犹可训，妖为鬼蜮必成灾。
金猴奋起千钧棒，玉宇澄清万里埃。
今日欢呼孙大圣，只缘妖雾又重来。

这首诗的韵脚是“雷”、“堆”、“灾”、“埃”、“来”，在旧诗韵中同属一个韵部，即上平声“灰”韵。可是现代人用普通话读起来却不押韵，“灾”（zāi）、“埃”（āi）、“来”（lái）的韵母是 ai，“雷”（léi）、“堆”（duī）的韵母是 ei 和 uei。毛泽东这首诗是按旧诗韵写的。写作旧体诗，过去主张一定要押古代诗韵，即通常所说的“平水韵”。毛泽东主张写旧体诗可以平仄从严，用韵从宽，他的不少诗就是用邻韵通押或者用普通话和方音押韵的。我们认为，现在写作旧体诗，完全可以按照普通话语音用新诗韵来押韵。

（4）近体诗的基本格式

近体诗中每两句为一联，律诗有四联，绝句为两联。律诗第一联称首联，第二联称颔联，第三联称颈联，第四联称尾联。绝句第一联称首联，第二联称尾联。每联的上句叫出句，下句叫对句。它的平仄规则是：

①一句之中平仄交替。如“仄仄平平仄”句，“仄仄”之后是“平平”，“平平”之后是“仄”。

②一联之间平仄对立，称作“对”。只有在首句入韵的诗中，首联的平仄

是不能完全相对的。如“仄仄平平仄，平平仄仄平”。第一、二字“仄仄”和“平平”对，第三、四字“平平”和“仄仄”对。首句入韵的诗，如“平平仄仄平，仄仄仄平平”，“平平”和“仄仄”对，第三字和第五字却因韵脚的关系，作了调整。

③两联之间平仄相粘，也就是后联出句第二字的平仄和前联对句的第二字平仄相同（由于第一字有时可平可仄，因此以第二字为准），称作“粘”。如前联对句为“平平仄仄平”，则后联出句必为“平平平仄仄”。前联对句为“仄仄仄平平”，则后联出句必为“仄仄平平仄”。第二字平仄相同，两句粘在一起。

声调的这种有规律的变化和重复，增强了诗的音乐性和节奏感，读起来自然顺口、好听。现以毛泽东《七律·长征》为例说明如下：

首联	出句	红军不怕远征难，	⊖—⦶｜｜——	对（平仄相反）
	对句	万水千山只等闲。	⦶｜——｜｜—	
				粘（平仄基本相同）
颔联	出句	五岭逶迤腾细浪，	⦶｜⊖——｜｜	对（平仄相反）
	对句	乌蒙磅礴走泥丸。	⊖—⦶｜｜——	
				粘（平仄基本相同）
颈联	出句	金沙水拍云崖暖，	⊖—⦶｜——｜	对（平仄相反）
	对句	大渡桥横铁索寒。	⦶｜——｜｜—	
				粘（平仄基本相同）
尾联	出句	更喜岷山千里雪，	⦶｜⊖——｜｜	对（平仄相反）
	对句	三军过后尽开颜。	⊖—⦶｜｜——	

3. 近体诗的平仄格式

符号说明：—表示平声；｜表示仄声；㊀表示可平可仄；①表示可仄可平；“·”在字下表示是入声字，普通话读仄声（上声或去声）；“。”在字下表示是入声字，普通话读平声（阴平或阳平）；“△”在字下表示押平声韵；“▲”在字下表示押仄声韵。

（1）五言律诗格式

〔1〕平起式（首句入韵）　例如，李商隐《晚晴》：

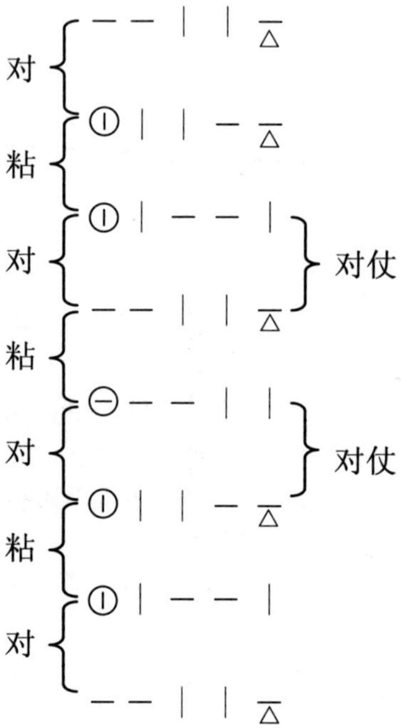

深居俯夹城，
— — ｜ ｜ —△
春去夏犹清。
— ｜ ｜ — —△
天意怜幽草，
— ｜ — — ｜
人间重晚晴。
— — ｜ ｜ —△
并添高阁调，
｜ — — ｜ ｜
微注小窗明。
— ｜ ｜ — —△
越鸟巢干后，
｜ ｜ — — ｜
归飞体更轻。
— — ｜ ｜ —△

〔2〕平起式（首句不入韵）　例如，王维《山居秋暝》：

㊀ — — ｜ ｜

空山新雨后，
— — — ｜ ｜

⦶ 丨 丨 — $\overline{\triangle}$	天 气 晚 来 秋。
	— 丨 丨 — $\overline{\triangle}$
⦶ 丨 — — 丨	明 月̣ 松 间 照，
	— 丨 — — 丨
— — 丨 丨 $\overline{\triangle}$	清 泉 石̥ 上 流。
	— — 丨 丨 $\overline{\triangle}$
⊖ — — 丨 丨	竹̥ 喧 归 浣 女，
	丨 — — 丨 丨
⦶ 丨 丨 — $\overline{\triangle}$	莲 动 下 渔 舟。
	— 丨 丨 — —
⦶ 丨 — — 丨	随 意 春 芳 歇̥，
	— 丨 — — 丨
— — 丨 丨 $\overline{\triangle}$	王 孙 自 可 留。
	— — 丨 丨 $\overline{\triangle}$

〔3〕仄起式（首句入韵）　例如，王勃《五律·送杜少府之任蜀州》：

⦶ 丨 丨 — $\overline{\triangle}$	城 阙̣ 辅 三 秦，
	— 丨 丨 — $\overline{\triangle}$
— — 丨 丨 $\overline{\triangle}$	风 烟 望 五 津。
	— — 丨 丨 $\overline{\triangle}$
⊖ — — 丨 丨	与 君 离 别̥ 意，
	丨 丨 — — 丨
⦶ 丨 丨 — $\overline{\triangle}$	同 是 宦 游 人。
	— 丨 丨 — $\overline{\triangle}$
⦶ 丨 — — 丨	海 内 存 知 己，
	丨 丨 — — 丨

— — | | △　　天涯若比邻。
　　　　　　　— — | | △

⊖ — — | |　　无为在歧路，
　　　　　　　— — | — |

⦶ | | — △　　儿女共沾巾。
　　　　　　　— | | — △

〔4〕仄起式（首句不入韵）　例如，毛泽东《五律·挽戴安澜将军》：

⦶ | — — |　　外侮需人御，
　　　　　　　| | — — |

— — | | △　　将军赋采薇。
　　　　　　　— — | | △

⊖ — — | |　　师称机械化，
　　　　　　　— — — | |

⦶ | | — △　　勇夺虎罴威。
　　　　　　　| | | — △

⦶ | — — |　　浴血东瓜守，
　　　　　　　| | — — |

— — | | △　　驱倭棠吉归。
　　　　　　　— — — | △

⊖ — — | |　　沙场竟殒命，
　　　　　　　— — | | |

⦶ | | — △　　壮志也无违。
　　　　　　　| | | — △

（2）七言律诗格式

〔1〕平起式（首句入韵）　例如，毛泽东《七律·人民解放军占领南京》：

对
⊖ — ⦶ ｜ ｜ — △
⦶ ｜ — — ｜ ｜ △
粘
对
⦶ ｜ ⊖ — — ｜ ｜
⊖ — ⦶ ｜ ｜ — △　对仗
粘
对
⊖ — ⦶ ｜ — — ｜
⦶ ｜ — — ｜ ｜ △　对仗
粘
对
⦶ ｜ ⊖ — — ｜ ｜
⊖ — ⦶ ｜ ｜ — △

钟山风雨起苍黄，
— — — ｜ ｜ — △
百万雄师过大江。
｜ ｜ — — ｜ ｜ △
虎踞龙盘今胜昔，
｜ ｜ — — — ｜ ｜
天翻地覆慨而慷。
— — ｜ ｜ ｜ — △
宜将剩勇追穷寇，
— — ｜ ｜ — — ｜
不可沽名学霸王。
｜ ｜ — — ｜ ｜ △
天若有情天亦老，
— ｜ ｜ — — ｜ ｜
人间正道是沧桑。
— — ｜ ｜ ｜ — △

〔2〕平起式（首句不入韵）　例如，刘禹锡《酬乐天扬州初逢席上见赠》：

⊖ — ⦶ ｜ — — ｜　　巴山楚水凄凉地，
— — ｜ ｜ — — ｜
⦶ ｜ — — ｜ ｜ △　　二十三年弃置身。
｜ ｜ — — ｜ ｜ △
⦶ ｜ ⊖ — — ｜ ｜　　怀旧空吟闻笛赋，
— ｜ — — — ｜ ｜

⊖ — ⦶ 丨 丨 — $\overline{\triangle}$	到乡翻似烂柯人。 丨 — — 丨 丨 — $\overline{\triangle}$
⊖ — ⦶ 丨 — — 丨	沉舟侧畔千帆过， — — 丨 丨 — — 丨
⦶ 丨 — — 丨 丨 $\overline{\triangle}$	病树前头万木春。 丨 丨 — — 丨 丨 $\overline{\triangle}$
⦶ 丨 ⊖ — — 丨 丨	今日听君歌一曲， — 丨 — — — 丨 丨
⊖ — ⦶ 丨 丨 — $\overline{\triangle}$	暂凭杯酒长精神。 丨 — — 丨 丨 — $\overline{\triangle}$

〔3〕仄起式（首句入韵）　例如，毛泽东《七律二首·送瘟神》(其一)：

⦶ 丨 — — 丨 丨 $\overline{\triangle}$	绿水青山枉自多， 丨 丨 — — 丨 丨 $\overline{\triangle}$
⊖ — ⦶ 丨 丨 — $\overline{\triangle}$	华佗无奈小虫何。 丨 — — 丨 丨 — $\overline{\triangle}$
⊖ — ⦶ 丨 — — 丨	千村薜荔人遗矢， — — 丨 丨 — — 丨
⦶ 丨 — — 丨 丨 $\overline{\triangle}$	万户萧疏鬼唱歌。 丨 丨 — — 丨 丨 $\overline{\triangle}$
⦶ 丨 ⊖ — — 丨 丨	坐地日行八万里， 丨 丨 丨 — 丨 丨 丨
⊖ — ⦶ 丨 丨 — $\overline{\triangle}$	巡天遥看一千河。 — — — 丨 丨 — $\overline{\triangle}$
⊖ — ⦶ 丨 — — 丨	牛郎欲问瘟神事， — — 丨 丨 — — 丨

⦶ | — — | | —△　　　　一样悲欢逐逝波。
　　　　　　　　　　　| | — — | | —△

注：本诗第五句因用科学数据“八万里”不拘平仄而不合律。

〔4〕仄起式（首句不入韵）　例如，杜甫《闻官军收河南河北》：

⦶ | ⊖ — — | |　　　　剑外忽传收蓟北，
　　　　　　　　　　　| | | — — | |

⊖ — ⦶ | | —△　　　　初闻涕泪满衣裳。
　　　　　　　　　　　— — | | | —△

⊖ — ⦶ | — — |　　　　却看妻子愁何在，
　　　　　　　　　　　| — — | — — |

⦶ | — — | | —△　　　　漫卷诗书喜欲狂。
　　　　　　　　　　　| | — — | | —△

⦶ | ⊖ — — | |　　　　白日放歌须纵酒，
　　　　　　　　　　　| | | — — | |

⊖ — ⦶ | | —△　　　　青春作伴好还乡。
　　　　　　　　　　　— — | | | —△

⊖ — ⦶ | — — |　　　　即从巴峡穿巫峡，
　　　　　　　　　　　— — — | — — |

⦶ | — — | | —△　　　　便下襄阳向洛阳。
　　　　　　　　　　　| | | — | | —△

（3）五言绝句格式

〔1〕平起式（首句入韵）　例如，王维《闺人赠远》：

对	— — ｜ ｜ $\overline{\triangle}$	花明绮陌春， — — ｜ ｜ $\overline{\triangle}$
粘	① ｜ ｜ — $\overline{\triangle}$	柳拂御沟新。 ｜ ｜ ｜ — $\overline{\triangle}$
对	① ｜ — — ｜	为报辽阳客， ｜ ｜ — — ｜
	— — ｜ ｜ $\overline{\triangle}$	风光不待人。 — — ｜ ｜ $\overline{\triangle}$

〔2〕平起式（首句不入韵）　例如，孟浩然《宿建德江》：

⊖ — — ｜ ｜	移舟泊烟渚， — — ｜ — ｜
① ｜ ｜ — $\overline{\triangle}$	日暮客愁新。 ｜ ｜ ｜ — $\overline{\triangle}$
① ｜ — — ｜	野旷天低树， ｜ ｜ — — ｜
— — ｜ ｜ $\overline{\triangle}$	江清月近人。 — — ｜ ｜ $\overline{\triangle}$

注：第一句“———｜｜”改为“——｜—｜”，是一种特殊的平仄格式，合律。

〔3〕仄起式（首句入韵）　例如，卢纶《塞下曲》（其二）：

① ｜ ｜ — $\overline{\triangle}$	月黑雁飞高， ｜ ｜ ｜ — $\overline{\triangle}$
— — ｜ ｜ $\overline{\triangle}$	单于夜遁逃。 — — ｜ ｜ $\overline{\triangle}$

⊖ — — ｜ ｜	欲将轻骑逐， ｜ — — ｜ ｜
⦶ ｜ ｜ — △	大雪满弓刀。 ｜ ｜ ｜ — △

〔4〕仄起式（首句不入韵）　例如，王之涣《登鹳雀楼》：

⦶ ｜ — — ｜	白日依山尽， ｜ ｜ — — ｜
— — ｜ ｜ △	黄河入海流。 — — ｜ ｜ △
⊖ — — ｜ ｜	欲穷千里目， ｜ — — ｜ ｜
⦶ ｜ ｜ — △	更上一层楼。 ｜ ｜ ｜ — △

（4）七言绝句格式

〔1〕平起式（首句入韵）　例如，毛泽东《七绝·五云山》：

对	⊖ — ⦶ ｜ ｜ — △	五云山上五云飞， — — ｜ ｜ ｜ — △
粘	⦶ ｜ — — ｜ ｜ △	远接群峰近拂堤。 ｜ ｜ — — ｜ ｜ △
对	⦶ ｜ ⊖ — — ｜ ｜	若问杭州何处好， ｜ ｜ — — — ｜ ｜
	⊖ — ⦶ ｜ ｜ — △	此处听得野莺啼。 ｜ — — ｜ ｜ — △

〔2〕平起式（首句不入韵） 例如，白居易《邯郸冬至夜思家》：

⊖ — ⦶ ｜ — — ｜	邯郸驿里逢冬至， — — ｜ ｜ — — ｜
⦶ ｜ — — ｜ ｜ $\overline{\triangle}$	抱膝灯前影伴身。 ｜ ｜ — — ｜ ｜ $\overline{\triangle}$
⦶ ｜ ⊖ — — ｜ ｜	想得家中夜深坐， ｜ ｜ — — ｜ — ｜
⊖ — ⦶ ｜ ｜ — $\overline{\triangle}$	还应说着远行人。 — — — ｜ ｜ — $\overline{\triangle}$

〔3〕仄起式（首句入韵） 例如，毛泽东《七绝·刘蕡》：

⦶ ｜ — — ｜ ｜ $\overline{\triangle}$	千载长天起大云， — ｜ — — ｜ ｜ $\overline{\triangle}$
⊖ — ⦶ ｜ ｜ — $\overline{\triangle}$	中唐俊伟有刘蕡。 — — ｜ ｜ ｜ — $\overline{\triangle}$
⊖ — ⦶ ｜ — — ｜	孤鸿铩羽悲鸣镝， — — ｜ ｜ — — ｜
⦶ ｜ — — ｜ ｜ $\overline{\triangle}$	万马齐喑叫一声。 ｜ ｜ — — ｜ ｜ $\overline{\triangle}$

〔4〕仄起式（首句不入韵） 例如，王维《九月九日忆山东兄弟》：

⦶ ｜ ⊖ — — ｜ ｜	独在异乡为异客， ｜ ｜ ｜ — — ｜ ｜
⊖ — ⦶ ｜ ｜ — $\overline{\triangle}$	每逢佳节倍思亲。 ｜ — — ｜ ｜ — $\overline{\triangle}$
⊖ — ⦶ ｜ — — ｜	遥知兄弟登高处， — — — ｜ — — ｜

①丨 — — 丨 丨 △　　　遍插茱萸少一人。

丨 丨 — — 丨 丨 △

（二）词的知识

词产生于唐代，最初是民间演唱曲子的歌词，所以称为“曲子词”。中唐时期，一些文人也开始为曲子配词，从而使词的内容不断丰富，艺术技巧也趋于成熟。到了宋代，词的创作达到了鼎盛时期，成为宋代文学的主要样式。词是可以歌唱的诗，句子一般是长短不齐的，创作词是依调填词，因而词有着严格的声律。

词与古体诗不同。古体诗也有长短句，但那是任意的，而词的长短句则必须遵循词调的要求。词与近体诗在形式上的区别更为明显。词是长短句交错的，而近体诗是五言或七言诗句的整齐排列。为适应演唱的需要，词在平仄变化上与近体诗也有很大不同。词的平仄必须依照词谱的规定，在这一点上比近体诗的要求更严格。

1. 词调、词牌和词谱

词调是填词时依据的乐谱。各种不同的词调本来具有不同的声情：如《满江红》格调沉郁激昂，宜用以抒发怀抱；《贺新郎》声情沉郁苍凉，宜抒发激越情感；《念奴娇》词调音节高亢，宜于抒写豪情壮志；《沁园春》格调开阔，韵位较疏，宜抒发激越壮阔之豪情；《浣溪沙》音节明快，句式整齐，易于上口。由于乐谱现在已经失传，词和音乐已经相脱离，词的内容也就不一定与词调的声情完全一致了。因此，现在词调只表示某种固定的文字、音韵结构的格式，一般不再有标志音乐曲调的作用。

词牌是各种词调的名称。词牌的来源很广。有的截取本词的词句：如《忆秦娥》取自李白的“箫声咽，秦娥梦断秦楼月”句；《浪淘沙》取自白居易的“请君莫忘浪淘沙”句；《蝶恋花》调名取南朝梁简文帝萧纲诗句“翻阶蛱蝶恋花情”中三字；《渔家傲》出自晏殊“齐唱调，神仙一曲渔家傲”词句；《西江月》调名出自李白《苏台览古》诗：“旧苑荒台杨柳新，菱歌清唱不胜春。只今唯有西江月，曾照吴王宫里人。”有的词牌本来就是词的题目：如《虞美人》是咏虞姬的。有的采用古人的诗句：如《玉楼春》取自白居易《长恨歌》“玉楼宴罢醉和春”句。有的采用地名或人名：“沁园”二字出自东汉明帝之女沁水公主的园林；《念奴娇》出自元稹《连昌宫词》“力士传呼觅念奴，念奴潜伴诸郎宿……春娇满眼睡红绡，掠削云鬟旋妆束”一诗，著名歌伎念奴名成为调名。又如《清平乐》，其本义为“祈求海内清平之乐曲”，而不是指曲子的清调平调。《十六字令》以全词之字数取调名。《如梦令》取五代庄宗李存勖词中“如梦，如梦，残月落花烟重”之语。后来词牌和词的内容相脱离，有的作者就另标词题，如苏轼《水调歌头》词的标题为“中秋”，词牌表示的仅仅是词的句式、平仄和押韵了。

由于对同一首词命名角度不同或作者按照乐曲创作时的一些变化，所以出现了一调数名和数调同名，以及调同而格式或体式异的情况。例如，“念奴娇”又名“百字令”、“百字谣”、“大江东去”、“大江西上曲”、“酹江月”、“壶中天”、“杏花天”、“赤壁谣”、“千秋岁”等。《虞美人》有 56 字和 58 字两种格式。《临江仙》有三体：一是 60 字，如苏轼的词；一是 58 字，上、下阕第四句较苏轼词少一字，如李煜的词；还有一体也是 58 字，上、下阕起句较苏轼词少一字，如晏几道的词。

词谱是辑录各种词调、说明词的格律的著作。词谱对各种词调的句数、段数、字数、句式、平仄、押韵等都有具体标明。流传下来的这类著作主要有：清代万树的《词律》，收 660 个词调；清代王奕清编的《钦定词谱》，收 826 个词调。经后人陆续补辑，词调总数已不下一千。

2. 词的格律

（1）词的字数和分段

每一个词牌都代表着在词、句、声、韵方面的一定格式。早期的词只有词牌，没有题目；后来有的作者在词牌下标出题目。词牌用以规定词的格式，题目用以表示词的内容。词的写作到了宋代已与音乐分离，而成为一种独立的文学体裁，但依然沿用依调填词的方法。所以，曲调的名称与词的内容就不一定有联系，每个调名只表示某种固定的文字和音韵结构格式，大都不再有标志音乐曲调的作用。

南宋何士信所编《草堂诗余》开始以字数多少为标准把词区分为小令、中调、长调三大类。58字以内为小令；59字至90字为中调；91字以上者为长调。中、长调的词一般分上下两段。词的段落有专门名称，一段叫“一阕”或“一片”。上下两段，一般称作上阕、下阕或上片、下片，都与音乐有关。阕是音乐终止的意思，分上阕和下阕表示奏乐在中间要停顿一下，文面上则用空两格或另起一行来表示。不分段的词称“单调”；多数词都是两段，称作“双调”；少数还有分三段、四段的，称为“三叠”、“四叠”。

一个词牌，在格律上有一定的程式，即有固定的句数、段数、字数、句法、平仄、押韵。现以《清平乐·六盘山》为例来说明：

天高云淡，望断南飞雁。

⊖—⦶|　⦶|——|

不到长城非好汉，屈指行程二万。

⦶|⊖——||　⦶|⊖—⦶|

六盘山上高峰，红旗漫卷西风。

⊖—⊖|——　⊖—⊖|——

今日长缨在手，何时缚住苍龙？

⦶|⊖—⦶|　⊖—⊖|——

第一，《清平乐》这个词牌要求全词46字，分上下两段，每段四句，共八句，每句的字数也是固定的。上段第一句四个字，第二句五个字，第三句七个字，第四句六个字，下段四句每句均是六个字。从此例还可以看出，词的每一句字数多少不等，长长短短，不像诗那样整齐，因此，词也叫“长短句”。每个“词牌”都有句数和字数的规定。

第二，词中每个字的平仄大体是固定的。前面注的平仄符号加圈的㊀、①，表示这个位置上的字可平可仄，而其他位置上的字，平仄是固定的。一般每句第一、三字自由一些，第二、四、六这几个字较严格，尤其每句最后一两个字，平仄要求更严，这是与当初配乐歌唱有关的，无非是为了上口好唱。

第三，这个词牌上段四句，每句都要押韵，而且只能押仄声韵；下段四句的第一、二、四句押韵，一定要押平声韵，不能与上段相同。我们只要把毛泽东《清平乐·蒋桂战争》、《清平乐·会昌》、《清平乐·六盘山》这三首词对照起来看一下，对“清平乐”这个词牌的格式特点，就会一目了然。词的押韵和前面讲的近体诗的押韵不同，近体诗通常要押平声韵，并且一韵到底。词可押平声韵，也可押仄声韵，还有的一首词中既押平声韵，又押仄声韵；有的词始终押一个韵，也有的押两个以上的韵。同时，近体诗要双句押韵，第一句可押可不押，词不限于双句和第一句押韵，押几句韵、哪几句押韵，得根据词谱决定。过去填词要按古代的词韵押韵，当然也有一些词人用方音押韵，现在我们也可以按普通话或者方音押韵。

（2）词的平仄

词是长短句，句式多样，从一字句到十一字句都有。词的平仄交错变化，比较复杂，例如四字句就有八种句式：仄平平仄、平平平仄、仄平仄仄、平仄平平、平仄仄平、仄仄仄平、平平仄仄、仄仄平平。五字句则有十几种平仄句式。这些平仄句式，既有与近体诗相同的律句，更多的则是与律句相对，此为词所特有的句式。词的平仄变化复杂多样，但何处用平，何处用仄，词谱都有明确的规定。在古代，词是用来演唱的，择调选字必须合乎音乐的要求，因此词的平仄有时比近体诗的要求还严格。

（3）词的对仗

有些词中的某些句子还要求对仗，例如毛泽东《满江红·和郭沫若同志》上阕五、六句“蚂蚁缘槐夸大国，蚍蜉撼树谈何易”，下阕六、七句“四海翻腾云水怒，五洲震荡风雷激”，《水调歌头·重上井冈山》下阕五、六句“可上九天揽月，可下五洋捉鳖”等。但是，这些对仗仅是前人作品的沿袭，并无硬性规定。例如，《西江月》前后两段的开头两句，都是对仗的。毛泽东《西江月·井冈山》上阕第一句“山下旌旗在望”和第二句“山头鼓角相闻”对仗，下阕的第一句“早已森严壁垒”和第二句“更加众志成城”对仗。但是，词的对仗和近体诗的对仗有几点不同：其一，近体诗的对仗原则上要求以平对仄，以仄对平，词的对仗则不限平仄相对。毛泽东《菩萨蛮·黄鹤楼》第一句“茫茫九派流中国”和第二句“沉沉一线穿南北”对仗，“茫茫”对“沉沉”是平平对平平，“九派”对“一线”是仄仄对仄仄，“流中国”对“穿南北”是平平仄对平平仄（“一”、“国”、“北”是入声字）。其二，近体诗的对仗避免同字相对，词的对仗则允许同字相对。如上述“山下旌旗在望”和“山头鼓角相闻”相对，第一个字是“山”对“山”字。不过总的来说，同字相对的情况并不多见。其三，近体诗的对仗有固定的位置，词的对仗很少有固定的位置，这是因为词是长短句，必须相连的两句字数相同，才有配对的可能。一般地说，每首词的开头两句，如果字数相同，则以用对仗为常，如上述的《西江月》。在其他位置上，相连的两句字数相同也可能配成对仗，如《水调歌头·游泳》下片第六、七两句：“更立西江石壁，截断巫山云雨。”

词还有近体诗所没有的两种特殊的对仗，都出现在“一字豆”之后。第一种，上下句字数相同的时候常用对仗，有时上下句字数不相同，也可以用对仗。例如吴文英《高阳台》：

正十分皓月，一半春光。

这种情况多出现在上五下四的两句。上句虽然是五个字，实际上是四字句加“一字豆”，因此可以用对仗。第二种，扇面对，就是上两句和下两句对仗。例如，毛泽东《沁园春·长沙》：

看万山红遍，层林尽染；漫江碧透，百舸争流。

恰同学少年，风华正茂；书生意气，挥斥方遒。

再如，毛泽东《沁园春·雪》：

望长城内外，惟余莽莽；大河上下，顿失滔滔。

惜秦皇汉武，略输文采；唐宗宋祖，稍逊风骚。

“看”、“恰”、“望”、“惜”都是“一字豆”，后面的四句构成对仗。分别为第一句和第三句对仗；第二句和第四句对仗。扇面对多出现在《沁园春》中。

（4）词的押韵

关于词韵并没有任何正式的规定。从前遵用的是把平上去三声分为十四部，入声分为五部，共十九部。其实这十九部不过是把诗韵大致合并，和古体诗的宽韵差不多。但是平韵和仄韵的界限很清楚，规定用平韵，就不能用仄韵。在仄韵中，入声的独立性很强，又只有上去两声是可以通韵的，不能与入声通押。某些词在习惯上是用入声韵的。词的用韵不像近体诗那样严格，只要按照乐曲的要求，做到顺口悦耳即可。词的用韵大致有以下几种情况：

①一韵到底。这类词占大多数，和近体诗用韵相同。例如，《浪淘沙》都用平声韵，《念奴娇》都用仄声韵。

②同韵部的字上声、去声通押；平声、仄声互押。从前在某些词人的笔下，某些韵部已通押，这其中有语音发展的原因，也有方音的影响。毛泽东词中，也有以普通话或者与方音相近的音取协的。如《蝶恋花·从汀州向长沙》、《减字木兰花·广昌路上》等。

③平仄换韵。通押和互押都是在同一韵部内进行的，平仄换韵则是改换韵部，一般以平转仄或仄转平为原则。换韵的位置有具体规定。

清代戈载编《词林正韵》，把词韵分为十九韵部，其中平、上、去声共十四部，入声五部，比较完备，成为后人填词用韵的依据。

主要参考文献

〔1〕毛泽东. 毛泽东诗词选［M］. 北京：人民文学出版社，1986.

〔2〕中共中央文献研究室. 毛泽东诗词集［M］. 北京：中央文献出版社，2003.

〔3〕中共中央文献研究室. 毛泽东年谱（一八九三——一九四九）(全三卷修订本)［M］. 北京：中央文献出版社，2013.

〔4〕中共中央文献研究室. 毛泽东年谱（一九四九——一九七六）(全六卷)［M］. 北京：中央文献出版社，2013.

〔5〕吴正裕. 毛泽东诗词全编鉴赏［M］. 北京：中央文献出版社，2003.

〔6〕陈晋. 毛泽东与文艺传统［M］. 北京：中央文献出版社，1992.

〔7〕陈晋. 毛泽东之魂［M］. 北京：东方出版社，2014.

〔8〕陈晋. 文人毛泽东［M］. 上海：上海人民出版社，1997.

〔9〕中共中央文献研究室，中央档案馆. 毛泽东诗词手迹（上、下册）［M］. 北京：线装书局，1997.

〔10〕臧克家. 毛泽东诗词讲解［M］. 北京：中国青年出版社，1996.

〔11〕臧克家. 毛泽东诗词鉴赏（增订二版）［M］. 郑州：河南人民出版社，2005.

〔12〕公木. 毛泽东诗词鉴赏［M］. 长春：长春出版社，1999.

〔13〕季世昌. 毛泽东诗词书法诗意画鉴赏［M］. 北京：商务印书馆国际有限公司，2012.

〔14〕季世昌. 新编毛泽东诗词鉴赏大全（足本）[M]. 南京：江苏文艺出版社，2014.

〔15〕季世昌，徐四海. 独领风骚：毛泽东诗词赏析［M］. 北京：社会科学文献出版社，2009.

〔16〕刘汉民. 毛泽东诗话词话书话集观［M］. 武汉：长江文艺出版社，2002.

〔17〕胡忆肖，鲍晓敏，胡兴武. 毛泽东诗词白话全译［M］. 武汉：湖北教育出版社，2001.

〔18〕陈一琴. 毛泽东诗词笺析［M］. 福州：海峡文艺出版社，1997.

〔19〕张仲举. 毛泽东诗词全集译注［M］. 西安：陕西人民出版社，2000.

〔20〕陈安吉. 毛泽东诗词版本丛谈［M］. 北京：中央文献出版社，南京：南京出版社，2003.

〔21〕徐四海. 毛泽东诗词鉴赏［M］. 昆明：云南人民出版社，2010.

〔22〕郭思敏. 毛泽东诗词辨析［M］. 北京：中央文献出版社，2006.

〔23〕徐四海，季世昌. 略论建国后毛泽东诗词诗论的发展［J］. 江苏社会科学，2012-6.

〔24〕徐四海. 情志所托，以意为主——毛泽东诗词创作中的修辞活动［J］. 芒种，2012-11.

〔25〕龚国基. 伟人毛泽东丛书·诗家毛泽东［M］. 北京：中央民族大学出版社，2004.

〔26〕麓山子. 毛泽东诗词全集赏读［M］. 西安：太白文艺出版社，2007.